고대 해전부터 현대 해전까지
해군 전술의 이론과 실제는 어떠했는가?

해전사 속의 해전

FIEET TACTICS : Theory and Practice

해전사 속의 해전

2009년 12월 12일 초판1쇄 인쇄
2009년 12월 22일 초판1쇄 발행

지은이 • 웨인 휴스(Wayne P. Hughes, Jr.)
옮긴이 • 조덕현
펴낸이 • 임순종
펴낸곳 • 도서출판 신서원
　　　서울시 성동구 용답동 96-6
　　　전화 : (02) 739-0222·3　팩스 : (02) 739-0224
　　　신서원 블로그: http://blog.naver.com/sinseowon
　　　등록 : 제2009-000041호(2009. 9.9)

ISBN • 978-89-7940-091-5 93920

신서원은 부모의 서가에서 자녀의 책꽂이로
'대물림'할 수 있기를 바라며 책을 만들고 있습니다.
잘못된 책은 연락주세요.

이 책의 한국어판 저작권은
Naval Institute Press와의 계약으로 신서원에 있습니다.
신저작권법에 의하여 한국 내에서 보호를 받는 저작물이므로
무단 전재와 무단 복제를 금합니다.

고대 해전부터 현대 해전까지
해군 전술의 이론과 실제는 어떠했는가?
해전사 속의 해전

FIEET TACTICS : Theory and Practice

웨인 휴스(Wayne P. Hughes, Jr.) 지음 | 조덕현 옮김

4 해전사 속의 해전

쉼터

옮긴이의 말

한 그루의 나무는 숲을 이룰 때 존재 가치가 드러난다.

교환교수로 선발되어 2년 동안 미국 해군사관학교에서 우리 생도가 아닌 미국 해군사관학교 생도에게 미국해군사American Naval History를 강의한 것은 새로운 경험이었다. 강의를 준비하면서 느낀 점도 많았고, 지금도 잊을 수 없는 많은 일을 경험했다. 그중 소중한 것을 든다면 400년도 채 되지 않는 짧은 '역사' 속에서 미국 국민들이 이루고 간직해 온 '역사의식'을 접했다는 것이다. 미국 해군사관학교 교정 곳곳에서 그 역사의식을 만날 수 있었고 느낄 수 있었다. 나의 이런 생각은 "미국 해군이 간직하고 있는 소중한 전통은 무엇일까?" 하는 문제로 이어졌고, 1년가량 지나자 해답을 찾을 수 있었다.

그것은 바로 "Don't give up the ship" 정신이었다.

1813년 6월 1일, 보스턴 항에서는 미국 해군 체서피크USS Chesapeake 함과 영국 해군 섀넌HMS Shannon 함 사이에 함포전이 벌어졌다. 당시 미국 함정이 368발, 영국 함정이 268발의 포탄을 맞았다. 체서피크 함이 침몰하기 직전에 당시 함장이던 로렌스 대령Captain James Lawrence은 전 승조원들에게 마지막 명령을 내렸다. 간략하면서도 심금을 울리는 명령이었고, 그 울림은 전투 현장 너머, 역사에 각인되었다.

"Don't give up the ship. Fight her till she sinks."

이 해전 이후 "Don't give up the ship"은 미국 해군 장병이 가슴에 새기는 금언이 되었다. 나는 '이 문구를 미국 생도들에게 어떻게 하면 의미 있게 전달할 수 있을까?'를 고민하다가 중간시험의 보너스 문제로 출제했다. 내가 제기한 문제는 "What does 'DGUTS' stands for except 'Don't give up the ship'?"이었다. 생도들이 작성한 답안은 각양각색이었고, 그것은 많은 것을 시사했다.

Do good under the sun.
Do give us terrific scores.
Do GIANT understand the small?
Do good unto thy shipmates.
Don't give up thy shipmates.
Doughnut gives us thinking skills.
Diversity gives us the strength.

누구든 해전사를 강의하는 사람이라면 해군 전술의 역사에 대한 인식의 필요성을 깊이 느낄 것이다. 나 역시 그러했다. 내가 이탈리아 해군대학의 교수였던 피오라반조 제독Giuseppe Fioravanzo이 저술한 *History of Naval Tactical Thought* 라는 책을 지난 2006년에 '세계사 속의 해전'이라는 제목으로 번역한 이유도 여기에 있다. 피오라반조 제독의 저서는 전쟁사 속에서 해전의 흐름을 이해하는 데 유익한 저서이다. 이 책을 번역한 경험이 있는 나로서는 미국 해군사관학교에서 이를 강의하면서 이 책보다 깊고, 더욱 구체적인 해군 전술서를 찾고 있었다. 때마침 박사과정 지도교수였던 밀렛Allan R. Millett

교수에게서 휴스의 저서를 소개받았다.

　이 책 『해전사 속의 해전』은 휴스 대령의 저서인 *Fleet Tactics : Theory and Practice*를 우리말로 번역한 것이다. 1952년 해군사관학교를 졸업한 그는 다양한 함정에서 근무했으며, 이후에 미국 해군대학원U.S. Naval Postgraduate School에서 작전술 분야에 대한 연구로 석사학위를 받은 바 있다. 또한 1966년부터 1968년까지는 합동참모본부에서 대잠전Anti-Submarine Warfare 전문가로서 근무하였다. 각 군 군사학교와 미국 내의 대학 곳곳에서 해군 전략과 전술, 해군사와 해군 항공 등 다양한 주제로 강의한 바 있고, 해군 전술에 관한 많은 저서와 논문을 남기기도 했다.

　휴스 대령은 이 책을 통해 "도대체 항공모함이 언제까지 미국 해군 전술의 핵심일 수 있을까?"라고 묻는다. 이에 대해 가장 적절한 답변을 하려면 기술과 전술에 관한 포괄적이고 깊이 있는 이해가 필요하다. 이 책은 바로 이런 주제를 총괄적으로 다루고 있다. 그뿐만 아니라 역사적 맥락에서의 기술과 전술 문제도 종합적으로 언급하고 있다.

　피오라반조 제독의 저서가 해전을 전쟁사의 큰 틀인 '숲'의 시각에서 본 것이라면, 휴스 대령의 저서는 '나무'의 시각에서 기술한 것이라고 할 수 있다. 미국 해군 장교들이 해군 전술 분야에서 필독서로 사용하고 있는 휴스 대령의 이 저서는 미국 해군의 전술사상과 체계를 이해하는 데 유익한 자료로 활용되고 있다.

　이 책을 번역하는 데 도움을 준 분들이 적지 않다. 저서 선정과 해군사 전반에 대해 조언해 준 오하이오 주립대학교 역사학과의 밀렛 교수, 범선시대의 해군 전략과 전술 분야에 대해 도움을 준 길마틴John F. Guilmartin 교수, 해군 항공 전략 분야 이해에 대해 조언을 아끼지 않은 미국 해군사관학교 생도대장 클룬더 대령Captain Matthew Klunder, USN, 미국 해병대 전략과 전술 분야에 대해 도움을 준 해군사관학교 역사학과의 디츠 소령Major Mark Deets, USMC과 로스 소령Major Brian Ross, USMC, 해군 항공 전술 분야와 용어에 대해 도움을 준 펠커 중령Commander C.C. Felker, USN과 로버트슨 중령Commander Thomas Robertson, USN, 토론과 질문을 통해 중국 해군의 전략과 전술 분야에 관한 이해에 도움을 준 유 교수Professor Maochun Yu, 일본 해군의 역사와 전술을 이해하는 데 도움을 준 페닝턴 교수Professor Lee Pennington, 미국 역사에 대한 다양한 시각을 심어준 역사학과장 필러 교수Professor David Peeler, 그리고 항상 격려의 말로 힘이 되어준 역사학과 그리거Connie Grigor에게 감사드린다.

또한 미국 해군사관학교에서 강의할 수 있는 기회를 마련해주신 대한민국 해군지휘부와 해군사관학교 교장님을 비롯한 여러 교수님께도 깊이 감사드린다. 그리고 언제나 곁에서 사랑과 격려를 아끼지 않은 친구이자 아내 오은실, 늘 힘이 되는 조언과 유머로 함께해준 아들 세민, 남다른 언어감각으로 가정에 신선한 청량제 역할을 하는 딸 유진에게 감사의 말을 전하고 싶다. 끝으로 나의 삶을 항상 합력하여 선을 이루시는 방향으로 인도해 오신 하나님께 감사드린다.

숲은 나무 한 그루, 한 그루가 없이는 이루어질 수 없다.

2009년 6월 미국 해군사관학교 역사학과 연구실에서
조덕현

차례

옮긴이의 말 … 5
서문 … 15
감사의 글 … 19

함대 전술의 이론과 실제

서론
    개요 … 23
    비전문가 독자와 포클랜드 전쟁 … 28
    기타 독자들 … 31
    용어의 설명 … 33
    책의 구성 … 37

CHAPTER 1   다섯 가지 초석
    서언 … 41
    다섯 가지 초석 … 50
    가장 중요한 것은 인간이다 … 53
    교리는 전술과 불가분의 관계에 있다 … 55
    전술 이해는 기술 이해가 우선이다 … 60
    궁극적 목적은 육상에 있다 … 61
    효과적인 선제공격을 하라 … 63

CHAPTER 2   실전을 통한 전술의 발전 : 범선전투시대, 1650~1805
    서언 … 71
    전열함 : 화력집중의 수단 … 72
    종렬진 : 통제의 수단 … 75
    태동 단계 … 77
    전투교시의 성숙 … 79
    영국 해군 전술의 고착화 … 80
    해군 전술의 회복 … 82

전략의 영향 … 85
요약 … 86

CHAPTER 3 **평화 시의 전술 발전: 1865~1914**

전술사상의 황금기 … 89
선구자들 … 90
남북전쟁 이후, 1865~1885 … 93
거포의 승리, 1900~1916 … 97
전투종렬진의 재등장 … 101
T자 진형 전개 … 105
순항 진형과 전술 전투정찰 … 106
지휘와 통제 … 109
구축함 경계진과 어뢰 위협 … 112
시대의 변화에 따른 이론과 실제 … 114
유틀란트 해전 … 116
개념과 현실 … 119
요약 … 122

CHAPTER 4 **제2차 세계대전 : 무기혁명**

경이적 발전인가, 대변혁인가? … 125
새로운 다섯 가지의 전술 문제 … 130
항공모함전의 전술 모델 … 135
전술적 문제의 해결 … 145
요약 … 153

CHAPTER 5 **제2차 세계대전 : 탐지장비 혁명**

전투정찰 수단과 대항책 … 157
레이더 … 161
솔로몬 제도에서의 야간전투 … 164
솔로몬 제도에서의 여러 해전 : 결론 … 178
레이더와 대공방어 … 181
잠수함과 탐지장비 … 183
육상과 해상 부대 간의 전술적 상호 작용 … 187

CHAPTER 6 거대한 경향
전쟁의 원칙에 관하여 … 191
전투 과정 … 196
기동 … 201
화력 … 205
대항세력 … 212
전투정찰 … 222
대정찰 … 225
C^2와 C^2CM … 228

CHAPTER 7 항구적인 불변 요소
기동 … 233
화력 … 236
대항세력 … 240
전투정찰 … 242
C^2와 C^2CM … 245
전술의 경향과 불변 요소 요약 … 259

CHAPTER 8 기술 발전의 영향과 불변 요소
기술 발전의 추세와 전술의 변화 … 263
비밀무기와 전시 기습 … 265
평시의 발전과 혁명 … 268
대변천에 관하여 … 271
왐파노악 함 이야기 … 274
변천의 영향 요인 … 277
요약 … 281

CHAPTER 9 가변 요소
이론, 계획 및 실제 전투 간의 일치성 문제 … 284
임무와 부대 … 286
임무 : 전략과의 연결고리 … 286
전쟁의 강도 … 290
열세한 해군의 임무와 전략 … 297

부대 … 302
해군 세력의 상관관계 … 303
결언 : 세력 특성의 종합 … 311

CHAPTER 10 현대의 함대 전술

미사일 시대의 전술 격언 … 315
현대 전투에 관한 하나의 모델 … 317
방어를 위한 세력 집결의 일례 … 323
요약 … 325
현대 해전의 부대 대 부대 대항 모델 … 328
모델의 해설 … 329
현대 전술의 일례 … 332
사례의 유용성 : 요약 … 345

CHAPTER 11 결론

종결 … 351
전술 … 351
무기와 탐지장비 … 354
계획과 집행 … 356
전략과의 관계 … 357
전술 연구 … 360

맺음말 : 차기 나일 강 해전 … 363

부록 A : 용어 … 373

부록 B : 전쟁의 원칙 … 379

참고문헌 … 387

찾아보기 … 397

표와 그림 차례

표

3-1. 잔여 화력과 잔여 전투지속 능력 … 103

3-2. 생존화력 … 104

4-1. 선제공격 결과 생존세력 … 137

5-1. 적 신호에 대한 대항책 … 158

5-2. 효과적인 공격을 위해 요구되는 수단 … 159

5-3. 성공적인 대항책의 효과 … 161

10-1. 선제공격 결과 생존 세력(A/B) … 318

그림

1-1. 아부키르 만 … 43

1-2. 나일 강 해전 당시 영국 함대의 기동 … 49

2-1. 종렬진 내 함선의 유효직사거리 … 73

2-2. 협공 … 76

3-1. 충각의 운용 … 94

3-2. 1750년과 1910년의 함포 유효사정거리 비교 … 102

3-3. 항해 진형에서 전투 진형으로의 전열 전개 … 107

3-4. 순항 배진 … 108

3-5. 평시의 계획 : 전투 진형 … 113

3-6. 전시의 실제 상황 : 유틀란트 해전, 1915 … 113

4-1. 일본의 해양 팽창(1941년 12월~1942년 5월) … 150

5-1. 에스페란스 곶 해전도 … 168

5-2. 벨라 만 해전(1942년 8월 6~7일) … 173

6-1. 1916년경 전함 함포의 명중률과 거리의 함수관계 … 206

6-2. 8인치 포 분당 대등가 발사탄 수를 기준으로 한 사격률 대 거리 … 207

6-3. 1939년 미국 함대 전체의 사격률 … 208

6-4. 시대에 따른 살상력 증가 … 211

6-5. 1926년 당시 대적 중인 전열의 비교 … 214

6-6. 구역 개념으로서 탐색 능력의 도해 … 223

7-1. 라우슨의 지휘통제 주기 … 246

7-2. 동일한 환경에서 동시에 작동되는 피아의 지휘통제 주기 … 247

10-1a. 집결된 공격 … 319

10-1b. 분산된 공격 … 319

10-1c. 순차적 공격 … 319

10-2. 현대 해전 시나리오 … 333

10-3a. 예상되는 청군의 유효발사탄 … 334

10-3b. 예상되는 홍군의 유효발사탄 … 334

10-4. 홍군 기지의 전투정찰 효율 도형 … 339

10-5a. 홍군 공격 후 청군의 잔여 타격력 … 340

10-5b. 청군 공격 후 홍군의 잔여 타격력 … 340

서문

해군조종사, 나에게 이 한마디는 쉽게 지워지지 않는 선입관으로 남아 있다. 어둡고 캄캄한 밤, 뜨거운 캣 샷cat shot과 착함 제동장치 예인기의 촉감을 느끼며 흥분하던 지난 수년간의 세월을 상기시키는 바로 그 선입관 말이다. 나는 종종 이런 질문을 받는다. "도대체 항공모함이 언제까지 미국 해군 전술의 핵심일 수 있을까?" 호수에 떠 있는 한 마리 물오리처럼 공격의 표적이 되기 쉬운 항공모함에 관한 물음은 앞으로도 계속될 것이다. 여기에 대해 적절히 답변하려면 기술과 전술에 관한 전반적인 이해가 필요하다. 이 책은 바로 이런 주제를 광범위하고 총괄적으로 언급한 것이다. 또한, 역사적 맥락에서의 기술과 전술 문제도 종합적으로 다루고 있다. 자부하건대 지금까지 나온 전술 관련 책 중 이만큼 포괄적이고 이해하기 쉬운 책은 없다.

그렇지만 이 책을 지금 발간하는 것은 때늦은 감이 있다. 불과 수십 년 만에 이룬 놀라운 기술의 발전은 해전의 모든 국면을 전혀 예상치 못한 방향으로 바꿔놓았고 실질적인 영향을 주었다. 기술혁신의 속도는 아직 발전 단계에 있는 갖가지 체계를 함대에 본격적으로 활용하기도 전에 진부한 것으로 만들었다. 게다가 지난 수십 년간 해군력과 방위력 증강 부분에서 러시아가 미국을 앞섰다는 사실은 우리에게 어느 때보다 전술 연구와 그 습득의 필요성을 한층 더 고조시키고 있다.

전투기에 탑승해 랜딩기어를 올린 해군조종사는 자신이 이륙한 항공모함에 귀환할 때까지는 비행하며 임무를 수행해야 하는 또 다른 차원, 즉 전술의 영역에서 활동해야 한다. 마찬가지로 외해로의 출동을 위해 항구로부터 출항하는 잠수함의 함장도 독자적으로 작전을 수행하는 수중 항해사로서 전투체계combat system와 예하 대원들의 능력과 한계, 그리고 잠수함의 독특한 전술 원리에 대한 깊은 지식을 포함한 고도의 전술 감각이 요구되는 분야로 항해해야 한다.

그런데 지금은 조종사나 함장들이 개인적으로 전술에 뛰어난 것만으로는 부족하다. 과거 넬슨시대에도 그랬지만 오늘날에도 모든 전술 구성 요소는 전투는 결집된 조직체로 수행하고, 전술은 개별 단위부대들이 발휘할 수 있는 최대의 능력을 통합해야 한다. 미래의 전술은 지상은 물론 공중 배치 세력까지 모두 포괄해야 한다. 아직 우주체계는 태동 단계에 있지만, 이것이 개발될 경우 해군의 전문가들은 지금보다 훨씬 더 정교한 전술 기법을 고안해야 할 것이다.

제2차 세계대전 이래 대규모 해전이나 핵심 부대의 전술적 사용 부재를 지적하는 논자라면 오늘날 해군 전술가들이 전투부대에 의한 다각적 작전 multiplatform operation에 능통할 필요가 있느냐는 데 대해 이의를 제기할지 모른다. 또 어떤 이는 포클랜드 전쟁에서 영국이 겪은 경험은 전술가들의 시각으로 보면 하나의 작은 실험에 불과하고, 아랍-이스라엘 전쟁이나 미국의 리비아 폭격도 해전의 광범위한 스펙트럼에서 보면 한 가닥 가는 빛에 지나지 않는다고 주장할 수 있다. 하지만 이런 작전은 현실로 나타나고 있다. 그렇다면 우리는 전술적 영역을 평시 기동훈련에만 국한시키지 않도록 경계해야 하고, 그 형태가 어떠하든 앞으로 다가올 해상에서의 기술전쟁 technological war의 장애 요소가 무엇인지를 파악하는 데 노력해야 한다.

유감스럽게도 우리가 평화 상태를 중시하려는 분위기에 희생되었으며, 그 결과 탁월한 전술 역량의 구비보다 계획 관리, 무기체계 획득, 그리고 복잡한 무기체계를 작동 가능한 상태로 유지하기 위하여 정신을 단련하지 않을 수 없도록 노력하는 가운데 함정 정비 등을 더 중시하는 경향에 우리 스스로 함몰되었음을 주장하지 않을 수 없다. 물론 이런 중요 분야를 소홀히 하는 것도 어리석었지만, 다른 요구에 밀려 본질적으로 중요한 전술 역량을 갖추는 것을 부차적인 것으로 취급하는 것은 더욱 위험한 일인 동시에 역사적 교훈까지 망각하는 일이라고 생각한다. 그렇다면 해군 전문가들은 전술을 무시하는 것, 그대로 유지하는 것, 훌륭한 전술을 개발하는 것 중 과연 어느 것을 택해야 할 것인가? 함정과 무기체계에 관한 자신의 지식을 활용할 수 있는 이를테면 함정이나 무기체계의 전투 잠재력을 최대한 시현할 수 있는 기회보다 해군을 더 고무하는 일은 없다.

『해전사 속의 해전』은 상식적인 지침과 흥미로운 아이디어의 보고寶庫이다. 물론 이 책의 독파는 쉽지 않겠지만 독서의 즐거움을 가져다줄 것이라 확신한다. 저자인 휴스 대령은 자신의 문학적인 재능을 살려 자칫 무미건조해지기 쉬운 주제를 곱씹어보며 충동을 느낄 수 있도록 흥미진진하게 저술했다. 그가 제시한 다섯 가지 단초는 이 책 곳곳에서 언급하는 일련의 원칙 중에 일부에 지나지 않지만 우리가 반드시 기억하고 완전히 소화해야 할 사항이다.

휴스 대령은 전술의 가장 중요한 요소인 리더십에 대한 강조도 결코 잊지 않았다. 다른 곳과는 달리, 해상에서의 승조원들은 지휘관이 이끄는 곳으로 항해할 수밖에 없다. 승조원들은 끝까지 함께 싸우고, 승패의 열매도 함께 맞봐야 한다. 그러므로 승조원들은 자신들이 단위부대로서 신속하고 훌륭하게 수행해야 할 작전법을 미리 숙지하는 것이 좋을 것이다. 물론 전쟁은 미리 예측할 수 없다. 더욱이 어느 시점이 지나면 전쟁의 격렬성은 우리의 상상을 초월하며, 가장 우수한 조직체만 주어진 상황에 대처할 것이다.

'함대 전술' 분야에 관한 연구서로 아직 이 책보다 나은 것이 없다. 분명 이 책은 전술의 가치를 정당하게 평가하려는 해군장교들에게 큰 영감을 주리라 확신한다. 또한 이것이 이 책의 가장 궁극적인 목적이기도 하다.

이제 독자 여러분은 값진 독서의 즐거움을 만끽하게 될 것이다. 여러분의 항해에 행운이 함께하기를 기원한다.

해군대장 토머스 헤이워드

18 해전사 속의 해전

쉼터

감사의 글

만약 노트Hugh Nott 대령이 생존해 있다면 이 책의 공저자가 되었을 것이다. 책을 집필할 초기에 그가 기여한 점은 이루 말할 수 없다. 우리는 다음 사항에 대해 의견 일치를 보았다. 전술이란 해전 연구에서 무척 광범위한 분야여서 전술의 기초를 새로 확립해야 할 필요성이 있다. 일련의 경향, 불변의 요소, 구체적 상황 등에서 영향을 받으며 전쟁원칙을 연구하는 것은 적절하지 않다. 게다가 전투 과정은 생동감 있는 모델로 표현해야 한다는 것 등이 그것이다. 그러나 우리 두 사람은 "효과적인 선제공격을 하라"는 해군 전술의 기본적인 격언을 좀 더 세련되게 표현할 말을 찾지 못했다. 노트 대령의 존재는 이 책 전반에 고루 산재하는데, 그래서 언뜻 보면 없는 듯하다.

미국 해군의 휘틀A.J. Whittle 제독은 이 책의 초고를 일일이 숙독한 최초의 인물로서, 책의 전반적인 집필 과정에 가장 큰 영향을 주었다. 해군대학Naval War College의 울리그Frank Uhlig와 스나이더Frank Snyder는 중요한 개선 사항을 상세히 지적해 주었다. 그 외 자료를 빈틈없이 검토해 준 분도 많다. 작전 분야에서는 미국 해군의 웨슐러Thomas Weschler 제독과 암스트롱C.E. Armstrong 제독, 해군사 분야에서는 하텐도르프John Hattendorf와 혼Thomas Hone 교수, 상륙전에서는 미국 해병대의 셔틀러Philip Shutler 장군, 지휘통제 분야에서는 로손Joel Lawson, 워젠크래프트John Wosencraft, 소버린Michael Sovereign 박사, 러시아 군사과학에 대해서는 거버Robert Gerber, 탈레턴Gael Tarleton, 다니엘Donald Daniel, 배서스트Robert Bathurst 등이 수고했다.

군사분쟁연구소Military Conflict Institute에도 많은 감사를 드린다. 이 연구소는 집필 초기 책의 반향을 보여준 기관으로서 육상과 해상전투 과정의 차이점을 명확히 짚어주었다. 마셜Donald Marshall 박사와 미국 육군의 드푸이Trevor Dupuy 대령, 로Lawrence Low는 지휘통솔 분야에 관해 많은 시간을 할애해 주었고, 조언을 아끼지 않았다.

TV를 통해 격렬한 육해군 대항 풋볼 경기를 보면서도 제2차 나일 강 해전을 구상해 준 미국 해군의 클락David Clark 대령에게는 특별한 고마움을 전한다.

그 외 멧칼프Joseph Metcalf III 제독, 볼드윈John A. Baldwin 제독과 페인Wilber Payne 박사, 마틴J. J. Martin 박사, 와이너Milton Weiner 박사, 커크Nevill Kirk 교수, 그리고 랜더스먼S. D. Landersman 대령과 시쿼스트Lawrence Seaquist 대령 및 볼드윈E.M. Baldwin 대령을 포함한 여러 분이 자료와 의견, 영감을 주었다. 해군대학원Naval Postgraduate School의 슈래디David Shrady 교무처장과 워시번Alan Washburn 박사는 아낌없이 격려해 주었다.

구슬이 서 말이라도 꿰어야 보배이듯이, 아무리 좋은 생각도 제대로 전달되지 못하면 바위 위에 던진 씨앗에 불과하다. 여기서 잠시 책의 내용이 아닌 내용의 외양과 표현에 도움주신 분들을 소개하겠다. 몬트레이의 피쉬벡Paul Fischbeck 소령, 사운더스Ellen Saunders, 기번스Sherie Gibbons와 로우Ruthanne Lowe, 해군연구소 출판부의 홉스Richard Hobbs와 부캐넌Connie Buchanan 등이 바로 그들이다. 또한, 아내 조안Joan은 두 가지 면을 도와주었다. 퉁명스러운 불평 한마디 없이 책의 집필을 끝까지 지켜봐 준 것이 그 하나라면, 책의 장식과 교정을 해준 것이 또 다른 하나다.

끝으로 조언과 격려해 주신 헤이워드Thomas Hayward 제독께 감사드린다. 그 또한 함대의 전술적 역량을 누누이 역설해왔다는 점에서 미국 해군의 칭송을 받아 마땅한 분이다.

함대 전술의 이론과 실제

쉼터

서 론

> 그 어떤 해군 정책도 전시에 사용할 전술을 신중히 고려하지 않는다면 결코 현명한 것일 수 없다.
>
> _ 브래들리 피스크 미국 해군 중령, 1905

개요

해군 전술에 관한 미국 저서 중 가장 최근 저술은 50년 전에 집필되어 제2차 세계대전 중에 출판된 책으로 로빈슨S.S. Robinson 제독 부부가 집필한 역사서다. 미국인에 의한 전술학 연구를 찾아보려면 거의 20세기 초입까지 거슬러 올라가야 한다. 이 시기에는 무엇보다 전술이 해군장교들의 주된 토론 주제였다. 당시 해군 중령이던 브래들리 피스크Bradley Fiske는 해군연구소Naval Institute가 1905년도 수상작으로 선정한 '미국의 해군정책American Naval Policy'이라는 80쪽의 논문 중 23쪽을 전술 문제에 할애할 정도였다. 이 당시 해군장교들은 정책과 전략을 근거 없는 희망이 아닌 전술적인 성공을 위해 주도면밀하게 계산된 능력을 기초로 한 계획이어야 한다고 적극 주장하던 때였다. 어느 프랑스 장교는 독일 황제 빌헬름 II세가 해군력 건설에 대처하는 자국 정부의 미온적인 태도에 절망하여 다음과 같은 글을 남겼다. "돈을 아끼는 것도 좋지만 좀 더 현실적이 되자. … 우리의 군비 할당은 우리의 적이 될 수 있는 세력에 관한 객관적 근거에 기초해야 한다. 주관적이고 추상적인 원칙은 아무런 의미가 없다. 해군이 정책적 판단을 내릴 수 없다면 해군의 판단을 수용하는 정책을 만들어야 한다."Baudry, 1914 : 16~17

40년간의 해양 우세 시대를 거치면서 미국은 마음만 먹으면 무엇이든 해낼 수 있는 해군을 보유하였다. 따라서 이제는 전략이나 정책이 실제 능력 이상으로 대양해군을 과대평가하지 않도록 하기 위해 함대가 전투에서 승리할 수 있는 방법을 연구하는 방향으로 시각을 바꿔야 할 때다.

20세기로 접어들 때만 하더라도 기술 발전의 방향은 기술자들에 의해 좌지우지되던 시대였다. 미국과 러시아의 저술가가 전술 분석을 위한 기술을 함께 논의한 적도 있었다. 가령 함포의 크기와 배치 장소, 장갑의 위치와 두께, 지휘소 및 신호대의 위치와 같은 문제는 전술가들의 주된 관심사였다. 20세기 초창기부터 해군연구소의 간행물인 Proceedings의 논제는 전술가들이 주종을 이루는 수상 논문이 범람했다. 1920년대까지 미국 해군의 선임장교총협회General Board of Senior Naval Officer는 전략과 전술 및 신형 군함의 특성에 관한 활발한 토론을 개최했다. 그뿐만 아니라 해군대학의 전쟁연습 시설은 전투 문제 해결의 주요 수단으로 적극 활용되었다.

이러한 전술사상의 황금기에 각국 해군에서 펼친 열띤 논쟁은 그 후 제1차 세계대전 당시 합당한 응분의 보상을 받았다. 무엇보다 놀라운 일은 전술이 아닌 전략 영역에서 일어났다. 마한Alfred T. Mahan은 전략의 원칙은 반석 위에 굳건히 섰지만 전술의 원칙은 기술의 변화에 의존하는 관계로 매우 혼란스럽다고 확신하였다. 하지만 마한은 전략 역시 신무기의 출현에 의해 영향을 받으리라는 점을 간과하였다. 반면, 클라우제비츠는 유용한 원칙들이 전술에서 훨씬 더 빈번하게 적용될 것이며, 더욱이 이런 원칙들이 전략의 원칙에 비해 훨씬 더 교리화할 수 있다고 믿었다.Clausewitz, 1976 : 147, 152~4

이 책에서는 전쟁의 원칙에 관하여 새롭게 언급할 것이 별로 없다. 다만, 여기서는 전술의 과정, 경향, 불변 요소, 관련 상황 등을 다룰 것이다. 우리가 다룰 주제는 고작 이 네 가지 요소의 전술적 중요성이지만, 독자들은 전략 연구에서 이 네 가지 것을 함께 연구하는 것이 단순히 원칙만 연구하는 것보다 훨씬 더 풍성한 열매를 맺을 수 있음을 명심하기 바란다.

현대 전술에 관한 한 읽을 만한 저서가 거의 없다고 봐도 틀린 말이 아닐 것이다. 전술이라는 주제가 마치 지난날의 마젤란Magellan이나 쿡Cook 시대에 해도에도 없는 대양으로 나아가 세계의 여러 항구를 찾아 떠도는 것처럼, 체계를 수립하는 것이 매우 어렵기 때문이다. 해군사관학교나 해군대학 또는 해군대학원, 그 밖의 여러 전문 도서관에는 색인 목록상 전술에 관한 서지로 분류될 만한 도서가 몇십 권이 있다. 그러나 이 도서 중 이 목록에 부합될 만큼 내용이 적합한 것은 거의 없다. 대부분 알렉산더Alexander로부터 구데리안Guderian에 이르는 2,000년 중 어느 한 세기나 수세기에 걸친 육상 전역이나 전투에 관한 설명이고, 또 대개 전술가보다 역사가들에 의해 저술된 것이다.

추측하건대 해군장교들이 전술에 관한 저술을 더는 남기지 않은 것은 그들이 기동에만 관심을 두었기 때문일 수 있다. 1950년대는 소장 장교들이 전술 훈련tactical drills에 관해 관심을 고조시켰던 시기다. 500야드 거리의 종전이나 일제회전이 관심의 주요 대상이었다. 그러나 육상에서의 시가행진 훈련이 지상전과는 전혀 무관한 것처럼 종전이나 일제회전도 해상전과는 아무런 관련이 없을 수 있다. 당시로서는 전술 계획이 수립되었다고 해도 그 계획은 기동을 의미할 뿐 전투훈련을 의미하는 것이 아니었다. 이러한 전개는 과거의 기동이 효율적인 전투 수행을 위한 핵심적 위치를 차지하던 때의 유물이었다. 비교적 최근 1972년에는 크레스웰John Creswell이 『18세기의 영국 제독들British Admirals of the Eighteenth Century』이라는 저서 서문에 "함대 전술의 시대, 즉 거함들로 구성된 상호 대적 중인 함대의 전투 기동력이 해전의 주요 결과에 영향을 미치던 시대가 2세기 동안 계속되어 왔다"Creswell, 1972 : 7라고 기술했다. 또한 그는 유틀란트 해전으로 이러한 시대도 종언을 고했다고 했다. 그러나 전술이 전투 시의 부대 운용을 뜻하는 것인 이상, 어느 전술이든 부대의 기동 여부와 관계없이 존재하는 것이다. 전술의 역사를 한 번만 살펴봐도 이를 알 수 있는데, 기동의 목적이 적보다 상대적으로 유리한 전투 위치를 확보하고자 하는 데 있었다. 비록 기동이 미리 발사와 적과의 거리 및 상대적 위치 확보 등에서 그간 차지했던 핵심적인 기능을 잃었다는 크레스웰의 지적은 옳지만, 여전히 기동은 중요한 전술적 요소로서 효과적인 공격 위치를 확보하는 데 긴요한 지휘 도구로 이용되고 있다.

모름지기 함대 전술에 관한 관심이 쇠퇴한 것은 각국이 대체로 전투함 간의 전투에만 몰두한 탓이다. 오늘날 함대의 중요한 구성 요소는 육상에 위치해 있다. 해양을 통제하고 이를 안전하게 사용하려면 해군부대naval forces는 육상기지의 항공기 탑재 미사일과 수면의 상하를 탐지할 탐지장비까지 구비해야 한다. 육상에 위치한 무기와 탐지장비의 중요성을 감안해 이 책은 제10장에서 현대 전술을 설명하면서 해상에 위치한 부대의 중요한 구성 부분을 육상에 두는 해군 부대 간의 전투를 예증으로 제시했다.

이 책의 의도는 미국 해군장교들의 전술 연구에 대한 관심을 촉구하기 위한 것이다. 무엇보다 해군전naval warfare에 관한 기술과 과학 속에 식별할 수 있는 전술 이론의 실제가 있다는 것을 보여주기 위해 이 책을 저술했다. 견실한 전술 논쟁을 하려면 역사적·기술적·분석적 방법론과 전문지식이 필요하다.

먼저 역사부터 살피자. 전쟁 연구가들은 역사가 위대한 스승임을 알고 있다. 즉, 평시에는 전쟁사를 통해 전투를 대리 경험하는 것이다. 그런데도 마한은 전쟁사 연구에서 전술적 교훈보다 전략적 교훈을 더 중요시함으로써 우리에게 아무런 기여도 하지 못했다.

다음은 기술에 관해서다. 필자의 친구로 기술자라기보다는 역사가이며 분석가인 혼Thomas C. Hone은 우수한 전술을 개발하기 위해 가장 먼저 실제 무기가 어떻게 작동하는지에 관한 지식을 갖추어야 한다고 주장했다. 대부분의 해군 장교들도 이런 견해에 동의할 것이다. 전투함의 각종 기계장치비유적으로 말하면 장사 수단를 활용할 수 있는 능력은 언제나 역량 있는 해군 장교들의 자격증처럼 간주되었다. 영국 해군을 끝내 격퇴하지 못한 예하 제독들을 일생 지켜보며 실의에 젖었던 나폴레옹은 다음과 같은 말을 남겼다. "지상전의 기술은 천재성과 영감에서 나온다. 그러나 바다에서는 어느 것도 천재성이나 영감에서 나오지 않는다. 해상전에서는 실증적이면서 눈에 보이는 경험에 의해 확실해진 것이 모든 것을 좌우한다."Landersman, 1982, 부록 D서 인용 필자도 이런 날카로운 지적에 흔쾌히 찬성하는 바이다. 당시의 상황에서는 나폴레옹의 표현이 옳았다. 그러나 그는 해상에서 무엇을 해야 할지를 안다는 것과 그것을 실행하는 것 사이에는 많은 차이가 있음을 알지 못했다. 해군 장교들 대부분은 전술보다 기계장비를 다루면서 보내는 시간이 더 많다. 이 때문에 필자는 굳이 기술에 관한 지식의 중요성을 강조하지 않을 것이다. 그러나 전술에 눈을 돌린다고 해서 기술에서 완전히 눈을 떼어서는 안 된다. 따라서 이 책에서는 전술을 인도하고 변화시키는 기술의 역할에 대해서도 적절하게, 하지만 지나치지 않을 정도로 살펴보겠다.

끝으로 분석적 방법론에 관해서도 살펴보자. 분석적 방법론은 양적 분석인 동시에 질적 분석이어야 한다. 이 경우 전술의 '경향'과 '불변 요소'에 상당히 관심을 기울여야 질적 분석의 기능을 실질적으로 인식할 수 있다. 그러나 좀 더 유용한 것은 모델 연구를 통해 획득된다. 전술을 이해한다는 것은 전투의 변동 과정, 즉 그 과정과 진행을 이해하는 것이다. 전술사상의 황금기에 거의 모든 저술가가 한결같이 강조한 사항은 기하학geometry과 수numbers에 관한 것이었다. 지금의 장교들은 어떠한 현상을 지리적 표시와 문자 및 숫자로 표현하는 방법에 익숙해 있다. 따라서 그러한 양적 추론법이 사라진다는 것은 있을 수 없는 일이다. 우리 시대에 자유세계에서 해군 전술에 관한 유일한 저서인 『해군전술변천사A History of Naval Tactical Thought』에서 피오라반조 제독은 미래의 해전 양상을 예견한 마지막 장에서까지 경탄할 만한 양적 분석 방법론을 사용한다. 그의 저서에서 피오라반조는 웅변적으로 자신의 견해를 펼쳤다. 해군연구소의 *Proceedings*지와 해군대학의 *Naval War College Review*지를 한 번이라도 숙독한 독자라면 여기에 게재된 논문

중에는 수적 관계나 수학적 모델을 사용한 것이 거의 없고, 함대 훈련의 결과나 전술적 논제를 설명한 문헌도 매우 드물다는 사실을 알게 될 것이다. 컴퓨터와 작전연구 시대에 읽힌 논문이 일련의 가설과 주장, 단순한 권고 등으로 채워져 있다는 것은 매우 역설적인 일이 아닐 수 없다.

이 책의 독자라면 몇 가지 기본적인 해석 모델을 접할 것이다. 명확성을 위해 비록 단순화되어 있기는 하지만 이 모델들은 우리가 복잡한 수학적 방법론의 시대에 살고 있다는 것을 깨닫게 할 것이다. 분석모델과 컴퓨터 모의실험, 전쟁연습이 완벽하게만 개발된다면 매우 유용한 도구가 될 것이다. 현대적인 묘사 모델descriptive model은 우리의 이해를 높여줄 것이다. 예견 모델predictive model은 시간적·공간적 및 조직상의 상관관계를 설명하는 데 도움을 줄 것이다. 그리고 필자가 설명하려는 것은 실제 군사작전을 계획하고 집행하는 데 도움을 줄 수 있도록 고안된 각종 모델과 결심지원체계에 대한 관심도를 크게 증진시킬 것이다.

이런 차원에서 이 책은 전술 연구의 세 가지 기초로서 역사적·기술적 및 분석적 방법에 근거한다. 그러나 이런 방법은 이론 전개를 위한 도구에 불과하다. 함대의 전문가들이 이런 방법을 현명하게 적용하려면 또 다른 세 가지 요소, 즉 작전기술, 연습과 실험, 당면 전투 목표에 대한 인식이 추가로 요구된다. 그러므로 미래의 함대전투에서 승리하려는 전문적 해군 장교들은 이 책의 가장 중요한 독자가 될 것이라고 생각한다.

비전문가 독자와 포클랜드 전쟁Falklands War

옥스퍼드 대학의 저명한 학자이며 저술가인 루이스C.S. Lewis는 신학적인 문제에 관한 한 문외한이라고 스스로 밝힌 바 있다. 마찬가지로 해군 문제에 관해서도 그런 문외한이 있을 수 있다. 루이스는 정복을 입은 해군 장교들보다 훨씬 뛰어났고, 수년 동안 최선을 다해 현명하고 편견 없는 식견을 제공해 왔다. 그러나 더욱더 완벽한 국방을 위해 헌신하고 있는 이 명민한 미국인 문외한이 더 건설적인 기여를 하고자 한다면, 그는 해군 전술에 관해 좀 더 확고한 배경 지식을 갖추어야 할 것이다. 바로 루이스와 같은 아마추어 비평가는 이 책이 의도하는 두 번째 부류의 독자이다.

포클랜드 전쟁이 한창일 때 일부 비전문 연구가들은 다음과 같은 방법으로 사태를 설명했다.

- 순양함 제너럴 벨그라노HMS General Belgrand* 함의 침몰은 수상함이 잠수함의 상대가 될 수 없을 정도로 취약한 면이 있다는 새로운 사실을 보여주었다.
- 셰필드HMS Sheffield 함을 비롯한 영국 수상함의 침몰은 수상함이 공대함 미사일에 매우 취약하다는 사실을 입증했다.
- 그러므로 수상함, 특히 거대하고 값비싼 수상함은 이미 시대에 뒤떨어진 것이다.
- 해전에 참전한 사람들의 살상률은 갈수록 높아지고 있다.
- 만약 핵무기가 사용되었다면 전투함은 훨씬 취약한 공격 표적이 되었을 것이다.

□ * 'HMS'는 'His(Her) Majesty's Ship'이라는 의미로 영국 해군의 함정이 아니라 영국의 함정이라는 뜻을 지닌다. 미국 해군 함정은 'USSUnited States Ship', 대한민국 해군 함정은 'ROKSRepublic of Korea Ship'라고 표기한 다음에 함정 이름을 붙이게 되어 있다.:-역자 주.

이 책은 현대 해전의 교훈을 모두 소개할 만큼 방대하지는 못하다. 물론, 그 어떤 저서도 그렇게 하기 어렵다. 그러나 이 책의 독자라면 대개 포클랜드 전쟁에 대한 앞의 분석과는 다른 결론에 도달하게 될 텐데, 이는 필자가 바라는 바이기도 하다. 나중에 상세히 설명하겠지만 포클랜드 전쟁에 관한 좀 더 현명한 결론을 이렇게 제시하고 싶다.

- 제2차 세계대전 전에 건조된 벨그라노 함의 침몰은 현대전을 수행하는 데 현대적인 병기의 필요성을 다시 한 번 확인시켰다. 영국 해군은 함정 수준에서는 아르헨티나 해군을 능가했다. 특히 잠수함 분야에서 그러했다. 대개 해상

에서는 조금이라도 열세한 해군 세력이 우세한 해군 세력에 결정적으로 패배를 당하는 반면에 우세한 세력에는 거의 손상을 입히지 못한다. 따라서 아르헨티나 해군이 스스로 열세를 인식했다면 영해 내로 철수해 그 전쟁에서 실제로 벗어나는 것이 백 번 옳았을 것이다. 잠수함은 과거는 물론 지금도 유력한 전투함이다.

셰필드 함과 3척의 영국의 호위함은 모두 항공모함과 병원수송함의 방호라는 그들의 임무를 성공적으로 수행하던 중에 격침되었다. 우리는 1945년 이래 해상전투를 해본 적이 없다. 따라서 해전의 특성이 신속한 진행과 함께 치명적이며 결정적인 데 있다는 사실을 망각해 왔다. 만약 포클랜드 전쟁을 통해 새로운 교훈을 얻을 수 있다면, 그것은 전투함이 미사일에 취약한 게 아니라 단순히 폭탄만으로 무장한 항공기가 함대공 미사일을 장착한 전투함의 상대가 되지 못한다는 사실이다. 막강하고 용감했던 아르헨티나 공군은 영국 전투함 몇 척을 격침시키는 과정에서 대부분 패퇴하였다. 격침된 영국 군함들 가운데 4척은 포클랜드 섬 근해에서 침몰되었다. 영국 해군이 상륙작전 수행과정에서 그랬던 것처럼 함대가 해안두보 방어에 전념하는 경우에는 자칫 기동이라는 전술적 이점을 상실하게 된다. 또한 적의 전투정찰 문제가 해결되면 함대는 적의 위협에 훨씬 더 취약해지고 적극적 방어에 의존할 수밖에 없다.

미국은 자국의 수상전투함들을 구식으로 방치하면 안 된다. 미국은 상선대의 안전한 통항과 필요한 경우 상륙작전 부대의 방호 등 해외에서의 이익을 옹호하기 위해 해양 사용을 필요로 한다. 상선의 안전 항해와 해양 사용은 수상전투함 없이 수행될 수 없다. 전함이나 항공모함과 같이 방호력을 갖춘 거대한 군함은 전투지속 능력이 있으며 그 크기에 비례한 공격력을 보유할 수 있다는 점에서 매우 가치가 있다. 산 카를로스San Carlos 해협에서 영국의 상륙작전이 있기 전 영국 함대는 그 기동력에 힘입어 포클랜드 섬 근해에서 안전하게 작전을 수행할 수 있었다. 그러나 해상에서 지원을 받지 못한 포클랜드 섬의 아르헨티나 지상군은 본토로부터 완전히 고립되어 있었고, 아르헨티나 공군도 그 막강한 전투력을 사용하기에는 너무 멀리 떨어져 있었다.

_ 현대 해전에서는 효율적인 전투정찰이 효율적인 무기 발사의 열쇠가 된다. 아르헨티나 공군과 영국군은 모두 부적절한 전투정찰로 기동이 자유스럽지 못했다. 아르헨티나 공군과 단독으로 작전을 수행하던 아르헨티나 잠수함이 영국의 주력함인 2척의 항공모함을 추적해 표적으로 조준하기 위해서는 좀 더 향상된 정찰이 요구되었다. 영국도 더 확실한 감시와 임박한 공격을 알려주는 조기 경보가 필요하였다. 최소한 2척의 군함이 주력부대로부터 멀리 떨어진 거리에서 레이더 초계를 수행하고 있던 중에 공격을 당했다. 사실 그와 같은 위치는 공격에 매우 취약한 위치였다. 갑자기, 사전 경보도 없는 상태에서 미사일 공격을 허용해서는 안 된다. 다수의 장거리 무기를 보유한 세력 간의 전투인 현대 해전의 전과는 미사일이 도달하기 전의 전투정찰과 경계의 효율성에 의해 결정될 것이다.

_ 해군전투는 참전자들에게 항상 치명적이었다. 그러나 포클랜드 전쟁은 전투 기능을 상실한 함정 1척당 사상자 수가 점점 줄어드는 경향을 한층 명백하게 확인시켜 주었다. 지상전이든 해상전이든 현대전에서 기계장비의 파괴율은 더 늘었지만 인명 살상률은 그렇지 않았다.

_ 포클랜드 전쟁에서 핵전쟁에 관해 배울 것은 아무것도 없다. 이전과 마찬가지로 우리는 핵전쟁이 발발할 경우, 공격을 회피하기 위해 기동할 수 있는 해상의 함정보다 육상의 고정 목표물이 훨씬 취약할 것으로 추측할 뿐이다.

포클랜드 전쟁에서 얻은 교훈은 이러한 전쟁의 특성해양전과 규모국지전에 해당되는 것이다. 이 전쟁은 미국 해군이 수행하거나 방지하기에 알맞은 그러한 종류의 전쟁이었다고는 할 수 있어도 아르헨티나 해군이나 영국 해군이 대비할 만한 종류의 전쟁은 아니었다.

기타 독자들

이 책이 의도하는 세 번째 부류의 독자는 13세 정도의 청소년들이다. 이 나이는 훗날 유틀란트 해전 당시 사령관이 된 젤리코John Jellicoe가 4피트 6인치에 불과한 신장으로 영국 해군에 입대해 낡은 목재 전열함인 브리타니아

HMS *Britannia* 함에 승함한 연령이다. 수학이나 음악, 그 밖의 어떤 분야에서든 천재는 일찍 꽃피우는 법이다. 관심을 갖는 어린 독자들에게 일종의 자극을 주기 위해 필자는 그간 부족했던 전술 관계 문헌의 공백을 채워주고자 한다. 오늘날 적절한 컴퓨터 전쟁놀이가 제법 많이 나와 있는 점을 비추어볼 때, 이제는 미래의 니미츠나 스프루안스에게 왜 그들의 전술이 성공하거나 실패했는지를 설명하는 데 도움이 될 만한 책이 최소 한 권은 나와야 할 것이다.

필자는 소년 시절에 시카고 공립도서관의 359번, 940.5번 서가에 꽂혔던 로베트Lee J. Lovette, 프랫Fletcher Pratt, 포레스터C.S. Forester, 그 밖의 저자의 책을 통해 전술을 배웠다. 비오는 날이면 친구들을 불러 모아 장난감 군함으로 구성된 함대를 조직하고 집안을 전장으로 삼아 이때 현관은 전투의 초점을 맞추는 대해협이었다. 전쟁놀이를 하기도 했다. 우리는 함대를 구성하는 군함을 모두 구입할 수 없어서 장난감 구축함이 5센트였고 순양함은 10센트였다. 각 군함의 이름과 전투 특성을 기입한 조각에 이쑤시개를 아교로 붙여 거대한 함대를 만들었다. 이러한 전쟁놀이는 비오는 토요일을 보내는 데 더없이 좋은 방법이었다. 그러나 만약 그 당시에 이 책과 같은 전술 서적이 있었다면 나의 장난감 해군 함정을 모두 투자해서라도 그 책을 구입했을 것이다. 그 책이 직업 해군을 위해 저술된 것이었다면 더더욱 빨리 샀을 것이다. 필자는 마셜 비행장에서 1944년도 『제인 함정 연감Jane's Fighting Ships』 1권을 구입하기 위해 할아버지에게 받은 은화 21달러를 투자한 적도 있다. 그날 바다의 신 넵튠Neptune은 해군이 될 필자의 운명을 예견한 듯하다.

우수한 전자기기를 가지고 있는 오늘날의 젊은이들이, 장난감 군함과 이쑤시개로 만든 모형군함을 가지고 놀던 우리 세대에 비하면 훨씬 행복하고 세상 물정에 밝은 것 같다. 그러나 이들 전자세대가 욕망과 기술 수준에 자만하지 않도록 한마디 충고하겠다. 가정용 홈비디오 스크린에서 우수한 전술을 구사한다고 해서 그것이 전장에서의 전투력을 측정할 수 없는 것처럼 해군대학 전쟁연습실에서의 전술 역시 그러한 척도가 되지 못한다. 전술은 일종의 하드웨어를 다루는 것이다. 물론 하드웨어도 필요하지만 그것만으로 충분하지 않다. 전장에서 전술의 집행은 승조원들의 마음과 정신을 제어하는 리더십의 문제이다. 에디슨이 발명의 천재에 대해 한 말1%의 영감과 99%의 땀은 전장에서의 승리에도 그대로 이어진다.

이 책의 네 번째 대상이자 달갑지 않은 독자가 있다. 그것은 바로 러시아과학원Soviet Academy of Science이다. 러시아과학원은 이 책을 단순히 읽는 데 그치지 않고 철저하게 연구·분석할 것이 분명하다. 체계적·수량적 및 역사적 분석 역량을 갖춘 러시아의 군사과학은 서방세계의 군사관계 문헌을 검토하는 데도 철저하고 포괄적 특성이 있다. 러시아과학원은 필자가 이 책을 집필하는 동안 유령처럼 어깨 너머로 예의 주시해 왔다. 따라서 필자는 이 책을 저술하는 데 미국 해군의 현행 교리에 관한 부분은 대략 수수께끼로 남겼다. 물론 이 책에서는 숨김없이 표현한 부분도 있다. 이 때문에 러시아과학원이 어떤 이익을 얻을 수도 있다면 필자는 본서의 제9장 서두에 나와 있는 금언, 즉 "이론만으로는 전투에서 승리할 수 없다"는 주장을 강조하고 싶다. 그렇지만 18세기 영국 해군 지휘관들이 프랑스 해군을 격퇴한 바로 그 전술을 호스트Hoste, 모로그Morogues, 그 밖의 여러 프랑스 이론가들에게 배웠을 것이라는 사실을 지적하지 않을 수 없다.

용어의 설명*

전술tactics이라는 용어의 어원은 '배열에 관한 것matters pertaining to arrangement'이라는 뜻의 그리스어 'taktika'이다. 전통적이고 좁은 의미에서의 전술은 "양측이 대적 관계에서 부대를 배치하거나 기동시키고 전투 시에 이들 부대를 운용하는 기술이며 과학"으로 정의된다. 여기서 전술이라 함은 '전투 시 부대의 운용handling of forces in battles'을 뜻한다. 그러나 전술은 학문이 아니라 기교이며, 기술이나 과학이 아니라 바로 전투 시의 인간 행동이다.

그래서 전략가는 계획을 세우지만 전술가는 행동한다.

□ * 용어에 대한 구체적인 정의는 부록 A 참조.

여기에 나온 정의는 의도적으로 모호하게 규정되어 있다.* 핵심적인 단어는 '운용handling', '부대forces', '전투battle'이다. 앞으로 책을 읽어가는 동안 전후 문맥을 통해 이런 용어의 의미가 구체적으로 명확히 드러날 것이다. 많은 연구, 가령 로빈슨 부부나 피오라반조의 연구에 나오는 해군 전술naval tactics과 유사한 의미로 사용된 함대 전술fleet tactics이라는 용어는 다수의 함정과 항공기 간의 협동작전까지 포괄하는 개념이다. 종종 단일단대 전술이 논의되기도 하지만, 그것은 함대 전술에 부가되는 상황에서만 있는 전술이다. 지상전의 통상적인 구조와 비교할 때, 여기서 말하는 함대 전술은 제병합동전술combined-arms tactics이나 대전술grand tactics 또는 필자로서 사용의 필요성을 거의 느끼지 않는 작전술operational art과 유사하다.

□ * 어떤 사람은 전술이란 전투에서 승리하기 위한 군사적 전개라고 말할지도 모른다. 그러나 이것은 열세한 측의 전술을 설명하는 데는 지나친 표현이 될 것이다. 더 나아가 해군의 임무가 단순히 전장에서의 승리만을 지향하는 것은 아니다. 견실한 전술은 세력의 잠재력을 최대한 발휘하는 것을 목적으로 한다.

함대 전술은 각종 해양 문제가 걸려 있는 전투와 관계가 있거나 어떤 의미에서는 해양통제sea control나 제해권command of the sea을 둘러싼 전투와 직결된다. 이 책에서 사용되는 것처럼 함대 전술이라는 용어에는 상륙작전이라는 특수 전술이 포함되지 않는다. 또한 해군의 지상전 지원이나 군사력 투사작전projection operation도 종종 유용하게 요청되는 경우도 있지만 역시 함대 전술의 개념에서는 제외된다. 이와 관련해 두 가지 사항을 강조하겠다.

첫째, 양측 함대가 단순히 또는 특별히 제해권 장악만을 위해 전투를 벌이는 경우는 비교적 드물었다는 사실이다. 대부분의 경우 어느 쪽이든 직접, 그리고 즉각적으로 육상 목표에 타격을 주려고 할 때 발생하였다. 따라서 한쪽 또는 양측 전투함대 행동의 자유를 방해하거나 제약하기 위한 상륙작전이 종종 있었다. 그러므로 어느 한 함대가 패하는 것은 흔한 일이지만, 적절한 전술만 있다면 해안두보의 방어나 주요 선단의 방호라는 함대의 목표를 달성할 수도 있을 것이다. 앞서 설명한 것처럼 이 책은 연구 범위가 그리 넓지 못하다. 이런 까닭에 상륙 돌격에 관한 사항까지 여기서 논할 여유는 없다. 이 책의 주제는 해상전이다. 둘째, 함대의 지휘관은 해양목표와 육상목표를 구별해야 한다. 예를 들면, 항공강습은 해상에 대한 위협을 억제하기 위해 사용될 수도 있고 지상 작전을 지원하기 위해 사용될 수도 있는데, 이런 목표는 자칫 혼동되기 쉽다.

또한 통상파괴전guerre de course이라는 특수 전술도 함대 전술의 영역에서 제외된다. 'guerre de course'라는 용어는 프랑스어로 문자 그대로 추격전war of the chase을 뜻하며 해상에서의 습격전raider warfare이나 게릴라전으로 통한다. 통상파괴전을 수행하는 수상습격함, 잠수함 및 항공기는 단독 또는 소규모 부대 작전을 통해 은밀성과 높은 교환율로 적을 소진시키면서 살아남았다. 통상파괴전에서 공격자와 방어자의 전술은 결정적인 지상전투나 게릴라전의 전술과는 전혀 다르다.

이 책에는 오래 전부터 사용된 몇 가지 용어가 재차 등장할 것이다. 그 중 대표적인 것이 전투정찰scouting이라는 용어이다. 여기서는 이 용어를 정찰reconnaissance, 감시surveillance, 그 밖의 전술정보tactical information를 확인하여 지휘관이나 자기 부대에 보고하는 일체 수단을 뜻하는 것으로 사용하기로 한다. 'razvedka'라는 러시아어도 실제적으로는 같은 뜻이다. 다른 계통에서 나온 용어인 경계screening와 신조어인 대정찰antiscouting은 거의 같은 의미로 사용된다. 용어를 구별해서 사용하는 것은 중요하다. 대정찰은 적의 전투정찰 기도를 좌절시키기 위한 모든 수단을 뜻하고, 호위escorting는 적의 무기에서 중요한 단위부대를 방어하기 위해 동행하는 함정이나 항공기의 활동을 뜻한다. 호위는 앞으로 사용되겠지만 대항세력의 일종이다. 따라서 대잠 경계진은 주로 잠수함의 공격에서 다른 단위부대들을 방호하기 위한 호위 대항세력을 뜻한다. 그러나 경계진 함정과 항공기는 적 잠수함에 위협을 가하고 아군의 피호위부대에 접근해 공격하려는 적 잠수함의 기도를 방해함으로써 대정찰 기능까지 수행하는데, 이러한 기능의 정도와 가치가 과소평가되기 쉽다.

지휘 및 통제C^2 : command and control는 지휘와 관련해 다양하게 언급되고 있다. 즉, 지휘, 통제 및 통신C^3 : command, control and communication 또는 지휘, 통제, 통신 및 정보C^3I : command, control, communication and intelligence 등의 의미로 사용된다. 구체적으로 말해 C^2는 전투정찰을 통해 얻은 정보의 종합, 지휘관의 결심, 그리고 예하 부대에 대한 명령의 전파를 말한다. 필자는 C^2라는 용어를 각종 명령 전달 수단을 포함해 모든 결심지원체계와 기타 다수의 지휘지원체계를 포괄하는 개념으로 사용한다. 그러나 전투정찰지원체계와 전투정찰 과정은 C^2의 개념에서 제외된다. 지휘통제대항책C^2CM : C^2 countermeasure은 적의 효과적인 C^2를 억제하기 위한 활동을 말한다. 신호전signals warfare은 전투정찰과 대정찰, 그리고 C^2와 C^2CM에 관련된 중요하고도 유용한 용어이다. 정보전information warfare은 너무 막연한 용어여서 앞으로 이 책에서는 사용하지 않을 것이다.

C^2에 대한 필자의 정의는 독특하지도 않고 보편적인 것도 아니다. 그러나 이와 같이 정의하는 것은 많은 장점이 있다. 그러한 장점 중 하나는 C^2가 단순히 하드웨어만을 뜻하는 것이 아님을 명확히 한 것이고, 다른 하나는 자칫 1 대 1 교전을 둘러싼 모든 전술적 활동을 통칭하는 것으로 생각하기 쉬운 C^3I의 광범위한 의미를 본문의 설명에 필요한 범위 내로 제한할 수 있다는 것이다. C^2는 전투정찰 정보를 사용하는 것뿐만 아니라 전투정찰원의 방향과 그 할당에 영향을 미치는 일체 행위를 포함한다.

한 가지 불충분한 용어인 전략무기strategic weapon라는 단어는 여기서 사용하지 않을 것이다. 전략전strategic warfare 및 전략폭격strategic bombing이라는 개념과 이 개념을 ICBM의 범주에 넣는 것이 전혀 이해되지 못할 바는 아니지만, 전적으로 타당한 것이라고도 할 수 없다. 그 대신 장거리 핵무기의 전술적 특성을 주로 다룰 것이다. 이러한 장거리 핵무기가 사용될 경우, 즉 이 무기를 범세계적으로 운용할 경우 대륙 간 전장에서 특별한 전술 기법이 필요해질 것이다. 그와 같은 가공할 전쟁 상황에서는 국가지휘당국이 전술지휘관이 되어 공중, 지상, 해상에서의 각종 무기 사용을 효과적으로 조정하는 문제를 직접 담당할 것이다. 물론 전면 핵전쟁이 우리가 다루는 주제는 아니라고 하더라도 지상전의 전형paradigm : 그 초점은 위치와 기동에 있다보다는 여기서 기술하고 있는 해상전의 전형그 초점은 소모에 있다이 전면 전쟁하의 전술을 이해하는 데 더 큰 도움을 줄 것이다.

책의 구성

이 책의 핵심은 '거대한 경향'과 '항구적 불변 요소'를 다룬 제6, 7장이다. 19세기 말 전쟁원칙에 관한 연구가 한창 절정에 이르렀을 때, 해군 장교들은 실제로 그러한 전쟁원칙 연구에 얽매이기보다 실용주의적인 태도로 전술 연구에 매진했다. 당시 전쟁연구가들, 그중에 특히 마한은 그런 원칙이 전략적 결정의 지침이라고 하면서도 전술이 기술에 따라 변하기 때문에 전술의 원칙이 고수되는 경우는 거의 없을 것이라고 주장했다. 전쟁 연구에서 기술이 전술 변화에 어떤 영향을 주었는지를 연구하는 것으로 논리적 귀결이 이루어져야 하는데 거꾸로 전술 이론이 경시되었다는 사실은 역설적이다. 전술에는 무기의 사정거리와 살상력의 증가처럼 뚜렷한 경향을 보이는 것도 있지만, 반면 공간적·시간적·화력집중 원칙처럼 어느 시대를 불문하고 타당하다고 인정되는 주목할 만한 불변 요소도 있다. 이런 경향과 불변 요소를 기술하려는 것이 바로 제6, 7장의 저술 목적이다. 이어서 제8장에서는 신기술은 어떤 것이고, 신기술이 새로운 전술에 미치는 영향에 관해 살필 것이다.

제9장에서는 전술에 영향을 미치는 제3의 주요 요소인 가변 요소, 이를테면 교전 양측 각각에 임명된 양측 지휘관의 임무와 그런 전술지휘관이

전시에 내리는 결정에 수반되는 관련 사항에 대해 설명할 것이다. 이런 가변 요소는 어떤 이론도 추상적으로 또는 사전에 해결할 수 없는 전술적 결정에 직접적·구체적으로 영향을 미친다.

제10장에서는 전술에서 이상의 세 가지 영향 요인, 다시 말해 전술의 본질에 관한 각기 다른 일정한 경향, 항구적 불변 요소, 관련 사항이 현대 전술에 어떤 영향을 미쳤는지를 분석하였다.

그러나 서두에서 언급한 것처럼 현명한 전술을 구사하는 데는 역사에 관한 지식도 적지 않은 도움을 준다. 역사는 편견을 지닌 제자들이 잘못된 교육을 받는 것에 교훈을 주는 변덕스러운 스승이다. 독자들은 이 책을 통해 역사적 교훈에 어떻게 접근해야 하는지를 깨닫게 될 것이다. 제2장부터 제5장까지 네 개의 장에서 바로 전술사에 관한 필자의 견해를 밝혔다.

필자가 왜 역사에 관한 네 개의 장을 기술하게 되었는지 한마디만 덧붙이겠다. 공저자로 활약한 노트 대령과 이 책을 처음 구성할 무렵에는 역사에 관해 기술하겠다는 생각은 없었다. 우리는 단지 앉은 자리에서 읽을 수 있고 창공의 햇살이 내리 꽂히듯 급강하하는 폭격기 전대가 주는 충격처럼 엄청 강한 방법으로 우리의 메시지를 전달해 줄 간단한 책의 집필을 구상했다. 하지만 전술의 경향과 불변 요소를 논의하려면 이를 뒷받침할 어떤 증거가 필요하지 않겠는가? 바로 이 문제를 생각한 후 노트 대령에게 전술에서 다음과 같이 서로 대비되는 세 시대를 다룰 세 개의 장이 필요하다는 글을 보냈다. 그 세 시대는 다음과 같다.

■ 범선전투시대

이 시대의 전술은 '전투를 직접 치르는 과정에서', 즉 전투를 거듭하는 과정에서 발전하였다. 이 시대에는 실질적인 것을 가장 중시했다. 영국 해군을 전장으로 이끈 장교들은 명백한 전술의 실패를 눈앞에서 보았다. 그러면서도 더는 소용없는 명약관화한 전투교리에 그들은 왜 그토록 집착한 것인가?

■ 거함거포시대

이 시대의 전술은 함대 단위의 전투가 거의 없던 시기에 발전하였다. 따라서 이 시대는 급격한 기술의 변화가 이루어졌음에도 새로운 무기와 전술을 전투에서 검증해 볼 기회가 없었다는 점에서 우리 시대와 유사했다.

■ 제2차 세계대전

해전의 중추적인 무기체계가 전함에서 항공모함으로 바뀐 시대이다. 일반적인 견해와 달리 이 시대에는 항공모함의 항공력이 매우 급속도로 발전하였다고 믿는다. 새로운 미사일 전술로 전투해야 하는 오늘날의 장교들이, 전투에 항공기를 동원하던 제2차 세계대전 당시에 해군 장교들이 직면했던 전술적 결정 문제와 같은 종류의 문제에 직면하고 있다는 사실은 시사하는 바가 매우 크다. 그 결과, 필자와 함께 역사적 연구의 중요성을 인식하고 있던 노트 대령도 이런 견해에 흔쾌히 동의함으로써 이 책은 거의 구성을 갖췄다.

그러나 아직 완전한 구성은 아니었다. 당혹스럽게도 제2차 세계대전 중 전술상에 2대 혁명이 있었다는 것을 나중에야 알았다는 것을 인정할 수밖에 없다. 신무기의 출현과 더불어 레이더와 소나, 신호전이 꽃을 피우게 된 것이다. 따라서 '제2차 세계대전 : 탐지장비 혁명'이라는 장을 추가해야만 했다. 나아가 독자들을 위한 사전 배려로 다섯 가지 초석을 처음에는 세 가지였는데 나중에는 네 가지, 마지막에는 다섯 가지로 늘어났다 언급할 필요가 있었다. 마침내 이런 다섯 가지 초석이 추가됨으로써 이 책은 다음과 같은 구성을 갖추게 되었다.

■ 제1장

첫째 초석은 경직된 사고보다 전투 시의 충천한 용기를 중시하는 독자들의 입장을 강화해 줄 것이다. 둘째 초석은 전술 교리의 역할을 확고히 해줄 것이다. 셋째 초석은 전술에 미치는 기술의 영향에 관한 사전 설명이라고 할 수 있다. 넷째 초석은 핵심 주제인 결전decisive battle을 정의하고 그 한계를 명확하게 해줄 것이다. 끝으로 다섯째 초석으로 "효과적인 선제공격을 하라"라는 해전에서의 중요한 격언을 소개할 것이다.

▪제2장에서 제5장

역사에 관한 장으로, 나중에 나올 자료의 기초가 되고, 해군사를 숙지하고 있거나 알고 있다고 생각하는 독자들에게는 각자의 역사해석론을 이 책의 역사해석론과 비교해볼 기회를 줄 것이다. 특히, 이 네 개의 장은 전열함, 전함, 항공모함이 각기 수행하는 기동, 통제, 무엇보다 세력 집중의 방법을 대비해 보여줄 것이다. 세 가지 서로 다른 전투 모델은 독자들이 해군 전투의 변동 과정을 생생히 그려보는 데 도움이 될 것이다.

▪제6, 7, 8, 9장

이 네 개의 장에서는 전술의 경향과 불변 요소, 관련 사항또는 가변 요소을 기술할 것이다. 이로써 해군작전의 핵심 구성 요소인 화력, 기동, 전투정찰 및 C^2에 대한 이해를 증진시키기 위해 2~5장에서 살핀 역사적 교훈을 응용할 준비를 모두 갖추는 셈이다.

▪제10장

이 장에서는 미사일 시대의 전투 모델을 통해 현대 전술에 관해 논할 것이다. 특히, 이 장에서는 다음 두 가지 사항이 강조된다. 첫째, 하나의 세력이 상대세력에게 전투력을 집중시키는 것을 머릿속에 그려보는 것은 전술의 본질을 파악하는 가장 좋은 방법이기는 하지만, 효율적인 전투정찰이 화력발사의 선결 요건이 된다는 사실이다. 둘째, C^2는 선제공격을 하기 위해 같은 수단을 강구하는 적에 맞서 전술지휘관이 세력force과 대항세력counterforce, 전투정찰과 대정찰을 어떻게 운용할지 결정하게 한다.

▪제11장

여기서는 몇 가지 결론이 제시될 것이다. 이 책은 앉은 자리에서 단번에 독파할 수는 없지만, 특히 함정과 항공기 운용에 종사하느라 바쁜 장교들도 읽을 수 있도록 간략하고 핵심적이며 흥미로운 내용으로 채우고자 했다. 그러나 책의 실질적인 집필 동기는 무엇보다 전술 서적의 탐독, 집필, 토론을 재개해야 한다는 인식을 모든 병과 장교들의 마음속에 깊이 인식시키기 위함이다.

CHAPTER 1
다섯 가지 초석

서언

우리는 아퀼러François Paul Brueys d'Aiquillers 해군 중장과 함께 이집트의 아부키르 만에 정박한 기함 오리엔트Orient 함 함상에 있었다. 불과 10년밖에 안 된 일이지만 우리 혁명군이 전제 군주 아래 소속된 해군 지휘부를 처단할 당시 아퀼러는 고작 대위 계급이었다. 그런데 지금은 그가 보나파르트 장군의 심복이다. 아퀼러 제독은 조직에 능한 인물로서, 3만 6,000명의 프랑스 보병, 기병 및 포병이 승함한 400척의 병력수송함을 이집트까지 호송하는 경이적인 공을 세운 바 있다. 그러나 1798년 8월 1일 바로 오늘, 어떤 심각한 위협이 닥친다면 우리의 마음은 매우 불안할 수밖에 없다.

아퀼러는 나폴레옹의 신임을 받고는 있으나 지금은 신임에 제대로 부응하지 못하고 있다. 우리는 그의 일천한 경험에서 비롯된 어떤 긴장감을 느꼈다. 그는 함정이 좌초되지나 않을까 두려워 겨우 약 10마일 떨어져 있는 알렉산드리아 항에 입항하기를 꺼렸고, 나폴레옹이 적을 모두 섬멸해 이집트의 지배자가 된 지금까지 몇 주 동안이나 평탄한 아부키르 해안의 서쪽 만곡에 위치해 13척의 전열함을 출항시켜 나가서 싸울 것인지, 아니면 그곳에 그대로 정박한 채 싸울 것인지를 결정하지 못하고 있다. 포악한 나폴레옹이 우리를 찾아 전 지중해를 뒤지며 허겁지겁 돌아다니는 중이어서 종국에는 전투가 벌어질 것이다. 이런 차에 아퀼러는 마침내 모종의 결심, 즉 정박한 채 싸우겠다는 결심을 굳혔다. 좋다, 그렇다면 우리는 왜 북쪽에 있는 아부키르 섬의 해안 요새를 강화할 계획을 추진하지 않는가? 6파운드 포 몇 문으로 할 수 있는 것은 전혀 없었다. 해안을 따라 교전할 때는 통상 해안포대를 구축한다. 아군의 위치로 볼 때 전위를 강화할 수 있는 섬의 해안포대는 결코 낭비가 아니다. 우리 제독은 무장을 제일 잘 갖춘 강한 함선들을 종렬진의 후위에 배치했기 때문이다. 물론 우리는 그의 계획이 건전하다는 것을 알고 있다. 아니 후위라고 하기보다는 오히려 투묘 중인 함선 대열의 남단이라고 말하는 것이 옳겠다. 그러나 이러한 조치는 우리가 기동할 수 없을 때 영국 함대가 우리 후위를 협공할 우려가 있다는 문제점을 야기한다. 그렇다면 풍향은 유리한가? 연중 가장 무더운 이 시기에 넬슨의 전열함이 우리의 종렬진 남단까지 접근하도록 미풍이 육지를 향해 불어 줄 것인가?

 그 밖에 현실적으로는 실행되지 못했지만 의견이 일치한 것도 몇 가지 있었다. 전열의 전 우현 포대가 바다 쪽으로 정렬하도록 함미 닻을 사용한다. 적함이 우리 전열을 돌파해 종횡무진 통과하는 것을 막기 위해 각 함선 사이를 케이블로 연결한다. 그리고 닻줄을 팽팽하게 유지한다. 우리는 함선 간격을 150미터로 유지하고 있었는데, 이러한 간격은 종렬진으로 항진할 경우 그리 좁은 간격이라 할 수 없고 조류에 따른 요동에 안전하며 단정을 운용하기에는 편리하지만, 정박 상태로 전투를 수행하기에는 간격이 너무 넓었다. 참모장 관테움Ganteaume은 식량과 식수를 염려했지만 우리는 쾌적한 분위기였다. 다만 육상에서 파견된 인원이 너무 많아전해들은 바로는 3,000명이었다 위와 같은 대비책을 실행할 만한 역량을 지닌 이들이 없었다. 어쩌면 출항을 할 수밖에 없는 상황이 올지도 모른다. 아퀼러 자신도 전쟁에서 확실한 것은 아무것도 없다고 말하기도 했다. 우리는 항상 유동적인 상태에 놓여 있다고 말하지만 우리가 닻을 올리고 식량을 찾아 나서기까지는 또 얼마나 기다려야 할 것인가? 필요하면 우리도 출항할 수 있었다. 그런데 왜 우리는 이처럼 안일한 생각에 빠져 있는가? 우리 중 누구보다 해군의 특성을 잘 알고 있는 샤일라du Chayla 제독은

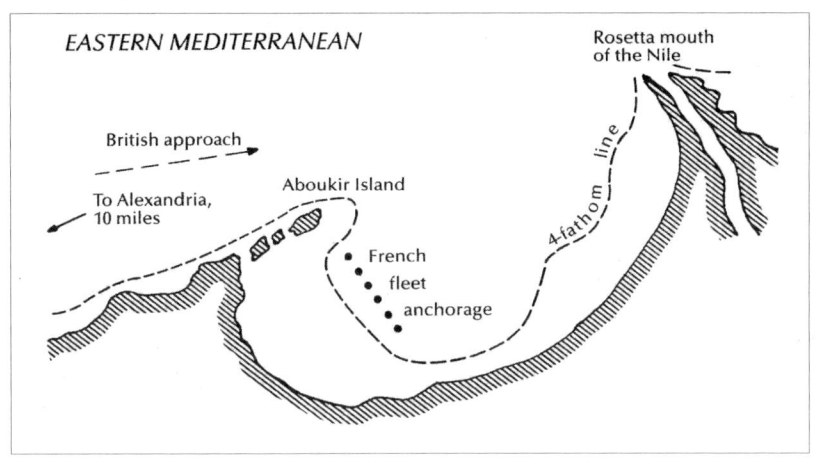

〈그림 1-1〉 아부키르 만

출항해서 전투해야 한다고 주장했지만 함장들이 반대하였다. 그들은 경험이 너무 없고 제대로 훈련받지도 못한 사람들이다. 그렇다면 우리가 하고 있는 일은 무엇인가? 우리는 한 달간 정박해 있었기 때문에 무기력에 빠져 이집트 산 낙타고기를 훔치는 것 외에는 분야마다 점점 훈련을 잊어가고 있을 뿐이다.

불평 좀 그만두라고 하지만 이런 불평도 열정이라면 열정이다. 넬슨 함대는 우리보다 열세하다. 우리가 승선한 이 오리엔트 함은 120문의 포를 보유하고 있다. 우리 함은 마치 한 마리의 괴물 같다. 영국의 어느 함정도 독자적으로는 우리 앞에서 15분을 견디지 못할 것이다. 바로 앞에는 80문의 포를 보유한 샤일라 제독의 프랭클린*Franklin* 함이 자리하고 있으며 이놈들아, 이 프랭클린 함이 어떤 군함인지 알아?, 뒤에는 80문의 포를 장착한 토낸트*Tonnant* 함이 버티고 있다. 그러나 넬슨 함대는 74문의 포나 그 이하의 포를 갖춘 군함에 불과하였다.

"주의!" 호렉스*Heureux* 함에서 나머지 12척의 범선에 신호를 보내왔다. 영국 함대가 알렉산드리아 동쪽에서 해안을 따라 접근하고 있다는 신호다. 이제 우리는 북서쪽 평원 너머로 영국 함대를 발견할 것이다. 자 좋아, 이제 무언가 이 전투의 실마리가 풀릴 것이다. 우리들은 갑자기 생기가 돌았다. 육상에 파견된 승조원들에게 모두 귀함하라는 신호가 전달되었기에 대부분은 늦어도 아침까지는 귀함할 것이다. 전투 준비! 한쪽 현만? 그렇다. 승조원들이 아직은 육상에 남아 있기 때문이다. 우현 전투준비 이 멍청이들, 좌현은 육지 방향이야, 우리는 영국과 함께 바다에서 활동할 수 없다. 우리는 그들을 바다에서 싹쓸이할 것이다. 언제? 내일 여명이 밝아 오는 바로 그때이다. 전투는 하루 종일 계속되는 격전이 될 것이다.

아퀼러는 후갑판을 천천히 거닐고 있었다. 오후 당직이 6시를 가리키는 종을 울리고 있었지만 그때까지도 영국 함대는 아부키르 섬을 완전히 벗어나지 못한 상태였다. 도대체 왜 영국 함대는 침로를 변경하지 않은 것일까? 한낮의 미풍이 상쾌하게 부는 가운데 영국 범선 1척이 어둠이 내리기 전에 어떻게든 활동 공간을 확보하려고 애썼다. 영국 함대가 기함 뱅가드 Vanguard 함에서 우리의 종렬진을 봤다면 우리를 피해 멀리 도망갔을 것이다. 물론 넬슨이 조금만 분별력이 있다면 봉쇄를 기도할지도 모를 일이었다. 그럴 경우 아퀼러도 얼마간 곤경에 처할 것이다. 따라서 우리는 처음에는 때를 기다리겠지만 결국에는 출전해서 싸울 수밖에 없을 것이다. 또 그렇게 되면 우리도 손상을 입을 수밖에 없는 항해를 하게 될 것이다. 그러나 넬슨은 참을성이 부족하다. 내일이면 전투가 벌어질 것이다. 오늘 밤은 잠이 오지 않을 것 같다.

그런데 어찌된 일인가? 선두에 섰던 질러스 Zealous 함이 바람을 등진 채 계속해서 만 안으로 들어오는 게 아닌가? 닻을 부릴 인원이 배치되어 수심을 측정 중이었다. 지금 눈앞에서는 넬슨 함대가 한낮의 미풍을 받으며 접근 중이다. 우리는 아퀼러의 얼굴을 주시했다. 하지만 그는 "있을 수 없는 일이야!"라고 소리쳤다. 그는 군인인데도 침착성이 없는 듯했다. 사막에서 귀함한 인원은 모두 몇 명인가? 케이블은 어디에 있는가? 그리고 함미 닻은 어디 있는가? 이제 아부키르 섬의 보잘것없는 포대에서 사격이 개시될 것이다. 하지만 정말로 무용지물인 포대였다.

어쩔 수 없이 우리는 야간전투를 할 수밖에 없었다. 원래 야간에는 누구도 전투를 원하지 않는다. 항해 중인 함선들의 야간전투는 일대 혼란을 야기하기 때문이다. 그러나 우리는 정박 중이었다. 따라서 야간전투가 정신 나간 짓이라 해도 미친 영국 친구에게는 더더욱 미친 짓이 될 것이다. 넬슨 함대의 전투 대열은 우현으로 부터 바람을 받는 상태로 거의 서쪽으로 항진하며 우리 진형의 선두를 뚫고 진입할 것이다. 전위! 넬슨은 우리 진형의 후위가 아닌 전위를 겨냥하고 있었다. 전위는 취약하다. 그는 지체하지 않을 것이다. 풍향도 그의 편이다. 왜 영국 함대에는 어떤 혼란도 없는 것인가? 바다의 악마 넬슨 함대는 계속 항진하며 들어왔다. 거리가 200야드로 좁혀지자 포대의 윤곽을 표시하는 노란색 줄이 2~3열 보였고, 검은 선체들에서 35문의 대포가 나타났다. 그들이 점점 더 다가오자 목덜미의 머리카락이 곤두서고 늦은 오후의 후덥지근한 해풍조차 차게 느껴졌다. 3마일이나 되는 만의 해수면을 가로질러 외치는 소리가 들렸다. 영국군들이 일제히 환호하는 소리였다. 뱅가드 함에서 또 다른 신호가 올랐다. 그러자 걸라이어스*Goliath* 함이 질러스*Zealous* 함을 앞질러 풍상으로 나왔다. 바로 그 순간 걸라이어스 함은 주범을 접고 최후 돌진용으로만 사용되는 전투용 상부 돛대 만을 편 채 항진해 돌진했다.

우리 측의 게리어*Guerrier* 함과 컨퀘런트*Conquerant* 함이 우현 현측포를 발사하였다. 장엄한 광경이었다. 종사의 위치였다. 거리가 0.5마일이나 되었을까? 우리는 아퀼러를 쳐다보았다. 그는 양손으로 방파벽을 움켜잡은 채 가슴을 짝 펴고 있었다. 하지만 그는 머리를 가로저으며 "안 돼, 안 돼, 아직 일러. 너무 이르단 말이야!"라고 소리쳤다.

걸라이어스 함과 질러스 함, 그 외 10척의 영국 전열함이 점점 더 가까이 접근했다. 우리 전위에서의 활약이 얼마간 공포심을 진정시켜 주리라고 믿었다. 함선 내에는 숨을 곳이 한 곳도 없다. 함장이 싸우는 곳이면 모두 함께 싸울 수밖에 없다. 음침한 죽음의 장막이 우리를 노려보는 터라 우리 역시 바로 그 자리에서 뒤돌아선 채 몸을 약간 떨 수밖에 없었다. 아, 얼마나 아름답고, 얼마나 냉혹하며, 얼마나 장엄한 모습인가! 그런데도 영국 함대는 왜 미동도 하지 않는 것인가? 우리 전열의 함포가 그들을 능가하는 데도 말이다. 아! 이제야 그 이유를 알았다. 우리 진형이 선두 6척을 제외한 나머지 함선이 아직 전투에 참가하지 않았기 때문이다. 넬슨은 전혀 예상 밖의 일을 추진하고 있다. 그는 우리의 전위로 화력을 집중시키고 있는 것이다. 불과 몇 시간 동안 해풍이 우리로 하여금 전투태세를 갖추지 못하게 한 것은 넬슨에게는 더없는 행운이었다.

걸라이어스 함이 게리어 함에 아주 바짝 접근하였다. 걸라이어스 함이 자기에게 최초로 발사한 프랑스 군함에게 응사하려면 좌현으로 돌아 우현포를 발사해야 했다. 넬슨의 전열은 우리 측과 현측포 사격을 주고받으며 우리 측 전열 선두에서 후미 쪽으로 통과할 것이다. 어둠 속에서 넬슨이 달리 어떤 행동을 할 수 있겠는가? 영국의 전열 12척은 각각 1열의 현측포를 장착한 우리 오리엔트 함이 박살낼 것이다. 어리석은 넬슨은 오히려 지금 우리 편을 돕고 있는 것이다.

그런데 그게 아니었다. 우리는 걸라이어스 함의 우현 포대만 바라보았는데, 웬걸 그들의 좌현 포대가 우리를 조준하고 있는 게 아닌가? 도대체 어떻게 이런 일이 있을 수 있는가? 우리는 아퀼러를 바라봤다. 그의 얼굴은 분필처럼 하얗게 질려 있었다. 두 손은 구명색을 잡은 채 눈은 불꽃과 경악으로 불타고 있었다. 이 냉혹한 군인에게도 공포심이 있단 말인가? 어찌된 영문인가? 그는 운명적인 음성으로 중얼거렸다. 걸라이어스 함이 게리어 함의 앞을 지나 해안 쪽으로 진입해 20야드 거리에서 포를 발사하였다. 걸라이어스 함은 좌현 포대로 발사했다. 이제 영국 함대는 전위를 협공해 한 척씩 차례차례 격침시킬 예정이었다. 우리는 전위로부터 찢어지는 듯한 비명소리와 피와 죽음의 절망감을 느꼈다. 그런 죽음이 전열의 각 함선을 따라 차례차례 내려오는 것을 보았다.

* * *

아퀼러는 전사하기 전 전술 실패에 따른 극심한 굴욕감에 시달렸을 것이다. 넬슨의 함선은 항진을 계속하지 않았다. 영국의 각 함선은 프랑스 함선 1척에 맞서 2척의 비율로 적 전열을 따라 함미 닻을 내리고 투묘했다. 그중 4척은 프랑스군이 방책도 없이 무방비 상태로 남겨둔 육지 쪽을 뚫고 들어갔다. 영국의 함선들은 북쪽의 프랑스 함선을 격파할 때 항상 프랑스 함선에 맞서 2배 이상의 화력을 유지하면서 프랑스 전열을 따라 내려갔다.

나일 강 해전에서 프랑스 함대는 나폴레옹이 취했던 것과 같은 열정으로 싸웠다. 프랑스의 기함 오리엔트 함은 영국의 벨러로펜*Bellerophen* 함과 매테스틱 *Matestic* 함을 집요하게 공격했다. 그 결과 벨러로펜 함은 닻줄이 끊겨

표류했고, 매테스틱 함은 마스트가 부러지고 함장까지 전사했다. 반면 영국의 알렉산더Alexander 함은 오리엔트Orient 함과 토낸트Tonnant 함 아부키르 만에 정박 중이던 2척의 함선 모두 상호 화력 지원을 하거나 전열이 돌파되는 것을 막기에는 너무 멀리 떨어져 있었다 사이로 민첩하게 빠져나갔다. 그런 후 알렉산더 함은 아무런 저항도 받지 않고 육지 방면에서 오리엔트 함을 유린했다. 오리엔트 함에 화재가 발생해 불길이 탄약고로 번졌다. 그날 밤 10시경 프랑스의 기함은 결국 폭발하고 말았다. 그 광경을 지켜본 사람이라면 누구든 간담이 서늘해지고 영혼이 불타는 듯한 잊지 못할 공포감에 휩싸였을 것이다.

남쪽에 있던 프랑스 함선, 그중에서도 특히 5척은 닻이 얼어붙기라도 한 것처럼 전투에 불참했다. 지금까지도 후위의 함선들이 브로이스에서 전투에 가담하라는 신호가 있기를 기다렸는데도 포연과 야음 때문에 신호를 보지 못한 것인지, 후위분대 사령관인 빌뇌브Pierre de Villeneuve가 닻줄을 끊고 난관을 헤치며 풍상으로 달려가 전투에 가담할 시간 부족했던 것인지 그 이유를 알 수 없다. 다만 뒤에 빌뇌브가 남긴 보고서 내용만 알고 있을 뿐이다. 보고서에 "함선들이 두 개의 큰 닻과 한 개의 작은 닻, 네 개의 케이블에 묶인 채 교전 중인 함선을 돕기 위해 박힌 닻을 끌어 올리고 곧장 전투 현장으로 항해하는 것은 불가능했다"라고 밝혔다. 빌뇌브가 이 전투에서 참담한 패배를 당하지 않았다면 훗날 트라팔가르 해전에서 프랑스-스페인 함대를 성공적으로 지휘했을지도 모른다. 그러나 나일 강 해전의 대참사에서 그의 감투정신은 이미 참담하게 조각난 상태이기 때문에 그가 이끈 함대가 트라팔가르 해전에서 넬슨을 재회했더라도 첫 번째 현측포를 발사하기도 전에 이미 정신력에서 졌을 것이라고 사람들은 말한다.

매우 중요한 사실 중 하나는 넬슨은 아퀼러가 하지 못한 것을 했다는 것이다. 그는 바다에서 머문 2개월 동안 그저 예하부대만 훈련시킨 것이 아니라 전투에 관해 토론하고 전투 계획을 수립했던 것이다. 예하 함장들은 협공을 통해 화력을 집중한다는 넬슨의 계획을 모두 이해하고 있었다. 프랑스 함대가 그대로 정박해 있을지 만 밖으로 나올 것인지, 만약 외해로 나온다면 풍상에 위치할 것인지 풍하에 위치할 것인지는 전적으로 주변 상황에 달려 있었다. 넬슨은 트라팔가르 해전에 앞서 "어떤 것은 운명에 맡길 수밖에 없다"라는 글을 남길 생각도 했다. 그러나 미리 예견할 수 있는 것 중 실행에 옮기지 않고 운명에만 맡겨둔 것은 전혀 없었다. 넬슨 함대는 언제나 즉시 공격하는 쪽을 택했다. 나일 강 해전에서 아퀼러가 3,000~4,000명의 병력을 육지에 배치한 것은 넬슨에게는 뜻밖의 행운이었다. 이런 사실은 넬슨도 몰랐다. 도착하자마자 즉시 공격하는 것이 얼마나 이로운지 넬슨은 모르고 있었지만, 그의 예하부대는 전투 시 시간이 무엇보다 중요하다는 것을 모두가 확신하고 있었다.

나일 강 해전의 전과는 상당했다. 프랑스 함선 대부분은 함 내 승조원이 부족해 승리할 가망도 없이 우현 포대로만 싸워야 했다. 또한 함수의 닻만 내려 정박한 상태였다. 함수 닻을 내리고 있는 함선은 조류에 따른 요동 공간을 확보해야 하기 때문에 함수 쪽으로 조함 공간을 제공하지 않을 수 없다. 그런데 이 공간을 가로질러 육지 쪽으로 통과할 수 있다는 사실을 가장 먼저 깨달은 인물이 넬슨인지, 아니면 걸라이어스 함의 함장인 폴리Foley인지는 확실히 알 수 없다. 정박 중인 함선들을 상대로 전투함에서의 넬슨의 최초 계획은 적함 각 1척에 대항해 영국 함선 1척을 함수 쪽에, 다른 1척을 함미 쪽에 각각 배치하겠다는 의도였다. 항해 중 상투적인 방식을 응용해 프랑스 전열의 전위에 위치한 각 함선에 맞서 양쪽 현측에서 협공할 수 있었던 것은 넬슨의 뜻에 따라준 예하 함정들의 침착성 덕분이었다.

넬슨이 즉시 공격을 감행한 것은 그가 오후의 순풍을 타고 있었기 때문이고, 저녁이 가까울수록 순풍이 점점 약해질 것을 알고 있었기 때문이다. 넬슨은 신속한 공격과 유리한 바람을 이용하기 위해 야간전투를 감행하지 않을 수 없었다. 아군과 적군을 식별할 수 있도록 삭구索具에 일련의 수평조명등을 설치한 점, 계속 항진하지 않고 함미 닻을 내려 투묘하기로 한 점에 비추어볼

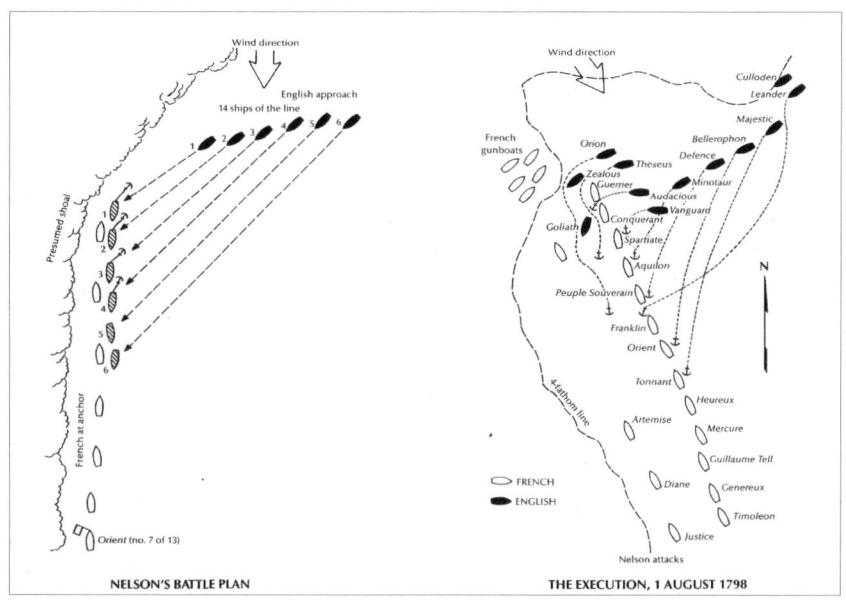

〈그림 1-2〉 나일 강 해전 당시 영국 함대의 기동

때, 넬슨이 야간전투를 계획하고 있었음은 명백한 사실이다. 넬슨의 계획이 훌륭하게 마무리될 수 있었던 것은 출항해서 기동 중인 적과 정박 중인 적이 전혀 다르다는 사실을 예리하게 간파했기 때문이다. 정박 중인 적을 갑자기 공격하면서 최선두함 2척이 최북단에 정박 중인 프랑스 함선 1척과 교전하게 하고, 뒤따르는 2척이 두 번째 프랑스 함선 1척과 교전하는 식으로 함선의 서열을 역순으로 한다는 넬슨의 계획은 실현 가능성이 없다고 본 것이다. 그들은 2척의 함선이 적함 한 척에 대하여 공격을 집중할 경우, 그 2척의 함선이 서로 자기편의 사격을 방해할 것이라고 보았다. 그런데 바로 이 점을 넬슨이 알아챘고, 이를 극복하기 위한 훈련을 하였다. 또한, 그는 조함술에 관한 확고한 지식이 있어 주저하는 부하들을 설득시킬 수 있었다.

일반인들의 피상적인 인식과는 달리, 넬슨의 계획은 실행 과정에서 <그림 1-2>와 같은 차질을 빚었다. 실제 전투에서는 늘 그러한 법이다. 그러나 넬슨 예하의 함장들이 그의 의도를 벗어난 것은 결코 아니었다. 훌륭한 전투 계획은 간단명료한 계획이다. 간명한 계획에는 세부적이고 복잡한 갖가지 변수를 고려할 여지도 있고 변형의 여지도 있다. 그리고 실행 과정에서 실수도 있을 수 있지만 독창력을 발휘할 여지도 없지 않다.

앞에서 본 바와 같이, 전투 개시 양상을 묘사한 가공의 프랑스인은 자기 측 함대의 전투역량과 전투의지를 결코 과장해서 표현한 것이 아니다. 나일 강 해전에서 프랑스 함대는 패배를 모르는 사람들의 열정으로 싸웠다. 그들은 조함술에 능숙하지 않았지만 현측포를 발사하는 방법은 알고 있었다. 1798년의 프랑스 함대와 같은 1급 전사들을 상대로 싸울 경우에는 전술이 있어야 승리할 수 있는 상황을 만들 수 있었다. 반면, 의지력과 전투 기법은 잠재력을 현실적 역량으로 전환시킨다. 전투는 밤을 새우고 날이 밝을 때까지 격렬하게 진행되었다. 아마 이것이 적절한 표현일 것이다. 영국 함대는 거의 1,000명의 인명 손실을 입었다. 그에 반해 프랑스 함대는 3,000명 이상의 인명 손실을 입었고, 약 3,000명이 포로가 되었다.

다섯 가지 초석

나일 강 해전이 해군 전술에 미친 특성을 보면, 일반적인 혹은 특별한 다음과 같은 다섯 가지 중요한 사실에서 찾을 수 있다.

_ 전투에서 통솔력, 사기, 훈련, 육체적 및 정신적 조건, 의지력, 인내력은 가장 중요한 요소이다. 물론 양적·질적으로 충분한 물질적 장비와 무기를 적을 향한 공격용으로 활용할 수 있는 신뢰할 만한 전술 없이는 승리를 장담할 수 없다. 그러나 "가장 중요한 것은 인간이다." 이 말은 무엇보다 적이 아군과 대등한 물질적 수단을 보유하고 있는 경우에는 매우 중요하다. 나일 강 해전에서 넬슨은 개전 초 전술적 우위를 확보했지만, 그의 예하부대는 승전을 위하여 매우 힘든 전투를 벌여야 했다. 믿을 만한 전술, 대규모 훈련, 용의주도한 계획은 적에게 손실을 가하겠다는 더욱이 자신들의 손실도 감수하겠다는 확고한 결의가 수반

되면 대승할 수 있다.

_ 교리는 훌륭한 통솔력을 발휘하기 위한 필수 요소인 동시에 도구이다. 교리는 훈련과 훈련에서 얻을 수 있는 모든 것, 즉 결집력, 전투 시 신뢰감, 그리고 상호이해와 지원 등을 위한 기초이다. 나아가 교리는 모든 전술 개발의 도약대인 동시에 기준점이기도 하다. 형식적으로 볼 때 교리는 표준적인 전투방법론을 뜻한다. 그러나 교리는 교의dogma가 아니다. 영국 해군을 항구전투교시permanent fighting instruction의 순이론적인 경직성에서 해방시킨 사전의 준비성에 비추어볼 때, 넬슨보다 더 존경받을 만한 인물은 아무도 없다. 하지만 넬슨에게는 항상 포괄적인 전투 계획이 있었다. 넬슨은 늘 전투 계획을 예하 함장들에게 알려주고, 그에 의거해 훈련함으로써 함장들 모두가 자신이 원하는 대로 일사분란하게 행동하게 했다. 기본적인 수준에서 볼 때, 광범위한 이해가 형성되어 있고 많은 훈련을 겪은 전투 계획은 가장 훌륭한 전투교리라 할 수 있다. 건실한 교리가 있으면 혼돈스러운 상황이라 하더라도 통일성을 유지할 수 있다. 그러므로 나일 강 해전은 설령 어떤 의미에서는 계획대로 집행되지는 못했지만〈그림 1-2〉에서 전투가 개시되기 전의 계획대로 집행된 유형이 보여주진 않을 것이다 좀 더 심층적인 의미에서는 정신적으로 완전무결하게 집행된 건실한 전투 계획의 표본이라 할 수 있다. 19세기 말 프러시아 육군의 지도자였던 몰트케Helmuth von Moltke는 "어떠한 계획도 적과 맞선 상황에서는 그대로 수행할 수 없다"라고 말한 바 있다. 넬슨 자신도 누구 못지않게 '교리는 훌륭한 전술과 불가분의 관계에 있다'는 것을 이해하고 있었다.

_ 전술의 발전과 기술의 발전은 분리할 수 없을 만큼 밀접한 관계를 맺고 있다. 마한이 전략의 원칙을 주장하면서도 전술에서는 불변 요소를 인정하지 않은 것은 바로 이런 이유 때문이었다. 나일 강 해전은 범선전투시대가 거의 끝날 무렵 일어났다. 나폴레옹이 이동식 포를 사용하고 나치 독일의 거대한 기갑부대 지휘관들이 탱크를 사용한 것에 비하면 넬슨은 새로운 도구를 전술에 적용해 볼 기회가 거의 없었다. 그래서 나폴레옹의 업적이 더욱 빛나는 것이다. 그의 전술을 적용한 넬슨의 무기체계는 본질적으로 수세기 전에 개발된 진부한

것이었지만, 해상에서 그는 누구도 필적할 수 없는 통찰력을 지니고 있었다. 그의 탁월한 전술적 역량은 해상에서 평생을 보내면서 익힌 것이라고 믿어 의심치 않는다. 클라우제비츠의 표현에 의하면 "훌륭한 전략은 영감을 얻은 초보자에게서도 나올 수 있지만, 효율적인 전술은 평생에 걸친 경험에서 나온다"라고 하였다. 따라서 전술을 이해하려면 무엇보다 먼저 무기를 이해해야 하는 것이다.

_ 적 함대의 격파를 함대의 궁극적 목표로 생각하는 것은 당연하다. 그러나 그런 당장의 목표 이면에는 항상 더 높은 목표가 있다. 즉, 최종의 목적은 육상에 있다는 것이다. 나일 강 해전이 매우 적절한 표본이 될 수 있는 까닭이 여기에 있다. 수많은 결전이 그러했듯이, 나일 강 해전도 해안에 가까운, 거의 항구 내에서 벌어졌다. 한쪽은 정박해 있었고, 다른 한쪽은 일부만 정박해 있었다. 그래서 이를 좀 더 요긴하게 활용할 수 있었고, 또 그렇게 활용되어야 했던 해안 포대도 있었다. 이 해전으로 나폴레옹의 야심은 좌절되었다. 만약 그의 힘이 좀 더 약했다면 그는 마침내 파멸하고 말았을 것이다. 한 함대를 거의 궤멸시킨 이 해전에서 깨달아야 할 더 중요한 점은 육군의 해상교통로를 파괴한 점이다.

_ 모든 해전에 적용될 수 있는 전술의 격언은 "효과적인 선제공격을 하라"는 것이다. 이 말은 적의 대응사격을 제압하면서 적에게 화력을 집중하는 것이 전투에서 제일의 목표가 되어야 한다는 뜻이다. 해전에서 가장 중요한 이 격언에 대해서는 나중에 재차 설명하기로 하고, 여기서는 간략히 언급하겠다. 넬슨 함대의 사전 준비를 감안할 때, 그리고 지체하지 않고 공격하여 프랑스 함대의 무방비 상태를 이용하기로 즉석에서 결정한 점에 비추어볼 때, 넬슨은 이 격언을 철저히 신봉하고 있었다. 하지만 뒤에서 보는 바와 같이 이 해전은 기습이라는 요소보다는 오히려 기습에 대비하는 정신적·물질적 준비태세나 공격 정신의 중요성을 구체적으로 보여준 사례라고 할 수 있다.

가장 중요한 것은 인간이다

전쟁이란 목숨을 걸고 하는 싸움이다. 전술은 전투에 관한 각종 책략으로서, 물리적·정신적으로 폭력성이 극에 달았을 때 고안되고 시행된다. 전술은 정책이나 전략 또는 작전술이나 군수 등에 비해 실행 과정에서 외부의 영향을 쉽게 받는다. 전쟁 수행이 어느 범위까지 과학이나 기술이 될 수 있는지에 관한 일련의 논쟁이 지난 2세기 동안 지속되었다. 그러나 이런 논쟁에 참여한 이들 모두 전쟁에서의 통솔력의 신비나 그 권위를 과소평가하고 있다. 전쟁에 관한 가장 초보적인 문헌이라도 찾아 읽은 사람이라면 분명 통솔력이 전승의 배경이 되는 중요한 요인임을 직감할 것이다. 그동안 세상은 얼마나 많이 변했는가? 과학과 기술은 물론 이성의 활동이 그렇지 않은가. 그러나 전투 자체에 관해서는 과학과 기술 그 어느 것도 다음의 두 가지 사항보다 더 중요한 것을 제시하지 못한다. 하나는 의지와 인내력의 문제이고, 다른 하나는 전투지휘관과 관련된, 예하 부대에 의지와 인내력을 고취시킬 수 있는 능력의 문제이다. 이 책은 통솔력의 영감적 특성을 다룬 저술은 아니지만, 전술을 일종의 정신적인 문제로 다루고 있다. 그러나 이런 견해에는 큰 재난과 치명적인 위험이 도사리고 있다. 전투의 폭력성을 파악하지 않고는 전투와 관련된 어느 것도 제대로 이해할 수 없기 때문이다. 시적인 공상은 우리 군인들이 지녀야 하는 품성이 될 수 없다. 만약 우리가 그러한 품성을 부여받았다면 그것은 매우 불행한 일이다. 포레스터C.S. Forester가 만든 위대한 가공의 영웅 혼블로워Horatio Hornblower에 대해 이야기하면서 그가 만약 실존 인물이었다면 궤양을 얻어 육지로 후송되었을 것이라고 한 적이 있다. 그런데도 이 책의 저자는 나일 강 해전에 관한 본인의 서술이 통제된 폭력과 제어된 혼돈 등 전장의 환경에 영향을 받는 전쟁에서 인간적 요소, 고양된 감정, 전술 계획과 전장에서의 결심을 보여줄 수 있는 계기가 되기를 희망한다.

필자로서는 "사기는 물적 요소에 비해 3 대 1 정도로 중요하다"라는 나폴레옹의 표현을 비판할 수는 없다. 그러나 이런 표현이 지상에서는 타당할지 모르나 해상의 함정에서라면 다르다. 함 승조원들은 지휘관을 따라갈 뿐이므로 해전에서는 그 비율이 줄어들 것이다. 물론 예외도 있겠지만 해군 전술을 계획할 때는 일단 교전 양측의 지혜와 용기, 인내력이 대등하다고 가정하는 것이 바람직하다. 이러한 가정은 매우 중요하다. 기원전 3세기경에 『손자병법The Art of War』을 저술한 손자는 "위대한 장수란 지혜와 책략으로 적을 이기고, 심지어 적이 전장에서 퇴각할 수 있는 용기를 낼 수 있도록 퇴각로를 열어줌으로써 승리하는 자"라고 하였다. 제1차 세계대전 시 서부전선에서의 유혈적인 교착 상태 이후 기동전의 권위자였던 리델 하트Liddell Hart도 최상의 전술은 교묘한 책략으로 소모적인 정면전투를 피하는 것이라고 믿었다. 그러나 간접접근indirect approach에 관한 그의 유명한 철학은 지상전에 적용될 수 있지만 해상지휘관에게는 속빈 고리처럼 공허하다. 육상에서의 전투와는 달리 해전은 치열한 전투가 전개되며 너무나도 파괴적이기 때문이다. 이치가 이러한데도 장비에 크게 의존하는 전투를 치르면서도 전투에 임하는 용기와 충천한 사기의 중요성을 지나치게 과대평가할 우려가 있다. 이것이 바로 20세기로 접어들 무렵, 프랑스의 보드리Ambroise Baudry가 해군 전술에 관한 논문에서 다룬 문제이다. 그런 그가 당시 프랑스 육군으로부터 영향을 받았다는 것은 의문의 여지가 없다. 육군은 제1차 세계대전을 치르면서 지상전에서 공격정신의 중요성이 필요 이상으로 강조되고 있다는 것을 깨닫기 전까지 돌격정신을 턱없이 강조해 왔다. 해상에서 이것보다 더 위험한 것은 전술적 재능이 모든 것을 해결해 줄 것으로 믿는 그릇된 태도다. 물론 적의 사기나 지적 수준이 낮으면 낮을수록 유리하다. 그러한 제1급의 적보다 지혜나 책략에서 앞선다거나 또는 단순히 전투를 더 잘하는 것에 전술적 성공의 기초를 둔다는 것은 어리석기 짝이 없는 일이다. 전술가는 유리한 전투 상황을 조성하기 위하여 그가 활용할 수 있는 모든 조치를 취하지만, 전세의 변화 가능성이 보이지 않는 경우라면 그렇지 않다. 심지어 지상전에서도 그랜트Ulysses S. Grant나 군사적 학살자로 비난 받은 영국의 헤이그Douglas Haig 같은 장교는 적그랜트 장군의 경우는 남부 동맹군, 헤이그 장군의 경우는 독일군이 탁월한 전술 기법을 지닌 인물의 지휘를 받고 있으며 신념이 철저한 군대라는 것을 인정하였다. 그러한 군대는 혈전을 치르지 않고서는 격퇴할 수 없다. 우수한 전술이 있으면 백중지세의 전세를 뒤집을 수 있지만, 그러한 전술에 요구되는 지혜와 책략도 장기전의 후반 국면에 이르러 강력한 장애에 부딪히면 빛을 잃고 만다.

해상에서의 기동력보다 소모가 전세를 지배한다는 것이 이 책 전반에서 다루는 명제이다. 해상의 세력은 포위로써 격파되는 것이 아니며, 오로지 파괴적인 공격을 할 때 격파될 수 있다. 그동안 해군 전략가들은 해전의 엄청난 파괴력을 고려하여 세력을 해전에 투입하는 데 신중한 태도를 보여 왔다. 지상전과 해상전을 비교해 보면 대규모 해전은 극히 드물었다. 부분적인 이유가 되겠지만, 그것은 해상에서는 육상에 비해 물질적 요소의 우열을 판단하기가 상대적으로 쉽기 때문에 열세한 쪽의 해군 전략가들은 적이 자기 목을 위협하기 전까지 전투를 기피하려는 경향이 있기 때문이다. 우세한 해군은 세력의 근소한 우세만으로도 강력한 적을 억제해 무력화시키며 전투를 치르지 않고서도 많은 전략적 목표를 일정 수준 달성할 수 있다. 해군전의 살상력과 파괴력을 고려해 볼 때, 해전의 결전성이야말로 오늘의 문명사회가 감사해야 할 일종의 선善인지 모른다.

교리는 전술과 불가분의 관계에 있다

해군 전술의 두 번째 초석은 교리이다. 교리는 군사행동에 앞서 지휘관이 예하 부대를 통제하는 방식이다. 따라서 교리를 알면 군사행동을 지배하는 정책과 절차를 알 수 있다. 넓은 의미에서 볼 때 교리는 '올바른 행동'이라고 교육되는 것으로서, 야넬Harry E. Yarnell 해군 대장은 "교리는 우리가 임무를 수행하기 위하여 명령 없이도 자발적으로 그에 따라 행동하는 규칙"Robinson, 1942 : 827에서 인용이라고 정의했다. 그러나 엄밀한 의미에서 보면 교리는 행동을 강제함으로써 준수되어야 한다. 어쨌든 전략적 수준의 지휘에서는 통제를 위한 정책의 일관성이 요구되는 반면, 전술적 수준에서는 협동적 활동을 위한 절차가 요구된다. 물론 이런 논리는 정책과 절차 중 어느 것을 더 강조해야 할 것이냐는 문제에 지나지 않는다. 교리에 대해서는 두 가지 사항을 기억해야 한다. 첫째, 교리는 생명력이 있어야 하고, 둘째, 독단적이어서는 안 된다는 것이다.

함대교리는 지휘관의 포괄적 전투 계획, 즉 현행 작전명령이라고 생각할 수 있다. 넬슨의 전투 계획도 일례에 속한다. 어떤 전투지휘 제대에서든 나름의 전투 계획이 있다. 미국의 현행 군사조직에서 특이한 것 중 하나는 해군참모총장이 포괄적인 교리, 즉 해전교범naval warfare publications을 하달하면서도 작전지휘계통에 있지 않다는 점이다.

또한, 교리는 목적의 통일에 기여하는 모든 행동이라고 생각할 수 있다. 교리란 책에 기술되어 있는 무엇이 아니라 군인들이 믿고 행동하는 어떤 것을 말한다. 클라우제비츠는 교리를 일컬어 '전투를 위한 일종의 교범'Clausewitz, 1976 : 141이라고 칭했다. 교리는 지휘 구조뿐 아니라 통신 영역까지 다룬다는 점에서 전술보다 훨씬 넓은 개념이다. 반면, 전장에서 전술적 선택의 집행을 가능케 하고 조장하는 절차를 규정하는 것에 불과하다는 점에서는 전술보다 협소한 개념이다.

아무리 훌륭한 교리라 하더라도 그것을 있는 그대로 실천할 것인지 아니면 독창성을 발휘해 수행할 것인지를 두고 늘 갈등하게 마련이다. 선임장교, 초급장교를 불문하고 훌륭한 해군 지휘관으로 선발된 자에게 해군작전에 관한 경험에 대해 말할 기회를 줘보자. 그러면 선임자들이 취했던 전술 행동이 그들에게는 너무 경직된 것으로 생각되었다는 점을 알게 될 것이다. 그는 어떻게 하여 하달된 교리보다 좀 더 현명하게 기동할 수 있었고, 어떻게 하여 무기를 좀 더 효과적으로 발사했는지를 설명해 줄 것이다. 그리고 자신이 지휘권을 행사했다면 예하 단위부대들이 어떻게 시계처럼 정확히 일사불란하게 행동했을지도 설명해 줄 것이다. 그는 마치 어느 농구 선수가 간단한 몸짓 하나만으로도 동료 선수의 다음 동작을 쉽게 눈치를 챈 듯이 단언할 것이다.* 그의 설명에는 어떤 모순도 없을 것이다. 뛰어난 지휘관은 상관에게는 독창성을 발휘할 수 있는 자유를 원하고 하급자에게는 신뢰를 바랄 것이다. 교리가 아무리 완벽한 것이라고 해도 유능한 지휘관의 손에 들어가면 이처럼 두 가지 요소, 즉 독창성과 신뢰성이라는 여지를 남길 것이다. 어느 교리든 일정 정도의 가변성을 두고 있다. 만약 이런 가변성이 너무 적으면 체계적이며 이해하기는 쉽지만 독창성은 사라질 것이다. 거꾸로 가변성이 너무 많으면 창의성과 변화는 있지만 체계가 없어진다.

□ * 이러한 비유의 직접적인 전거는 미국 육군의 커시먼John Cushman 중장의 저서인데, 그는 C²에 관한 한 우리의 가장 탁월한 저술가 중의 한 사람이다. 스포츠와 전술을 상호 연관시켜 설명한 인물로서, 필자가 알고 있는 최초의 인물은 심스S. Sims 제독인데 그는 전쟁에 대비하여 훈련을 실시하는 것을 풋볼게임에 비유하였다.

완벽한 교리란 있을 수 없다. 그러나 오류가 불가피하다면 너무 빈약한 교리보다는 지나치게 많은 쪽의 오류를 떠안는 것이 낫다. 교리가 너무 빈약하면 무기력과 결단성 부족 또는 불확실성을 야기한다. 교리가 결핍되어 있을 경우 표출되는 가장 뚜렷한 현상은 통신이 빈번해지는 것이다. 즉, 계획 단계에서는 원론적 수준의 설명이나 단순한 권고에 머물다가 결정 단계에 가서는 도저히 감당하지 못할 만큼 많은 사항을 결정하는, 수많은 명령과 지시를 한꺼번에 내리는 것이다. 아무리 두뇌가 냉철한 사람이라고 해도, 전장에서는 흥분과 함께 너무나도 빨리 몰려드는 정신적·육체적 피로로 때문에 방해를 받을 것이다. 따라서 격렬한 전투 상황에서는 훌륭한 교리를 통해 하달해야 할 지휘결심의 횟수를 가급적 줄여야 한다.

오늘날 미국 해군 장교들은 교리에 대해 신중한 태도로 접근한다. 이것은 결코 새로운 현상이 아니다. 과다하든 적절하든 부족하든 간에 전술론에서 교리가 상당 부분을 차지하기 때문에 로빈슨 부부의 『해군전술사History of Naval Tactics』는 오히려 『해군교리사History of Naval Doctrine』라는 제목을 붙였더라면 더 좋을 뻔했다. 이 책은 체계나 명령, 지휘나 신호 등을 매우 강조하기 때문이다. 여기서는 미국 함대가 전투 시 교리라는 중요한 문제를 통제해야 할 정도로 성장했을 때 제기되는 활발한 논쟁을 상세히 기술하고 있다. 지금처럼 그때도 교리는 그것을 적용하는 자의 생각대로 임의로 해석되는 경향이 있었다. 로빈슨 소장은 자기 자신의 견해를 주장하기보다 있을 수 있는 다양한 관점을 평가하고 해석하려고 했다. 다만, 한 가지 점에 대해서는 다음과 같이 자신의 견해를 밝혔다. "… 이 용어 '교리'는 1915년 무렵에는 점차 사용되지 않게 되었다. 만약 신호서와 별도의 전투교시Fighting Instructions가 있었다면 교리라는 용어는 아마 해군에서 사용되지 않았을지 모른다."Robinson, 1942 : 827 1981년 제2함대 사령관으로 재직하던 라이언스James A. Lyons 대장은 당시 예하함대에 전투교시를 배포하였다. 그리고 그의 후임 멧칼프Joseph Metcalf 중장은 이 교시를 더욱더 발전시키기 위해 매우 노력했다. 1920년대와 1930년대에는 함대 전술 교범fleet tactical publications이 전투교리를 발전시켰다. 그러나 이런 교범들이 제2차 세계대전 중에 어떤 효과를 발휘했는지에 관한 분석은 거의 발표된 바 없다. 사실을 기초로 한 정밀한 분석이 기대되었지만 대부분의 논평은 고작 교범들의 부족한 부분을 비평하는 수준이었다. 그런데도 이런 교범들은 교리에 필수불가결의 요소가 되었으며, 이용자들이 이를 믿고 행동했다는 것은 분명하다. 이런 교범들은 훈련의 기초를 마련해 주었고 함대의 표준 작전절차를 제공해 주었으며, 전술 발전의 출발점이 되었다.* 오늘날 우리는 NATO의 연합전술교범과 해전교범 및 수많은 일시적인 문서를 사용하고 있다. 오늘날 그런 내용이 얼마나 완숙한 것인지는 함대 장교들이 말하는 다음과 같은 유용성 지표에 비추어 답할 문제이다.

☐ * 함대 전술교범의 평가와 제2차 세계대전 시 이들의 유용성에 관한 훌륭한 연구서로서는 맥커니McKearney의 『솔로몬 전역The Solomons Campaign』이 있다.

교리는 훈련과 훈련기준의 성취도를 측정하는 기초가 된다. 한편으로 교리는 새로운 전투 단위가 기존의 전투부대에 가담할 경우, 해당 전투 단위가 지휘관이 요구하는 일정한 전투 기능을 이미 갖추었을 것이라는 확신을 전술지휘관에게 심어준다. 다른 한편으로 교리는 새로운 전투 단위의 함장들에게 자기들의 함정이 전체 전투부대와 신속하게 호흡을 맞출 것이고 자신과 승조원들에게 전투 전에 새로운 신호와 절차에 적응해야 할 필요가 없다는 확신을 심어준다. 교리는 함장들이 교체되거나 심지어 전사한 경우에도 작전의 계속성을 가능케 한다.

교리는 지휘관의 참모들이 아군 세력과 적의 세력을 비교하는 기초가 된다. 세력을 상호 평가하려면 전술과 무기가 종합적으로 고려되어야 한다. 물론 단순한 전투서열의 비교보다는 하찮은 것이라 하더라도 세력 평가가 훨씬 더 좋은 방법이다. 그러나 전투서열의 비교러시아식으로 말하면 부대와 부대 간의 상관관계가 이루어질 수 없다면 어떤 전투성과를 예상할 수 없고, 전투성과의 예상 없이는 어떤 전략도 수립될 수 없으며, 전략 없이는 방위정책은 사상누각에 불과할 것이다.

전술교리는 창의적인 지휘관이 급박한 전투 상황에 적용할 수 있는 표준적인 작전 절차이다. 교리는 함장으로 하여금 예하의 승조원들이 예측된 방식으로 행동하리라는 확신을 주고, 때를 놓치지 않고 출항할 수 있게 하는 절차이다. 사실 유리한 여건에서 출항하는 훌륭한 함장에게는 좋은 상황이 전개될 것이라고 예상할 수 있다. 역설적이지만 그래서 교리는 독창성을 낳는 것이다. 즉, 교리에 따라 훈련을 받은 부하들은 앞으로 발생할 수 있는 것뿐만 아니라 발생하지 않을 것까지도 예측할 수 있다. 세인트 빈센트 St. Vincent 갑에서 넬슨이 그러했듯이, 위기 상황에서 승조원을 어떻게 구조할 것인지까지 간파하게 한다.

교리는 전술가가 가변적으로 적용할 수 있는 절차이며, 전술분석가가 옛것을 미루어 새것을 평가하는 데 사용되는 표준이기도 하다. 교리는 기존의 무기가 어떤 방식으로 운용되고 있는지를 설명해 줌으로써 이 무기의 성능을 신무기의 성능과 비교할 수 있게 해준다. 이는 신무기의 출현에 수반되는 신전술을 이해하는 것으로, 즉 미래 무기의 성능 향상에 따른 이점과 새로운 기술로 훈련시키는 데 따르는 불편함, 심지어 구식무기 교리를 신무기 교리로 바꿔야 하는 부담감 등이 얼마인지를 이해하는 데 기초가 된다.

따라서 교리는 완전하고 확고해야 한다. 하지만 결코 독단적이어서는 안 된다. 교리는 자유로운 천재들을 위해 재량의 여지를 남겨둬야 한다. 그러한 천재들이 차기 전쟁에서 주인공이 될 것이기 때문이다. 그러나 교리에서 통제 문제를 소홀히 다뤄서는 안 된다. 통제는 조화로운 행동의 필수 조건이기 때문이다. 물론 최악의 상황에서는 비록 교리의 창안자라 하더라도 통제만으로는 승리를 거둘 수 없음을 알게 되겠지만, 전투가 한창 진행 중일 때에는 무엇보다 통제가 가장 우선적이며, 그것이 천재적인 영감보다 훨씬 더 중요한 역할을 하게 될 것이다.

전술 이해는 기술 이해가 우선이다

다음 두 가지는 대체로 인정되고 있는 사실이다. 이른바, 기술의 진보가 무기를 계속해서 변화시킨다는 것과 전술은 지금의 무기 성능에 적합해야 한다는 것이 그것이다. 미국 해군은 무엇보다 하드웨어에 매혹되어 기술 수준만을 중시하고 있고 해군의 전술 결핍 현상을 기술공학의 발전으로 보충하려는 경향이 있다. 사실 새로운 하드웨어를 한 가지 개발할 것을 요구하는 공식 성명이나 발표로 오늘날의 작전상 결함을 개선해야 할 자신의 임무를 다한다고 믿는 태평스러운 장교들이 있다. 이런 태도는 위험하다. 전 대서양함대 사령관 키드Issac Kidd Jr. 대장은 현재 보유 중인 수단만으로도 충분히 싸울 준비가 되어 있어야 한다는 것을 항상 이해하고 강조했던 인물이다. 그도 그럴 것이 그의 부친은 진주만의 애리조나USS Arizona 함 함상에서 싸우다가 전사했기 때문이다.

전술가는 자신의 무기체계를 알고 늘 준비태세를 갖추어야 한다. 훌륭한 통솔력과 견실한 교리와 더불어 기술 문제는 이 책의 세 번째 초석에 해당한다. 우리는 과학기술에 대해 마치 그것을 위대한 신으로 경배하는 동시에 배교자에게는 가차 없는 보복을 가하는 불신앙을 용서하지 않는 신으로 숭배하고 있다.

우리가 아는 가장 유능한 해군 장교들은 스스로의 기술 수준을 잘 알았던 전술가들이었다. 예를 들면 연속조준사격의 심스William S. Sims, 항공기가 어뢰 발사 능력을 갖추기 전에 항공어뢰 발사장치를 비롯해 일련의 특수 장비를 발명한 피스크, 그리고 해군 항공기가 유용한 함정 공격용 무기가 될 날을 예견하여 대형기관, 항법장치, 항공모함의 착함제동장치 등 자신의 전망을 실현시킬 각종 기계장비를 개발하는 데 기여한 모펫William A. Moffett과 그 외 초기 해군조종사들이 그런 인물들이었다.

남북전쟁과 관련해 위대한 역사가였던 프리먼Douglas Southall Freeman은 전쟁십계명ten commandments of warfare을 다음 세 가지로 요약했다. '장비에 대해서 숙지할 것, 인간적일 것, 부하들을 보살필 것.'* 첫 번째 계명은 대체로 전투 전술과 야간장비에 능통하기를 주문한다. 하지만 장비가 인간을 위해 존재하는 지상전에 부합되는 이치가 인간이 장비를 위해 봉사해야 하는 해상에서는 더욱 큰 의미가 있다.

☐ * 1949년 5월 11일에 있었던 프리먼의 연설은 *Naval War College Review*, 1979년 3/4월호 pp. 3~10에 게재되어 있다.

궁극적 목적은 육상에 있다

이 책은 고전적인 방법으로 함대작전을 주된 관심의 대상으로 하고 있다. 이는 타당하고 적절한 태도라고 생각한다. 제해권command of the sea : 오늘날 해양(sea)은 수면 위 상부 공간과 수면 아래 수중 영역까지 포괄하는 개념이다은 여전히 해양력의 효과적인 사용을 위한 필수 조건이다. 우리는 대개 미국 해군이 해양통제를 당연하게 여기고 해군력의 육상 투사작전을 통해 그런 통제를 어떻게 활용할 수 있을까 하는 문제로 30년의 세월을 보냈다. 이 책의 목적은 '함대 대 함대 전투'에 관한 전술을 검토하고 조명하는 데 있다. 그러나 이 책에서는 특히 해양통제에 강조점을 두고 있고, 해전이 해전을 위해 수행되는 것이 아님을 미리 밝혀두는 것이 중요할 듯하다.

해양사maritime history를 연구하다 보면 의외로 함대전투가 매우 드물었다는 것을 발견할 수 있는 것이 그 한 예다. 오히려 부대의 상륙, 연안작전의 지원, 해운의 방호 등이 해군의 가장 보편적인 사용 형태였다. 그리고 상륙작전의 수행이나 기뢰원 소해 또는 선단호송 등도 결코 쉬운 임무가 아니었음을 염두에 둘 필요가 있다.

또 다른 예는 이보다 훨씬 더 중요한 지적이다. 함대 간의 대규모 해상결전은 대체로 즉각적·직접적으로, 그리고 명백하게 육상의 사태와 관련되지 않을 때가 없었다는 점이다. 이런 관련성은 전략에 관한 문제여서 이 책의 범위를 벗어난다. 하지만 평시의 전술 발전도 예상되는 전시 역할에서 나올 수밖에 없다는 것을 입증하기 위해 추후 전술 임무 및 전략목적과 서로 연계시켜 설명할 것이다. 해군의 전시 역할과 관련해 확실한 것은 기지와 적, 임무 등을 평시에는 전혀 예측할 수 없다는 것이다. 이런 불확실성 때문에 전술 개발 문제는 상당히 까다로운 문제로 남아 있다. 오늘날 해군의 영향력을 직접적으로 행사하는 수단은 다음과 같다.

_ SLBM, 핵 또는 재래식 순항미사일, 공중투하 폭탄 또는 해군 함포사격에 의한 직접적인 공격.

_ 항공 지원, 해군 함포사격 및 강변전riverine warfare으로 지상전투작전 지원.

_ 해군봉쇄와 통상공격 또는 공세적 기뢰작전에 의한 적의 고립화.

_ 상륙돌격에 의한 지상작전의 개시.

_ 증원군과 보급의 방호.

_ 경제적 해상교통로의 방호. 해운의 방호는 평시든 전시든 모두 중요하다. 만약 대규모 전쟁이 발발한다면 이런 통상로는 우리의 인식을 초월하여 전쟁 발발 이전의 상태를 거의 회복하기 어려울 정도로 유린될 것이다.

_ 평화 유지를 위한 현시presence 또는 억제deterrence. 현시는 힘을 행사하겠다는 명백

한 의도만큼이나 효과적이다. 현시는 군사적 및 정치적 가치뿐만 아니라 유리한 교역과 투자 여건을 조성한다는 경제적 가치도 정당하게 평가해야 한다.

'충분한' 해양통제가 확보되기 전에는 해군의 영향력이 행사될 수 없다는 것은 오래 전부터 자명한 이치였다. 해양통제를 확보하는 고전적 방법은 그러한 통제에 경쟁하려는 적의 수단, 즉 적의 주력부대나 함대를 격파하는 것이다. 오늘날에는 항공기, 미사일, 장거리 탐지장비 등을 포함하여 육상과 해상전투 요소 간의 전술적 상호 작용의 가능성이 훨씬 고조되었다. 해군부대 대 해군부대의 전투는 이제 더는 함정 대 함정의 전투가 아니었다. 지난 50년간 육상기지 항공기와 미사일의 항속거리가 증가됨으로써 '해군부대 naval forces'를 재평가해야 할 필요성이 생겼다. 명석한 사고를 하기 위해서는 의도된 전투 이것은 대륙에서 벌어질 수도 있고 대양에서 벌어질 수도 있으며, 또한 양쪽에서 벌어질 수도 있다의 목적이 지상에 있는지 아니면 해양에 있는지, 즉 해상으로부터 세력을 투사하는 데 있는지 이 경우는 육상을 통제하기 위한 수단을 의미한다, 아니면 해양을 통제하는 데 있는지 이 경우는 육상으로부터 공격의 위협을 의미한다를 결정해야 한다.

효과적인 선제공격을 하라

거듭 해명해야 하는 번거로움을 피하기 위해 해양전 maritime warfare, 이 개념은 해군 전술과 구별된다의 4대 초석은 일부만 소개했다. 이를 요약하면 다음과 같다.

_ 인간이 전투를 좌우할 것이다.
_ 교리는 전술과 동일한 개념이 아니라 전술을 조장하는 것으로 간주되어야 한다.
_ 무기는 전술에 지대한 영향을 미친다.
_ 결정적인 해전은 하나의 수단이지 목적일 수 없다.

다섯 번째 초석은 조금 다르다. 이 초석은 이 책 전반에 거쳐 일관된 전술 주제가 된다. "효과적인 선제공격을 하라"는 해군에서 중요한 전술상의 격언은 단순한 공세의 원칙일 수 없다. 이 격언은 해전에서 성공하기 위한 전술 행동의 요체로 간주되어야 한다.

50년 전 로빈슨 부부는 가장 중요한 전술상의 격언이 '공격'임을 밝히는 것으로 자신들의 기나긴 전술사 연구를 마감했다. 그들의 결론은 다소 의외였다. 대부분의 사람들은 기본적인 전술 목표가 세력 집중에 있다고 믿었기 때문이다. 우리는 지상전에서 돌격정신과 공세만 맹신한 프랑스군의 참패를 알고 있다. 또한 클라우제비츠가 방어 위치를 매우 중시한 것도 안다. 그러나 로빈슨의 결론에도 이런 기초를 이루는 지혜가 있다는 것을 인정해야 한다. 게다가 우리는 지금 함대 전술을 논하는 것이지 그 외의 다른 것을 다루고 있는 것이 아니라는 사실에 유의해야 하고, 전투 시 적절한 시간과 장소를 선택하면 공격자가 분명 유리하다는 것도 인식해야 한다. 그러나 로빈슨이 제시한 공격이라는 명제를 두고 생각해 보는 것은 잠시 미루기로 하고, 우선 다음의 논의를 주목하기 바란다.

1914년에 랜체스터Feederick Lanchester는 현대에서 세력 집중의 결과를 보여주는 탁월한 공식을 발표하였다.* 정량적으로 표현된 그의 정밀한 실증적 결과는 세력 집중 효과에 관한 일종의 자승법칙으로 나타났다. 랜체스터는 이 결과를 화력집중력이 제한된 양 세력에 적용되는 단승법칙뒷날 다른 이론가들에 의해 좀 더 세련되게 다듬어졌다과 비교해 보았다.

　　□ * 랜체스터는 성공한 영국의 자동차 공학자로서 항공공학, 경제학, 재정 및 산업정책,
　　　 상대성이론, 군사과학 등에 대해서도 왕성한 지적 호기심이 있었다.

집중의 실질적 효과는 괄목할 만한 것이었다. 랜체스터는 당시의 전투가 무기 사정거리와 기동력의 제한이라는 고전적 조건 때문에 마치 일련의 결투와도 같은 개별 단위끼리의 1 대 1 전투 같았다고 말했다. 각 전투 단위의 전투지수가 양쪽 모두 같을 경우, 1,000명 대 1,000명의 싸움은 결국 무승부로 끝날 것이다. 그러나 만약 1,000명이 750명에게 집중해 섬멸전을 벌인다면 병력이 적은 쪽이 전멸할 경우 병력이 많은 쪽은 결국 250명이 살아남

게 된다. 우세한 집중으로 승리를 거두었으나 심리적 효과를 제외한다면 병력이 많은 쪽도 인원 손실에서는 병력이 적은 쪽의 인원 손실과 대등하다. 그런데 현대적 조건에서는 병력의 수가 많은 쪽에 새로운 이익이 생긴다. 즉, 양측 모두 조준 사격이 가능할 경우에는 병력이 많은 쪽이 막대한 누적 이익을 얻게 된다. 어떤 경우든 한쪽의 인원 손실률은 다른 쪽의 잔여 병력 수에 비례하며, 양측의 병력 비율은 처음부터 강력한 병력을 보유한 측에 계속 유리하게 전개된다. 가장 간단한 형태로 표현하면, A측의 병력소모율이 B측의 잔여전투력에 비례하고 B측의 병력소모율이 A측의 잔여전투력에 비례한다면 다음과 같은 손실 방정식을 얻을 수 있다.

$dA/dt = -B$

$dB/dt = -A$

여기서는 논의의 단순화를 위해 양측의 살상률 변수를 고려하지 않았다. 그래서 이 방정식에서는 양측의 개별 전투 단위의 전투능률을 동일한 것으로 본다. 두 개의 방정식을 풀면,

$A^2_0 - A^2_t = B^2_0 - B^2_t$

가 된다.

위의 식에서 A_0와 B_0는 전투 개시 시의 전투력이고, A_t와 B_t는 일정 시간이 지난 t시점에서의 전투력을 말한다. A측이 어떤 적에 대해서도 각자 조준사격을 가할 수 있는 1,000명의 전투력을 보유하고 있고, B측 역시 동등한 능력을 가진 750명의 전투력을 보유하고 있다고 가정한다면, 전투가 B측의 전멸로 끝났을 때 A측은 250명이 아니라 약 660명의 전투원이 남을 수밖에 없다.

이어서 랜체스터는 만약 한쪽의 전투력의 질이 다른 쪽보다 우세하다면 어떻게 될 것인가라는 의문을 제기하였다. 그는 조준사격을 위해서는 전투 단위의 질보다는 전투 단위의 수가 훨씬 중요하다고 보았다. 특히, 지휘관 으로서는 적에 비해 유효화력 비율이 2배 높은 경우보다는 전투 단위의 수 가 2배인 경우가 훨씬 유리하다는 것이다.*

 ☐ * 랜체스터의 이러한 정밀 분석은 그전에 이미 피스크나 그 밖의 인물들이 계량적으로 분석한 바 있는 화력집중의 수학적 효과를 설명하는 데 활용한 비교적 간단한 위의 공 식을 깨달은 데서 비롯된 것이다. 피스크 역시 전투력의 집중이 개별 전투 단위의 전투 지수보다 훨씬 중요하다는 것을 알고 있었다.

내용을 잘 모르고 있는 저술가들은 랜체스터의 방정식을 그의 의도 이상 으로 확대시켜 적용해왔다. 그러므로 이런 확대 적용의 일부를 두고 지나치 게 액면 그대로 받아들이는 근시안적 태도라고 평가한 평론가들의 지적은 적절하였다. 자승법칙은 단지 화력의 질이 대등할 경우 역학적·물리적 효과 만을 다루기 때문에 도출한 결과와는 전혀 다른 내용이 될 수도 있다. 랜체 스터는 대체로 전투 단위 간의 협동작용으로 전투효과가 좀 더 높아질 가능 성은 논외로 하고 있었다.* 랜체스터가 문제를 안일하게 다룬 것은 아니지 만, 그렇다고 해서 수적 우위에서 비롯되는 무시하지 못할 심리적 이점까지 연구한 것은 아니었다. 랜체스터의 방정식은 지상전투의 분석에서 널리 적 용되어 왔지만 해상전투에서는 별로 적용되지 않았다. 지금까지 지상전투에 서는 많은 병력이 참가하여 전개되었는데, 이 경우에는 다소 단순하고 개괄 적인 방식이 아니고서는 분석하기 어렵기 때문이다. 그러나 승수적 이점에 관한 랜체스터의 설명이 포탄에 명중당하고도 전투를 계속할 수 있는 함정 의 특성에 맞게 적절히 변형될 수만 있다면 지상전투보다 오히려 해상전투 에 더 훌륭히 적용될 수 있다고 생각한다. 그가 설명한 방식대로 화력집중을 할 수 있는 기회가 해상에서 더 흔하게 나타나기 때문이다. 지상전투는 위치, 이동, 근원적으로 영토적 요인에 의해 특징된다. 지상군 지휘관에게 최상의 격언은 "효과적인 선제공격을 하라"는 말보다 "많은 병력으로 먼저 도달하는 것을 원칙으로 삼으라"라는 포레스트의 말일 것이다. 둘의 미묘한 차이는 장기에서 졸이 졸을 잡는 것과 졸이 장군을 부르는 것의 차이와 같다.

□ *즉, 무기를 상호 협동적으로 사용할 경우 전체의 효율성은 각 부분의 효율성을 합한 것 이상이 된다. 이를 수학적으로 표현하면 체계 (A+B)는 체계 (A)+체계 (B)보다 크다.

집중의 효과가 나타날 가능성은 지상보다 해상이 더 높다. 지상과는 달리 해상에는 고지, 강이라는 장애물, 숲속의 엄폐물이 존재하지 않는다. 지상의 조건으로 말미암아 공격자가 대비하고 있는 방어자를 공격하기 위해서는 지상전의 경험으로 보아 3배는 우세해야 한다. 또 다른 일부의 사람들이 지적한 것처럼 해상에서의 전투와 광활한 사막에서의 전투는 많은 공통점이 있다. 태양과 바람, 해상의 상태 모두 해군 전술에 영향을 미치지만, 지형이 지상전투에 미치는 만큼 영향을 주지 않는다. 지금까지 해상에서의 공격이 지상에서와 같은 약점을 노출하지 않은 것도 이러한 이유 때문이다. 역사를 돌이켜볼 때, 해군 전술의 중심 문제는 효과적으로 공격하는 문제, 말하자면 전 세력의 화력을 전투와 동시에 집중하는 것이었다.

해군 전술에서 제2의 부차적인 목표의 하나는 적을 완전히 격파하려면 모든 세력을 적의 일부분에 집중하도록 노력하라는 것이다. 이러한 노력은 열세한 측에 필수적이었다. 그러나 우세한 측이든 열세한 측이든 적이 아군의 동태를 그대로 감시할 수 있는 상황에서 그 면전에 세력을 집결시킨다는 것은 매우 어려운 문제였다. 이 때문에 우세한 측의 지휘관도 대체로 이를 시도하지 않으려 했고, 열세한 측의 지휘관 역시 전투를 회피하거나 전투에서 철수할 수 있는 길을 마련하기 위해 고작 적의 일부를 손상시키는 쪽을 선택했다. 분명히 적의 어느 일부분에 대한 집중된 선제공격은 적극 활용되어야 할 기회인 동시에 피해야 할 모험이기도 했던 것이다.

범선시대와 소총시대에 전술가들은 기동을 통해 결정적인 선제공격을 가할 수 있는 방법을 연구하였고, 기술자들은 무기의 사정거리와 함선의 기동력 향상을 통해 선제공격을 가할 수 있는 방법을 연구하였다. 제2차 세계대전에서는 선제공격의 중요성이 더욱 증대되었다. 주간에는 위력과 공격 거리에서 함포를 능가하는 항공기가 훨씬 유용하였다. 적절한 공격시간 선택의 중요성이 새롭게 부각되었다. 1942년경에는 교전하는 양측의 항공모함 함재기의 행동반경이 서로 대등했기 때문에, 어느 쪽이 효과적으로 선제공격을 하느냐는 문제는 더욱 우월한 정찰과 정보, 즉 우세한 전투정찰의 문제로 귀착되었다. 육상기지 세력도 전투정찰과 공격에서 중요한 역할을 수행하였다. 태평양의 대규모 항공모함 해전에서 항모 함대사령관이 가장 중요하게 생각한 것은 통합된 선제공격이 가져다주는 현저한 이점 바로 그것이었다.

우세한 집중에 의한 효과적인 공격과 장거리 무기나 기동상의 우위 또는 뛰어난 전투정찰 활동을 기초로 한 면밀한 시기 선택에 의한 선제공격은 모든 해군 전술의 기본이었다. 또한 이동, 엄호와 기만, 계획, C² 등은 모두 이러한 공격을 달성하기 위한 수단이었다. 이제 우리는 공격의 중요성을 간과한 채 우리의 격언만을 소중히 생각하던 바로 그때, 로빈슨 부부는 어찌하여 자신들의 모든 지혜를 '공격'이라는 한 단어에 바쳤는지 그 이유를 이해할 수 있을 것이다.

모든 진리가 그러하듯 효과적인 선제공격을 하라는 격언도 특정한 상황에서는 큰 도움이 되지 못한다. 해군 전술에 관한 격언의 하나인 이 원칙은 겉으로 드러나는 말의 뜻이 아니라 내면의 깊은 뜻이 더욱 유용한 것이다. 방어전술에 입각한 모든 함대작전그러나 모든 방어부대를 의미하는 것은 아니다은 이미 개념적으로 무엇인가가 결핍되어 있다. 방어적 해군 전략이 성공하기 위해서는 세력의 집중과 성공적인 전술적 공격이 뒤따라야 한다.* 정찰, 감시와 첩보, 정보의 효과적인 결합은 매우 중요한 것으로서 화력의 발사 그 자체와 마찬가지로 강조되어야 한다. 반면 성공적인 전투정찰과 경계는 상호 관련되어 있고 그 시기 선택이 중요한 문제이기 때문에 엄호, 기만, 혼란의 조성 또는 교란 등으로 적의 전투정찰을 방해하는 것에도 상당히 주의를 기울여야 한다.

> □ * 해상통상파괴전maritime guerre de course 전략제9장에서 논의될 것임도 이러한 논의에서 예외는 아니다.

해전에 관해서는 양측이 대적하고 있다는 그 본질을 이해하지 않고서는 어떠한 것도 이해할 수 없다. 양측은 동시에 서로 상대방을 추적하고 있다. 무기의 사정거리는 적의 무기의 사정거리와 관련되어 있다. 무기의 사정거리에서 중요한 것은 생산적 사정거리즉, 상당한 무기가 표적을 명중할 것으로 기대되는 사정거리이다. 전투부대에게 중요한 사정거리는 충분한 양의 무기가 표적에 명중해 고도의 효과를 거둘 수 있는 사정거리이다.

우리의 격언이 단순히 공세의 원칙으로 평가절하되어서는 안 된다. 방어 '부대'와 방어 '작전'은 작전 계획에서 상당 부분을 차지하고 있다. 단순한 공격 의욕만으로는 적의 승리를 방해할 수 없다. 때때로 적의 전술지휘관이 아군보다 더 먼 거리에서 공격할 수 있는 수단을 보유하고 있을 수도 있다. 그런 경우, 아군의 목표는 적이 제대로 공격하지 못하게 해 적의 기도가 실패로 돌아가도록 감시해야 한다.

선제공격 정신을 제어하지 않으면 무분별하게 무기만 낭비하게 된다. 반대로 공세적 정신을 계속 방임하면 거대한 무기고도 화장터의 장작더미에 불과하게 될 것이다. 결투에서 무턱대고 칼을 더 빠르게 놀리는 자가 승리할 것이라고 믿는 이는 늘 튼튼한 방패와 큰 도끼로 무장한 이에게 패배할 것이다.

목표를 성급하게 설정하고 통찰력이 부족한 이는 재능이 뛰어나지 못한 이에게 그릇된 전술만 가르쳐줄 것이다. 마치 적으로서는 드레이크Drake나 수프랑Suffren 또는 다나카Tanaka 같은 인재를 가진 셈일 것이다. 진정한 전술 천재는 리더십을 중요시한다. 그러므로 전술 이론에 정통하기 위해서는 먼저 확고한 리더십부터 배워야 한다.

쉼터

CHAPTER **2**

실전을 통한 전술의 발전 범선전투시대, 1650~1805

서언

　범선전투시대로 명명되는 2세기 반의 해전시대는 해군이 전쟁터 자체를 전술실험실로 활용한 시대였다. 이 장에서는 이런 시대의 독특한 현상, 즉 약 1세기에 걸쳐 일어난 영국 해군 전술의 고착화 과정을 살펴보고자 한다. 그리고 사고가 경직된 해군 전사들이 교리, 이를테면 완벽한 C^2 체계가 아닌 전투교시에 꼼짝없이 묶이는 현상이 어떻게 생겨났는지를 검토하고자 한다. 우리는 완고하고 폐쇄적인 전술, 교리, 통신체계 때문에 18세기 영국의 제독들이 겪은 좌절감을 살필 것이다.

　18세기 해전에서는 전열함 ship of the line이 화력집중 수단이었고, 종렬진 line ahead은 그런 화력을 상호 협동적으로 집중할 수 있는 가장 실질적인 수단이었다. 많은 해군저술가들이 설명하는 것처럼 범선에서는 정횡으로 사격하는 것이 당연한 것이었다. 그래서 종렬진이 논리적 귀결이었다. 기류에 따라 통신의 식별이 어렵기 때문에 지휘관으로서는 기함을 종렬진의 중앙에 배치하는 것이 통제하기 훨씬 쉬웠다. 지휘관은 종렬진을 활용해 빠르지는 않지만 혼란과 통신을 최소화하면서 다수의 함선을 기동시킬 수 있었다. 풍향과 풍속, 적의 방위와 거리가 아군의 기동을 좌우했다. 지휘관은 적의 동태를 완전히 파악하면서 진형을 전개했으며, 때로는 전투를 앞두고도 아침 식사를 할 정도였다. 지휘관의 목표는 예비대도 전혀 남기지 않고 전 세력을 "완벽하게 통제해 일제히 결집시킨 다음 동시에"* 대적하는 것이었다. 훈련과 조함술을 통해 사령관이 함선 간격을 극도로 좁힌 종렬진을 불규칙적으로 배치된 적 전열과 나란히 배치시킬 수만 있다면, 적 함선들이 널리 분산되어 있든, 서로 중복되어 자기편 함선의 사격을 방해하든, 또는 그중 몇 척이 전열에서 이탈해 유효사정거리 밖으로 벗어나든 화력의 집중도를 성공적으로 증대시킬 수 있었다.

□ * 이는 크레스웰의 저서 Creswell, 1972 : 178에서 인용한 말이다.

전열함 : 화력집중의 수단

비록 2척의 함선이라 해도 1척의 적 함선에 동시에 화력을 집중시키기 위해서는 뛰어난 조함술이 필요하였다. 함포의 최대 유효사정거리는 직사거리로 환산해서 기껏해야 300야드 정도였다. 최대 손상 가능 함포사정거리 maximum significant gun range는 800~900야드로 이 거리를 넘어서면 명중률이 현저히 떨어지고 포탄의 선체 관통력도 미미하였다. 현측포의 사격호 firing arc는 정횡에서 앞뒤로 대략 25°를 넘지 않았다. 함포훈련은 대개 함선의 기동에 따라 선회하는 것으로 그 과정은 느리고 불편하였다. 따라서 종렬진 내에 연속으로 배치된 2척의 함선이 동시에 1척의 적 함선에 최대로 유효사격을 함으로써 이점을 얻는 경우는 별로 없었다. <그림 2-1>은 종렬진 내에서 좁은 간격을 유지하고 있는 함선 2척의 유효사정거리 밖인 약 500야드 거리에서 밀집 종렬진이 아닌 적을 향해 현측포를 발사하는 것이 어느 정도 가능한지를 보여주고 있다.

① 각 함선은 극히 좁은 200야드로 간격을 유지하고 있다.
② 직사거리인 300야드일 경우, 종렬진 내의 함선들은 자신의 종렬진을 돌파하

2. 실전을 통한 전술의 발전 : 범선전투시대, 1650~1805

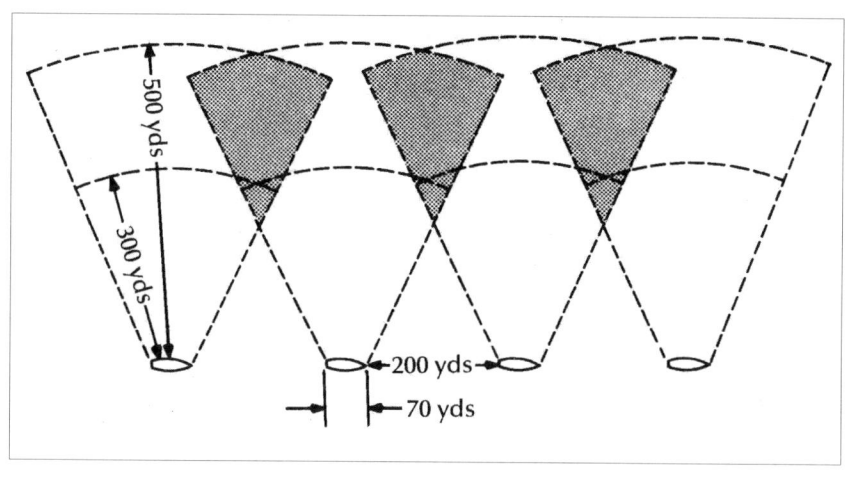

〈그림 2-1〉 종렬진 내 함선의 유효직사거리

려고 시도하는 적함에 대해 현측포를 정면으로 조준할 수 있다.

③ 거리가 적절한 유효파괴거리effective range of destructiveness인 약 500야드일 경우, 인접 함선들은 어느 정도의 화력집중력이 있기는 하지만그림에서 검은 부분 그렇게 충분하지는 못하다.

    화력 밀도density of firepower를 증대시키는 또 하나의 방법은 포를 수직으로 배치하는 것이다. 그 결과, 2층 갑판함과 3층 갑판함이 등장한다. 이것은 해상에서 가장 효과적인 세력 집중 방법이었다. 17세기 말경에는 3층 갑판함이 일반화되었고, 해군 지휘관들은 3층 갑판함의 실제적 가치가 매우 중요하다는 것을 이해하였다. 1697년 프랑스의 저명한 호스트Paul Hoste는 다음 두 가지 이유 때문에 함대의 전투력에서는 함선의 수보다 크기가 훨씬 중요하다고 했을 것이다. 첫째는 함선이 크면 더 많은 포와 대구경포를 장착할 수 있다는 것이고, 둘째는 대형 함선으로 구성된 함대는 그보다 소형 함선으로 구성된 밀집 간격의 종렬진과 교전할 경우, 동일한 길이의 종렬진 내에서 더 많은 수의 대구경포를 사용할 수 있기 때문이다.Robinson, 1942 : 220 단층 갑판함은 진형 내로 투입해 사용하기에는 화력 밀도가 너무 낮았다. 18세기 말에 이르러서는 2층 갑판함마저 진형 내로 투입하기를 기피했다.

2층 갑판함이 전투에서는 단층 갑판함_{경우에 따라 프리깃함}에 비해 2 대 1 이상으로 우세하다고 믿어도 좋을 것이다. 제일 중요한 것은 화력의 우세였다. 물론 호스트는 대형 함선의 선재 방어력에 대해서도 언급하였지만, 그것 역시 화력 우위의 중요성에는 미치지 못한다는 것을 알고 있었다. 해상에서 1 대 1로 교전 중인 함선은 마치 포와 포수를 다소나마 보호하기 위해 목재로 만든 방책 안에서 두 포대가 서로 싸우는 것과 같았다. 포탄이 운좋게 탄약고에 명중되는 경우를 제외하면 함선이 선체 손상을 입어 나중에 침몰하는 경우는 있었지만 포격에 의해 격침되는 경우는 드물었다. 함선들은 오늘날 우리가 화력살상firepower kill이라고 부르는 방법, 즉 포와 포수를 파괴·살상해 사기와 전의를 꺾어버리는 것으로 격퇴되었다. 나포되는 함선도 침몰되는 함선만큼이나 많았다. 예를 들면, 영국 함대가 더 잘 싸워 승리를 거두었지만, 프랑스 함선들의 항해 성능이 뛰어나다면 이 함선들은 영국 해군에서 복구되어 영국 해군 함정으로 사용하는 경우가 많았던 것이다.

만약 2개의 방책이 동일한 수와 질적으로 우수한 인원과 포로 무장되어 있다면 그 승패는 발사 속도, 사격의 정확도, 포탄의 관통력에 의해 결정될 것이다. 한편 74문의 포를 보유한 2층 갑판함이 38문의 포를 보유한 프리깃함과 교전한다면 자승법칙의 효과가 나타날 것이다. 이 때문에 프리깃함은 74문 포 함에 비해 몇 갑절의 손상을 입게 될 것이다. 아무리 무용을 떨치는 사람이라 하더라도 고전 중인 프리깃함이 생존하리라고 생각할 수는 없을 것이다. 양측이 모두 단순 연속사격을 주고받고 선체방어력에서 우열이 없다고 가정할 경우, 2층 갑판함은 겨우 5문의 포만 잃은 채 프리깃함의 현측포 18문을 파괴할 것이라는 계산이 나온다. 나아가 어느 시간에_{현측포가 모두 파괴되기 전에} 프리깃함의 함장이 항복한다고 가정해 보자. 이럴 경우, 이 2층 갑판함은 포 5문 이하의 손실이나 그와 비슷한 경미한 인원 손실과 선체 손상의 대가로 적의 38문 포 프리깃함과 300명의 승조원을 포획하는 전과를 올릴 것이다.

만약 74문의 포를 보유한 2층 갑판함이 약 100문의 포를 보유한 3층 갑판함과 싸운다고 가정하고, 앞의 설명과 같은 모델과 가정을 대입해 본다면 2층 갑판함은 3층 갑판함이 20문의 포를 잃기도 전에 항복할 수밖에 없다는 것을 알 수 있다. 전투 초기 화력의 근소한 우위에서 비롯된 이러한 승수적 이익이 북해와 영국해협에서 벌어진 실전에서 나타났다. 그러므로 2층 갑판함 함장에게 엄중한 군법 판결이 내려지듯이 3층 갑판함 함장에게 작위가 내려질 가능성은 거의 없다고 생각된다.

종렬진 : 통제의 수단

종렬진 자체는 일차적으로 사령관이 휘하 함선들의 세력을 통제하기 위한 수단이었다. 다만 부차적으로 화력집중을 달성하기 위한 수단이라고 생각하는 것이 좋을 듯하다. 이것이 바로 17세기 후반에 종렬진에 대한 제독들의 사고방식이었다. 사실 2층갑판 전투함은 지휘형 종렬진 개념이 이미 확립된 17세기 전반에도 상당히 존재했다. 그러나 제독들은 함선 간격을 좁게 유지해야 함선 간의 상호 지원이 이루어질 수 있다고 믿고 있었고, 그리하여 그들의 전투교시에 규정되어 있는 함선 간격은 함선 3척의 길이도 안 될 정도로 규정된 간격을 형성할 수 없을 정도로 지나치게 좁았다.* 불과 수십 척의 함선으로 구성된 짧은 종렬진에서도 유리한 간격을 유지하는 데에는 고도의 조함술이 필요하였다. 어느 함선이 앞 함선을 추월하거나 사격을 방해해서는 안 될 때에는 특히 더 그러했다. 진형 내에서의 위치를 잘 유지하는 것은 어려웠다. 특히 유의해야 할 경우에는 더욱 신경 써야 했다. 전투범을 올리고 있는 중장범, 즉 상부 범만으로 항해하는 함선은 조타 유지 속력인 분당 약 300피트 정도의 속력으로 위풍당당하게 항진하였다. 이럴 경우 승조원들은 포에 배치되어야 했다. 전투에서는 화력과 마찬가지로 결합력과 통제가 속력에 비해 훨씬 중요하였다.

□ * 거리는 케이블1cable = 2400야드 단위로 표시되었다. 함선의 길이가 50야드였던 영국-네

협공은 다음과 같이 유리한 위치를 차지하려는 데 그 목적이 있다.

양 함대가 다 같이 항진하고 있고 정상적인 조함이 이루어질 경우에는 그 속력도 같다. 따라서 함대를 일시적으로 분할시키지 않고는, 또한 적이 분리된 두 개의 진형 중 어느 한쪽에 접근하여 역으로 집중공격을 가해 올 위험성이 있지만, 이러한 분할과 위험을 감수하지 않고는 위와 같은 위치를 형성하기 어렵다. 나일강 해전에서 넬슨이 프랑스 함대에 대해 성공적으로 협공을 가할 수 있었던 것은 프랑스 함대가 정박해 있었고 또한 그 밖의 상황이 유리했기 때문이었다.

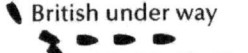

후위를 협공하는 계획에는 아래에서 보는 것과 같이 여러 가지 어려움이 따른다. 아래 첫 번째 그림에서는 공격을 당할 B함대가 우현에서 바람을 받으며 거슬러 항진하고 있다. 반면에 협공을 시도하려는 A함대는 풍상으로부터 유효사정거리 밖에서 함선 대 함선의 형태로 전투태세를 갖추고 있다.

다음 그림에서 A함대의 함선들은 전위의 전반부가 B함대 후위의 후반부에 대해 정횡이 될 때까지 속력을 낮춘다. A함대의 전위가 교전하기 위하여 접근할 때, A함대의 후위는 사열진으로 항해하면서 비활동적인 B함대의 후미를 지나 풍하로 이동한다.

A함대의 전위가 B함대의 후위에 접근하여 교전할 때, A함대 후위는 이제 바람을 거슬러 항진하여 풍하에 위치하게 된다. 교전 중인 B함대의 후위가 서서히 전진할 경우, 풍하 측으로 진출한 A함대의 함선은 속력을 올려 협공 위치를 차지하게 된다. 교전하고 있지 않은 B함대의 전위는 후위를 지원하기 위해 일단 풍하로 변침해야 하는데, 이때 많은 시간이 소요된다면 B함대는 승산이 없다.

비록 무기력한 B함대는 속력을 낮추어 A함대의 계획을 방해하거나, 풍하로 이탈해 풍상의 A함대와 교전을 피하고 풍하로 이동하여 협공하려는 A함대의 시도를 좌절시킬 수도 있었지만, 18세기에 이러한 계획은 해군의 특성상 채택되지 않았다. 전위에 대한 협공은 교전하고 있지 않은 B함대의 후위가 별도의 명령이 없더라도 자동적으로 속력을 올려 전투에 가담할 수 있기 때문에 협공의 이점이 생각보다 많지는 않았다.

〈그림 2-2〉 협공

> 덜란드 전쟁 당시에 최소한 한 편의 교시에는 함선 간의 간격을 2분의 1 케이블로 유지하라고 규정되어 있었다. 이후에는 2케이블의 간격을 유지하는 것이 보통이었다.
> Robinson, 1942 : 153, 361

좁은 간격을 유지하는 두 번째 이유는 적이 종렬진을 돌파하는 것과 적이 직사거리에서 어느 쪽 현측이든 아군 함선이 응사할 수 없는 현측에 대해 함미까지 종사raking하는 것을 방지하기 위함이었다. 또 하나는 몇 척의 적함이 풍상으로부터 아군의 종렬진을 돌파한 다음 종렬진의 일부를 양측에서 포위해 협공으로 알려진 전법의 희생물로 만들 가능성도 있기 때문이다. 〈그림 2-2〉 참조

끝으로 밀집 간격의 종렬진은 계획적이든 또는 우발적이든 적의 전 세력이 아군 종렬진의 일부를 공격하려 할 때 바람직한 방법이었다. 전투에서 벗어나 있는 함선들은 이들은 통상 전위에서 풍하에 위치하게 된다 최대한 신속하게 바람을 거슬러 변침해 전투에 참가하지 않을 수 없으며, 그들에게 거리란 곧 시간을 의미한다. 따라서 함선을 개별적으로 운용하든 지휘형 종렬진으로 운용하든 함포의 사정거리가 500야드도 채 안 될 정도로 극히 짧았던 3세기 동안에 전술가들은 해상에서의 화력집중을 중시해야 했다. C^2 문제에 대한 해답은 사격 진형을 형성하고 함선이 서로 중복되지 않게 하면서 되도록 최밀집 간격을 유지하며 화력을 수직으로 배치하는 데 있었다. 이러한 점을 염두에 두고, 진형의 우수한 전술적 효과를 더 발전시키는 데 주저했던 영국 해군 지휘관들의 태도를 범선시대 전술의 발전 과정을 통해 간단히 살펴보기로 한다.

태동 단계

우선 지휘형 종렬진이 영국 함대사령관의 전투교시에 삽입된 과정을 살펴보는 것으로 논의를 시작하겠다. 17세기 후반 세 차례에 걸친 영국-네덜란드 전쟁은 무역을 둘러싼 치열한 경쟁에서 비롯되었다. 제1차 전쟁 중에는 불과 2년 1652~1653 동안 주요 해전이 여섯 차례나 발생하였다. 이와 같이

해전이 많았던 이유 중 하나는 다분히 전략적인 것이었다. 여기에 대해서는 나중에 다시 언급할 것이다. 다른 이유는 기술 발전에 있었다. 개전 초기의 전투함들은 상선의 역할을 겸하고 있었고, 신속하게 건조 또는 수리될 수 있었다. 그러나 전투가 그토록 많았던 주된 이유는 전술적 요인에 있었다. 당시의 순항 진형은 무질서한 집단이었으며, 전투도 뚜렷한 전술적 결과 없이 종결되었기 때문이다. 함선의 크기, 형태, 항해 성능이 천차만별이었으며, 교역자로서 역할을 겸하고 있던 함장들이 진형 항해훈련에 익숙할 리 없었다. 개전 초기에는 엄청나게 많은 함선이 있었으나 거의 통제할 수 없었다. 격침되거나 포획된 함선의 수가 아닌 전장에서 도망친 적의 수가 승리의 척도였다. 여러 가지 증거에 비추어볼 때, 적이 눈앞에 나타나야 비로소 사령관의 지휘로 느슨한 종렬진이나마 갖추려고 시도했다는 것을 알 수 있다. 일단 전투가 시작되면 마치 뒷골목 싸움과 같았다. 포틀랜드 근해에서 비결정적인 제3차 전투가 끝난 후에 크롬웰Oliver Cromwell은 블레이크Robert Blake와 딘Richard Deane, 몽크George Monck 등 3명의 육군 장성을 해상에서 근무하도록 파견했다.* 명령과 군기에 익숙해 있던 이 육군 장성들은 각 함선을 이해하기 쉽게 기함을 중심으로 몇 개의 종렬진을 기본 진형으로 편성한다는 새로운 교시를 합동으로 내렸다.

☐ * 상설해군의 개념을 처음으로 도입한 국가는 영국이었다. 영국은 튜더 왕조인 헨리 7세 때인 1607년에 왕립해군사관학교Royal Naval Academy를 설립, 생도를 교육해 해군 장교를 양성하였다:-역자 주.

통제 자체가 집중에 도움이 되는 경우를 제외하고는 이런 진형을 갖추도록 한 애초의 동기가 화력을 집중하는 데 있었다고 판단할 증거는 없다. 함선들이 처음 전투를 시작했을 때에는 무장한 상선에 불과했다는 점, 함장들이 애국심에 불타기는 했지만 해적과 같았을 뿐 전혀 해군이 아니었다는 점, 사령관도 바다에 생소한 육군 장성이었다는 점 등을 고려할 때 종렬진을 유지하도록 한 것은, 추측컨대 그것이 함대를 통제하기에 가장 손쉬운 전술이라고 판단했기 때문일 듯하다. 오늘날에도 그렇지만 부대가 집행훈련을 받은 적도 없는 전투 계획을 수립한다는 것은 어리석은 일이었다. 범선들로 구성되는 짧은 종렬진의 경우에도 함선의 간격을 일정하게 유지한다는 것이 결코 쉬운 일이 아니었다. 그러나 이러한 진형이 그 후로도 계속 존속될 정도로 전술은 성공적이었다. 이 진형은 다음과 같은 네 가지 성과를 거두었다.

- 각 사령관은 신호를 거의 사용하지 않고 예하의 종렬진을 통제하는데, 각각의 종렬진은 각 지휘관의 전투교시 내용에 따르면서 적절한 전투 기능과 훈련 수준을 유지하는 것이 중요하다.
- 종종 겪는 혼란스러운 전투 속에서의 포연과 혼란에 따른 위험과 우군 상호간의 사격 회피, 이러한 위험성이 없다는 확신은 위험성이 없는 사실 못지않게 중요했다. 시야에 적이 있는지 확인하기 위해서 포연이 사라질 시간이 필요하다고 생각할 사람은 없을 것이다.
- 이탈자 방지. 전투교시 제7조는 종렬진을 형성하지 못한 함장들에게는 가장 엄중한 처벌이 가해질 것이라고 경고함으로써 잠재적 이탈자를 방지하였다. 이것이 단순한 시가행진 규정과는 다르다고 믿어도 좋을 것이다.
- 최소한 3열의 지휘형 종렬진의 결합은 전 함선들이 최단 시간에 전투에 투입되어 통제를 받으리라는 것을 보장한다. 예비대는 있을 수 없다. 멀리 떨어져 있는 함선은 결정적 시간과 장소에 투입될 수 있는 증원 세력으로 볼 수 없다. 사정거리 밖에 있는 함선은 화력만 낭비할 뿐이다.

전투교시의 성숙

초기 범선시대의 제독들은 밀집 종렬진 또한 함대의 화력을 집중시킨다는 사실을 알고 있었다. 영국 해군이 출항하여 훈련하고 전투를 행할 경우, 그들은 전문 전투원으로 구성된 직업군 범주에 속했다. 발사속도를 증가시키거나 노련한 조함술로 밀집 간격을 유지함으로써 화력은 향상되었다. 제1차 영국-네덜란드 전쟁 중 여섯 번째이자 마지막 해전에 이르러서는 네덜란드 해군도 종렬진을 형성하지 않을 수 없었다. 네덜란드 해군이 전투에 나섬으로써 스헤베닝겐Scheveningen 해전은 피비린내 나는 결전이 되었으며 이로써 전쟁은 종결되었다.

제2차 및 3차 영국-네덜란드 전쟁에서는 단종렬진이 함대의 표준 진형이 되었으며, 기동으로 새로운 상황에 대처할 수 있었다. 양측이 모두 공격적이고 노련해졌지만, 영국의 제독은 단종렬진에 만족하고 바람이 불어오는 쪽, 즉 풍상을 차지하는 데 함대의 기동을 주력했다. 풍상에 위치하면 풍하로 접근하여 전투를 하거나 거리를 벌여 전투를 회피할 수도 있기 때문이다. 영국 함대가 단일 전열에 대해 신념을 가질수록 전투원들은 풍상에 위치한 함대의 집중 또는 협공 능력을 잘 발휘했다.

그러나 오래지 않아 단종렬진 또는 함대의 종렬진은 영국 해군에게 그렇게 훌륭한 진형이 되지 못했다. 바다에 처음 나온 사람들을 위해 고안된 이러한 진형은 새로운 부류의 해군 전문가들이 전투교시에 잠재적 C^2를 발전시켜 활용하기도 전에 융통성 없는 교리로 굳어버렸다. 각 사령관의 책임 하에 기동하는 밀집 종렬진이 국부적으로 집중할 수 있는 방법이라는 데는 논란의 여지가 없다. 그러나 전 함대100척이나 되는 함선가 진형을 형성해 한 단위체로서 기동하는 경우, 종렬진은 그 길이가 수마일에 달하지만 폭이 500야드도 안 되는 가느다란 띠 모양의 화력권 밖에 형성하지 못한다. 후미함이 선두에 도착하려면 1시간이나 걸렸다. 더욱이 동력을 바람에 의존하고 있었기 때문에 전위가 후위를 지원할 수 없었다.

영국 해군 전술의 고착화

18세기 초에는 함대의 규모가 너무 컸다. 이 때문에 적이 전투에 나서려 하지 않을 경우, 띠와 같이 가느다란 공격권을 형성하는 긴 단종렬진으로는 전위van 대 전위, 주력부대center 대 주력부대, 후위rear 대 후위 식으로 동시에 교전하는 것이 불가능했다.* 18세기의 프랑스 해군은 전투를 기피하는 적이었다. 이것이 결전을 회피하기 위한 것이었음을 감안할 때 프랑스 해군은 화력의 양보다는 그 정확성에 치중하면서 함선을 좀 더 긴 사정거리의 포로 무장하고 스스로 풍하에 위치해 영국 함선들의 삭구 상부를 공격함으로써 속력을 저하시켜 전열을 약화시키는 작전에 성공을 거두었다고 할 수 있다. 그러나 프랑스 해군이 결전을 회피했던 주된 이유는 1740년에 영국 해군의 각 제독이 하달한 전투교시가 해군본부의 항구전투교시Admiralty's permanent fighting instructions로 불릴 새로운 교시로 대체되었기 때문이다. 이 교시는 총사령관에 의해서만 개정이 허용되었고, 사령관이 이를 수정하면서 목숨을 걸어야 할 것처럼 본질적인 변경 없이 충실히 따라야만 하는 교리였다.

□ * 이 당시 지휘관의 위치에 따라 해군 장성의 계급이 유래되었다. 즉 해군에서는 소장을 'Rear Admiral', 중장을 'Vice Admiral', 대장을 'Admiral'로 부르고 있다:-역자 주.

해군대학의 하텐도르프 교수가 필자에게 지적한 것처럼, 크레스웰John Creswell은 마한과 코베트John Corbett 경에 의해 통상적으로 인식되었던 것과는 달리 1799년까지 통용된 전투교시가 사실은 해군에 내린 전투교시가 아니었다는 새로운 증거를 제시한다. 크레스웰은 영국 해군의 전술에서 기본적으로 잘못된 것은 전혀 없었다고 주장한다. 이러한 주장이 사실인 이상 일관되게 적용되던 교리가 있었다는 필자의 주장은 강화된 셈이다. 그러나 해군본부에서 『영국 함대의 순항 및 전투교시Sailing and Fighting Instructions for His Majesty's Fleet』를 직접 작성해서 하달했는지, 아니면 단순히 언급만 했는지는 별로 중요하지 않다. 중요한 것은 주로 풍상에서 전투하는 종렬진 개념이 함대 총사령관들의 마음속에 깊이 자리 잡고 있었다는 점이다. 그 결과, 영국 해군은 단종렬진으로만 전투를 수행하느라 거의 1세기 동안이나 비결정적인 전투와 실패에 시달렸다.

이 항구 전투교시는 교리일 뿐만 아니라 교의dogma이기도 했다. 이 교시는 함대를 통제하는 공인된 방법이었으며, 기동까지 통제하는 신호 모두를 규정해 놓고 있었다. 함대는 창의적인 전술을 거의 생각하지 못했다. 하물며 이 교시만을 충실히 따랐다는 것은 말할 필요조차 없다. 독창적인 전술은 이 전투교시에서 용납되지 않았다. 연습도 해보지 못한 전술이 전투에서 실행될 리 없었다. 예를 들면, 적의 후위에 대한 화력의 집중, 적 전열의 돌파, 또는 적의 일부에 대한 협공 등은 사령관으로서는 활용해 보지 못한 방법, 아니 어쩌면 들도 보도 못한 방법이었을지 모른다. 하달된 전투교시에만 푹 빠져 있는 사령관들의 사전에는 이런 전술이 포함되어 있지 않았던 것이다. 18세기를 지나는 동안 이와 같은 방식의 C²를 고집하던 신천옹albatross은 전술뿐만 아니라 전술적 상상력까지 질식시키고 있었다.

해군 전술의 회복

우리가 넬슨을 존경하는 데는 그가 단지 항구전투교시의 엄격한 형식주의를 타파하고 벗어났기 때문만은 아니다. 로드니George Rodney, 1782, 호우Richard Howe, 1794와 던컨Adam Duncan, 1797이 그러했고, 저비스John Jervis도 세인트 빈센트 갑 해전1797에 출전한 넬슨의 전술적 천재성의 성과를 함께 맛보는 영광을 누리기도 했다. 그러나 넬슨은 한걸음 더 나아가 새로 발견한 자유를 어떻게 활용할지를 알고 있었다는 점에서 비견할 상대가 없는 전술가였다. 필자는 지금 그의 업적을 두고 말하는 것이 아니다. 켐펜펠트Richard Kempenfelt 소장이 이미 1780년에 기동상의 융통성을 가능하게 한 새로운 명령과 신호를 만들었다는 점을 코베트Corbett은 높이 평가한 적이 있다. 로빈슨의 저술에서는 지나친 형식주의의 문제점이 널리 인식되고 있었다는 것과 그 해결책이 이미 나타나고 있었음을 시사하고 있다. 프랑스 해군은 늘 그러했듯이 이 무렵 전술 이론에서는 영국 해군에 앞서 있었고, 영국 해군의 전술에 대한 이해를 고취시키고 있었다. 수프랑Pierre Suffren 제독이 인도양에서 다섯 차례에 걸친 전투를 치른 지 2세기가 지난 오늘날까지도 그의 전술이 존경받는 이유는 당대의 다른 프랑스 제독에게서는 찾아볼 수 없었던 견실한 훈련과 공격정신 때문이다. 새로운 전술을 시도하는 인물이 발명가인 경우는 드물다. 우리가 새로운 전술을 시도하는 인물을 존경하는 것은 허름한 아이디어 창고에서 지혜의 정수를 추출해낼 수 있는 통찰력과 이를 발전시킬 수 있는 용기와 기술 때문이다.

우리 기억 속에 넬슨이 지금까지 우뚝 서게 한 트라팔가르 해전1805년 10월 21일은 1세기 이상을 통틀어, 지금까지의 최후의 대규모 함대해전으로 알려져 왔다. 그러나 그의 명성은 역사상 어느 한 사건 때문에 얻은 것이 아니다. 그 후 트라팔가르 해전 이상의 함대해전이 없었던 것은 다른 누구도 해내지 못하는 것을 넬슨이 해냈기 때문이다. 그는 적 함대를 궤멸시킴으로써 함대해전이 더는 불필요하게 했고, 약 100년간을 영국 해군의 독무대로 만들었던 것이다. 우리는 트라팔가르 해전이 뜻밖의 행운이 아니었음을 잘 알고 있다. 넬슨은 나일 강 해전과 코펜하겐 해전에서의 경험을 통해 집중과 적시 공격의 중요성을 훌륭하게 터득하고 있었다. 이러한 사실은 전투 전에 그가 예하 함장들에게 하달한 교시를 통해서도 알 수 있다. 이 교시는 종종 인용되지만 이를 가장 훌륭하게 분석한 인물은 프랑스의 보드리 Ambroise Baudry이다.Baudry, 1914 : 218~236 보드리는 시간과 행동이라는 요소와 넬슨의 우발적 계획에 관하여 직접 언급하고 있다. 그의 지적에 따르면 프랑스의 함대 사령관 빌뇌브Villeneuve는 넬슨의 행동을 거의 완벽하게 알고 있었다. 그러나 넬슨의 행동을 중단시킬 방안을 강구하지 못했다. 빌뇌브로서는 역주도권을 장악할 생각을 할 수 없었던 것이다.

넬슨은 빌뇌브에 비해 수적으로는 27 대 33으로 열세했지만 반드시 승리해서 면목을 세워야 한다는 부담감은 없었다. 넬슨이 그의 능력 내에서 최대의 승리를 거두리라는 것은 이미 예상된 결과였다. 넬슨의 공적은 프랑스-스페인 연합함대의 격파였다. 그것은 과거 10년 동안 영국의 전략적 목표였다. 그는 다른 제독들이 100년 동안 하지 못했던 일을 완수했던 것이다.

넬슨의 당면 문제는 적을 추적하여 포착하는 것이었고, 예하 함장들은 적이 치명적인 사정거리인 300야드 거리로 들어오기만 하면 적을 완전히 섬멸할 수 있었다. 특정의 적을 격파할 올바른 전술을 선택함으로써 그는 조국의 특정한 전략적 목표를 달성할 수 있었다. 그는 자신의 전투 계획을 예하에 알려주었으며, 결과가 증명하듯이 그의 계획은 집행 과정에서 융통성 있게 적용되었다. 예하 함선들은 고도의 근접사격으로 적을 강타한다는 그의 계획에 맞춰 훈련을 받았다. 또 그의 계획은 그와 같은 훈련에 적합하게 입안되었다. 넬슨은 기회가 있을 때마다 함장들과 대화를 나누었기 때문에, 그의 계획이 본질적인 면에서 잘못 이해될 소지가 없었다. 그 때문에 함장들은 자신들의 역할을 잘 알고 있었다. 그 결과 그의 계획은 처음부터 끝까지 아무 신호 없이도 집행될 수 있었다. 항해서열order of sailing이 곧 전투서열order of battle로 자리 잡았다. 오늘날 함대에 적절한 경구라 할 수 있는, 이런 개념이 1805년에 등장했다는 것은 놀라운 혁신이다.

우리는 트라팔가르 해전에서 잘못된 교훈을 배울 가능성도 있다. 넬슨의 전술은 가령 트롬프Martin Tromp나 드 로이테르Michiel de Ruyter 또는 수프랑이 상대였다면 큰 파국을 맞았을지 모른다. 넬슨의 적수가 1급 해군이었다면 10월의 미풍 속을 항진하던 그의 전 함선들은 고작 3~4문의 소용없는 현측포를 돌리다가 패배를 당했을 것이다. 그의 함선들은 적 함선에 첫 포탄을 명중시키기도 전에 반쯤 불구가 될 수도 있었다. 넬슨도 이를 모르지 않았을 것이다. 우리가 경계해야 할 것은 넬슨의 승리를 용감하게 공격했기 때문이라는 단순한 결론을 내리는 것이다. 그러나 이것은 피상적인 해석이다. 적을 면밀하게 검토해 보지 않은 멍청한 지휘관은 적의 포탄 속으로 뛰어든 넬슨의 돌진을 기계적으로 모방함으로써 자기 함대를 파멸로 이끌 수 있다. 넬슨이 1688년에 네덜란드 해군을 상대했거나 1916년에 독일 해군과 대적했다면 어떻게 싸웠을지 우리로서는 알지 못한다. 그러나 그의 전술이 전략적 목표와 무기 수준, 세력 규모라는 세 가지 요소가 합치하게 고안되었을 것임은 믿을 수 있다.

전략의 영향

영국과 네덜란드, 특히 프랑스 해군의 전술을 이해하기 위해서는 국가 정책과 전략에 대해 잠시 언급할 필요가 있다. 전술은 전략에 영향을 미치면서 동시에 전략에서 영향을 받는다. 전술지휘관은 전투에서 자기 목표를 잊어서는 안 된다. 그 목표는 종종 적 함대 파괴 이상인 경우도 있을 것이다.

세 차례에 걸친 영국-네덜란드 전쟁에서 양국의 전쟁 목표는 해양에 집중되어 있었다. 그 결과 많은 전투가 벌어졌다. 전략적 문제는 몽크Monck가 제2차 전쟁의 원인이 무엇이냐는 질문을 받았을 때 했던 특유의 무뚝뚝한 답변에 잘 요약되어 있다. "네덜란드는 지나치게 많은 무역을 해왔다. … 그리하여 영국은 네덜란드에서 이 무역을 강탈하기로 결심했다."Lewis, 1957 : 89 에서 인용 그러므로 침공이 일어날 것이라는 데 의문의 여지가 없었다. 통상이 그 대상이었으며, 따라서 경쟁은 해양에서 일어났다. 네덜란드로서는 영국해협을 이용한 통상이 생존과 직결되어 있었다. 네덜란드는 이를 통해 번영을 누렸으며 반대로 이를 잃으면 몰락할 운명이었다. 이 전쟁에서 양측 어느 쪽이든 전투를 기피하면서 자국의 목적을 달성할 수는 없었다. 해군력을 건설해 전투를 벌이든가 아니면 평화를 유지하면서 자국의 목표를 포기해야 했다. 전쟁의 목표는 제한되었다. 승자는 사실 막대한 재정적 이익을 기대할 수 있었지만 패자는 재정적·국가적 파멸을 맞을 수도 있었다. 이러한 동기에 따라 승리를 위한 투쟁이 계속되었다. 양측은 새로운 함대가 건설되어 새로운 벌어지기 전까지는 결전을 통해서만 전쟁이 종식될 것으로 인식하고 있었다.

한편, 프랑스의 경우는 결전을 회피하는 것이 전략적 목적과 합치했다. 반대로 영국의 이익은 결전에서 승리하여 제해권을 획득하는 데 있었다. 물론 영국 해군은 과거에 적극적으로 공격에 나서던 네덜란드와 대적해 전술

적 교훈을 터득한 바 있었다. 그러나 같은 전술도 전투를 기피하려는 프랑
스 해군에 대해서는 실패했다. 프랑스의 전세를 결정짓는 전투는 육상에서
벌어졌지만, 그래도 해양만은 지켜야 할 측면 보루flank였다. 프랑스는 전쟁
목표가 육상전투에서 결정될 것이라고 확신했을 때도 항상 두 가지 해군
전략 중 하나를 택했다. 첫째는 영국 해군을 견제하고(물론 이 역할이 언제나 성공적으
로 수행된 것은 아니다) 기회를 포착할 수 있는 견실한 함대를 유지하는 것이었다.
둘째는 최소한의 희생으로 적절한 성과를 획득하기 위해 통상파괴전guerre
de course을 수행한다는 것이었다.

프랑스 해군의 전략이 현명했느냐 하는 것은 여기서 논할 문제가 아니다.
그러나 프랑스 해군의 전술에 관해서는 다음과 같은 점을 주목할 수 있다.

- 프랑스 해군의 전술은 전반적으로 넬슨 이전에 영국 해군의 전술이 영국의 전략에 부응했던 것보다 훨씬 성공적으로 자국의 전략을 수행하는 데 충실한 도구 역할을 했다.
- 프랑스 해군으로서는 공격적인 결전을 벌였더라면 상당한 이익을 얻을 수 있던 상황이 있었지만, 실제로 그러한 가능성은 이용되지 못했다. 오랫동안 시행되어 왔던 전술적 관행이 뿌리 깊이 박혀 있었던 것이다.
- 영국 해군이 어떻게 하면 접근하여 결전을 벌일 수 있을 것인지를 연구하고 있을 때 프랑스 해군은 전투를 회피함으로써 전술적으로 영국에 완전히 압도당했으며, 그 결과 전략적으로 매우 위축될 수밖에 없었다.

요약

범선전투시대에는 전세를 결정지을 무기의 사정거리가 매우 짧았다. 그
때문에 전술은 주로 함선 대 함선의 전투가 지배적이었다. 이 시대가 거의
끝날 무렵까지 주로 함선의 현측포 중량이나 발사속도 또는 사격의 정확도
를 향상시킴으로써 화력집중이 효과적으로 개선되었다. 영국 해군은 발사

속도에, 프랑스 해군은 사격정확도 향상에 각각 치중하였다.

지휘형 종렬진은 1650년대에 조정coordination : 최소한의 교신에 의한 진형에서의 신속한 기동과 협력cooperation : 자군 함선을 공격할 위험이나 이탈자 등이 없는 근접기동을 위해 고안된 것이다. 그로부터 얼마 뒤 지휘관들은 복종렬진multiple column 역시 전술적 화력집중에 유용하다는 것을 자각했다. 이 진형은 함선들이 일제히, 그리고 상호 지원을 하면서 전투에 투입될 수 있었다. 전투 초기에 전 세력의 화력을 집중시킬 수 있었기 때문이다.

함대 단종렬진single fleet line ahead은 단순한 점이 장점이다. 그러나 18세기 초 영국 해군의 교리는 독단 속에 고착되어 있었다. 사소한 예외가 있었지만 지휘관은 엄격한 단종렬진을 유지해야 했으며, 전술적 기습이나 적의 일부를 협공함으로써 함대의 전력을 집중하는 등의 가능성은 억제되어 있었다. 제일 큰 맹점은 무엇보다 이 전투교시가 전투를 기피하려는 적에게 접근해 이를 격파할 수 있는 지휘관들의 능력을 제한한다는 것이고, 심지어 적의 화력이 명백히 열세하거나 전략적 상황으로 보아 전투를 강행할 전술적 모험이 요구되는 경우에도 이를 허용하지 않은 점이다. 18세기 중엽부터 범선전투시대의 마지막 50년간은 영국 해군의 제독들이 교리의 구속에서 벗어나 근접전투를 벌일 경우 적이 열세할 것으로 생각되면 언제라도 결전을 벌이려고 혈안이 된 시기이다.

함대사령관이 마침내 단종렬진의 속박에서 해방되었을 때, 그들은 이제 적의 도주를 차단하기 위해 함대를 집중할 방법을 재차 강구해야 했다. 넬슨이 바로 그러한 방법을 창안한 인물이다. 그 결과, 그는 트라팔가르 해전이라는 최후의 일전을 통해 적을 해양에서 궤멸시켰다. 그의 성공적인 전술은 다음과 같은 내용을 포함한다.

_ 전투가 개시되어 불가피한 혼전이 있기 전까지는 종렬진 간 또는 종렬진 내 함선 간의 상호 지원을 통한 작전 수행.

- 집행 과정에서 융통성을 발휘하게 하는 간단명료한 계획.
- 최소한의 신호. 이는 넬슨의 함장들이 그의 의도를 경험적으로 익히 알고 있었기 때문에 가능했다.
- 풍상 위치의 주도권 장악. 그러나 자기 함대가 풍하에 있을 때에는 적과의 접촉 가능성에도 대비했다.
- 해상에서의 이동과 거리의 상호 관계에 대한 완전한 이해. 그 결과 특히 적의 동태를 완전히 조망하면서 전술적으로 기습하고 세력을 집중하는 것이 가능해졌다.
- 장래의 전투 방식에 맞춘 훈련과 훈련한 대로의 전투.
- 적이 강력하고 유능했다면 큰 위험이 따랐을 것이다. 그러나 적의 포술과 진형 통제가 취약했고, 또한 그러할 것으로 알려져 있었기 때문에 실제 위험은 없었다.

영국 해군의 전술적 목표는 대개 적 함대를 파괴하는 것이었다. 그것은 또한 영국의 전략적 목표와도 합치되었다. 영국의 주적主敵이던 프랑스의 해양 목표는 영국에 비해 훨씬 다양했다. 일반적으로 프랑스 함대는 정면으로 겨루는 결전을 수행할 만한 규모나 훈련체계를 갖추지 못했다. 프랑스 해군의 전술은 전략적 목표, 그리고 상대적으로 열세한 세력에 상응해 결정되었다. 이러한 전술이 종종 성공을 거두는 경우도 있었다. 그러나 장기적으로 볼 때 프랑스 함대의 전술과 역량, 전투의지가 붕괴되리라는 것은 이미 예견된 결과였다.

CHAPTER **3**
평화 시의 전술 발전, 1865~1914

전술사상의 황금기

1865년에서 1914년 사이에는 평화 시에 기술 발전이 급격히 이루어졌다는 점에서 오늘날과 비견할 만한 시대였다. 범선전투시대에는 실전을 통해 전술을 배울 기회가 많았던 반면에 19세기 후반은 전술의 시험무대 역할을 할 만한 함대 전투가 전무했다. 이 시대는 세계의 모든 해군 경쟁국 중 영국 해군이 우위를 차지한 '영국 지배하의 평화Pax Britannica' 시대의 전성기였다. 전술과 기술, 지휘에 관한 각종 문제는 실전을 통해 해결할 기회가 거의 없었다. 그 결과 증기 추진의 전술적 의미와 그것이 기동력에 미치는 영향, 장갑과 무장 간의 상호적 발전, 어뢰와 소형 함정에 대비되는 거함의 효용성, 무선통신과 항공기 등에 관한 모든 것은 결국 격렬한 논쟁의 대상이었다.

또한 이 시대는 전술사상의 전무후무한 황금기였다. 새로운 형태의 추진동력과 무장 및 장갑 등이 매우 다양한 전술적 의미로 이해되었다. 19세기 말에 이르러 종래의 전술 개념이 폐기되고 신형 함과, 이와 함께 적용 가능한 새로운 전술이 등장했다. 그 결과 제1차 세계대전 때는 해군 전술이나 전투함의 성능에서는 획기적인 변화가 거의 없었다. 제1차 세계대전 이후 해군 전술 또는 함정의 운용에 관한 논쟁은 전쟁 이전의 분석에 대해

반론을 제기했다기보다 오히려 이를 한층 더 공고히 해주었다. 이런 결과는 매우 열정적인 사고가 낳은 일례였다.

이 당시 전술 논문을 다시 읽으면 전술에 수학적 방법을 적용하던 엄청난 양의 이론과 정열에 놀라지 않을 수 없다. 전쟁 장비의 개발에서 비롯된 공학기술에 관한 이론이 널리 퍼지면서 전술에도 지대한 영향을 끼쳤다. 주워 담기 어려울 정도로 막대한 양의 기술과 전술 관계 저술에 대한 이해 없이는 19세기에서 20세기로의 전환 시기에 나타난 보드리Ambroise Baudry, 피스크Bradley Fiske, 베르노티Romeo Bernotti, 베인브리지 호프William Bainbridge Hoff, 마카로프S.O. Makaroff 등의 이론, 각종 간행물, 회보 등을 읽기 어렵다.* 사실 우리를 깜짝 놀라게 할 이론도 있었지만, 이를 기술 대변혁 초기 몇 년간을 장식한 터무니없는 생각과 비교해 볼 때, 전술 분석은 다음 두 가지 주요 사항만 빼고는 실패했다. 첫째, 속력의 역할을 너무 과하게 중시한 것이다. 둘째, 불량한 시계視界가 주요 함대전투에 미치는 영향을 예견하지 못한 점이다. 가장 출중한 저술가들은 해군 제복을 입은 이들이었다. 그들은 이론에서 도출하기는 했지만 실제로 적용할 수 없는 극단적인 전술 개념을 상황에 맞게 신속하게 수정해 나갔다.

□ * 미국 해군연구소에서 이 시기에 간행한 *Proceedings*지에 실린 주목할 만한 수상 논문 중 몇 편을 든다면 웨인라이트Richard Wainwright 소령의 "해군전에서의 전술적 문제Tactical Problems in Naval Warfare"(1895. 1), 나이블랙R.A. Niblack 대위의 "전열 내 함정의 전술The Tactics of Ships in the Line of Battle"(1896. 1), 잭슨R.H. Jackson 대위의 "어뢰정의 유형과 운용Torpedo Craft : Types and Employment"(1900. 1), 엘거R. Alger 교수의 "미국 해군의 포술Gunnery in Our Navy"(1903. 1), 피스크Bradley Fiske 중령의 "미국의 해군정책American Naval Policy"(1906. 1), 파이W.S. Pye, Jr. 대위의 "함대 전술의 제 요소Elements of Fleet Tactics"(1906. 1) 등이 있다. 이 시기의 특성을 필자보다 훨씬 완벽하게 설명한 바 있는 레이놀즈는 특히 전략에 중점을 두었다. 그의 지적에 따르면 러시아가 전문 해군잡지를 발행한 최초의 국가이며 1848년에 *Morskoi Sbornik*지가 창간되었다. 제1차 세계대전 전에는 이탈리아의 *Rivista Marittima*지가 가장 훌륭한 잡지였다.

선구자들

나폴레옹 전쟁 이후 산업혁명이 만개하자 유럽 각국의 해군에도 그 영향이 급속히 퍼졌다. 근대적 사격통제 방법과 자력 추진 어뢰를 제외한 범선에서 증기선 전투함으로의 대변혁에 따른 각종 장치는 나폴레옹 전쟁과 남북전쟁 기간에 발명되었다. 예를 들면, 증기 추진 기관과 스크루 추진기, 철제 선체와 장갑, 포구 속력과 관통력이 높아진 거포초기에는 시정거리가 길고 장갑을 파괴하기 위해 크기도 커졌으나 유효사정거리는 별로 늘어나지 못했다 포미 장전식 포, 효과적인 포탄과 여기에 필수적으로 추가되는 신관과 강선 포신, 포탑 등이 그것이다.

그 후 이런 발명품이 얼마나 신속하게 전쟁에 이용될 것인지를 놓고 논쟁이 있었지만 오래지 않아 이런 발명품은 목재 전열함과 이로써 구성된 전열을 구시대의 유물로 전락시킬 것이 분명했다. 철제 선체의 도입을 서두르지 않던 영국도 1860년에 위력적인 9,000톤 급 워리어HMS Warrior 함을 건조한 뒤로는 목재 선체함을 더는 만들지 않았다. 영국 해군은 아무것도 없는 상태에서 다시 건설되어야만 했다. 물론 전략도 산산조각 났다. 증기추진의 등장은 석탄 공급 기지의 확보를 위한 범세계적인 쟁탈전을 불러 일으켰다. 이것은 해외식민지 확장을 요구했고, 나아가 이를 촉진시켰다. 이제 항구가 그저 요새화되어 해군기지로 활용되기에는 부적합했다. 함포와 기관의 수리 시설이 요구되면서 함대기지로 마땅한 곳은 예전보다 훨씬 줄어들었다. 범선에서 증기선으로 바뀌면서 전투함대의 행동반경과 항해 지속 능력이 제한되었다. 이것은 마침내 봉쇄 형태에 지대한 영향을 미쳤다. 유럽 각국의 해군본부는 범선에서 증기선으로의 변혁에 장애가 되는 전략적 제한성을 결코 간과하지 않았다. 일례로 '현대적'이라고 일컬어지던 영국 해군도 전략적 기동성을 확보하려고 돛을 이용한 신형 함을 1880년대까지 계속 건조했다는 것을 들 수 있다.

한편, 증기 추진의 출현에 따른 전술상의 자유는 전술가들의 기대를 크게 고무했다. 우세한 함대는 바람을 가르며 곧장 공격해 들어갈 수 있었다. 그뿐만 아니라 바람이 거의 없는 상황에도 적에게 접근하는 등 예전보다

두세 배 더 빠른 속력으로 적의 화력권을 돌파할 수 있었다. 1866년 리사 해전Battle of Lissa이 끝날 때까지는 위와 같은 장점이 충분히 인식되지 못했다. 그러나 1849년의 전술 논쟁은 이미 단종렬진 시대의 종언과 함수 충각의 유용성이 논의되고 있었다.Robinson, 1942: 570~590 참조 이러한 상황에서 전력의 우위를 확보하기 위한 기술 경쟁은 무장보다 장갑을 중시했다. 충각의 유용성은 전술적 기동성과 추진 동력, 유효사정거리와 발사 속도가 함정의 속력에 미치지 못하는 적에게 접근할 수 있는 능력과 밀접하게 관련된다.

발전 단계에 있는 기술을 검증해 볼 시험적인 전투는 크림전쟁Crimean War이었다. 비록 이 전쟁은 전술이 아닌 군수나 전략적 기동성이 주된 관심사였지만, 참전국들은 근접전투에서 증기기관의 가치를 확신하고 있었다. 장갑함은 항해에는 그리 적합하지 않았다. 그러나 요새나 육상포대를 대적할 만한 능력은 있었다. 이는 남북전쟁 시 장갑함의 발달을 촉진시켰다. 1853년 시노프 해전Battle of Sinope은 작렬포탄의 실험장이었다고 할 수 있다. 러시아의 대형함 6척이 안개 속을 돌진해 7척의 터키 프리깃함을 공격, 모두 격파했으며 불과 266명의 희생으로 약 3,000명의 터키군을 살상했다.Woodward, 1965 : 99 러시아 전열함 중 3척은 이 전투에서 새로운 작렬포탄을 사용하였는데, 유럽 각국의 해군이 그 위력에 놀랄 정도였다. 이 해전은 작렬포탄의 발달을 촉진시켰다. 그뿐만 아니라 장갑과 철제 선체함의 개발에도 영향을 주었으며, 목재 군함의 운명을 입증시킨 한 사건이었다.

그렇지만 전투 결과는 작렬포탄을 염두에 두지 않아도 이미 충분히 예상되었는데 과연 '이 포가 전과에 얼마나 기여할 수 있었을까?' 하는 의문을 떨칠 수 없다. 물론 랜체스터 식의 간단한 모델만으로도 이 작렬포탄에 의한 압도적인 전과를 예측할 수 있다. 러시아 해군의 전열함 6척은 각각 평균 55문의 현측포로 무장했고, 프리깃함 2척은 각각 15문의 현측포를 장착한 것에 반해 터키 해군의 프리깃함 7척은 각각 15문의 현측포를 장착하고 있다고 가정할 경우, 8척의 러시아 함정들은 터키 함정의 전 현측포가 파괴될 때까지 함정마다 고작 2문의 포만 잃게 될 것이다.* 이런 결과는 추측되는 러시아 해군 장비의 질과는 무관하게 무엇보다 수적 우세에서 나왔다. 물론 러시아 해군은 그 외에도 기습 등과 같은 효과도 보았을 것이다.

☐ * 각각 68파운드의 작렬포탄을 장착하고 있던 3척의 러시아 함정은 120문의 포를 탑재한 3층 갑판함이었다. 논의를 단순화하기 위해 필자는 터키 해군의 프리깃함 1척이 위기를 모면한 사실을 무시했다.

남북전쟁 이후, 1865~1885

남북전쟁에서는 함대 대 함대 전투가 거의 없었다. 함대전투라고 해봤자 고작 항구, 항만, 하천 등을 통제하기 위해 수행된, 오늘날로 말하면 모두 군사력 투사작전projection operations 같은 것연안작전이었다. 주로 군사표적은 요새였다. 본격적인 함대 전투는 남군이 움직이는 요새라고 할 수 있는 중장갑, 중무장한 장갑함으로 해안포대를 보강했을 때였다. 연안에 있던 이 남군의 전투함들은 어느 곳이든 효과적이었지만 장기적으로는 그 어디서도 성공을 거두지 못했다. 북군이 항상 수적으로 압도적인 세력을 집중시켰기 때문이다. 남군은 해상에서 북군에 대적할 수 있는 함대를 구축할 가능성이 전무했다. 그러므로 남군의 목표는 고작 북군 선박에 대하여 통상파괴전을 전개하고 북군의 봉쇄를 국지적으로 돌파하거나 영국 해군의 개입을 기대하는 데 그쳤다.

따라서 함대전투를 연구하기 위한 참고자료로는 1866년 리사 해전이 유일하다. 이 해전이 주는 전술적 교훈은 다음과 같다.

_ 증기추진은 공세적인 함대에 새로운 선택의 여지를 제공했다.
_ 충각은 효과적인 해전무기였다.
_ 단종렬진은 화력집중의 방법으로 더는 적합하지 않다.

해군 전술가들이 가상의 함대전투 연구에 신속하게 몰두한 것은 주목할

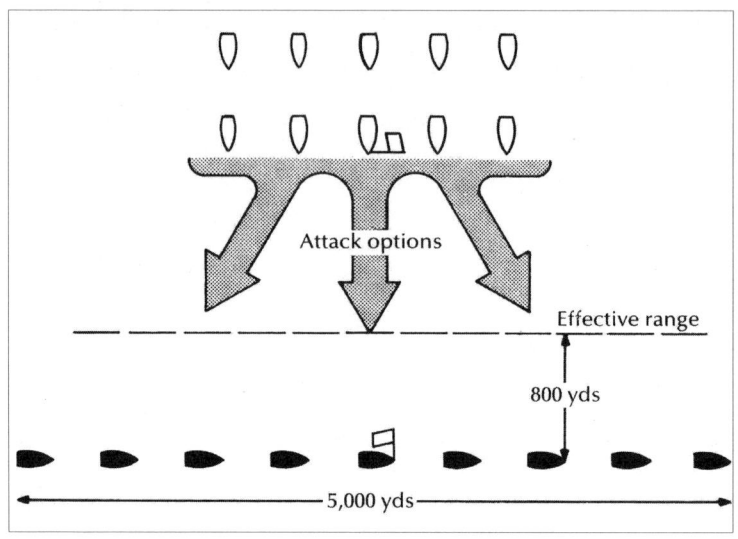

〈그림 3-1〉 충각의 운용

만한 일이다. 1870년대와 1880년대의 여러 저술에서는 충각을 격찬했다. 포탄이나 초기의 작렬포탄에 비해 장갑을 더 중시하던 경향은 얼마 뒤 사라졌다. 이 때문에 우리는 충각의 중요성을 소홀히 보기 쉽다. 그러나 약 25년 동안 증기선은 기동성에 힘입어 기껏해야 반마일밖에 안 되는 짧은 곳에 위치한 적의 유효사정권을 뚫고 돌진당시에는 보통 이런 용어를 사용했다해 들어갈 수 있었다. 충각을 갖춘 함대는 3분 이내에 800야드를 돌격하여 포로 무장한 종렬진을 유린할 수 있었다. 또한 증기의 힘으로 바람을 뚫고서도 항진할 수 있었다. 방어하는 쪽의 종렬진은 화력을 집중시키기 위해 간격을 좁히면 좁힐수록 충각에 더욱 취약할 수밖에 없다. 단종렬진을 형성한 함대가 크면 클수록 그 종렬진은 더욱 더 길어지고, 충각 돌진 함대로서는 이렇게 긴 종렬진의 일부분 세력을 집중하기가 훨씬 쉬웠다. 리사 해전을 나타낸 <그림 3-1>이 이를 잘 보여준다.

1866년 이후의 전술 논쟁에서는 전통적인 종렬진을 포기했다. 그 결과 앞으로 선택해야 할 전술 방향 중 가장 좋은 것이 무엇인지를 둘러싼 혼란스러운 논쟁만 계속되었다. 중요한 것은 긴 종렬진을 몇 개의 소단위로 나누느냐는 것이었다. 누군가는 짧은 상호 지원형 종렬진을 주장했고, 다른 누군가는 짧은 횡렬진을 주장했으며, 또 누군가는 단위분대 사령관의 명령에 따라 일제회전할 수 있는 제2차 세계대전 시의 원형진이나 영국의 보병 방진과 비슷하게 2~5척의 전투함이 상호 지원 형태로 구성되는 몇 개 단위의 진형을 주장하였다. 각자 자신의 구상을 주장하면서 혼란이 초래된 것은 당연하다. 전술가들은 잘 훈련된 해군 세력을 거느린 함대사령관이 일시적인 장점이 아닌 그 어떤 것을 얻을 수 있는 전술 개발에 절망하고 말았다. 상당수의 전투 계획은 지상전의 전투 계획과 매우 유사했다. 심지어 어떤 계획은 공격자의 기동을 논하면서 마치 지상전투에서의 방어부대처럼 고정 전선에서 움직이려 하지 않는 방어태세의 함대를 상대로 하는 것인 양 유치했다. 이런 전술을 실전에 적용했을지도 모를 함대사령관들과 전술가들을 위해 그나마 다행스러운 것은 그와 같은 함대전투가 출현하기 전에 기술발전이 구원자로 등장한 사실이다. 그렇지 않았다면 대혼란이 초래되었을 것이라는 데 의문의 여지가 없다. 새로 등장한 각종 제안은 가장 뛰어난 것이라 해도 부적합했지만, 거꾸로 비록 졸렬한 것이라 해도 전 세력을 남김없이 집중한다는 목표와 그 목표를 달성하기 위한 수단, 즉 추진기의 출현에 의해 새로 나타난 전장에서의 기동력을 결코 간과하지 않았다. 또한 이 새로운 제안들은 짧은 기간이나마 지배적 위치에 있었던 충각의 중요성도 간과하지 않았다. 각종 신호와 구상은 지휘관이 전투 초기에 승기를 잡도록 고안되었다. 전투 자체는 포연 속에 가려져 있어 다소 우연에 의해 좌우되며, 승리가 가능하다면 그것은 각 함장의 용기에 의해 성취될 수 있다고 믿었던 것이다.

이론상으로만 거듭되던 충각지배시대가 끝나기 직전인 1877년부터 1879년 사이 남미의 서쪽 해안에서 몇 차례의 전투가 있었다. 비록 함대 전투라고 하기는 어렵지만 이러한 전투는 함대끼리 교전하면 어떤 일이 벌어지는지를 잘 보여주었다. 1~2척의 장갑함과 다른 유형의 전투함 몇 척 간에 벌어진 무승부로 끝난 4차례의 전투에서 충각 공격을 꽤 많이 시도했지만 대부분 실패로 끝났다. 만약 함대 전투였다면 충각 공격이 훨씬 유리했겠지만, 남미에서의 전투를 다루면서 움직이는 표적을 맞추는 것이 매우 힘들었다는 사실을 그동안 과소평가해 왔다.

총 4차례의 전투에서 중심 역할을 한 것은 후아스카르 Huascar 함이었다. 후아스카르 함은 영국과 맞서 싸웠고 이어 칠레에서 대항하던 페루 혁명군의 편에 서서 싸웠다. 근거리에서 엄청난 수의 명중탄 첫 번째 참전에서 60발을 맞았지만, 선체를 관통한 포탄은 거의 없었다. 이 군함은 요새를 포격하는 데 가담했는데도 전투에서 손상을 입지 않고 생존하였다. 전술가들의 견해 중 한 가지는 옳았다. 즉, 함포의 효용성이 빛을 잃었고, 짧은 기간이나마 방어력 강화 기술이 매우 중요했다는 것이다.

1894년 9월의 압록강 해전은 충각전술의 종언을 확인시킨 전투였다. 당시 기록에 따르면 청나라 해군은 그들 전투력의 핵심인 2척의 전함으로 충각 공격을 감행하기 위해 횡렬진을 형성해서 전투에 임했다.Marble, 1895 : 479~499 그러나 충각 공격은 전혀 역할을 하지 못했다. 일본 해군은 2개의 종렬진을 유지하면서 청나라 해군 진형 주위를 선회했다. 함포의 사정거리는 매우 짧았다. 대대분의 손상은 약 2,000야드의 거리에서 발사한 중구경포에 의해 발생했던 것 같다. 엄청나게 많은 포탄을 발사했는데도 포격의 승수적 효과는 놀라웠다. 자료에 의하면 2척의 청나라 전함만 포탄 중 320발을 맞았다고 한다. 그러나 2척 모두 장갑이 관통되지 않아 침몰하지는 않았다. 상호 이질적인 성격의 세력이 이처럼 서로 다른 전술로 싸운 예는 그 후 찾아볼 수 없었다. 또한 전장 상황의 분석이 곤란한 전투도 이후로는 없었다. 충각은 비록 사용되지는 않았지만 그 효용까지 사장된 것은 아니며, 위대한 전술 논쟁의 성과가 지적 혼란이라는 먹구름을 뚫고 부상하는 것은 오직 회상 속에서만 가능해졌다.

거포의 승리, 1900~1916

포술의 발달에 따라 충각이 사라졌다는 생각, 충각이 결코 효과적인 무기가 아니었다는 생각이 오늘날에도 널리 퍼져 있다. 그러나 어뢰가 충각을 대신하게 되었다는 것이 훨씬 더 타당할 듯하다. 화이트헤드Whitehead가 발명한 어뢰torpedo는 항해 능력을 지닌 일종의 충각이었다. 이 어뢰가 명중된다면 매우 치명적이고, 사용하는 것도 훨씬 안전했다. 포술 연구에서는 장갑을 관통시키는 방법뿐만 아니라 어뢰정을 격퇴하는 방법에 대해서도 깊은 관심을 가지게 되었다. 19세기 종반부에 이르러 다양한 구경의 포, 어뢰, 충각 등이 관심을 끄는 무기였다. 그런 중에 충각은 점차 기억 속으로 사라져 갔다.

20세기가 시작되면서 장갑전함이 복잡 미묘하게 자주 회자되는 대상이 되었다. 그 발전 방향에 영향을 준 것은 해군 전술가들이었다. 미서전쟁 Spanish-American War은 포탄이 철과 강철판을 관통할 힘을 보유한다 해도 양국 해군에서는 움직이는 표적을 거의 명중시킬 수 없음을 보여주고 있었다. 포술의 정확도 향상을 촉진시킨 유능한 스콧Perry Scott과 심스를 추종하던 해군 장교들은 사격 통제를 향상시키는 데 온 힘을 쏟았다.* 30노트의 속력을 내는 어뢰정과 어뢰정 구축함torpedo boat destroyer이 부포의 짧은 화력권을 돌파해 들어가 전함을 파괴하려 위협하고 있었기 때문에 그들의 노력은 시의적절했다. 전술가들의 계산에 따르면, 균형함대balanced fleet 내의 어뢰정 수는 점점 많아졌다. 물론 이론상으로만 따지면 단거리 속사무기로도 구축함을 제압할 수 있었다. 20세기 초입만 하더라도 어뢰의 유효사정거리는 1,000야드 이내에 불과하였다.** 그래서 더 정확한 포격이 필요했다. 모든 해상 지휘관은 예하의 전함이 구축함이나 경순양함 경계진의 방호를 받지 못한 상태에서 적에게 노출되지나 않을까 몹시 두려웠다.

□ * 당시 해군성 차관보였던 루스벨트Theodore Roosevelt가 참관한 포술시험에서 전함이 2,800야드의 거리에서 폐선된 등대선에 대해 200발의 포탄을 발사했으나 명중한 것은 겨우 2발뿐이었다.
** 이 장의 '구축함 경계진과 어뢰 위협' 참조.

1910년 한 전술가가 거리상에 따른 무기의 효용성을 다음과 같이 판단하였다.

초장거리 1만~8,000m	대구경포의 최대사정거리
장거리 8,000~5,000m	대구경포와 중구경포의 유효사정거리 중구경포는 인원이나 비장갑 시설 공격
중거리 5,000~3,000m	중구경포가 특히 유용한 거리
근거리 : 3,000~2,000m	함정의 상대적 위치에 따라 어뢰 공격을 받을 위험
최근거리 2,000m 이내	가능한 한 충돌 공격. 그러나 충각 공격은 고려 대상이 아님.*

출처 : * Bernotti, 1912 : 50

훨씬 크고 많은 포를 탑재한 드레드노트 급 전함all-big-gun-ship이 좋다던 이들도 자신들의 주장을 뒷받침할 실례를 제시하지 못했다. 중구경포와 소구경포는 정확도에서 대구경포와 차이가 없었고 발사속도만 좀 더 빨랐다. 피스크는 경험에서 얻은 다음과 같은 세 가지 법칙을 제시했다.

_ 6인치 포는 12인치 포에 비해 발사속도가 8배 빠르다.
_ 12인치 포탄은 6인치 포탄에 비해 파괴력이 8배 강하다.
_ 12인치 포 체계는 6인치 포 체계에 비해 8배가 무겁다.*

  □ * Fiske, 1905 : 25. 이와 같은 자료가 있는데도 피스크는 사격통제가 더 뛰어나다는 것을 근거로 전거포 전함을 옹호했다.

따라서 함정의 배수톤수가 같다면 6인치 포 함이 12인치 포 함에 비해 8배의 포탄 에너지가 있는 셈이다. 포탄 중량과 포구 속력에서 나오는 포구 에너지는 함포의 양적 척도가 된다. 장갑관통력은 사정거리와 표적각 및 포탄 명중각의 함수에 의해 산정된다. 발사속도를 높이려는 노력이 꾸준히 지속되었다. 중요한 전환점은 6인치 포에서 나타났다. 인력으로 조작할 수 있는 가장 무거운 포탄이 6인치 포의 100파운드 포탄이었기 때문이다. 1910년 6인치 포는 공식적으로 1분에 12발의 발사속도를 기록한 바 있다. 이것은 사실 굉장히 빠른 속도이다. 거포의 긴 사정거리도 정확도의 개선이 따르지 않았다면 아무리 관통력이 높아졌다고 해도 아무런 의미가 없었을 것이다. 러일전쟁Russo-Japanese War, 1905 당시 쓰시마 해전에서 일본 해군이 충분히 입증한 소구경포와 중구경포는 근거리에서 적을 격파하는 데 유용하였다. 이 해전에서 일본 해군이 자유자재로 선택한 함포사격거리는 4,000~6,000야드였다. 전세를 장악하려면 중구경포4~6인치가 미치지 못하는 거리에서 정확한 사격통제를 할 수 있는 거포10~12인치가 필요했다.

그러나 여러 전쟁에서 나타나는 중요한 경향 중 하나가 무기의 유효사정거리의 증대라는 것을 깨닫는다면 궁극적으로 그 결과가 어떻게 나타날 것인지는 예측할 수 있다. 20세기에 접어들자 엄청나게 빠른 변화가 일어났다. 1910년을 전후하여 연속 조준사격과 탐지기 통제가 포별 조준을 대신하게 되자 이제 전거포가 지배할 시대가 도래할 것이 확실해졌다. 이미 미국의 미시건USS Michgan 함이 건조되어 영국의 드레드노트HMS Dreadnougt 함을 바짝 추격하고 있었고, 이를 계기로 미국의 보수주의자들은 좀 더 우수한 포탑 배열이 가능한 전거포 전함을 우선 지원해야 한다고 주장할 수 있게 되었다.* 모든 논의는 점차 대형 전함을 만들어야 한다는 쪽으로 진행되었다. 1905년USS Michigan부터 1912년USS Pennsylvania 사이 배수톤수는 2배로 늘어났다. 이제 해결해야 할 세세한 문제는 포탑의 배열 문제와 장갑, 속력, 항해 지속 능력 간의 비중을 적절히 조정하는 일이었다. 이런 주장의 극단적인 결과가 바로 영국의 전투순양함 인빈서블HMS Invincible 함과 리펄스HMS Repulse 함이었다. 이 군함은 화력이 엄청나고 속력이 빨랐지만 방호장갑을 거의 갖추고 있지 않았다.

<small>☐ * 미첼Mitchell, 1946 : 139에 의하면 1901년 이래로 진보적인 해군 장교들은 중구경포를 폐기할 것을 주장하였다고 한다. 심스는 마한그가 이미 함대와 손을 끊었을 때이다의 반대 견해를 반박하면서 전거포 전함의 장점을 늘어놓는 데 가장 열성적인 장교였다. 심스의 주장을 알아보려면 "고속, 대형 배수톤수의 단일 구경 전거포 전함의 고유 특성과 포의 위력The Inherent Qualities of All-Big-Gun, One-Caliber Battleships of High Speed, Large Displacement, and Gun Power"Proceedings, 1906.12, pp.1337~1366을 참조하라. 포와 포술에 관해 이해하기 쉬운 연구서</small>

로는 모리슨E.E. Morison의 *Admiral Sims*도 있다.

쓰시마 해전으로부터 불과 10년밖에 지나지 않은 제1차 세계대전 무렵 거포12~15인치는 쾌청한 날의 경우 8마일 이상 떨어진 표적을 몇 차례 거리를 측정한 뒤 연속 일제사격으로 명중시킬 수 있는 무기가 되었다. 이와 같이 함포의 긴 사정거리를 가능하게 하는 사격통제 계산 장치를 개선하기 위한 괄목할 만한 개발 작업이 외부로 알려지지 않은 막후에서 암암리에 진행되고 있었다. 어뢰 공격을 격퇴하기 위해 5~6인치 부포가 설치되기는 했지만, 제독들마다 그런 목적에 이 부포를 사용해야 하는 경우가 없기를 희망했다. 비록 무기 논쟁은 해결했지만 어뢰는 여전히 무시하지 못할 위협이었다. 이 점과 관련해 러시아의 위대한 군사지도자 마카로프 제독의 다음과 같은 익살맞은 통찰력을 살펴보자.

> 지금까지 제해권command of the sea은 해양을 장악한 함대가 이를 바탕으로 활발하게 활동할 수 있고, 패배한 적은 항구에서 마음대로 나올 엄두를 내지 못하는 어떤 상태를 의미한다고 인식되어 왔다. 과연 오늘날에도 그러한가? 이 문제에 관한 교시는 승자도 적 어뢰정의 야간 공격을 피하는 것이 좋다고 기술하고 있다. 물론 이와 같은 비정상적 상태를 당연한 것으로 이해하는 해군이 없는 것은 아니지만, 이런 상태에 처할 수도 있다는 것을 모르는 이들에게 이와 같은 문제가 발생하면 실로 놀랄 수밖에 없다. 그들은 승리를 거둔 함대가 패배한 적 함대의 패잔부대로부터 스스로 보호해야 한다는 사실을 어떻게 이해할 수 있는지를 반문할 것이다.
> Makaroff, 1898 : 20

전술가였던 마카로프는 전략가인 마한과 코베트의 권위에 명백히 도전하고 있었다. 물론 함포는 이론상으로든 실제로든 함대전투에서 가장 중요한 무기였고, 더 지각 있는 전술가들은 전략가들이 지나치게 단순하게 취급하는 제해권 개념이 사실은 전체를 단번에 이해할 수 있는 매우 큰 개념이라는 것을 알고 있었다.

전투종렬진의 재등장

어뢰의 위협 문제를 제외하면 함대 전투에 관한 각종 전술적 개념은 제자리를 잡았고, 의견 일치도 이루어졌다. 충각은 이제 볼 수 없었다. 거포는 무장 전함의 결정적 무기였다. 전함이 크면 클수록, 견고하면 견고할수록 무장과 장갑도 뛰어났다. 그러나 전함은 어뢰 공격으로부터 스스로 방어하지는 못했다. 그리하여 대어뢰 방어를 위한 경순양함과 구축함이 건조되었다. 이 함정들이 적의 구축함과 어뢰정을 격퇴할 수 있었다. 항공기나 비행선이 등장해서 더 탁월한 역량을 보여주기 전까지는 정찰순양함이 함대의 눈이 되었다. 19세기 말엽 지상전투가 해군의 전술 이론에 미쳤던 영향의 마지막 자취라고 할 수 있는 전투순양함은 정찰순양함을 지원하는 일종의 중기갑 무기로서, 이론상으로는 포 사정권 내의 어떠한 적도 압도하고 제압할 수 있을 것으로 기대되었다. 기뢰는 얕은 수심에서 은밀하고 기습적인 위력을 지닌 무기였지만 주로 방어용으로 수상함에 의해 부설될 수밖에 없었다. 잠수함은 심해 공격 능력을 지닌 기뢰처럼 더 강력하고 가공할 만한 무기였다. 무선통신은 새로운 지휘수단으로서 무엇보다 전투정찰 결과를 신속히 송신할 수 있다는 점에서 전술적으로 매우 유용하였다.

전술 진형은 종렬진이었는데 이 종렬진은 <그림 3-2>에서 보는 바와 같이 다시 환영받는 진형으로 자리 잡았다. 시정이 양호할 경우의 유효사정거리를 1만 5,000야드로 볼 때, 16척의 전함으로 구성된 종렬진이라면 9,000야드에 이르는 진형의 길이만큼의 범위에서 진형의 중앙선상으로부터 어떠한 함포로도 포격을 가할 수 있고 어떠한 적과도 교전할 수 있는 진형이었다. 종렬진의 선두함 또는 후미함의 현측으로부터 측정하여 최소한 30° 이내로는 탑재된 포의 절반 이상으로 포격할 수 있다. 비교를 위해 <그림 3-2>에서 18세기 전열함 31척으로 구성된 종렬진의 띠처럼 좁은 파괴 범위

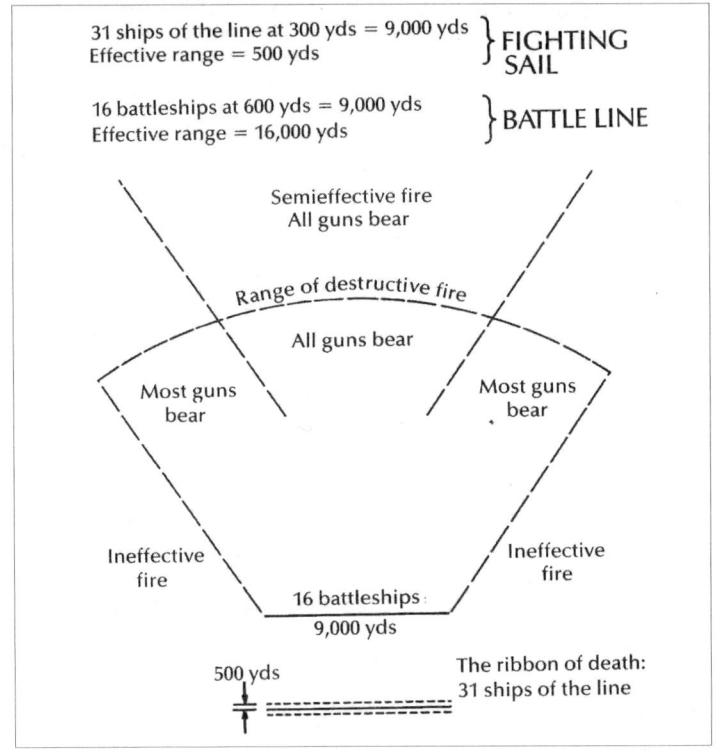

〈그림 3-2〉 1750년과 1910년의 함포 유효사정거리 비교

를 동일한 축척으로 표시했다.

당시의 기본적인 부대끼리의 상호관계는 종렬진이 서로 나란히 마주보는 형태에서 시작되었다. 적어도 3명의 전술관계 저술가들, 즉 체이스J.V. Chase, 피스크Bradley Fiske, 보드리는 우세한 화력집중의 승수적 효과를 다음과 같이 설명한다.* 대적 중인 양측의 전투함들이 무저항 상태에서 적에게서 유효사격을 받을 경우, 양측 모두 20분간의 전투지속 능력이 있다고 가정한다. 또한 잔여 공격 능력offensive capacity remaining : 남아 있는 포 및 사격통제체계은 잔여 전투지속 능력remaining staying power : 오늘날의 용어로 표현하면 화력살상에 비례한다고 가정한다. 만약 모든 조건이 동일하다면 전투는 무승부로 귀결될 것이다. 그뿐만 아니라 양측의 공격 능력이 동시에 감소된다면 전투는 아주 오랫동

〈표 3-1〉 잔여 화력과 잔여 전투지속 능력

End of Minute	UNITS OF RESIDUAL FIREPOWER AND STAYING POWER	
	Side A	Side B
0	10.00	10.00
2	10.00	9.00
4	10.00	8.00
6	9.20	7.00
8	8.50	6.08
10	7.89	5.23
12	7.37	4.44
14	6.93	3.70
16	6.56	3.01
18	6.26	2.35
20	6.00	1.72
22	5.83	1.12
24	5.72	0.54
26	5.67	0.00

안 지속될 것이다.

□ * 선구적인 랜체스터와 3명의 해군 저술가들은 불연속 시간대를 사용함으로써, 그들의 분석을 설명하였는데, 이 시간대는 일제사격 교환을 위한 시간으로 간주될 수 있다. 공학자인 랜체스터는 2개의 미분 방정식을 사용하였는데, 이 방정식은 근본적으로 동일한 결론에 이르는 분명하고 신속한 방법이었다. 오늘날 현대적인 디지털 컴퓨터는 불연속 시간을 미분하는 데 원하는 최소한의 시간 단위를 계산할 수 있다. 이 저술가들은 화력의 유효성이 무기의 유효성에를 들면 정확도 또는 발사율에 단순히 비례하지 않으며, 교전 중인 무기 수의 제곱에 비례한다는 것을 설명하고자 하였다. 로빈슨은 이러한 효과를 'N-자승법'으로 표현하였다.

그러나 보드리의 경우처럼, A측이 B측보다 4분 먼저 사격 개시를 했다면Baudry, 1914 : 116~117, 양측의 잔여 화력 및 전투지속 능력은 <표 3-1>에서 보는 바대로 대등했을 전투가 4분 늦게 사격을 시작한 측의 파멸로 이어졌을 수 있다. 즉, B측은 사격개시가 지연되는 동안 외견상으로는 손상이 그리 크지 않은 것 같지만 전투력의 약 20%를 상실한 것이다. A측이 B측을 무력화하는 데는 26분이 걸린다. 이것은 B측이 전혀 응사하지 않았을 경우와 비교해 6분이나 더 소요된 것뿐이다. 또한 승자는, 전투가 종료되었을 때에도 여전히 그 전투력의 57%를 보유하고 있는 것에 주목하자. 피스크는 같은 방법으로 집중

〈표 3-2〉 생존화력

End of Minute	SUPERIOR FORCE A			FORCE B	Ratio of Fighting Values*
	Ship A_1	Ship A_2	$A_1 + A_2$	Ship B	
0.00	10.00	10.00	20.00	10.00	4.00
2.00	9.50	9.50	19.00	8.00	5.76
4.00	9.10	9.10	18.20	6.10	9.00
6.00	8.79	8.79	17.58	4.40	16.00
8.00	8.57	8.57	17.14	2.70	40.00
10.00	8.43	8.43	16.86	1.00	284.00
11.19	8.38	8.38	16.70	0.00	—

주: * 전투지수fighting value는 전투력fighting power의 제곱으로 정의되며, 이 전투지수 비율은 어느 세력이 집중될 경우 그 세력의 상대적 전투지수를 나타낸다.

에 의한 세력 우위가 주는 승수적 효과를 보여주는 간단한 표를 만들었다. A측이 B측의 어느 한 전투함에 대하여 집중 공격을 가할 수 있는 2척의 전투함을 보유하고 있다고 가정한다. 화력과 전투지속 능력의 조건이 동일한 경우, 그 생존전투력은 <표 3-2>와 같다.

독자들은 이미 제2장에서 이런 식의 계산인 랜체스터의 공식을 살펴보았다. 그 때문에 열세한 측이 완전히 무력화된 이후에도 우세한 측이 여전히 16.7단위83% 전투력을 보유하고 있다는 사실이 전혀 놀랍지 않을 것이다. 만약 랜체스터의 연속사격 공식을 그대로 사용하면 우세한 측의 잔여 전투력은 16.7보다 조금 더 높은 17.3이 될 것이다. 양자의 차이점은 위의 일제사격 모델에서 사격이 시작된 지 2분이 지난 후부터 열세한 측의 손상이 발생하기 시작한다는 점이다. 이상 4명의 이론가들은 모두 실제적인 면에서 성과를 거둔 인물들이다. 체이스, 피스크, 보드리는 해군 장교였고, 랜체스터는 탁월한 자동차 공학자였다. 이들은 어떤 상황에서 일정 조건이 주어질 경우 어떤 효과가 나타나는지를 여러 각도로 분석해냈다. 피스크는 장갑이 좀 더 강화될 경우10%의 화력 증가는 10%의 전투지속 능력 증강보다 훨씬 가치 있다, 사격통제가 좀 더 양호할 경우, 유효 표적면적이 더 작을 경우50%의 화력 열세를 보충하기 위해서는 유효 명중탄 수를 75% 줄여야 한다에 따른 효과, 큰 세력과 작은 세력 중 어느 것을 먼저 집중 공격하는 것이 이론상 좀 더 큰 전투성과를 거둘 수 있는지를 계량적으로 설명한다.

피스크는 이런 전술적 변수를 함정형의 결정에 중요한 지침으로 생각하였다. 미국의 전거포all-big-gun 미시건USS Michigan 함이 취역한 1905년, 그는 나름의 계산에 근거하여 이런 유형의 군함이 미래의 전함이 될 것이란 분명한 결론을 내렸다. 마한이 기술의 발전으로 전술이 항상 변화될 것이므로 전술상 원칙이란 거의 있을 수 없다고 주장하던 때에도 피스크는 기술의 채택 방향을 유도하고 전술 개선을 위해 이와 같은 이론적 전술 모델을 사용했다.

T자 진형 전개

범선전투시대와 거포시대의 진형이 서로 비슷하기 때문에 세력 집중 방식에서의 주요 변화를 제대로 인식하지 못했을 가능성이 있다. 그러나 비록 종렬진이 두 시대의 제독들이 즐겨 사용하던 전술 진형이기는 하지만 범선시대에는 포의 사정거리가 짧아 화력이 각 함정별로 집중될 수밖에 없었던 데 비해 전함시대에는 종렬진 내의 전 화력각 함의 모든 화력이 집중될 수 있었다. 거포가 지배하던 시대의 'T자 진형' 전개가 많은 장점을 지닌 것도 바로 무기의 사정거리 때문이었다. 즉, 종사위치raking position에서는 1척이 아닌 함대 전체가 적의 전위부대에 화력을 집중시킬 수 있었다.

결국 종렬진은 사격통제의 간편성과 효과적인 포격집중으로 쓰시마 해전 이후에는 의문의 여지없이 최상의 공격 진형으로 간주되었다. 잘 아는 바와 같이, 종렬진은 선두와 후미가 취약하고, 특히 항해 시 선두가 공격에 취약했다. 그리하여 전술 논의는 '어떻게 하면 T자 진형 전개를 할 수 있을까?' 하는 문제에 집중되었다. 탁상에서 이루어지는 전술 연구에서는 기동에 의해 화력집중을 이룰 유일한 방법은 속력이었다. 따라서 속력 문제는 장갑 및 무장과 더불어 모든 전술 및 기술 논의에서도 빠지지 않았다.* 그러나 전례가 증명하듯이 이런 탁상공론은 모두 오류라는 것이 곧바로 드러났다.

  □ * 미국 해군은 마한의 영향을 많이 받은 장기간의 활발한 토론 끝에 속력을 희생시키
  는 대신 장갑과 무장을 크게 강화하는 쪽을 선택하였다.

  종렬진에 대한 선호는 전술적 사고를 단순화시켰다. 제2차 세계대전이때 전열이 이제는 적합하지 못하다는 것이 입증되었다 이 발발할 때까지 전술 논의는 다음과 같은 문제에 집중되었다.

> _ 화력을 어떻게 배치할 것인가? 이론상으로 가능한 최상의 상태어떤 적도 화력권 밖으로 벗어나지 못하게 하는 것를 이루며, '동시에 화력배치를 어떻게 할 것인가?'라는 어려운 문제를 해결하는 것이다. 함대사령관이 전투 시 즉석에서 명령을 내릴 수는 없을 것이다. 따라서 화력배치 방법은 교리의 일부로 규정되거나 아니면 가장 간단한 신호로 하달될 수 있어야 한다. 실제로 수상함포 시대가 끝나기 직전까지 적절히 배치되지 않은 화력은 전술상 치명적인 약점이 되었다.
> _ 기동 중인 적에 맞서 어떻게 T자 진형을 전개할 것인가? 또한 일부의 성공만으로도 큰 가치가 있겠는가?
> _ 구축함 세력에 의한 어뢰 공격을 어떻게 성공시키고, 어떻게 방어할 것인가?
> _ 기함을 전열의 어디에 배치할 것인가?
> _ 순항 진형을 어떻게 전투 진형으로 전환시킬 것인가?
> _ 전투정찰의 새로운 중요성과 전투정찰선의 보호방법

순항 진형과 전술 전투정찰

  무기의 사정거리와 성능이 고도로 향상되자 정찰의 필요성에도 지대한 영향을 미쳤다. 제1차 세계대전 시 대규모 함대의 사령관은 적과 접촉하기 전에 사전에 적 세력에 관한 정보를 수집해야 했다. 트라팔가르 해전에서 넬슨의 전투 계획은 항해서열이 전투서열이었다. 그러나 이런 계획은 실행 가능성을 이미 상실했다. 결집성, 통신, 항해 시의 위치 유지, 대잠 고려 사항,

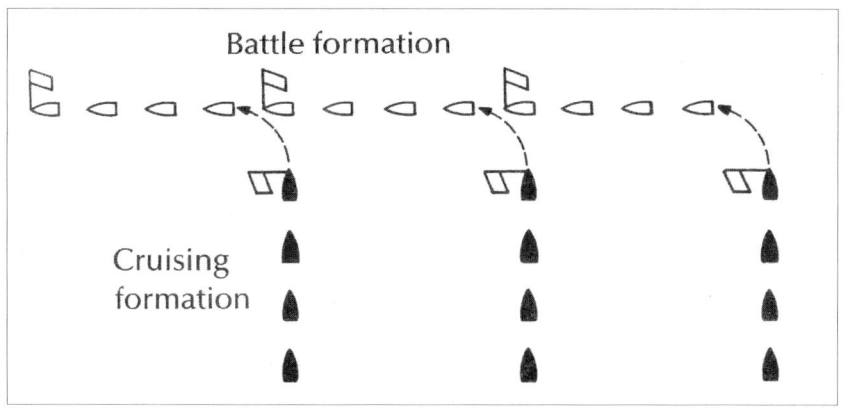

〈그림 3-3〉 항해 진형에서 전투 진형으로의 전열 전개

전 방향으로의 신속한 진형 전개를 가능하게 하는 항해 진형은 몇 개의 짧은 종렬진으로 구성되며, 각 종렬진은 나란히 병진하는 진형이 되어야 한다. 전투를 위해서는 단종렬진으로의 전환이 중요하며, 또 결정적인 것이었다. <그림 3-3>에 나타난 것처럼, 각 종렬진 간의 거리는 전열과 정확하게 일치할 수 있는 거리여야 했다. 전함분대는 최후의 함정서열을 고려해서 조직되었다. 기동 전후로는 좁은 간격을 유지하는 것이 중요했다. 최대속력 역시 중요했다. 전투항해를 할 경우 조타 유지속력을 유지하기 위한 최소한의 돛만을 올린 범선시대에 비해 상대적으로 훨씬 더 중요하였다. 그러나 신형 전투함대의 속력도 후위함들이 위치를 유지하도록 기회를 주기 위해서는 종렬진 내에서 속력이 가장 느린 함정보다 약 20% 차이인 2~3노트 정도 느린 속력을 유지할 수밖에 없었다. 좁은 함정거리를 유지하는 전열에서 각 함정이 서로 충돌하거나 다른 함정의 포대를 방해하지 않도록 능숙한 조함술과 훈련이 절대적으로 필요하다는 것이 밝혀졌다. 비록 종렬진이 가장 단순한 진형이기는 하였지만 그러한 진형을 신속하게 구성하고 함정 거리를 근거리로 유지하며, 적과 바람포연이 시야를 차단하게 된다, 해상 상태요동하는 군함에서는 함포 조준을 제대로 할 수 없다 등을 고려해 진형을 적절한 방향으로 이끈 것은 오랫동안

108 해전사 속의 해전

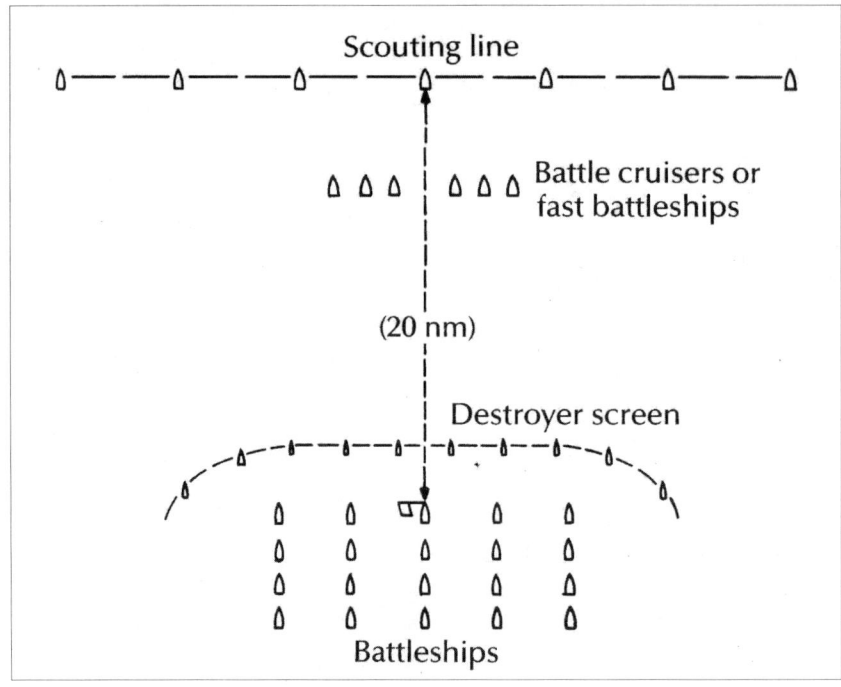

〈그림 3-4〉 순항 배진

의 해상 경험에서 터득된 기술 바로 그것이었다.

그림으로는 단순하지만 대양에서는 완전무결한 기술이 요구되었다. 함장과 사령관들은 밀집 진형 훈련에서의 숙련도에 따라 칭찬받거나 질책 받았다. 가장 유명한 해난사고 중 하나로 당대의 불가사의로 남은 사건은 1893년 영국 해군 소속 지중해전대의 기함 빅토리아HMS Victoria 함과 캠퍼다운HMS Camperdown 함이 충돌한 것이다. 이 사고는 그동안 전술상으로 실수가 없었던 것으로 잘 알려진 전술지휘관이 그때까지 한 번도 시도한 적이 없었던 불가능한 기동 명령을 내렸기 때문에 발생하였다.

전투정찰 계획이 매우 강조되고, 상당한 함대 세력이 투입되었다. 예를 들면 유틀란트 해전에서 영국의 대함대Grand Fleet와 독일의 대양함대High Seas Fleet는 중화력의 20~25%, 지원순양함 및 구축함의 35~45%를 전투정찰부대로 편성하였다. 배진 형태는 <그림 3-4>와 같다. 전투정찰선에 배치된 함정들은 안전대책으로 적이 출현해 위협할 경우에는 전투순양함 지원전단 쪽으로 후퇴할 수 있었다. 전열이 전투에 돌입할 경우, 전투정찰부대는 전부 주력함대에 가담하여 지원하도록 되어 있었다. 그러나 이와 같은 전술이 실제로 가능할 것인지에 대해서는 아무도 확신하지 못했다. 전투함대의 양쪽 전방으로부터 약 35°의 전투정찰선이 광대한 해역을 탐색함으로써 적 함대의 불시적인 접근으로부터 아군을 보호하기에 충분하였다. 함대가 용의주도하게 전진하는 한 어떤 적도 이 전투정찰선 내로 들어올 수 없었다. 반대로 이러한 배진의 진행 축을 재조정하는 것은 모든 사령관과 함장들에게 긴장과 오랜 경험을 분명 요구했을 것이다.

□ * 이미 항공기비행기와 비행선는 무선전신기를 구비하고 있었으며, 미래의 정찰수단으로 간주되고 있었다. 그러나 정확하게 말해서 항공기는 그때까지만 해도 믿을 만한 것이 아니었다. 유틀란트 해전에서 비티 제독은 정찰순양함에 의한 첫 접촉 보고가 있은 직후에 수상기 모함 엔가딘HMS Engadine 함의 정찰기를 발진시켰다. 이 영국 수상기는 엉뚱한 방향으로 비행하여 낮게 가라앉은 흐린 하늘 아래에서 결국 히퍼Hipper 제독의 함정 몇 척을 발견하고 이를 엔가딘 함에 보고하였다. 그러나 공중 정찰을 활용한 최초의 전술적 실험에서 그 이상을 얻지는 못했다.

지휘와 통제

무기의 사정거리가 증대되고 포술 능력이 향상됨으로써 기함의 위치를 다시 고려해야 할 필요성이 대두되었다. 함포의 유효사정권 내에만 들면 전투는 신속하게 결정될 수 있었다. 17노트의 속력으로 파도를 뚫고 나가는 함정을 상상하는 문외한들은 이해하기 어렵겠지만 기동상의 실수나 지연이 있을 여유가 없었다. 압록강해전과 쓰시마 해전의 경험과 연구에서 얻은 결론은 사령관이 신호를 사용하지 않고 단순히 '나를 따르라'는 절차만으로 종렬진을 기동할 수 있도록 기함이 선두에 위치해야 한다는 점이다. 반대로 종렬진 전체의 일제회전이 정확하게 집행되어야 했다. 이런 경우에는 시간이 걸리더라도 신호를 사용하지 않을 수 없었다. 여기서는 전쟁의 원칙 중에서 간명과 속력이 가장 중요하였다. 유틀란트 해전의 전초전이던 전투순양함 전대의 추격전과 역추격전에서는 비티David Beaty 분대가 에반-토머스 Hugh Evan-Thomas 분대에 보낸 신호 전달이 불과 몇 분간 지연되었을 뿐인데도 그동안을 버티지 못하고 2척의 전투순양함을 잃었다. 에반-토머스의 경우는 추격전에서 희망을 가질 수 없는 한 사례였다.

그런데도 젤리코John Jellicoe 제독과 쉬어Reinhard Scheer 제독은 유틀란트 해전에서 각각 28척과 22척의 전함으로 전열을 구성했다. 이 진형을 전위에서 지휘하기란 너무 길었다. 함대사령관이 선두함에 승함하고 있는 경우에는 6~8마일이나 떨어진 종렬진 후미에서 무슨 일이 벌어지고 있는지 알 수 없었다. 그러므로 사령관은 함대의 중앙에 위치하는 것이 더 타당했다. 이러한 위치는 비록 기동성을 약화시키는 약점이 있기는 하지만, 결집성과 통제를 유지하고 전투 상황을 조망하는 데 가장 적합한 위치였다. 젤리코 제독은 수적으로 우세한 휘하의 화력이 만약 집중될 수만 있다면 일시적으로 나타나는 위치상의 약점을 보완해 줄 것으로 믿었다. 쉬어 제독의 함대 운용 개념도 유사하였다. 그는 유틀란트 해전에서 영국 함대의 취약한 부분을 유인하고자 했을 뿐 영국의 대함대 전체와 전투할 의도는 전혀 없었다.

대규모 함대 사령관의 딜레마는 유틀란트 해전에서 쉬어 제독이 선택한 전술적 위치에 잘 나타난다. 만약 그가 종렬진의 선두에 위치했더라면 두 번씩이나 T자 진형 전개를 당하는 최악의 불운을 간파하고 피할 수 있었을지도 모른다. 반대로 두 번씩이나 안개 속으로 사라짐으로써 그의 함대를 구출한 그 유명한 동시회전simultaneous turn을 성공적으로 수행하지 못했을 수도 있다.

지휘명령의 하달 방식에 그동안 많은 발전이 있었다. 범선시대와 마찬가지로 신호는 전투교리 그 자체라 할 수 있는 전투교시의 열쇠가 되지 못했다. 신호는 지휘관이 의도하는 바를 전달하는 방법이다. 신호서signal book는 계속적인 훈련을 거침으로써 지휘관의 요구 조치를 정확하게 전달할 수 있는 간단명료한 수단이 될 수 있다. 신호가 이런 역할을 맡으리라는 것은 신호체계에 관한 논의가 없을 경우에 나타날 상황에서 추론해 보면 알 수 있다. 제2차 세계대전 말까지 미국 해군이 사용하던 신호서는 물리학의 법칙처럼 믿을 만하고 완벽한 검증을 거쳤으며, 여러 천재적 재능이 집중된 전술적 도구였다. 신호서는 효율적이고 간편하며 명료한 보물이었다. 이는 오늘날 언제, 어느 곳에서든 해군 지휘관들이라면 되새겨야 할 부분이다.

신호서는 전술통신체계의 구성 부분 일부에 불과하였다. 이미 무선통신 시대가 도래 중이다. 무선통신은 전투정찰선의 운용을 가능케 했을 뿐만 아니라 더 나아가 함대의 순항 및 전투배진 자체도 가능하게 했다고 해도 과언이 아니다. 무선통신은 도청과 교신 분석의 대상이 되었는데, 영국과 독일 해군이 상대방을 기만하고 함정에 빠뜨리려고 이용하던 수단 중 하나이기도 했다. 제1차 세계대전 초기 영국은 발틱 해에서 좌초된 독일 순양함의 선체에서 러시아가 찾은 독일 암호서를 입수한 적 있다. 이 암호서는 뒷날 5척의 전투순양함으로 구성된 비티 함대가 4척의 전투순양함으로 구성된 더 열세한 히퍼 함대를 차단하는 데 결정적인 역할을 하였다. 1905년 1월에 일어났던 도거뱅크Dogger Bank에서의 해전에서 비티가 두 번에 걸쳐 난해한 전술신호를 사용하지 않았다면 히퍼 함대의 참패로 끝났을지 모른다. 신호전과 암호학 시대도 어느새 도래한 상태였다. 이 둘은 모두 예전에는 전혀 볼 수 없는 형태로 전술적으로 이용되고 있었다.

역사서와 해군의 오랜 문헌 중에는 교신이 중단되거나 지연 또는 오인했을 때의 일화가 많다. 여러분이라면 이럴 때 어떻게 생각할 것인가? 전술 이론과 관련해서 다음과 같이 말할 수 있을 것이다. 첫째, 지휘관의 의도를 파악하는 가장 좋은 방법은 경험이다. 둘째, 모든 해군이 공통으로 사용하며, 제대로 훈련된 신호체계가 교신에서의 불명확성과 오해를 방지할 차선책이다. 셋째, 메시지는 앞으로도 중단, 지연 또는 오인되는 경우가 비일비재할 것이다. 인간이 만든 그 어떤 체계도 통신상의 오류를 없앨 수 없고, 이러한 오류는 사전에 예견되어야 하며 교리를 통해 가능한 한 예방되어야 한다. 넷째, 교리상은 물론 작전상으로도 어떤 계획을 미리 세우면 세울수록, 그 계획이 간명하면 할수록 실제 전투에서의 통신 횟수와 오류는 줄어들 것이다.

이런 맥락에서 볼 때, 제1차 세계대전 시에 전술적으로 통신상의 오류가 얼마나 적었는지를 주목해야만 한다. 이 기간에 있었던 전술신호의 총 횟수를 주요 신호, 중단, 지연, 오해 신호의 수와 비교해 보는 것은 매우 유용한 연구일 것이다. 제1차 세계대전 중 비티 제독의 경우처럼 기록에 나타난 통신상의 오류가 심각한 결과를 초래한 경우도 있었지만 전체 비율로 보면 그 수는 매우 적었다.

구축함 경계진과 어뢰 위협

전투 계획상 구축함 및 전단지휘함의 위치는 일반적으로 전위의 선두이면서 교전 측방의 후미였다.* 구축함의 임무는 주 전투에 영향을 주는 것이다. 즉, 적에게 변침하도록 강요하거나 변침하지 않을 경우 어뢰 공격으로 손상을 가하는 것이다. 구축함은 전투 시 구축함전단 사령관의 손에 묶인 미친개처럼 생각되었다. 구축함에 대한 함대사령관의 실질적 통제는 '가라, 오라' 등의 명령에 국한되었다. 구축함의 역할은 가능하면 철통같은 적진으로 돌진해서 적 전함의 급소를 공격하거나 또는 좀 더 상투적인 형태지만 역시 적 사령관의 명령에 따라 공격을 감행하는 적의 미친개에게 곧장 달려들어 그들을 격퇴하는 것이다. 설령 적 전함의 함수에 들이받혀 침몰된다 하더라도 구축함의 성능에는 별 이상이 없었다. 만약 구축함 전열 사이에 끼여 십자포화를 받을 우려가 있다면 절대로 나타나지 않는 것이 더 나았을지 모른다. 그러나 여러 열을 갖추고 커다란 물거품을 내는 구축함 전대는 사실 무시무시하고 위협적인 존재이다. 구축함 전대 지휘관은 동료들의 냉대에도 할 수 있는 만큼 최대로 적진을 혼란시켰다.

☐ * 프래트Fletcher Pratt는 솔로몬 해전에 관한 그의 저서 『야간작전Night Work』에서 구축함

3. 평화 시의 전술 발전, 1865~1914 113

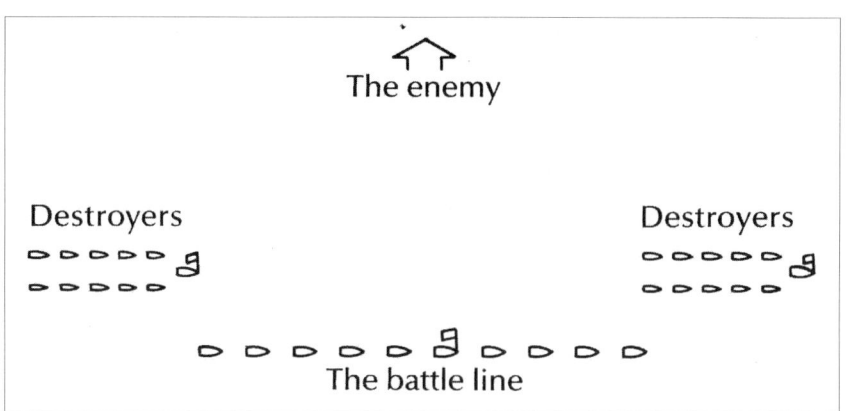

〈그림 3-5〉 평시의 계획 : 전투 진형

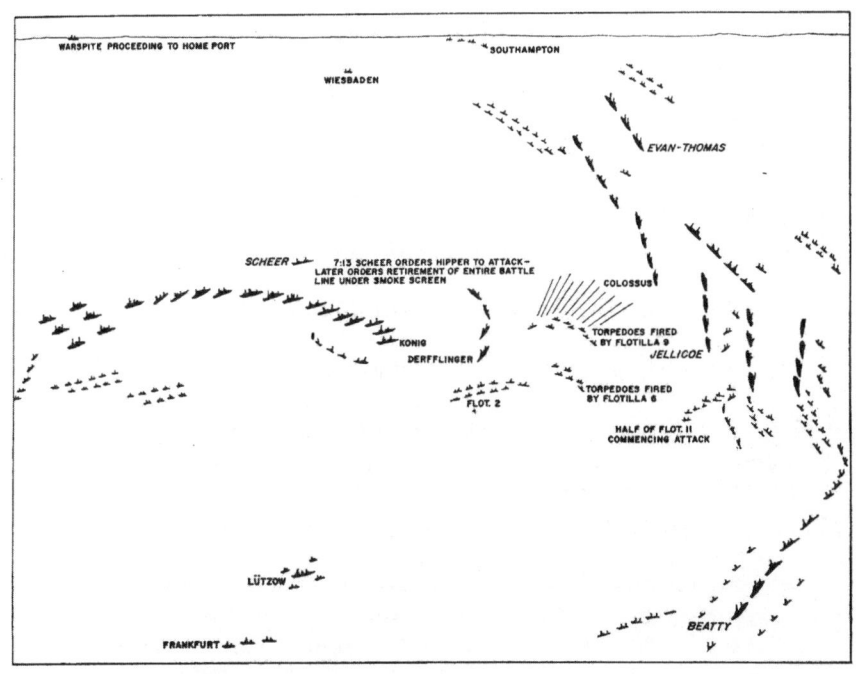

〈그림 3-6〉 전시의 실제 상황 : 유틀란트 해전, 1915

으로 이러한 함수경계진을 형성하는 일본과 미국의 순양함, 구축함 진형에 관해 간단한 그림을 제시한 바 있다. 그는 제2차 세계대전 전의 탁월한 전술가로서 동료들과 함께 뉴욕에 있는 그의 아파트 거실에서 해군 전쟁 연습war game 을 하기도 하였다. 그러나 유감스럽게도 그의 시도는 사실과 거리가 먼 것이었다. 1942년과 1943년에 저서에서 야음에서의 지휘 방법을 생생하게 설명했지만, 이는 전술 문제에서는 무용한 것이었다.

평상시 구축함에 대한 전술가들의 구상은 <그림 3-5>에, 전시 상황은 <그림 3-6>에 각각 나타나 있다. 그러나 후자인 <그림 3-6>은 포연, 혼란, 굉음, 공포 등으로 뒤범벅된 선수의 견해라기보다는 오히려 관람석에 앉은 관중의 견해에 더 가깝다.

시대의 변화에 따른 이론과 실제

전장에서의 혼란이 모두 불가피한 일이라면 무기의 효과를 정확히 수학적으로 계산해 측정하는 것에는 어떤 이점이 있는가? 그 해답은 함대사령관이 알아두어야 할 사항, 즉 개략적이나마 사정거리와 명중률 간의 상호 관계예를 들면 어뢰 발사체가 적에게 위협되는 때, '그 사정거리는 어떻게 산출되는가?' 등에 달려 있었다. 베르노티와 피오라반조Gieuseppe Fioravanzo의 저술로 추측컨대 이 문제에 관한 당대의 가장 탁월한 이론 중 몇몇은 이탈리아 해군사관학교에서 이루어졌다. 전시에 어뢰 효과에 관한 베르노티의 수리적 이론은 1890년부터 1915년까지 등장한 계량적 전술 이론과 실증적 연구가 완벽하게 결합된 하나의 좋은 예다. 베르노티는 속력 31노트, 항속거리 6,500야드, 최고속력 50노트의 성능을 지닌 어뢰를 대상으로 상세하게 연구하였다.*

☐ * Bernotti, 1912 : 13~25, 161~171. 베르노티 중령은 그 당시 이탈리아 해군사관학교의 교수였다.

베르노티는 단순히 항속거리가 중요한 변수라는 단편적 사고에서 탈피하기 위해 약 120쪽에 걸쳐 어뢰의 효과에 관한 정확하고도 핵심적이며 세밀한 분석, 기하학적 수리이론을 전개했고, 능력이 닿는 범위 내에서 러시아의 실험 결과에 각주까지 붙였다. 그는 200미터 크기의 비기동 표적에 대한 단일 어뢰의 유효사정거리를 여러 각도로 산출함으로써 표적의 함수 쪽에서 발사할 경우의 장점을 수학적으로 보여주었다. 이어 5개의 어뢰를 단일 표적에 조준하고 일제히 발사했을 경우와 조준하지 않고 전열 전체에 일제히 발사했을 경우의 위협을 수학적으로 계산해냈다. 또한 항속거리의 절반인 3,500야드가 넘는 거리에서는 설령 상당한 위험이 따른다고 해도 "방어의 관점에서는 그 위험을 크게 걱정할 필요가 없다. 오히려 공격 관점에서 볼 때, 아무리 적은 피해를 주더라도 효과적인 함포의 사용을 포기하지 않는 것이 좋다"고 결론지었다. 어뢰정 전술에 관하여 베르노티는 3개 전대에 의한 연속적인 공격을 지지하면서 어뢰의 일제 발사 능력과 이런 능력의 획득이라는 문제에 대해 설명하였다. 그는 실제 전투에서는 협동공격이 어렵다는 점을 인정하면서도 순차적인 단함 공격만으로는 개별적으로 성공할 가능성이 극히 희박하다고 보았다. 오늘날의 직사거리 개념과 유사한 개념에 관한 베르노티의 추론은 현대적인 유도탄 공격을 수립해야 하는 지휘관들을 괴롭히는 전술 철학, 즉 '상당한 시간이 경과할 때까지는 재발사할 수 없고 또 공급이 매우 제한된 무기는 고도의 명중 가능성을 확신할 수 있는 상황일 때만 사용해야 한다'는 원칙으로에서 나온 것이다. 오늘날의 유도탄전에서는 적이 표적과 위치를 식별할 수 없게 하는 문제에 주안점을 둘 것이다. 유도탄은 일단 발사되고 나면 회수할 수 없고, 탄약고가 빌 수밖에 없다는 무서운 현실이 곧바로 이어질 수 있다.

 유도탄의 유효사정거리는 최대사정거리보다 짧아도 괜찮은가? 1973년에 일어난 이스라엘-이집트 전쟁에 비추어 볼 때 그 해답은 명확하다. 이 전쟁에서 이집트 전투함들의 유도탄 사정거리는 이스라엘 전투함을 능가하였다. 그러나 이스라엘 해군은 이집트 해군에게 유도탄을 모두 비효과적으로 발사하도록 유인한 후 접근함으로써 압도적인 승리를 거두었다.

유틀란트 해전

복잡한 전투에 관한 자료가 모두 그러하듯 유틀란트 해전에 관한 자료도 평가하기 쉽지 않다. 사정거리, 함포의 정확도, 상대적 운동 및 위치, 통신의 송수신 속도, 집행의 시간적 적절성이상은 전술가들의 단골 메뉴이다등이 250척에 달하는 전투함간의 관계를 추적해 알아내기는 쉽지 않다. 좀 더 소규모 전투에 관한 것이라면 이런 종류의 자료를 일정하게 조절된 조건에서 분석하고 실험 자료와 비교하는 것이 훨씬 쉽게 이루어질 것이다.

그러나 영국의 전술지휘관이던 젤리코 제독에 대해 간접적으로 연구한 자료는 결코 적지 않았다. 그가 유틀란트에서 벌였던 전투에 관한 분석은 잉크가 강물이 되어 댐을 붕괴시킬 정도로 많다. 유틀란트 해전은 트라팔가르 해전처럼 일단의 전쟁에서 최후의 대전투였을 뿐만 아니라 상황이 조금만 달랐어도 마한과 코베트 경이 말한 바로 그 결전이었을지 모른다. 그래서 이 해전은 제2차 세계대전 때까지 각국 해군에서는 주요 연구 대상이 될 수밖에 없었다. 젤리코 제독은 독일의 대양함대를 격파하지 못했다. 후세인이라면 그 이유를 규명하지 않으면 안 된다. 넬슨이라면 승리를 거두었을 곳에서 젤리코는 실패하였다. 이에 관한 논의는 쉬어 제독을 그토록 놀라게 한, "우세한 함대를 보유한 젤리코가 무슨 이유로 그토록 공격적이지 못했는가?"라는 것으로 요약할 수 있다. 막강한 독일 구축함의 공격에서 벗어난 그의 유명한 일제회전, 단종렬진에 대한 그의 고집스러운 집착, 그 밖의 소극적인 갖가지 조치는 순전히 전술적 차원에서통제를 유지하기 위한 자기 구속적 요구 때문이었다 설명할 수 있다. 그러나 문제의 핵심은 양측의 전술이 모두 양국의 해양 전략에 의해 지배되고 있었다는 사실이다.

단지 젤리코에게는 넬슨과 같은 승리의 의지가 결여되어 있었다고 치부해버리는 것만으로 충분하지 않다. 이런 결론에 이르는 갖가지 분석에서는 젤리코 함대의 수준과 포술을 독일 함대의 그것과 냉정하게 비교해 봐야 하고, 심지어 어떤 저술가들은 오히려 쉬어가 승리의 기회를 가졌다고 말하기까지 한다.* 이런 논의를 하면서 이것도 옳고 저것도 옳다고 말할 수는 없다. 그러므로 유틀란트 해전의 경우 젤리코가 경솔하게 행동하지만 않았어도 파괴력을 그대로 유지할 수 있었을 것이라는 견해, 사실 젤리코도 패배할 가능성은 있었기에 그가 기울인 신중성만큼은 정당하게 평가해야 한다는 견해 중 하나만이 옳다. 그러나 젤리코가 승리할 수 있는 세력을 보유하고 있었다는 것은 의문의 여지가 없다. 쉬어는 전장에서 도피하였다. 그렇다면 서로의 우열관계는 어느 정도였는가? 문제의 핵심은 바로 이것이다.

☐ *예를 들면 피오라반조Fioravanzo, 1979 : 154나 휴그Hough, 1983: 122 참조하라.

전략적으로 이 문제를 검토해 보자. 젤리코의 입장에서는 결전에서 승리하는 것보다 패하지 않는 것이 더 중요했다는 일반적인 전제를 받아들인다면, 그가 함대를 결집하여 집중해서 계속 공격할 수 있었다면, 그리고 그렇게 했다면 결코 패하지 않았으리라는 근거 있는 전술적 평가가 가능하다. 드레드노트 급 전함에서 젤리코가 3 대 2의 수적 우위를 차지하고 있었다는 사실이 이를 뒷받침한다. 독일 함대의 포술과 함정의 전투지속 능력이 한층 양호했다고 하더라도 대함대의 수적 우위를 극복하지는 못했을 것이다. 그러나 전력의 질을 고려한다면 양측의 전력비는 4 대 3 또는 심지어 5 대 4까지 접근했을 것이다. 게다가 이 정도의 전력비는 전술적 위치가 반대였고, 독일 함대가 전개한 진형이 영국 함대가 취했던 T자 진형이었다면, 집중 사격 시 독일 대양함대가 단 10분만 우위를 보였어도 충분히 승리했을지 모를 근소한 차이였다.

5월 말 오후 함대 배치에 비추어 볼 때, 젤리코에게 가장 큰 위험은 적이 효과적으로 구축함을 공격해 오는 것이었다. 이 위험은 젤리코가 예상했던 것보다 덜 심각했을 수도 있다.* 그러나 우리는 젤리코가 그와 같은 상황에서 어떠한 조치를 취할 것인지를 해군성뿐만 아니라 자기 휘하 함장들에게 미리 알려주었다는 사실, 자신이 함대를 훈련시킨 방식대로 전투할 수밖에 없었다는 사실을 기억해야 한다. 그 순간 어뢰 반대 방향으로의 일제회전이 아닌 어뢰 방향으로 일제회전을 하라고 신호를 내리는 것은 대혼란을 초래하기에 충분했다. 따라서 젤리코가 일제회전을 명령했을 때 그 명령은 당연히 어뢰 반대 방향으로의 일제회전이 될 수밖에 없었다.

□ * 필자는 종전의 견해를 수정하여 지금은 프로스트H.H. Frost와 그 밖의 많은 비평가들과는 반대로 젤리코의 판단이 정확했다고 믿고 있다. 이러한 결론은 과달카날 근해의 야간 전투에서 행해졌던 대규모 어뢰 공격의 놀라운 효과를 연구한 결과에서 도출한 것이다.

영국의 구축함 공격과 관련해서 보면 젤리코에게는 그와 같은 공격 기회가 전혀 주어지지 않았다. 그러므로 그에게 최상의 전술은 전함을 화력용으로 사용하고, 구축함을 경계진용으로 배치하는 것이었다. 구축함 공격은 전세를 대등하게 할 전술 중 하나로 열세한 측에서는 위협을 무릅쓰고 시도해 볼 만한 전술이었지만 젤리코 함대는 그렇게 할 필요가 없었다. 더욱이 그의 전술적 위치는 전열 형성에는 이상적이었지만 구축함 공격을 시도하기에는 얼마간 문제가 있었다.

젤리코는 넬슨 식의 공격정신과 궤를 같이하는 전술적 주도권을 행사할 기회가 없었다. 1916년도의 무기 특성을 고려할 때 이런 기회는 이론상 생각하기 어려웠다. 이 해전이 발생한 지 18개월 뒤 비티가 젤리코에게서 지휘권을 이양 받았을 때, 그는 얻을 수 있는 교훈을 전부 소화한 상태였다. 그러나 이 유명한 제독이 도입한 전술상의 변화는 큰 의미가 없었다. 우리는 1920년대와 1930년대의 전술에서 전대 단위의 전투에서 넬슨 식에 어떤 변화가 생겼다거나 그밖에 어떤 획기적인 변천이 있었다는 것을 본 적이 없다. 몇 가지 이론상의 전술적 주도권을 실전에 적용하려 했어도 전부 불가능했을 것이다. 훈련을 받은 적이 없는 그와 같은 기동을 집행할 수 있는 자는 비디오 화면에서 버튼만으로 전 함대를 움직일 수 있는 마력을 지닌 오늘날의 전쟁연습가밖에 없을 것이다. 함대 제독은 배운 적이 없는 전술로 상황을 뚫을 수 있다고 생각하지 않는다.

젤리코와 쉬어도 이런 사실을 알고 있었다고 보는 편이 옳다. 그렇다면 젤리코가 취했던 일련의 조치를 설명할 수 있는 길은 그가 공개적으로는 제시할 수 없었던 바로 한 가지 점이다. 그것은 함정 간에 상호 지원에 관한 문제로 이 점에서는 쉬어가 더 뛰어났고, 젤리코는 통일성과 집결에 힘입어 우위를 차지하고 있었던 것으로 보인다. 집결 없이는 집중도 이루어질 수 없다. 젤리코는 빌뇌브 함대와 같은 적과 싸우는 게 아니었기 때문에 넬슨처럼 싸울 수 없었다. 젤리코는 적의 우수한 무기체계와 노련한 운용에 부딪혀 고전을 면치 못했던 것이다.

개념과 현실

전술 이론가들은 대규모 전투에서의 포연과 혼란의 영향을 과소평가하는 경향이 있다. 그러나 유틀란트 해전에서의 전투 수행에 비추어볼 때, 젤리코의 경우는 분명 그렇지 않았다. 전술적으로 볼 때 젤리코는 독일 대양함대의 진출을 봉쇄하고 휘하의 세력에 중요한 역할을 담당하게 하면서 가능한 승리를 쟁취하고, 방심이나 적의 기지 또는 불운 때문에 손실을 입지 않게 하는 등 자기 임무로 생각하고 이를 수행했다. 적극적인 공격보다는 위험회피를 택했던, 이른바 그의 실수라는 것도 사전에 계산되고 계획된 것으로서 영국의 해양 전략에 대한 원칙적이고 총체적인 이해에서 비롯된 것이었다. 사실 독일의 대양함대를 대양으로 유인해서 그 예정된 운명을 맞지 않게 한 것도 몇 가지 '전략적' 기습 중 하나에 불과했다. 영국의 해상교통로에 대한 잠수함의 위협, 전략적 봉쇄로부터 서서히 나타날 충격, 기뢰전이 각종 해군작전에 미치는 영향 등도 역시 중요하였다. 새로운 무기의 출현은 전술뿐만 아니라 전략과 군수 계획까지도 변화시켰다.

전술 계획은 실제로 이를 집행하는 해군 장교들에 의해 실전 경험과 토론을 거쳐 이루어진 많은 이론과 저술이 있었다. 이 때문에 그 모두는 제대로 시행될 수 있었다. 그러나 전술적으로 놀랄 만한 일도 일부 있었다.

한 좋은 예는 제1차 세계대전 이전에 전적으로 무시되고 있던 기만의 중요성이다. 그러나 투계장과 같은 해전장인 북해에서의 주요 해전은 저마다 적을 유인하려는 데 혈안이 되어 있었다. 양측은 모두 수적 우위의 중요성과 N자승법칙을 잘 알고 있었다. 따라서 어느 편이든 조금이라도 수적 열세에 놓인 경우라면 전투를 기피했고, 유인trap과 역유인countertrap이 전쟁 방법으로 등장하였다. 대개의 경우, 심지어는 유틀란트 해전에서도 전투 계획은 맞불back-fire을 놓는 데 머물러 있었다.

유인을 이용한 계획된 기습이 제대로 달성되지 못할 경우에는 전투정찰의 소홀을 틈탄, 계획에도 없는 기습이 난무하였다. 비티Beaty, 젤리코Jellicoe, 쉬어Scheer, 스페Graf von Spee 등은 모두 정찰의 허점을 틈탄 즉흥적이고 거친 기습으로 고통을 겪었다. 유틀란트 해전에서 중요하지만 전혀 예상하지 못한 특징은 250척의 전투함에서 뿜어내는 포연과 기관의 배기로 인해 시야가 가려졌다는 사실이다. 전술계획가들을 현혹시키는 전쟁연습실이나 비디오 스크린에도 문제가 있다. 이처럼 현혹된 전술계획가들은 전장 환경이 시계를 결정적으로 악화시키고 전투의 전반적인 성격을 변화시킬 수 있다는 사실을 망각하기 쉽다. 1930년대의 전투 연습 때와는 달리 전투가 종종 직사거리에서 전개되던 1942~1943년 솔로몬 해전의 야간전투에서 미국 해군이 겪은 상황이 바로 이러했다. 광대한 대양을 장악하는 데 익숙한 오늘날의 미국 해군 역시, 지금은 연안작전도 육지로부터 멀리 떨어진 해역까지 확대되고 있다는 사실을 흔히 잊고 있다. 잠수함을 거론하지 않더라도 지중해와 노르웨이 해에서 추격전hide-and-seek이 벌어질 가능성은 얼마든지 있다. 역사가 우리에게 어떤 지침을 준다면 그것은 계획된 기습은 함대에 의해 수행될 수 있는 데 비해, 예정된 기습은 언제든 실행될 수 있다는 사실이다.

이제 속력의 문제를 살펴보자. 전쟁 전의 저술가들은 적 세력이 일단 유효사정거리에 들어오면 즉시 함포가 발사될 것이라고 생각했고, 이는 타당한 생각이었다. 이들은 좀 더 유리한 위치를 차지하려면 유효사정거리 밖에서 정교하게 기동해야 한다고 믿었다. 그러나 실제로 전술적 우위를 확보하는 데는 기관의 속력은 별로 소용이 없었다. 함대의 속력은 곧 진형 내에서의 가장 느린 함정의 속력과 같았기 때문이다. 쓰시마 해전에서 일본이 우위를 차지한 것은 그 후 많은 사람들을 가르치는 교훈이 되었다. 충각시대 때의 단거리포 시대를 거쳐 조준기 통제하의 장거리포 시대로 이어지는 이 기간의 경향은 애초에 예상했던 것과는 달리 전투함의 속력이 큰 이점으로 작용하지 못했다는 것이다. 전쟁 전 일부 저술가들은 속력이 감소될 수밖에 없는 손상된 함정을 보유한 지휘관이 직면한 실질적 문제를 간과했다. 마한이 현명하게 지적한 것처럼 "전쟁의 진정한 속력은 시간을 허비하지 않는 지속적인 전투력에 있는 것이다."* 기회를 최대한 이용하지 못했다는 것은 곧 통신과 명확한 이해가 없었음을 뜻한다. 진정으로 속력이 필요했던 것은 의사 결정 분야였다. 결정은 신속히 이루어지고 간단명료한 기동으로 이어져야 했다.

□ * 휴스Hughes, 1977 : 193의 글을 인용했다. 이 글에서는 마한이 인용한 이 말 앞에 다음과 같은 구절이 있다. "전쟁에서 함대의 궁극적 목표는 추격하거나 도주하는 데 있는 것이 아니라 해양을 통제하는 데 있다. 전쟁에서 가장 지배적인 요소는 속력이 아니라 공세적 전투 능력이다. 기동을 위한 함대가 존재하는 것이 아니라 함대를 위해 기동이 존재하는 것이다. 적이 출현했을 때 아군이 우세한 인원과 세력을 보유하고 있지 못하다면 그 장소에 먼저 도착해도 아무 소용이 없는 것이다. 전쟁의 진정한 속력은 경솔하게 허둥대는 것이 아니라 시간을 허비하지 않는 지속적인 전투력에 있는 것이다.

여기서 간명simplicity이란 무슨 뜻인가? 일단 주사위가 던져지고 나면 함대 사령관은 통제를 유지하기에 편리하고 단순한 진형을 선호한다. 사다리꼴 진형, 상자형 진형, 그 외에도 이론상으로 우위를 차지할 수 있는 진형이라 해도 모두 무시되었다. 도고Heihachiro Togo 제독은 기민한 기동을 집행하기 위해 가장 단순한 통제형 진형을 사용한 후 자신이 직접 종렬진을 선도하였다. 도고는 단순한 단종렬진을 선도하는 방법을 사용함으로써 12척의 함정으로 구성된 전열을 일심동체로 기동시킬 수 있다는 것을 명확히 알고 있었다.

요약

　제1차 세계대전이 시작될 때까지 수많은 기술상의 진보가 전투에 어떤 영향을 미치는지를 알아낼 기회는 드물었다. 따라서 1865년부터 1916년까지는 이론과 실제 간의 상관관계를 연구해 볼 가장 좋은 사례다. 이 시기는 사색으로 넘쳐나는 시대였지만 오늘날 우리가 작전분석이라고 부르는 것을 포함하여 탁월한 전술사상이 최고조에 달한 시대이기도 하다. 이때의 전술이론 대부분은 해군 장교들에 의해 발전된 것으로서 전문 잡지에 게재되어 활발히 토론되었다.

　이러한 전술 연구는 전시 지도자들을 이론적으로 무장시키는 데 놀랄 만한 성과를 거두었다. 전투함대는 기대한 대로 싸웠다. 엄격한 논쟁을 통해서 종렬진, 전투정찰, 화력집중, 통솔, 훈련, 사기 또는 C^2의 중요성 등 어느 것도 간과되지 않았다. 다만, 기만과 우발기습, 함정의 속력이 미치는 효과의 제한성이 과소평가되거나 제대로 인식되지 못했다.

　이 시기가 끝날 무렵 모든 것이 장거리 거포의 화력을 집중하는 문제에 맞춰졌다. 우세한 집중은 세력의 집결과 기동을 통해 달성되었다. 이 당시 대부분의 함대는 서로 유효사정거리 내에 들어가기 전에 상대를 눈으로 관측하며 기동하였다. 그러나 제1차 세계대전이 시작되면서부터 적이 시야에 들지 않는 동안에도 전투에 대비해 행동해야 했기 때문에 전술적 전투정찰이 눈에 띄게 발전했고, 갖가지 전투정찰 세력이 요구되었다.

　무엇보다 지휘는 신속한 전투 진행을 위한 핵심 요소였다. 그리고 간명성과 교리가 전술 절차를 지배하였다. 그 외에도 다음과 같은 경향이 나타났다.

- 무기의 사정거리와 파괴력 증대
- 무장과 장갑의 우세가 교대로 나타나는 현상
- 전투에서 무기체계의 속력과 기동력 향상. 다만 증기기관의 출현에 따라 '전술

적' 기동력은 향상되었으나 '전략적' 기동력은 위축되었다.

_ 무기의 사정거리와 함정의 속력 향상에 따른 전술적 전투정찰의 중요성 증대

비록 기술의 발전으로 촉발된 것이지만 놀라운 일은 전략마다 나타났다. 함포, 어뢰, 기뢰, 각급 함정의 전술적 역할은 이미 예견된 대로였다. 그러나 양측 모두 아니면 어느 한 쪽은 근접봉쇄, 잠수함전의 전략적 성공, 상륙전의 유혹을 버리지 못했다. 이 모든 것이 중요한 변화였다.

쉼터

CHAPTER 4

제2차 세계대전 무기 혁명

경이적 발전인가, 대변혁인가?

제2차 세계대전 중의 괄목할 만한 전술상의 변화는 거의 세인을 놀라게 하였다. 나름대로 전술의 혁명을 예견했던 사람들 항공력 지지론자들 조차 미처 예상하지 못한 일이 일어난 것이다. 진주만 기습과 산호해 해전은 1920년대와 1930년대의 평화시대를 거치면서 축적된 사건의 절정이라 할 수 있다. 항공모함 전술을 논하면서 우리는 누구나 실전을 통해 전술을 익히고 있었다는 사실을 염두에 두는 것이 바람직하다. 전쟁이 발발한 뒤 3년 동안 있었던 많은 지적 혼란은 브로디 Bernard Brodie의 1942년판 『해군전략입문 A Layman's Guide to Naval Strategy』만 봐도 충분하다.*

□ * 이 책 제8장 및 9장 참조. 브로디의 『기계시대의 해양력 Sea Power in Machine Age』 1943도 깊은 통찰을 담고 있는 저서이다.

존경스러운 브로디이지만 그렇게 유감스러워할 필요는 전혀 없었다. 지금의 시점에서 북유럽 연안이나 지중해의 해군작전을 돌이켜보면, 항공력이 명백히 전세를 지배하고 있었다는 결론보다는 함포와 항공기 간의 경쟁이 실제로 아주 백중지세였다는 인식을 할 수 있다. 1940년 2척의 독일 전함이 영국의 항공모함 글로리어스 HMS Glorious 함을 포착해 공해상에서 격침시킨 것이 그 예이다. 또한 1944년 미국 함대의 대공방어가 워낙 철통같아서 일본이 결국 폭격기를 이용한 공격을 포기하고 가미가제 특공대에 의존할 수밖에 없었던 것도 그 한 예이다. 육상기지에서 이륙한 수평 폭격기의 대함공격이는 B-17의 본래 임무의 하나였다 도 별 효과가 없었다.* 뇌격기torpedo plane도 몇 차례 성공을 거두기는 했지만 본래 의도와는 달리 일종의 가미가제가 되어버렸다. 결국 급강하 폭격기만 효력을 발휘했다. 늘 그렇듯이 미래에 대한 통찰력은 해군의 항공력 향상에 크게 기여하였다. 하지만 구체적인 성과를 얻은 이들은 무엇보다 실용주의적 태도를 지녔던 전술가와 과학기술자들이었다.

□ * 기하학적으로 그 이유를 설명하는 것은 어려운 일이 아니다. 이에 관한 기초적인 분석으로는 피오라반조1979 : 177~178를 참조하라. 고공 수평 폭격기는 저공 공격이 동시에 수반될 경우 방호력이 취약한 상선에 대해서는 매우 효과적일 수 있었다는 점도 덧붙여야겠다. 유명한 비스마르크 해 해전은 이를 증명하고 있다.

'전함 제독들battleship admirals'은 생각했던 것만큼 중요한 역할을 하지 못하였다. 오스트프리스란트SMS Ostfriesland 함에 대한 미첼Billy Mitchell의 시험공격이 그러했듯이, 1920년대 노후한 인디애나USS Indiana 함, 뉴저지USS New Jersey 함, 버지니아USS Virginia 함과 새로 건조되긴 했으나 아직 완성되지 않은 워싱턴USS Washington 함을 대상으로 실시한 항공폭격 시험에서 중폭탄으로 전투함을 격침시키기보다 오히려 당시의 항공기로 굳게 방호되는 군함을 움직이며 격침시키기가 매우 힘들었을 것이라는 사실이 그 한 이유다. 다른 한 이유는 1920년대는 해군이 항공력 개발에 관한 중요한 정책 결정을 강력히 지지하던 때였다는 것이다. 예를 들면 1922년에서 1925년 사이 해군의 전체 예산은 25%나 줄었지만, 해군항공대의 예산은 여전히 1,450만 달러를 유지하고 있었다. 또한 1923년부터 1929년까지 해군의 전체 인원은 1,500명 가량 줄었지만, 해군 항공 인력은 6,750명이 늘었다는 것이다. 이는 인력집약적인 렉싱턴USS Lexington 함과 사라토가USS Saratoga 함의 승조원을 제외한 숫자이다.Melhorn, 1974 : 93~94, 154

1921년 워싱턴 회의에서는 교묘한 방법으로 이 조약의 5대 당사국, 즉 미국, 영국, 일본, 프랑스, 이탈리아의 항공모함 최대 허용 톤수가 각각 13만 5천, 13만 5천, 8만 1천, 6만, 6만 톤으로 정해졌다. 그러나 당시 "해군 강대국 중 최대 허용톤수에 부합하는 항공모함을 단 1척이라도 보유한 국가는 없었다. 이미 취역 중이거나 건조 중이던 항공모함은 모두 실험용으로 분류되어 제한받은 항공모함 톤수에 산정되지 않고 있었다. 주력함은 크게 감축되었지만 이 회의에서는 항공모함의 개발이 법적 제한의 대상일 수 없음을 분명히 했다."Melhom, 1974 : 83 이 조약이 시행된 1921년부터 1935년까지 항공모함은 전함 총톤수의 약 3분의 1 수준을 넘지 않을 정도로만 건조될 수 있었다. 일본과 미국 양측은 항공모함을 꾸준히 건조해 허용톤수를 모두 채웠다. 그리하여 이 조약과 그 후에 있었던 일련의 군축조약은 항공력 증진에 제한 요소가 아닌 오히려 촉진제가 되었다.

심스William Sims, 피스크Bradley Fiske, 모펫William Moffett, 킹Ernest King, 리브스Joseph Reeves, 하트Thomas Hart 등은 일찍이 해군항공력의 중요성을 인식하고, 머스틴Henry Mustin, 휘팅Kenneth Whiting, 타워스John Towers, 미처Marc Mitscher 등 조종사에게 항공력의 개발을 서두르도록 고무한 미국 해군의 수상함 장교들이었다. 해군 항공의 개발에서는 광대한 태평양을 늘 안중에 두고 있던 미국이 단연 앞섰고, 일본이 그 뒤를 바짝 추격했다. 영국의 해군항공력은 몇몇 분야에서는 뒤떨어졌지만 지중해 해역에서는 최강이었다. 그렇지만 그때까지는 어느 해군 강대국도 해군 항공기 지배 시대가 도래할 것임을 예측하지 못했다. 양차 세계대전 사이에 마치 잠든 거인처럼 오랫동안 정체 상태에 있던 과학기술은 전쟁이 발발한 1939년에 이르러 잠에서 깨어나 다시 개발에 박차를 가했다. 그러나 이때도 주된 문제가 무엇인지는 여전히 의문으로 남아 있었다. 여기서 기술과 전술의 상호 관계에 관해 정곡을 찌른 알렌Charles Allen의 설명을 들어보자.

기술과 전술 간의 상호 관계가 긴밀한 균형을 유지하고 있는 상황에서 전함과 항공모함 간의 경쟁 시 가장 결정적인 요소는 새로 도입된 레이더 기술의 실전 활용에 달려 있다는 사실은 매우 유의할 만하다. 만약 레이더가 중대공포의 표적 조준에 훨씬 큰 효력을 발휘했다면, 혹은 다른 자들이 지적하듯 근접신관이 몇 년 만 일찍 개발되었어도 전술강습기의 효력은 크게 위축되었을지 모른다. 반대로 레이더가 조기경보나 전투기 유도에 별다른 효과를 발휘하지 못했다면 항공모함의 취약성은 말할 수 없을 정도로 컸을 것이다. 그리고 경우가 어떠하든 함대의 1945년 양상에는 극적 변화가 있었을 것이다.Allen,1982 : 77

항공기가 '다소' 중요한 역할을 맡으리란 것은 이미 모든 강대국이 예견한 바였다. 항공기는 전투정찰 수단으로서도 긴요했지만 레이더가 발명되기 전에는 포의 탄착 수정기 역할도 했음을 간과해서는 안 된다. 항공기는 각 전투부대가 공중 엄호 능력을 잃지 않으려고 전전긍긍할 정도로 상당히 유용했다. 그러나 항공모함이 전열에 지나치게 앞설 경우, 공격을 받을 위험도 컸다. 이미 1930년에 전투정찰대였던 항공전대의 어느 지휘관은 다음과 같이 지적했다. "어느 전략 지역에서 서로 대치하는 항공모함은 마치 빙 둘러서서 손에 단검을 들고 있는 맹인과 같다. 그러므로 그중 한두 척이 기습공격을 당할 가능성은 상존할 수밖에 없다."*

□ * 이는 미국 해군대학 교수인 혼Thomas C. Hone 박사가 필자에게 보내준 편지의 일부분이다. 그는 오늘날까지 남아 있는 기록을 통해 1929년부터 1939년까지의 미국 해군함대 문제에 관해 연구한 바 있다.

전쟁 계획을 수립하는 데 열세한 해군미국과 싸우던 때의 일본, 영국과 싸우던 때의 미국은 항공기를 적의 전열을 약화시키고 지연시킬 목적으로 사용할 계획이었다. 항공기를 육상에 배치하느냐, 아니면 해상에 배치하느냐는 문제가 각국에서 논의되었지만, 지각 있는 사람이라면 함대 상공의 제해권을 확보할 필요가 있음을 인식하고 있었고, 전투기는 이 분야에서 핵심적인 역할을 수행할 것이라고 믿었다. 1930년대에 이르러 미국과 일본의 함재기 조종사들은 항공기의 이런 잠재력을 인식하여 흔치는 않았지만 기회 있을 때마다 시험해 보려고 했다. 일본 해군은 이미 항공모함 강습으로 전세를 주도하는 훈련을 하고 있었다. 그리고 최대의 위협이 미국 해군 장교들의 생각을 꿰뚫어보는 통찰력에 있었다는 것을 고려할 때 진주만 기습이 있기 직전 미국 해군 정보 당국이 일본의 전함이 아닌 항공모함을 추적하는 데 얼마나 열성적으로 노력했는지결국은 실패했다를 주목해야 할 것이다.

그런데 실제 전투는 어떻게 전개되고, 전술은 어떻게 진행해야 하는가? 이 문제에 대해서는 북해와 대서양, 지중해에서 전투가 종료된 지 2년이 지난 1941년까지도 제대로 답을 찾지 못했다.

이러한 상황은 제1차 세계대전 전의 상황과 현격한 대조를 이룬다. 제1차 세계대전 전에는 진보된 기술을 흡수해 함대 전술의 위치가 명확하게 확립되었다. 반면 제2차 세계대전이 발발했을 때에는 무엇보다 기술의 발전이 혼란에 싸여 있었고, 결국 전술도 그 잠재적 수준에 미치지 못한 상태였다. 항공기가 대양에서 수상함을 완전히 격멸할 것이라고 생각한 자들의 예견은 지나치게 성급한 것으로서 전함 진형의 우월성을 끈질기게 주장하는 보수주의자들의 감정만 자극하고 말았다. 제2차 세계대전에 대비해 고안된 함대 전술은 동시대의 새로운 광경이라고 할 만한 항공기가 머리 위에서 싸우게 된 점을 제외하고는 전쟁 전의 전술을 그대로 모방한 것이었다. 이 점은 각국 해군의 공통된 상황이었다. 전쟁 도중 전술가들은 각종 무기를 광범위하게 개조·운용하지 않을 수 없었다. 그 결과 종전 무렵에는 기뢰함을 제외한 미국 해군 내의 주요 함종 중 전술적으로 본래의 건조 목적대로 사용된 것은 하나도 없었다. 전함과 항공모함의 공격과 지원 역할이 서로 뒤바뀌었고, 일부 함대전투정찰용으로 설계된 중순양함이 오히려 정찰 외에 거의 모든 역할을 담당했으며, 구축함·지휘함으로 설계된 경순양함은 항공모함의 대공호위함AAW escorts으로 변신했다. 또한 적 구축함의 어뢰 공격에서 전열의 전위 및 후위를 방어하도록 고안된 구축함은 대잠과 대공

호위함의 기능을 수행하게 되었다. 전방정찰과 전투함 공격용으로 설계된 잠수함도 상선과 해상교통로 공격함으로 바뀌었다. 제2차 세계대전이 끝날 무렵 기술의 발전으로 촉발된 전술상의 대혼란은 극에 달했으며, 어떤 식으로든 전술상 갖가지 문제가 해결되지 않으면 안 될 상황이었다.

1929년의 함대 훈련에서 사라토가USS Saratoga 함은 대항군인 방어함대 주변에서 야간 항해를 하다가 파나마 운하를 목표로 성공적인 항공강습을 감행하였다. 이 공격은 장차 무시할 수 없는 세력으로서의 항공모함 항공력 시대의 도래를 알리는 상징적인 사건으로 평가받았다. 그러나 이 공격은 양면적인 결과로 나타났다. 즉, 함재기가 강습을 위해 출격한 뒤 사라토가 함은 대항군에게 발각되어 수상함과 잠수함, 렉싱턴USS Lexington 함에서 발진한 항공기의 공격을 받고 한 차례가 아닌 세 차례나 격침되었다. 공교롭게도 제2차 세계대전에서 관심을 둬야 할 것은 전투함이 항공기에 취약하다는 사실, 그중에서도 특히 항공모함이 항공기에 취약하다는 사실이다.

새로운 다섯 가지의 전술 문제

태평양에서 미국과 일본의 해군 지휘관이 직면했던 수많은 전술 문제 중에서 다음의 다섯 가지는 특히 중요하다. 이 모두는 서로 긴밀하게 연관되기 때문에 그만큼 해결하기 어려웠다.

① 전술 진형

미국과 일본의 해군조종사들은 전쟁 전 모의실험을 통해 항공모함 방어에 적합한 원형진circular formation의 장점을 잘 알고 있었다. 미국은 다면 레이더의 도움으로 진형 유지를 손쉽게 할 수 있었다. 공격적 차원에서 이 진형이 무선침묵하에 항공작전을 수행하려면 진형의 통일성을 유지하기 위해 일제회전 방식으로 기동할 수 있었다. 반대로 방어적 차원에서는 호위함 경계진의 허점을 이용하려는 적 항공기로부터 함대를 보호할 원형진이 최상책이었다. 문제는 융통성을 극대화하기 위해 항공모함마다 독자적인 경계진을 형성해야 하느냐, 아니면 2~3척의 항공모함을 하나로 묶어 강력한 단일 경계진을 형성해야 하느냐는 것이었다. 대잠방어 역시 고려 사항 중 하나였다. 대잠방어에는 곡선형 경계진이 더 적합했지만, 이 진형은 일반적으로 항공모함 작전에는 부적합했다. 동일 해역을 반복해 통항하지 않는다는 방침과 더불어 저속 잠항 디젤 잠수함의 어뢰 공격에 대한 최상의 방책인 속력이 문제였다.

항공 공격 및 방어의 효율성도 문제였다. 일본 해군은 개전 초부터 분리 항공모함 진형을 구축하였으며, 호위함 부족으로 부득이한 경우에만 이를 변경하였다. 반면, 미국 해군은 이런 문제를 명확히 해결하지 못했다. 경험 있는 조종사들 간의 전투는 동솔로몬 해전 이후 극에 달했는데, 이 전투에서 생존한 어느 지휘관은 사라토가 함이 큰 피해를 입은 엔터프라이즈USS Enterprise 함으로부터 10~15마일이나 떨어져 있었기 때문에 생존할 수 있었다고 주장하면서 새로운 방안을 제시하였다. 집중 공격을 당해 2척의 항공모함을 상실하는 것보다 1척을 상실하더라도 나머지 1척을 구하는 것이 더 좋지 않겠는가? 항공작전에서 융통성의 여지가 큰 분리 진형에 의한 소극적 방어와 밀집방어로 강화된 대공방어 중 과연 어느 것을 택해야 하는가?

② 분산 또는 집중

공격 항공기의 넓은 행동반경은 서로 수백 마일씩이나 떨어진 둘 이상의 항공모함 진형으로부터 집중공격을 가할 수 있는 가능성을 열어 놓았다. 그러나 실제로는 무선침묵의 필요성 때문에 이러한 가능성은 상당히 축소되었다. 어쩌면 혼란이 야기되었을지도 모른다. 결국 미국 해군은 이 전술을 택하지 않았다. 미국의 전술가들은 분리 진형에 관해서도 토론을 벌였지만, 방공 전투기fighter air defense, 전투항공초계CAP : combat air patrol에 의해 전 항공모함 세력을 방호 가능한 근접 진형을 택하였다. 따라서 미국 해군에게 집중concentration과 집결massing은 동일한 의미였던 것이다.

반대로 일본 해군은 항공모함을 분리 운용하는 경향이 지배적이었다. 이 점에 대해서는 많은 비판이 쏟아졌다. 예를 들면 포터E.B. Potter는 다카기 Takeo Takagi 중장이 산호해 해전의 작전을 계획하면서 "일종의 협공작전으로 미국의 항공모함을 공격하겠다."라고 말한 것을 비판했다.Potter, 1981 : 664 그 후 1942년 야마모토는 동솔로몬 해전 전투 계획 시 경항공모함 루조Ryujo 함을 두 척의 대형 항공모함 전방에 미끼용으로 배치하였다가 끝내 격침되고 말았다. 일본 해군은 이는 세력을 분리하였기 때문이라고 비판했다. 미국의 비평가들은 일본 해군의 복잡한 배진을 설명하면서 일본이 아주 교활하다고 비판했고, 그들의 기습공격 역사를 지적한 바 있다. 기습공격효과적인 선제공격을 하려는 노력이 일본 해군 전투 계획의 기초였음은 의문의 여지가 없다. 그런데 항공모함을 분리 운용한 진짜 이유는 무엇인가? 산호해 해전에서 일본의 주공함대main striking fleet는 전선weather front을 이용하여 미국의 육상기지 항공기가 수색할 수 없고 함재기들도 수색할 것 같지 않은 그러한 방향에서 접근했다. 야마모토처럼 빈틈없고 항공모함의 항공력에 대해 잘 아는 입장에서 볼 때 협공작전이란 터무니없는 짓이었다. 그렇다면 일본 해군의 이 예상 밖의 배진을 더욱 타당하게 설명할 수 있는 방법은 없을까? 있다. 그 해답은 일본 해군이 성공적인 항공강습으로 전세를 지배할 수 있다고 믿은 바로 그 확신이었다.

③ 공격화력과 방어화력

전술지휘관은 자신의 예하 세력만으로 전투를 수행해야 하지만 그에게도 선택의 여지는 있다. 예를 들면 지휘관은 전투기 운용의 중점을 강습을 위한 엄호에 둘 수 있고 전투항공초계에 둘 수도 있다. 지휘관은 비행갑판에 방어용 전투기 수를 늘리는 대신 폭격기와 뇌격기 수를 줄일 수 있고, 반대로 좀 더 운용할 수도 있다. 지휘관은 전투정찰 폭격기의 대부분을 전투정찰용으로 운용할 수 있고, 전투정찰을 희생하는 대신 폭격기들을 더욱 강력한 공격용으로 활용하는 모험도 할 수 있다. 지휘관은 미국 해군이 태평양에서 그랬던 것처럼 전함을 대공방어를 위해 항공모함 경계진에 통합 배치하거나, 일본이 그랬던 것처럼 공세적 후속공격을 위해 전함을 분리 배치할 수도 있다. 어떤 결정을 할 것인지는 대부분 공격력에 대한 평가에 달려 있다. 다른 분석가들과 마찬가지로 레이놀즈Clark G. Reynolds도 스프루안스Raymond Spruance 제독이 1944년에 항공모함을 더 공세적으로 운용하지 않은 점을 유감스럽게 여겼다.Reynolds, 1974 : 181~205 일본의 항공모함은 위협적 세력인 동시에 미국의 공격목표였지 않은가? 스프루안스는 제2차 세계대전 시 미국 해군에서 가장 뛰어난 전술가였다. 그런데 그는 왜 일찍이 일본 해군이 사용한 것처럼 상륙돌격부대를 엄호할 소규모 세력을 남겨두고 고속 항공모함으로 적의 항공모함을 추격해서 선제공격하지 않은 것인가?

④ 주간전술과 야간전술

항공모함은 주간에는 왕자이지만 야간과 포격에는 극히 취약했다. 전함이나 중순양함 진형은 어둠 전에 항해할 경우 하룻밤 동안 200마일을 항진할 수 있었다. 당시 이 정도의 거리는 전술지휘관이라면 누구든 염두에 두고 있던 거리였다. 항공강습이 대략 200마일 거리에서 발진되었기 때문이다. 결과론적으로 추측컨대 철수 중인 적을 추격하는 경우가 아닌 한 항공모함 부대의 접근은 불가능했다. 미국 해군은 진주만 기습에서 전함부대가 타격을 입은 탓에 1942년까지 상호 200마일 떨어져 대치하던 두 항공모함 부대 중간에 위치한 적의 함포전투함과 대적하기 위해 자신들의 함포전투함을 배치할지를 두고 지휘 결심을 할 필요가 전혀 없었다.* 그러나 침략자 일본 해군은 1942년에 항공모함을 포착하려고 세 차례나 수상함을 출동시켰다. 1942년 미국 해군이 직면한 전술 문제는 일본의 포함을 야간에 추적하여 위험을 무릅쓰고 교전을 벌일 것인지, 아니면 적의 전투함과 침공부대가 안전하게 항해하도록 방치할 것인지를 결정하는 것이었다. 반면 1944년의 전술 문제는 일본 해군처럼 고속 전함을 공격 작전에 투입할 것인지, 아니면 그대로 항공모함 방어용으로 사용할 것인지를 결정하는 것이었다. 도대체 전술 결정의 근간은 무엇인가?

□ * 그러한 야간전투가 수행될 가능성은 산호해 해전에서는 상당히 높았다고 할 수 있지만 마리아나Mariana 해전에서는 가능성이 거의 없었다. 물론 상황이 다소 달랐지만 레이테Leyte 만 해전에서는 야간전투가 전개되었다.

⑤ 이중 목표

전쟁 전 미국 해군의 전형적인 전술 계획에 의하면, 괌Guam과 필리핀을 구출하기 위해 서쪽으로 항진하는 미국의 전투함대는 일본의 전투함대와 조우해 대규모 결전을 벌이게 되어 있었다. 군수라는 요소가 개입되면 기지 확보의 필요성과 군수 지원부대로 인해 단순한 전술의 전형paradigm도 복잡해지게 마련이다. 그러나 군수 지원부대나 침공부대에 대한 방호 문제는 함대 전술가가 크게 걱정할 바가 아니었다. 문제는 상황을 변화시키는 항공기였다. 해군이 전략적 공세를 취하고 침공 위협을 가하기 전까지 수세적 위치에 있는 열세한 전투함대는 전투에 응하려 하지 않았다. 그러나 침공부대는 상륙돌격 함정을 방호해야 하는 부담이 있었고, 더욱이 당장이라도 공격해 올 듯한 항공기가 근처에 있을 경우 또 다른 복잡한 문제가 야기될 수밖에 없다. 항공기는 적을 공격하는 것은 물론 수송함선의 엄호까지 맡아야 했다. 모두 6차례의 태평양 항공모함 해전에서 공격자의 1차적 또는 2차적 임무는 적의 함대를 공격·격파하는 것이다. 어느 경우든 상륙작전과 직결되었다. 그러나 공격자는 자기 측 수송함선을 그런 공격 위험에 노출시키지 않으려 한 것은 분명하다. 1942년의 일본 해군이나 1944년의 미국 해군은 이 두 가지 목표를 피할 수 없었다. 전술 계획과 결정 시 전략적 공세에서 비롯되는 또 다른 문제가 있었다. 수송함선을 방호하면서 부대를 전개하는 문제를 해결해야 했다. 항공기 시대의 전술지휘관은 원거리에 있는 적으로부터의 공격이라는, 과거에는 없던 문제를 해결하지 않으면 안 되었다.

항공모함전의 전술 모델

위와 같은 태평양 항공모함 전술의 다섯 가지 주요 문제는 간단한 모델 하나로 해결될 수 있다. 이 모델은 뒤에서 논의될 현대 미사일전 모델을 이해하는 데 도움이 될 것이다. 항공모함전 모델은 여러 가지 점에서 랜체스터-피스크 포술 모델과 비교된다. 피스크는 양측의 잔여 전투력을 동시에 소모시키는 상호 간의 일제사격 교환을 고안했다. 그의 의도는 우세화력의 누적 효과와 결집된 기동으로 이점을 점할 수 있다면, 그런 근소한 이점이 가져오는 우세효과, 그리고 열세 세력이 전술적으로 아무리 완벽한 운용을 하더라도 비교가 안 될 정도로 근소한 타격밖에 가하지 못한다는 사실 등을 보여주었다. 포의 사정거리는 양측이 같았다. 이 때문에 피스크에게 그것은 관심 밖의 일이었다. 그는 설명의 편의를 위해 한쪽이 사정거리상 상대방을 능가할 수 있는, 당연한 결과로 우위를 차지할 수 있다는 가능성을 무시해 버렸다. 사실 사격거리가 가까울수록 전투 진행 속도는 가속화되지만, 그렇다고 최종 손실 비율은 달라지지 않는다. 피스크는 자기가 살던 시대의 화력 수준에 걸맞은 전투지속 능력전투함의 생존 가능성을 참작하였다. 현대 전함은 유효사정거리 내에서 아무 저항도 없이 거포의 포격을 받는다면 약 20분 안에 완전히 무력화되고 말 것이다.

물론, 이런 동시소모 포격 모델은 제2차 세계대전 당시의 항공모함 공격 부대에는 적용되지 않는다. 항공모함 공격부대의 경우는 비행단 도착과 동시에 표적에 가하는 대규모 파상화력이 가장 적합한 표본이다. 그렇지만 대개 어느 항공모함 부대가 적 항공모함 부대를 발견하고 강습을 개시한다면, 양측 함대는 동시에 일제히 파상화력을 가할 것이다. 만약 한쪽의 항공모함 함대가 적 항공모함 함대를 적시에 발견하지 못한다면 적의 공격을 감수해야만 될 것이다. 그럴 때에는 공격을 당한 측도 적 함대를 발견할 것이고,

공격 능력이 남았다면 역습도 감행할 것이다.

항공강습에 따른 손상을 산정하려면 적극적 방어전투기와 대공전투력와 소극적 방어진형 기동능력 및 항공모함 생존능력를 합한 방어자의 대항세력counterforce을 산출할 필요가 있다. 태평양전쟁에서 항공모함의 공격반경은 200~250마일 정도로 비슷했고, 어느 쪽도 적 함재기의 행동반경을 능가하지 못했다. 결국 항공모함전에서 중요한 요소는 전투정찰 효율성scouting effectiveness과 순수 공격력net striking power이었다. 전투정찰 효율성은 다음과 같은 다수의 정보원에서 나온다. 즉, 편제상의 함재기와 육상기지 항공기 정찰을 포함한 기본적인 탐색 능력, 잠수함 초계, 각종 정보, 탐지를 회피하려는 적의 모든 노력 등이 그것이다. 지휘관과 참모의 계획 수립 기법도 간과하지 말아야 한다. 순수 공격력은 공격 폭격기와 호위 전투기의 순수 수량만으로 구성되었고, 양측의 적극적 또는 소극적 방어와 물적 또는 인적 자원의 상대적 질에 따라 달랐다.

이상 다섯 가지 문제를 우리의 목적에 비추어 해결해 보자. 전투정찰 효율은 어느 쪽이 선제공격을 했느냐 또는 공격이 이루어졌느냐에 따라 결정될 것이다. 적에게 가해진 손상을 의미하는 공격 효율의 결정적인 문제는 항공모함 함재기의 공격 역량 수준이다. 물론 정찰이나 공격용으로 사용되는 공격기와 호위나 전투초계항공용으로 사용되는 전투기의 실제적인 비율도 검토해 봐야 할 것이다. 바로 이것이 항공 참모들이 해결해야 할 문제였다. 필자는 여기서 이 문제를 더는 상세히 언급하지 않겠다.

다만, 이런 가정을 하겠다. 나중에 살피겠지만 이런 가정이 전혀 근거 없는 것은 아니다. 1942년 1개 비행단이 격침시키거나 치명적인 타격을 가할 수 있는 능력은 항공모함 1척분에 해당되었다. 또 누적 공격력도 1차 승수적 효과밖에 없었다. 그러므로 2척의 항공모함은 1척에 비해 약 2배의 위력을 보유하였고, 결국 2척의 항모를 격침 또는 격파할 수 있었다. 1차 공격이 끝난 후 전투결과에 관한 매우 기초적인 표를 하나 만든다면 세 가지

〈표 4-1〉 선제공격 결과 생존세력

	최초 항공모함 척수(A/B)				
	2/2	4/3	3/2	2/1	3/1
(1) A측 선제공격	2/0	4/0	3/0	2/0	3/0
(2) B측 선제공격	0/2	1/3	1/2	1/1	2/1
(3) A와 B측 동시공격	0/0	1/0	1/0	1/0	2/0
전투개시 시 항공모함 (A/B)	2/2	4/3	3/2	2/1	3/1
생존 항공모함 (A/B)	0/2	1/2	1/1	1/0	2/0

* 비생존 항공모함이란 격침된 것인지 아니면 전투 불능이 된 것인지는 중요하지 않다. 반면에 생존 항공모함은 운용 가능한 비행갑판과 전투 수행 능력이 있는 비행단을 보유한 항공모함을 뜻하는 것으로 취급할 것이다.

경우로 압축된다. ① 대등 또는 우세한 A측이 선제공격을 하는 경우, ② 열세한 B측이 선제공격을 하는 경우, ③ A와 B측이 동시에 공격을 개시하는 경우가 그것이다. 처음에는 우세한 전력을 지녔으나 기습을 당한 A측의 생존 항공모함들이 역공을 개시한다면 최종적인 전투 결과는 <표 4-1>과 같다.

당시 해군조종사들의 견해에 따르면, 그들은 1개 항공모함 비행단이 적 항공모함을 평균 1척 이상 격침시킬 수 있다고 믿었다. 미국 조종사들은 개전 초 비행단에 편성된 36대의 급강하 폭격기와 18대의 뇌격기가 1회의 집중강습으로 몇 척의 적 항공모함을 격침시키거나 전투 불능 상태로 만들 수 있다고 생각했음이 분명하다. 그들은 선제공격의 필요성을 맹신하고 있었다. 그러나 우리는 선제공격의 막대한 장점은 이해해도 그들의 이런 낙관주의는 인정하지 않는다.

열세 세력인 B측에게 나타난 결과를 자세히 보면 매우 흥미로운 현상을 발견할 수 있다. 양측이 동시에 공격을 개시할 경우, B측은 승리를 거둘 수는 없다. 그런데 앞에서 보았던 피스크의 연속사격 모델에서 B측의 전과와 비교해 보면, A측은 승리는 하지만 심한 타격을 입을 수도 있다. 더욱이 B측이 성공적으로 선제공격을 할 경우 항공모함 수의 비율은 시사하는 바가 훨씬 크다. 피스크의 연속사격 모델에서와는 달리, 여기서의 B측은 1 대 2

의 비율을 능가하는 경우도 있다. 만약 공격 후에 안전하게 벗어날 수 있다면 이는 장차 대등한 전과를 올릴 수 있는 근거가 될 수 있다. 나아가 A측이 선제공격을 당한 후 역공을 할 능력이 있는 경우에도 B측은 2 대 3 이상의 비율을 유지할 수 있고, 전투 종료 후 A측과도 대등한 전력을 확보할 수 있다. 이를 모두 당연하게 여길지 모르겠으나, 이는 앞서 제시한 상호 관련된 다섯 가지 전술 문제를 제대로 이해하기 위한 기초로, 유의할 필요가 있다. 논의를 계속하기에 앞서 1942년에 있었던 4차례의 항공모함전을 살피고 이를 1944년 6월의 마리아나 해전과 비교해 봄으로써 개략적이나마 공격자 효율을 측정해 보자. 우리는 1942년의 해전에 대해 다음과 같은 사항을 가정할 수 있다.

- 양측의 모든 항공모함 비행단의 효율은 대등하였다.
- 양측의 각 항공모함과 그 호위함들의 방어 특성은 대등하였다.
- 위치상 상호 분리되어 있던 일본 해군의 항공모함들이 고려되어야 한다. 의도적이었든 실수였던 간에 이 항공모함들은 일종의 미끼로서 미국 함대의 주의와 항공 세력을 유인하는 역할을 하였다.

필자는 어느 쪽이 적의 주력을 선제공격했는지를 제시하려 한다. 이론상의 전과를 산출하기 위해 견제작전을 포함한 각종 공격의 성과도 적절한 순서를 밟아 제시하겠다. 또한 비록 산술적으로 계산할 수는 없지만, 전투 개시 시나 생존한 항공모함의 항공기 전투력도 보여줄 것이다.

① 산호해 해전, 1942년 5월

5월 7일 미국의 항공모함부대렉싱턴*Lexington* 함과 요크타운*Yorktown*함는 침공부대를 엄호하는 소규모 일본 해군소형 항공모함 쇼호*Shoho*함에 맞서 대규모 공격을 가해 이 항공모함을 격침시켰다. 5월 8일 미국의 항공모함 부대와 일본의

이론상 생존 세력

구 분	5월 7일 이후	5월 8일 이후
A 일본	2	0
B 미국	2	0

전투 개요

구 분	최초 세력		실제 생존 세력	
	항공모함	항공기	항공모함	항공기
A 일본	2 1/2	146	1	66
B 미국	2	143	1	77

주 : 일본의 소형 항공모함 쇼호 함은 2분의 1로 계산했다.
    요크타운 함은 비록 손상되었지만 생존 항공모함으로 계산했는데 이 항공모함은 미드웨이Midway 해전에도 참가했다.
    쇼카쿠 함은 대파되었으므로 생존 항공모함으로 계산하지 않았다.
    해전에서 양측은 모두 전투정찰 활동이 부족했기 때문에 전술적으로 실패했다.

강습부대쇼카쿠Shokaku함과 주이카쿠Zuikaku함는 동시에 공격을 개시하였다. 이 해전에서 렉싱턴 함이 격침되었고, 요크타운 함은 약간의 손상을 입었다. 반면 일본의 쇼카쿠 함은 대파되었고, 주이카쿠 함은 미국 항공기가 관측한 바로는 아무 손상도 입지 않았다.

② 미드웨이 해전, 1942년 6월

미국 항공모함요크타운Yorktown함, 호네트Hornet함, 엔터프라이즈Enterprise함은 6월 4일 일본의 강습부대카가Kaga함, 아카기Akagi함, 소류Soryu함, 히류Hiryu함에 대하여 성공적인 기습공격을 감행했다. 당시 상황은 대부분 널리 알려졌지만, 미드웨이 섬이 사실 매우 중요한 유인장치 역할을 했다는 것을 모르는 사람도 많다. 미국의 성공적인 기습공격이 종료된 뒤 일본 해군이 반격해 오자 미국의 생존 세력은 재공격을 감행하였다.

이론상 생존 세력

구 분	미국 측 공격 이후	일본 측 반격 이후	미국 측 재공격 이후
A 일본	1	1	0
B 미국	3	2	2

전투 개요

구 분	최초 세력		실제 생존 세력	
	항공모함	항공기	항공모함	항공기
A 일본	4	272	0	0
B 미국	3	233	2	126

③ **동솔로몬 해전, 1942년 8월**

8월 24일 미국의 항공모함 부대엔터프라이즈Enterprise 함, 사라토가Saratoga 함는 일본 해군의 소형 항공모함 류조Ryujo 함과 일본의 강습부대 전방에 배치되어

이론상 생존 세력

구 분	미국 측 공격 이후	일본 측 공격 이후
A 일본	2	2
B 미국	2	0

전투 개요

구 분	최초 세력		실제 생존 세력	
	항공모함	항공기	항공모함	항공기
A 일본	2 1/2	168	2	107
B 미국	2	174	1	157

주 : 36기의 항공기를 탑재한 류조 함은 2분의 1로 계산했다.
엔터프라이즈 함은 대파되었으므로 생존 항공모함으로 계산하지 않았다.
기습을 당한 미국 해군은 일본 해군을 발견하지 못해 반격할 수 없었지만, 53대의 전투기가 비행 중에 있었으며, 대공 레이더의 경보가 있었다.
엔터프라이즈 함의 항공기들이 과달카날의 핸더슨 비행장에 착륙할 수 있었기 때문에 미국 측의 항공기 손실은 경미했다.
공격의 우위가 줄어들기 시작한다. 미국 항공모함들이 기습공격을 받고도 생존한 것은 다양한 전투 훈련과 통솔력으로 설명될 수 있지만, 미국 해군의 방어 능력 향상을 보여주는 일정한 경향이 나타났다. 폴마의 저서(polmar, 1969 : 253)에서는 더 나아가 이 전투를 미국의 승리로 보았다.

있던 3척의 호위함을 공격하였다. 류조 함은 격침되었다. 미국 부대가 미끼를 물자 일본의 강습부대쇼카쿠 함, 주이카쿠 함는 미국의 항공모함 부대를 기습했다. 그러나 미국의 반격은 일본의 강습부대를 정확히 공격하지 못했다.

④ 산타크루즈 제도 해전, 1942년 10월

10월 26일 미국호네트 함, 수리된 엔터프라이즈 함과 일본의 강습부대쇼카쿠 함, 주이카쿠 함, 소형항공모함인 주이호Zuiho 함가 상대방을 향해 동시 공격을 개시했다. 소형항공모함 주노Junyo 함55기의 항공기 탑재은 과달카날로 향하는 증원부대를 엄호하는 지원부대로 분리되었으나 미국 항공모함들을 공격할 수 있었다. 호네트 함이 격침되고 쇼카쿠 함과 주이호 함도 대파되었다.

산타크루즈 제도 해전 이후 양측의 작전 가능한 항공모함은 1척으로 줄어들었고, 양측의 비행단도 막대한 손실을 입었다. 양측은 1943년 솔로몬

이론상 생존 세력

구 분	10월 26일 이후
A 일 본	1
B 미 국	0

전투 개요

구 분	최초 세력		실제 생존 세력	
	항공모함	항공기	항공모함	항공기
A 일 본	3	212	1 1/2	112
B 미 국	2	171	1	97

주 : 2척의 일본 소형 항공모함은 각각 2분의 1로 계산했다.
엔터프라이즈 함은 3발의 폭탄에 명중되었으나 자함과 호네트 함의 항공기들을 수용하는 데는 지장이 없었다. 이 항공모함은 생존 항공모함으로 계산했다.
계속되는 엄청난 항공기 소모일본은 100대, 미국은 74대의 항공기 상실와 실제 생존 항공모함 수가 이론상의 그것보다 많은 것은 항공모함의 방어력이 강화되었음을 나타낸다. 이 해전에서 전함 사우스다코타South Dakota 함이 26대의 항공기를 격추했다고 알려져 있다.

전역이 계속되는 동안 새로 건조하거나 수리된 항공모함을 집결시켰다. 그러나 일본 해군은 솔로몬 제도와 라바울 비행장의 해군 항공기를 신속히 동원하긴 했으나 결과는 큰 손실로 끝났다. 일본의 행동도 아마 불가피했을지 모르나 해군조종사의 손실은 1944년 항공전 시대에 일어난 참변의 원인이 되었다. 한편 미국의 항공모함 부대는 항공전술을 재정비하였으며, 대공함과 대공무기를 증강하고 고속 항공모함을 15척으로 늘렸다. 이 숫자는 전쟁 발발 이전과 비교해 두 배 이상이다. 일본 해군은 겨우 9척의 항공모함 세력을 유지하였다. 1942년 1월 당시 일본 해군의 항공모함은 10척이었는데 질적인 면에서는 일본 해군의 항공모함이 훨씬 뛰어났다.

⑤ 필리핀 해 해전, 1944년 6월

6월 19일 모두 9척의 항공모함을 중심으로 한 오자와Jisaburo Ozawa 제독 예하의 일본 함대는 400마일 밖에 위치한 15척의 항공모함으로 구성된 미국 함대를 공격하였다. 일본 해군의 항공기 운용 계획은 미국 항공기의 행동반경 밖부터 공격한 다음 계속 비행하여 괌에 착륙한다는 것이었다. 스프루안스 제독은 사이판 섬 근해에 머물며 상륙돌격을 지원하고 있었다. 그렇기 때문에 동시에 공격할 수 없었고, 일본 함대 공격에서도 벗어나 있었다. 스프루안스는 해안에 근접해 대기하면서 일본 함대에 선제공격을 양보하며 기다리기로 하였다. 일본 함대의 항공 공격이 분쇄되었다. 그날 오후 스프루안스 제독은 미처Marc Mitscher 제독으로 하여금 216기의 항공기로 약 300마일을 비행해 공격하게 했다. 한편 미국 잠수함은 2척의 대형 항공모함을 격침시켰다. 미국의 항공 공격은 항공기의 장거리 비행 탓에 단지 소형 항공모함 히요Hiyo 함 1척을 격침시키고 주이카쿠 함을 대파시키는 데 그쳤다. 이 공격에서 미국 함대는 상당한 항공기의 손실을 입었다. 이 손실은 대부분 장거리 야간 비행에 따른 운용상의 손실이었다.

필리핀 해 해전은 전투정찰과 공격의 전투가 아니었다. 방어가 공격을

이론상 생존 세력

구 분	미국 측 강습 이후	미국 측 잠수함 공격 이후	미국 측 반격 이후
A 일본	9	7	4
B 미국	6	6	6

전투 개요

구 분	최초 세력		실제 생존 세력	
	항공모함	항공기	항공모함	항공기
A 일본	9	450	5	34
B 미국	15	704	15	575

주 : 216대의 항공기에 의한 미처 제독의 오후 공격은 항공모함 3척분에 해당하는 것이었다. 개략적으로 계산해 보아도 그들은 3척의 항공모함을 격침 또는 무력화해야 했으나 실제로 그들이 격파한 것은 2척뿐이었다.
항공모함이 모두 대형 항공모함은 아니었다. 그러나 도표를 작성하기 위해 항공모함은 구별하지 않았다. 이는 사실을 비교하는 데 왜곡하지 않고 더 간편한 숫자로 나타내기 위한 것이었다.
손실된 129대의 미국 전투기 중 100대는 미처가 역습을 위해 밤늦게 발진시키는 과정에서 상실되었다.
일본 측은 항공모함 항공기의 대규모 손실에 더해 전함과 순양함에서 발진한 전투정찰 항공기 몇 대와 괌 육상기지에 있던 항공기 다수를 상실하였다.

압도하였다. 그로부터 몇 년 후 스프루안스는 비공식적인 말로 자신이 상륙해안에서 이탈하여 공격을 감행하는 쪽을 선택할 수도 있었다고 말한 바 있지만, 그의 임무는 해안두보 방어였다. 너무 현명한 것인지 아니면 실수 때문인지 모르겠지만, 어쨌든 그의 방어전술은 유효했다. 오자와 계획의 성공 여부는 해상과 육상기지의 항공력을 결합시킬 수 있느냐에 달려 있었다.

스프루안스는 사이판 근해에서 일본 함대를 기다리는 작전을 사용함으로써 육상기지 항공기의 위협을 분쇄할 수 있었고, 항모전에서의 수적 우위를 유지할 수 있었다. 미국 전투기들은 괌에 대기 중이거나 괌으로 비행 중이던 일본 전투기 대부분을 기습공격하였다. 오자와가 기도한 왕복 비행 전술의 운명은 이미 정해져 있었다. 스프루안스는 근해에서 대기함으로써 마리아나 제도의 비행장을 시종일관 지배할 수 있었다. 미국 함대는 일본 함대를 기다리는 작전을 통해 모든 전투기를 전투항공초계에 투입할 수 있었다. 이것은 스프루안스의 전투기 중 15척의 항공모함에 탑재된 항공기의 3분의 2에 해당하는 470대의 전투기였다. 미국 함대는 일본 함대의 전 항공모함에 탑재된 것보다 많은 전투기를 보유하고 있었다.

일본 전투기 참변은 미국 함대의 방어력 강화와 일본 조종사의 자질 부족이 원인이었다. 이러한 결과는 오직 한 가지 요소에 기인했다. 그 외 다른 요소는 별로 중요하지 않을 수도 있다. 미국 함대가 전술적 집중을 효과적으로 유지하게 하는 두어 가지 원인 중 하나만으로도 미국의 승리는 충분히 보장된 셈이다. 이 전술적 집중은 이전부터 오랫동안 스프루안스의 상표로 통할 만큼 잘 알려져 있었다. 오자와조차 그것을 충분히 예측할 정도였다.

1942년 상황이라면 스프루안스는 당연히 일본 함대를 추격하였을 것이다. 그랬다면 공격이 방어를 압도했을 것이고, 선제공격도 매우 효과적이었다고 예견될 수 있다. 당시 미국 비행단의 75%가 공격기였다. 그러나 1944년에는 상황이 달랐다. 집중된 미국의 항공모함 전투함대는 효과적으로 자체 방어할 막강한 역량을 보유하고 있었다. 그 방어력 증강을 위하여 미국은 비행단의 전투기 비율을 25%에서 65%로 꾸준히 높였다. 반면, 일본 항공모함의 비행갑판은 여전히 공격기로 중무장되어 있었다. 3분의 2가 급강하 폭격기와 뇌격기였다. 우리로서는 마리아나 제도 해전 때까지 일본 해군이 기습이라는 그릇된 희망을 품고 공격에 대한 쓸데없는 믿음에 집착하고 있었다고 추측할 수밖에 없다. 이 해전 이후 대전이 끝날 때까지 일본의 항공모함들은 무력해졌고, 레이테 만 해전에서는 고작 미끼로 사용되었을 따름이다.

1944년에는 강습작전에 상당수의 전투기가 호위용으로 동원되었다. 1942년에는 항공모함 격침 전투 위주였던 것이 1944년에는 항공기 격추 전투 양상을 띠었다. 1944년 6월 이후 전투는 일본의 육상기지 항공기와 미국의 항공모함 항공기 간의 전투였다.

이런 중요 전술의 변화는 해군 전술 비평가들 사이에서 제대로 인식되지 못하고 있다. 분명 문서상 기록에 의하면 스프루안스는 이런 변화를 단지 직관으로 알고 있었을 뿐이고, 할제이Halsey는 전혀 모르고 있었다. 한편, 해안두보 방어 임무를 맡은 관계로 일본 함정을 격침시키지 못한 스프루안스의 실패에 실망한 니미츠Nimitz 제독은 레이테 만 해전Battle for Leyte Gulf에서는 그 우선순위를 바꾸어 일본 함대의 격파를 할제이의 주 임무로 고쳤다. 할제이의 경우는 지나치게 가시밭 속으로 뛰어들려고 했다. 레이테 만 해전에서 할제이는 일본 함대가 레이테 해안두보 근해의 주 전투에서 그를 유인하려고 배치한 일본 항공모함들의 뒤따라 북쪽으로 항진하고 말았다.

전술적 문제의 해결

개괄적이고 즉흥적이긴 하지만 이상의 비교로 볼 때 앞서 살펴본 다섯 가지 주요 전술 문제에 관해 우리는 어떤 안목을 가져야 할 것인가?

① 전술 진형

첫 번째 문제는 각 항공모함마다 독자적인 경계진을 형성할 것인가, 아니면 2척 이상의 항공모함을 하나의 공동 경계진으로 호위할 것인가이다. 일본 해군은 산호해 해전에서 단일 항공모함진을 사용했다.Willmott, 1983 : 260 그러나 미드웨이 해전에서는 호위함의 부족으로 하나의 경계진 내에 2척의 항공모함을 배치시켰다. 1942년까지도 야마모토 제독은 항공모함이 전함을 보호하는 것이지 전함이 항공모함을 보호하는 것이 아니라고 믿었다. 1944년에 이르러 일본 해군은 상당수의 순양함과 구축함이 격침당한 탓에 2척의 항공모함에 단일 경계진을 택하였다. 미국의 경우 이 문제는 1944년까지 다른 문제 때문에 해결되었다. 즉, 집중 통제를 하려면 반드시 15척 이상의 고속 항공모함이 3~4개의 집단을 형성해야 한다는 문제였다.

모든 것이 논점을 교묘히 비켜 가고 있다. 1942년에는 방어력이 취약했고, 항공모함이 자체 경계진을 가질 때 항공기의 이착륙이 훨씬 효율적으로 진행될 수 있었으며, 선제공격이 목표였다는 점을 고려할 때 단일 항공모함 경계진이 최상의 형태였다는 것은 아마 가장 현명한 결론일 것이다. 심지어 10~20마일 정도 떨어져 있는 단일 항공모함은 산호해 해전 시 주이카쿠 함이나 동솔로몬 제도 해전에서 사라토가 함이 그랬듯이 공격에서 벗어날 수 있을 것이다.* 그러나 1944년 공격의 효율성은 빈틈없는 대공원형진의 방어상 허점을 없애기 위해 어느 정도 희생될 수도 있었다. 미국의 항공모함 진형은 단일 진형 내에 3~4척의 항공모함을 포함하고 있었으며, 함대 전체가 집중적인 전투항공초계의 보호를 받을 수 있도록 전체적으로 진형 간의 간격을 좁게 유지시키는 배진이었다. 하나의 진형 내에 2척 이상의 항공모함을 배치할지에 대한 결정은 전적으로 방어 효율에 달려 있다.

□ * 산호해 해전에서 플레처Frank J. Fletcher가 형성한 렉싱턴 함과 요크타운 함의 진형은 5월 8일에 12척의 순양함과 구축함으로 구성된 단일 경계진 내에서 일본의 항공강습을 받았다. 이 항공모함들은 그 후 분리된 경계진을 갖춘 기동전대를 형성하기 위해 30노트로 회피 기동을 하면서 분리되었다.

② **분산 또는 집중?**

두 번째 전술적 문제는 "상호 지원 효과가 소멸되거나 현격히 떨어질 정도로 세력을 분산 운용할 것인가?" 하는 것이었다. 이 문제는 1942년에 일본 지휘관들이 당면한 문제로서, 당시 그들은 4차례나 벌어진 대규모 항공모함전에서 침공부대나 증원부대를 엄호해야 할 입장에 처했다. 일본 함대는 또한 미국 함대를 유인해 격파하려고 했기 때문에 그들의 행동을 결정할 동기가 다양하였다.

니미츠 제독은 자기편의 열세를 알고 있었다. 이 때문에 불가피한 상황이 아닌 한 모험하려 하지 않았다. 4차례의 해전마다, 특이한 경우인 동솔로몬 제도 해전에는 함정을 미끼로까지 던진 야마모토의 이해할 수 없는 전술을 돌이켜보면 한 가지 결론을 도출할 수 있다. 즉 해군항공전의 대표적인 인물인 야마모토는 미국과 일본의 해군 조종사들이 그랬듯이 대규모 항공모함 비행단으로 기습공격하면 적 항공모함을 2척 이상 격파할 수 있다고 확신했을 것이다. 1척의 항공모함으로써 인접한 2~3척의 항공모함을 격침시킬 수 있다. 그렇기 때문에 적 항공모함 1척과 대적 중인 2~3척의 밀집 항공모함으로 3척의 항공모함을 대담하게 공격해도 얻을 것이 없다는 것이 당시의 생각이었다. 만약 이런 논리가 야마모토의 이론적 근거였다면 그는 대단히 형편없는 인물이다. 암호 해독을 통해 미국은 상당히 많은 전략 정보를 얻었다. 또한 대공감시 레이더는 전술적 조기경보에 상당한 기여를 하였다. 그리고 각종 증거로 볼 때 항공모함 비행단의 파괴력은 2 대 1의 파괴효과 역량을 기대하기에는 충분하지 못했음을 알 수 있다.

우리는 다음 두 가지 결론을 얻었다. 첫째, 일격에 승리를 거둘 수 있을 정도로 충분한 '공격' 화력의 집중은 언제든 바람직하고, 원칙적으로는 현대적인 장거리 항공기와 미사일을 증강시킬 수 있다면 위치상 집결 없이도 화력집중이 가능하다. 둘째, 화력을 집중할 것이냐 아니냐의 결정은 방어력을 증강시킬 수 있는 능력 또는 집중적 선제공격의 협조 능력에 달려 있다. 만약 이 중 어느 방법으로도 집중을 달성하기 어렵다면 집중보다는 분산이 더 유리하다. 그러나 오늘날 현대적 미사일이 다수 대 1의 공격력을 지녔다고 해서 은밀 공격과 분산이 적합하다는 성급한 결론을 내리기 전에 전투정찰 활동에 관해 깊이 분석해야 할 것이다. 제10장에서 이런 문제가 검토될 것이다.

③ 공격화력과 방어화력

세 번째 전술적 문제는 진형을 공격 위주로 편성하느냐 아니면 방어 위주로 편성하느냐 하는 문제이다. 제2차 세계대전 당시 이 문제에 대한 해답은 앞의 두 가지 문제에 대한 해답에서 추론되었다. 대전이 진행되면서 미국 해군은 항공모함의 방어력을 강화하였다. 주요 내용은 다음과 같다. 첫째, 폭격기의 수가 감소하는 대신 전투기의 수가 증가하였다. 둘째, 대공포대가 꾸준히 증강되었고, 애틀란타 Atlanta 급 대공순양함이 취역했으며, 동솔로몬 제도 해전부터 고속 전함들이 항공모함 경계진에 편성되었다. 셋째, 전투함의 보수 능력이 강화되고 향상되었다. 결국, 방어의 중요성이 너무 광범위하게 인식되는 바람에 항공모함의 격파보다 항공기에 의한 파괴가 훨씬 더 중시되었다.

④ 주간 전술과 야간 전술

네 번째 전술적 문제는 야간에는 전투함이 핵심이라는 점이다. 이미 산호해 해전부터 일본 해군은 야간 항공 공격을 감행했다. 그러나 그들이 지속적으로 추진한 것은 야간 해상전투였다. 일본 해군은 1942년에 있었던 4차례의 전투 중 3차례나 미국 항공모함을 발견할 목적으로 함포전투함을 분리 배치했다. 미국 해군의 신중성 때문인지, 아니면 행운인지 일본 해군은 교전을 감행하는 데 실패했다. 1942년 솔로몬 제도 야간전투의 경험에 비추어볼 때 일본 해군의 실패는 오히려 잘된 일이었다. 나중에 미국 해군이 적극적인 공세로 전환했을 때 고속 전함들을 항공모함 경계진 임무에 투입하지 않고 해상전투를 위한 전투 대열을 형성하게 함으로써 뛰어난 기동 편성을 갖추었다. 어둠이 깔린 이후에는 함포가 여전히 관건이었다는 사실이 레이테 만 해전 때 일어난 최후의 결정적 전투에서 명확히 입증되었다. 이 대규모 해전은 일본 해군이 함포전투함을 표적까지 접근시키려는 마지막 발악이었다는 표현이 가장 정확할 듯하다. 이때 미국 해군의 가장 효과적인 최종 방어전선은 수상전투함의 함포였다.

⑤ 이중 목표

다섯 번째이자 마지막 전술적 문제는 공격자에게 주어진 이중 목표라는 매우 까다로운 전술적 문제였다. 1944년 미국 해군이 정확히 12개월 동안 진주만에서 필리핀까지 태평양 전역을 석권하고 있을 무렵, 미국 함대는 항공모함 수에서 2 대 1 정도로 우세하고 결정적 공격력을 지니고 있었고, 조종사와 경계진 함정의 역량이 중요한 요소였다. 그 때문에 훨씬 우위에 있었고, 더욱이 더는 선제공격이 필요하지 않았다. 무엇보다 집중과 전투의 통합이 효과적인 부대 운용의 관건이었다. 전투에서의 승리는 전혀 문제되지 않았다. 다만 어떻게 하면 최단시간에 최소 손실만으로 목표를 달성할 수 있느냐가 문제였다.

1942년 일본 해군이 직면한 전술적 문제는 복잡했다. 긴급한 전략적 과제가 야마모토의 전술을 압박했다. 왜 일본 해군은 고작 2척의 항공모함으로 구성된 강습부대로 산호해 해전에 나선 것인가? 무엇보다 야마모토 전술의 산만함 때문일 수도 있다. <그림 4-1>에서 볼 수 있듯이 그는 불과 4개월 만에 석유공급지가 있는 남쪽을 향해 일본의 전초기지를 문어발식으로 확장해 나갔다. 또한 남서쪽으로 진출해 싱가포르를 점령함으로써 동인도 제도 서방의 방어선을 구축하였으며, 남동쪽으로는 라바울을 점령함으로써 동인도 제도 동쪽의 안전도 기했다. 그는 이미 1941년 12월과 1942년 1월에 걸쳐 필리핀과 괌을 점령함으로써 동인도 제도에 이르는 해상교통로를 확보한 상태였다. 또한 위협이 되던 웨이크Wake 섬을 평정한 데 이어 곧장 미드웨이까지 점령하고자 했다. 미국 해군과는 달리 육상기지의 항공세력으로 해상 항공세력을 보강하려고 계획한 것이다. 야마모토는 산호해 해전 직전까지 아무 견제도 받지 않고 계속 진출할 수 있었다. 그러나 그는 산호해 해전에서 지나친 자존심에 대해 미약하기는 하지만 대가를 치러야 했다. 야마모토가 착안한 대안은 10척에 이르는 일본 함대의 전 항공모함 강습세력을 집중하는 것이었다. 항공모함 세력의 이런 집중은 매우 완만한 흐름을

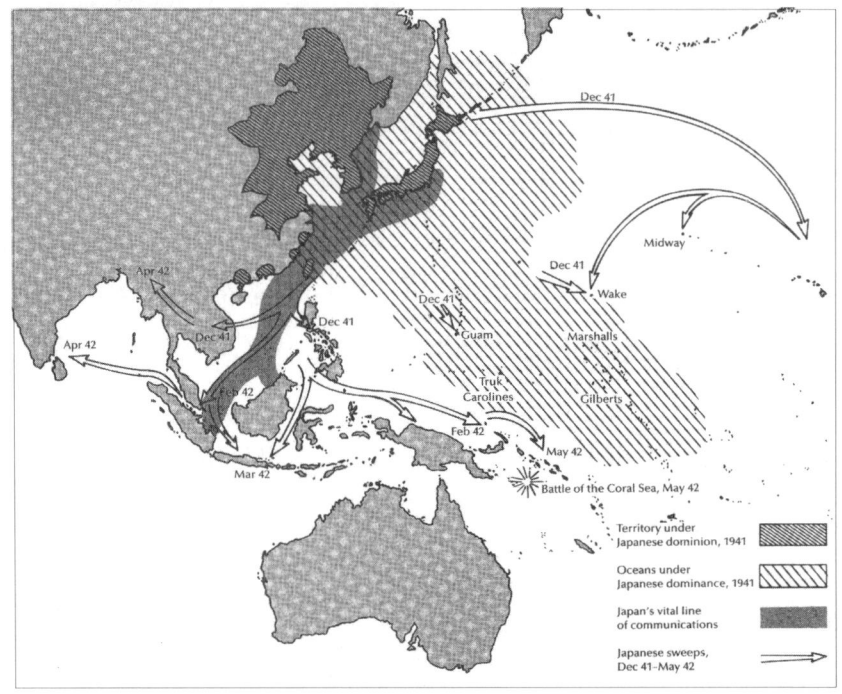

〈그림 4-1〉 일본의 해양 팽창(1941년 12월~1942년 5월)

타고 있던 그의 남방 진출에 냉혹한 결과를 가져왔다. 미국은 일본 함대의 항공모함만큼 많은 항공기를 탑재한 7척의 대형 항공모함을 확보한 뒤 곧바로 일본 함대와 조우할 예정이었다.

그런데도 야마모토는 항공기지망을 강화하면서 미국 함대를 전투로 유인하려 했다. 아니, 따로 유인할 필요가 없었다. 1944년 미국이 일본 함대를 유인할 계획을 세운 것처럼 같은 방법으로 1942년 야마모토는 침공 위협을 통해 미국 함대를 유인할 수 있었다. 산호해 해전은 야마모토가 우선적으로 무엇을 중시했는지를 보여준다. 4월의 작전 의도는 라바울을 방어하고 미국과 오스트레일리아 간의 연계를 위협하기 위해 툴라기Tulagi와 포트 모레스비 Port Moresby에 전초기지를 설치하는 데 있었다. 이때 출현한 미국의 항공모함 2척과 맞붙었다. 야마모토는 전술지휘관 시게요시 이노우에Shigeyoshi Inouye 중장을 질타했다. 그것은 이노우에가 침공부대를 이끌고 포트 모레스비로 항진하지 않았기 때문이 아니라 미국의 잔존 항공모함을 추격하지 않았기 때문이다. 그는 주이카쿠 함에게 아무 성과도 없이 요크타운 함의 플레처를 무모하게 추격하라고 명령했다. 이러한 전황이었음에도 미국 해군 지도자들도 야마모토보다 결코 더 현명하지 않았다. 미국 해군은 두리틀Doolittle 중령의 도쿄 폭격에서 2척의 항공모함을 서로 연결시켜 두었다. 이 작전 때문에 미국에는 이용 가능한 항공모함이 렉싱턴 함과 요크타운 함밖에 남지 않았다. 사라토가 함은 이미 잠수함의 어뢰 공격으로 반신불수 상태였다.

미드웨이 해전에서 야마모토는 다급한 상황에 처해 있었고 수행해야 할 임무의 동기도 다양했다. 이렇기 때문에 항공모함을 분리 운용할 수밖에 없었다. 즉, 탈취해야 할 지리적 목표가 미드웨이와 키스카/아투 Kiska/Attu 2곳이어서 야마모토는 2개의 침공부대를 엄호하지 않을 수 없었다. 그러나 키스카/아투 침공부대는 미드웨이 침공부대가 미국 함대를 유인하도록 돕는, 일종의 양동세력으로 운용되었다. 야마모토는 항공모함 강습부대를 침공부대의 선봉에 배치했다. 그의 계획은 훌륭하였지만 여전히 전함이 결정적인 수단이며 제공권을 장악하기 전에 이를 함부로 노출시킬 수 없는 매우 귀중한 것이라고 생각했다. 그로서는 2척의 소형 항공모함이 배치된 알류산 열도의 소규모 전투에 노력을 기울일 필요가 없었고 또 기울여서도 안 되었다. 다만, 손상된 항공모함의 수리를 기다리지 않았던 것은 바람직했다. 야마모토가 상대해야 할 미국의 전력은 미드웨이 섬의 항공기를 합해 고작 2척의 항공모함이 있었다. 만약 그가 30일 만 더 기다렸다면 요크타운 함의 손상은 완전히 수리되었을 것이고, 여기에 사라토가 함까지 가세했을 것이다. 또 다시 30일을 더 기다렸다면 대서양의 와스프Wasp 함까지 합류했을 것이다.

역사는 뒤늦게 야마모토의 결정을 회고하느라 야단법석이었다. 야마모토는 미드웨이 해전에서 다음과 같은 이유로 패배하였다.

_ 미국 해군은 전략 정보를 획득하였다.

_ 나구모Chuichi Nagumo 제독에게는 대공 레이더가 없었다.

_ 일본 해군은 전투정찰 활동에서 열세했다. 나구모 제독의 공중정찰 활동은 미약했고, 일본 함대는 육상기지 항공기로부터 도움조차 받을 수 없는 처지였다. 또한 야마모토 예하의 잠수함은 초계해역에 너무 늦게 도착하였다.

_ 스프루안스 제독은 전술적으로 노련한 인물이었다.

_ 미국 해군 항공단 용감하였다.

_ 미국 해군 항공단에게는 행운이 따랐다.

이상의 여섯 가지 조건 중 어느 하나만이라도 부족했다면, 일본 해군은 미국 함대를 격파하고 미드웨이 섬을 장악했을 가능성이 높다. 행운도 전투 결과에 영향을 미친다면, 전투 결과는 작전 계획의 적실성을 대변할 완전한 척도일 수 없다. 그래서 역사가는 단지 전과만으로 전술가의 능력을 평가해서는 안 된다.

그러나 산호해 해전은 야마모토에게 일을 좀 더 신중하게 처리했어야 할 때, 즉 자신의 작전 계획이 목적하는 바를 이룰 수 있도록 입안되었는지를 확인해야 할 때를 보여주는 단서였다. 미드웨이 해전에서 일본의 궁극적 목표 또는 당연한 목표는 미국 함대를 전투로 유인하는 것이었다. 어차피 미국 함대는 해상으로 나와 교전해야 할 상황이었다. 다만 알류산 열도 작전을 위해 2척의 소형 항모를 분리한 것은 실책이었다. 방어선을 확장하려는 일본의 전략은 전술 역량을 지나치게 분산시키는 결과를 초래하였다. 당시는 전술이 전략을 지원하는 상황이었다. 전술적 관점에서 볼 때 일본 해군은 너무 많은 목표를 설정했다. 도서 항공기지를 둘러싸고 벌어진 태평양 전쟁과 같은 양상이 다시 재현될 가능성은 별로 없지만, 우리는 자기 측의 열세를 알고 전투를 피하려는 적을 상대해야 하는 우세한 측의 지휘관에게 직면한 전술적 문제가 반복되리라는 것을 예상할 수 있다. 육상의 표적에 대한 공격이 열세한 적을 전투로 유인하는 하나의 방법일 경우, 작전 계획을 수립하는 데 육상 공격 자체를 목표로 삼음으로써 육상 공격이 적 해상부대의 격파라는 더 큰 목표를 달성하기 위한 수단에 불과하다는 사실이 곧잘 망각된다.

요약

제2차 세계대전 중 항공기는 무제한적인 것은 아니지만 유효 행동반경과 전투정찰, 표적으로의 유도, 협동작전에 필수적인 능력을 보유하고 있었다. 이런 까닭에 주간에는 항공기가 해군의 주 무기였다. 그러나 어느 기종의 항공기도 단독으로는 이런 임무를 수행할 수 없었다. 전투손실률을 고려할 때 조종사들도 단독으로 이런 임무를 수행할 수 없었다.

전쟁 전에 이루어진 대함 항공강습 효과에 대한 극단적인 과대, 과소평가는 전쟁이 진행되는 동안 전혀 예측할 수 없는 전술적 결과로 나타났다. 전쟁 전까지 주간에 대함을 공격할 때는 항공기가 효과적이라는 확신했던 전투지휘관들은 이제 그 효과가 제한우리가 앞서 추론한 바에 의하면 이 제한이란 1회의 비행단 공격에서 격침되는 항공모함의 수는 불과 1척이었다적이라는 것을 깨닫고 전술을 변경할 수밖에 없었다.

한편, 개전 초에 항공 공격 쪽으로 쏠렸던 공방의 역점은 대전이 진행되면서 함정 방어 쪽으로 다시 기울고, 방어의 전술적 중요성도 새롭게 인식하지 않을 수 없었다. 바로 이것이 전술 문제의 핵심이었다. 만약 항공모함 1척이 적의 방어망을 뚫고 효과적인 1회 공격만으로 2~3척의 적 항공모함을 격침시킬 수 있다면, 2~3척의 항공모함을 집중 운용하는 것은 아무 소용이 없다. 이럴 경우 적도 역시 이를 발견할 것이고 그와 동시에 격침되고 말았을 것이다. 반대로 항공모함 1척을 격침시키기 위해 2척 이상의 항공모함또는 반복적인 항공모함 강습이 필요했다면, 공격세력을 다량으로 집중하는 것은 필수적이었다. 그러나 항공모함 기동부대가 분리되었기 때문에 C^2에 의한 협조를 기대하기 어려운 상황이라면 세력의 집결은 불가피하였다. 전쟁이 진행되는 동안 제3의 유형, 즉 근접작전 중인 2척 이상의 항공모함의 방어화력이 좀 더 큰 방어 효과를 내려면 집결할 수도 있다는 분위기가 조성되었다. 공격작전을 위한 전력 집중은 집결에 따른 자연스러운 부수적 이익이 되었으며, 또한 분리된 세력에 협조해야 한다는 문제도 사라졌다. 세력의 집결을 결심하는 방향으로 결정이 촉진되고 은밀 행동, 기만, 세력 분산에 대한 요구가 사라지게 된 것은 모두 방어를 고려한 때문이었다.

일본 해군은 효과적인 선제공격을 해야만 했다. 일본 해군의 항공모함 세력은 1 대 1로 대항할 만큼 충분하지 못했다. 만약 서로 동시에 공격을 주고받아 양측이 대등한 손실을 입는다면 그 결과는 일본 해군의 파멸로 끝났을 것이다. 일본 해군은 계산된 모험으로 은밀 행동, 기만, 세력의 분산을 시도할 수밖에 없었다. 그들은 항공모함 1척으로 적의 항공모함 2척을 격침시키려는 도박을 감행했고, 심지어 그렇게 할 수 있다고 믿었던 것 같다. 결국 잘못이라는 것이 확인되었지만, 이런 시도는 1942년 초만 하더라도 훌륭한 도박이었다. 그러나 1942년 말에 이르러서는 전혀 승산 없는 도박이 되고 말았다.

우리는 앞에서 방어가 강화된 이유에 관해 논의한 바 있다. 대공포만으로도 그 이유를 충분히 설명할 수 있지만, 미국의 방어가 성공할 수 있었던 궁극적이며 결정적인 이유는 일본 해군이 초기 계획에서 고려하지 못했을 것으로 판단되는 사항, 이른바 미국의 레이더와 암호 분석일 것이다.

브리테인Britain 전투를 제외하고 태평양의 항공모함전만큼 레이더가 결정적인 요소로 신속하게 투입된 적은 없었다. 암호 분석은 일본 해군의 기습작전 기회를 완전히 간파해냈다. 은밀 행동과 기만의 운명도 예고되어 있었다. 특히, 수적으로 우세하고 질적으로 대등했던 1942년 일본 해군의 입장에서 보면 세력을 집결해 한번쯤 모험을 해도 좋았을 것이다. 그러나 1944년에 이르러서는 아무것도 할 수 없었다. 마리아나 제도에서의 스프루안스처럼 현상을 그대로 유지하려는 적과 대적하든지, 아니면 레이테 만의 할제이처럼 성급한 적과 대적하든 간에, 일본 해군은 노력에 비해 얻은 성과는 점점 더 축소되었다. 미국의 방어력은 미국 함대가 반격할 때까지 충분히 오랫동안 적의 공격을 견딜 수 있음을 보여주었고, 미국의 공격력 우세는 결국 일본 해군의 궤멸을 예고했다.

쉼터

CHAPTER 5

제2차 세계대전 탐지장비 혁명

전투정찰 수단과 대항책

제2차 세계대전이 끝나자마자 열린 수많은 논의에서 사람들은 항공기를 포함해 대전 시 해전에 직접 사용된 무기보다 일대 혁명을 가져온 각종 탐지장비의 위력에 한층 더 놀랐다. 물론 탐지장비, 무기, 전술을 별도로 논의하는 것은 자연스럽지 않다. 전투 결정은 이 세 가지가 함께 결합해야 했기 때문이다. 제2차 세계대전 중 처음 등장한 탐지장비가 전술과 무기 성능에 어떤 영향을 주었는지를 알려면 우선 논의의 골격부터 갖춰야 할 듯하다. 그런 후 새로운 정찰장비 중 가장 중요했던 레이더에 관해 살펴봐야 한다. 1942년과 1943년 솔로몬 제도 전역에서 벌어진 해상전투는 레이더의 전술적 잠재력과 온갖 작전이 망라된 해전이었다. 이 해전은 미국의 순양함과 구축함이 레이더를 제대로 활용하지 못한 사례 중 하나이다. 제2차 세계대전 중 통신정보의 증가 역시 중요하였다. 특히, 탐지장비 분야 중 대서양에서 벌어진 잠수함전을 잠깐 살펴보자. 이른바 이 탐지전쟁은 독일의 유-보트를 격파할 때 결정적인 요소가 될 정도로 중요했다. 오늘날 전투정찰 수단과 그 대항책 중 한 요소로 암호학의 중요성에 대한 인식이 점점 확산되

〈표 5-1〉 적 신호에 대한 대항책

	적의 신호 기능	
	전투정찰(예 : 레이더)	통제(예 : 무선통신)
파 괴	공 격	공 격[1]
방 해	전파방해	전파방해[2]
기 만	허위표적의 제공	허위표적의 제공[3]
거 부	적의 탐지장비로부터의 회피[4]	은밀 장소에서의 발신[5]
역이용	적을 역접촉	적의 통신 감청[6]

주 : 1) 해상 함정의 무기체계를 공격하는 것은 보통 신호체계에 대한 공격도 포함된다. 오늘날 함 외 지휘, 인공위성, 육상기지 초수평 레이더, 그 밖의 각종 방책에 관심을 두는 것은 바로 이런 이유 때문인데, 이 모든 것은 전술을 복잡하게 하는 요인이 될 것이다.
2) 대체적으로 전투정찰 체계를 방해하면 거리를 확보할 수 있고, 통신체계를 방해하면 시간을 벌 수 있다. 이 두 가지로 위치상의 이점을 얻을 수 있다.
3) 기만은 적의 무기에 대해서도 실시될 수 있다. 채프탄이나 유도어뢰에 대한 소음기 등은 그 대표적인 예이다.
4) 잠수함은 육안, 레이더, 적외선 등에 의한 탐지를 당할 위험성이 없으며, 때때로 정숙 항진을 할 경우에는 수동소나에 탐지될 위험성도 없다.
5) 여기에는 조화되기 어려운 점이 있다. LPI low-probability-of-intercept 무선송신과 같은 은밀신호는 적의 주요 대항책, 즉 도청이나 역이용을 교란시킬 수 있는 수단이 되기 때문이다. 이 표는 그 유동성이 제한되어 있기 때문에 이 문제에 대해 더는 언급하지 않을 것이다.
6) 어느 전투정찰 체계가 적을 탐지하기 전에 적으로부터 먼저 탐지당할 심각한 위험성을 고려한다면 역이용은 이 표에서 가장 중요한 요소가 될 것이다. 그리고 무선통신은 도청과 암호 해독을 당할 수도 있다. 더욱이 적이 자기의 교신이 도청당할 가능성을 의심할 경우에는 방해방어책counter-countermeasures의 위협도 있다. 그리고 이러한 경우 적은 자기 기만에 빠지지 않기 위하여 상당한 주의를 기울이면서 허위정보를 유포할 수도 있다. 유구한 역사에는 교신을 실시하기 위해 각종 첩보원과 이중첩보원을 활용한 전략적 기만도 많이 있었지만 이것은 우리의 관심사가 아니다. 이 문제에 관한 우수하고 치밀한 연구로는 다니엘Daniel과 허빅Herbig의 『전략적 군사기만Strategic Military Deception』을 참조하기 바란다.

고 있다. 제2차 세계대전 중 철저한 보안에 가려졌던 다수의 암호 해독이 마침내 비밀을 해제했기 때문이다.

새로운 탐지전쟁은 마치 하나의 결투 같았다. 무기의 사정거리가 증가하면서 장거리 탐지장비와 통신수단의 발명 등 어느 쪽에서든 뒤지지 않으려고 치열한 전자기학electromagnetic science 경쟁이 벌어졌다. 그와 동시에, 이러한 전자기학 기술에 대처하는 대항책도 잇달아 개발되었다. 이러한 전자기학 체계로 촉발된 신호체계는 다음과 같은 두 가지 방식 중 하나의 형태

〈표 5-2〉 효과적인 공격을 위해 요구되는 수단

전략적 탐지(A)	적의 주력부대 관찰 지역에서의 현시 또는 현시 예정
전술적 탐지(B)	공격을 목적으로 한 적의 위치 결정
추적(B2)	성공적인 공격을 발진하기 위한 적의 위치 확인
조준(B3)	최대의 효과적인 공격을 충족시키기 위하여 세부적으로 적의 배치를 결정
공격(B4)	공격의 협조 및 집중을 통제
손실평가(C)	공격 후의 결과를 평가

로 세력의 효율성에 기여하는 수단이 되었다고 믿는다. 그 두 가지 방식은 적을 탐지·추적·조준하는 데 도움을 주는 것과 지휘관의 전투 계획 집행에 도움을 주는 것을 일컫는다. 그와 동시에 전투세력마다 적의 전투정찰과 통제체계의 효율성을 감소시키려고 노력했다.

이런 대항책은 통상 적 신호의 파괴, 방해, 기만, 거부 또는 역이용 등으로 분류된다. 결코 완벽하지는 않았지만 있을 수 있는 작전을 표시하면 <표 5-1>과 같다.

<표 5-1>은 전투의 전 과정이 아니라 어느 일정 시점을 기준으로 한 것이다. 따라서 이 표에는 신호 역이용 속도나 시간, 즉 시간 확보나 시간 조절 및 적 전투의 조정에 개입하는 것 등의 의미는 나타나 있지 않다. 평범한 군인과 파괴, 방해, 기만, 거부, 역이용 등 구조를 확연히 보여주진 못하지만 신념 어린 군인이라면 아군과 적군의 특수 장비와 지휘구조를 조종할 가능성을 간과하지 않을 것이다. 신호의 역이용을 구상할 수 있는 더 유일한 방법은 <표 5-2>와 같이 가장 효과적인 공격을 위하여 없어서는 안 될 수단을 우선적으로 강구하는 것이다.

분명 여러 기능이 결합된 전투정찰 체계는 어느 하나의 수단보다 임무를 훨씬 훌륭하게 수행할 수 있다. 감시통신위성 하나면 수단 A, B1, B2 및

B3의 임무를 동시에 수행할 수 있다. 항공기의 장점 중 하나도 한 번의 비행만으로도 추적, 조준, 공격 및 손실평가 기능을 모두 수행할 수 있다는 점이다. 반면, 함대함 미사일 발사를 위한 외부 전투정찰은 공격개시 전에 기능 A, B1, B2를 수행해야 한다. 최대 효과를 얻으려면 완벽한 전투정찰이 필요하다. 공격자가 적 항공모함 1척 또는 수척을 명중시키려면 적의 위치뿐만 아니라 자기 측 진형에 대해서도 정확히 파악하고 있어야 한다. 그리고 공격자는 항공모함이 아닌 다른 함정에 탑재해서 반격에 이용할 순항미사일을 적이 보유하고 있는지도 간파해야 한다.

원칙적으로 말해 공격에 필요한 각종 수단끼리의 연계 운용은 하나의 대항책에 따라 언제든 와해될 수 있다. 성공적인 대항책이 있을 경우, 적이 취할 일련의 조치를 거부함으로써 공격 효율을 파괴, 지연 또는 감소시킬 수 있다. 오늘날 이러한 수단과 대항책을 상세히 연구하는 것은 우리의 목적이 아니다. 여기서는 다만 다음과 같이 말하는 것만으로 충분하다. 즉, 양측은 각각 상대방의 연계운용의 가장 취약한 부위를 결정적으로 끊어놓으려는 시도를 하는 한편, 예비전력 비축, 은폐, 위장, 암호 해독, 완벽한 전자기학 등을 상호 결합시킴으로써 A부터 C까지의 수단을 연계 운용하려 했다는 것이다. 탐지전쟁은 아군의 연계운용을 완료하는 데 소요되는 시간을 단축시키는 한편, 적의 연계운용 시간을 연장시키는 데도 그 목적이 있다. 각각의 수단을 간략하게 표시한 <표 5-3>은 성공적인 대항책의 상대적 중요성을 강조하고 있다.

역이용으로 명명되는 대항책은 <표 5-3>에 나타나 있지 않다는 데 유의하기 바란다. 역이용의 효과가 파괴, 기만, 거부 등의 효과와는 다르기 때문이다. 역이용은 수단 B1, B2, B3 및 B4 중 어느 하나 혹은 몇 개의 효과를 증대시키는 구실을 하며, 이에 따라 비로소 공격이 가능해지는 것이다. 역이용은 자체 진행 과정이 있다. 이는 제10장에 기술된 부대 대 부대 대진형이라는 현대전 모델에서 잘 드러나는 전술적 양상과 일치한다.

〈표 5-3〉 성공적인 대항책의 효과

전략적 탐지(A)				광범위한 일반적 효과	지속적 효과
전술적 탐지(B1)	대항책을 발동할 수 있는 가용시간이 단축됨	대항책의 성과가 더 신속히 나타남	대항책에서 더 정확한 시간이 요구됨		
추적(B2)					
조준(B3)				특정한 즉각적 효과	대체적으로 일시적 효과
공격(B4)	↓	↓	↓		

제2차 세계대전 중에 처음 등장한 탐지장비의 수행 역할 몇 가지에 따라 촉진된 신호전이 궁금하다면 공격에 필요한 몇몇 수단을 표로 나타내는 것만으로도 충분하다. 이러한 역할 수행은 전략적 배진에 매우 효과적으로 활용되는 암호 분석, 적극적 탐지 및 추적용 탐색 레이더, 무엇보다 전술적 탐지와 그 밖의 기능을 위한 소극적 신호방수, 그리고 신속하게 통신보안이 확립된 공격용 음성통신 등이 맡고 있다. 이제 이러한 요소의 역동적인 과정과 제2차 세계대전 도중에 신호전이 극에 달했을 때 어떤 역할을 했는지를 살펴보자.

레이더

레이더와 레이더 대항책은 제2차 세계대전 중에 등장한 탐지장비 가운데 가장 중요했다. 앞으로 논지 전개를 하면서 우리는 일종의 미소한 충격완화 레이더인 근접유발신관과 그 무기성능 향상 효과도 포함시킬 것이다. 근접유발신관은 5인치 양용포dual-purpose gun 시대의 종언을 가져온 항공기를 대신해 사격통제 발사탄 오차 허용치를 2~3배로 높였으며, 3차원의 사격통제 문제도 2차원으로 단순화시켰다.

제2차 세계대전 개전 이전에 펄스 무선파를 함정과 항공기 탐지에 이용할 수 있는 가능성이 열렸다. 1930년대에 몇몇 국가에서는 비밀리에 연구가 진행되었다. 1935년 12월 영국은 자국의 동부 해안에 최초로 5개의 레이더 기지를 건설한 바 있다. 레이더가 비록 브리테인 전투의 공중전에서는 필수불가결한 장비였지만 암호 분석이 적의 의심을 받지 않는 전시 수단의 하나라는 점에서는 비밀무기라고 할 수 없다. 모든 참전국은 레이더의 존재와 그 중요성을 발 빠르게 간파했다. 레이더와 레이더 대항책은 막대한 과학연구 자원예를 들면, MIT 무선연구소의 연구요원이 거의 200배나 증원되었다에 힘입어 급속한 기술 발전을 이룬 분야 중 하나였다.

전쟁도구로서의 레이더는 도처에서 모습을 드러냈다. 1930년대 말에는 각종 함정용 원형이 장거리 항공기 탐지, 대공사격통제, 대함추적 성능시험을 거쳤다. 1940년에 시작된 영미연합작전에서는 괄목할 만한 발전이 있었다. 1942년에는 센티미터파 레이더가 양산될 준비를 갖추었다. 또한 단일 항공기 추적, 주야간 전투기 유도, 정확한 대함 및 대공포 지향용으로 사용될 정도로 선명도도 충분하였다. 1943년까지 레이더는 대수상함 추적과 공격에 중대한 영향을 미친 정찰기에도 장착되었으며, 대잠초계기가 대서양 상에서 유-보트의 공격 기세를 꺾는 데도 크게 기여하였다. 1940년 이후 레이더는 전투기의 지상방어 임무에 결정적인 역할을 하였으며, 노르망디 상륙작전 직전 공격전투기와 폭격기들이 사전 소탕작전을 펼칠 때에도 작전 효과를 달성하는 데 핵심적인 역할을 담당하였다. 레이더는 해상에서처럼 지상의 대공방어에서도 중요하였다.

또한 레이더는 필수불가결의 항해장비였다. 그 덕택에 좁은 해역에서도 고속 해상작전이 가능해졌다. 레이더에 대한 의존도가 갈수록 높아지면서 레이더를 잃은 야간 함정은 문자 그대로 심리적으로도 길을 잃은 것과 같았다. 레이더는 1943년 폭격기들이 독일 내의 목표물을 정확하게 탐색하는 데 도움이 되면서부터 한층 직접적인 전쟁도구가 되었다. 로란 항법이 함정과 항공기 운항에 유효하자 작전은 어느 곳에서든 격렬해졌다.

레이더는 미국, 영국, 독일, 프랑스, 일본에서 개발되었다. 항공기의 공격과 방어 작전이 레이더에 의존하면서 레이더의 대항책도 고도의 전술적 의미를 지니게 되었다. 최초의 대규모 탐지전은 유럽 상공에서 벌어졌다. 제2차 세계대전구체적으로 말해 브리테인 전투 때부터 1945년까지은 전투정찰과 무기발사에 이용된 갖가지 수단과 대항책, 심지어 역대항책counter-countermeasure을 연구하는 데 좋은 사례였다. 제2차 세계대전은 베트남 전쟁보다 더 좋은 연구 자료이다. 지금까지의 분석가 중 북베트남의 전술적 양상에 관해 아는 사람이 없기 때문이다.

우리는 이미 미국의 태평양 상공에서 레이더의 덕을 크게 입었음을 살펴보았다. 레이더가 지닌 의미가 무엇인지를 살펴보려면 동솔로몬 해전에서 미국의 공중탐색 레이더가 88마일이나 떨어진 거리에서 53대의 일본 전투기들이 연료를 가득 채우고 긴급 발진하며 접근한다는 것을 탐지할 정도였다는 것을 아는 것만으로도 충분하다.

레이더는 미국이 적의 침공을 탐지한 후 그 지역 상공에 요격기를 배치할 시간을 주었다. 모든 전투기는 다른 방면에서의 기습을 두려워하지 않고 적의 공격기 쪽으로 접근할 수 있었다.

일본이 레이더 개발에서 뒤떨어진 까닭에 미국 함대는 1943년까지 대함탐색에서의 우위를 활용할 수 있었다. 이 점에서는 어느 국가도 미국 함대를 대적할 수 없었다. 심지어 종전 시까지도 미국 함대는 기술적 측면에서 일본 함대를 능가했다. 솔로몬 전역에서 미국은 장거리 초계기와 해안감시대에 힘입어 거의 모든 일본 전투함의 접근을 조기경보로 알아냈다. 당시에 일본 해군의 암호가 바뀌면서 암호 분석은 전략적 탐지에서 중요한 역할을 하지 못한 것 같다. 일본 해군 함정들은 동트기 전에 미국의 공중 엄호에서 벗어나야 했기 때문에 미국은 이 함정들이 언제 도착할지를 두 시간 이내의 오차로 파악하고 있었다. 1942년 8월부터 1943년 11월까지 총 11번의 주요 교전에서 레이더는 적의 함대가 미국 함대의 존재를 인지하기도 전에 이를 탐지·추적·조준하여 해상에서 함포와 어뢰로 적을 소탕할 수 있는 수단이 되었다. 그러나 미국 해군 일각에서는 레이더가 유례없는 우위를 마련해주었기 때문에 새로운 전술의 필요성을 더는 인식하지 못했다. 따라서 미국의 전술지휘관들이 동시에 해결하지 않으면 안 될 제2의 문제가 발생했다. 한편 일본은 비밀무기를 보유하고 있었는데, 롱 랜스Long Lance 어뢰가 바로 그것이었다.

솔로몬 제도에서의 야간전투

솔로몬 제도의 여러 해전에서 수행된 야간전투의 전술은 앞서 본 바와 같이 미국과 일본 양측 모두 이용할 수 있는 두 가지 전쟁도구, 즉 미국의 레이더와 고도의 파괴력을 갖춘 일본의 장거리 어뢰 간의 대결이었다. 1942년 8월부터 11월까지 5차례 전투에서 사전 준비가 잘된 일본이 좋은 결과를 얻었다. 일본 해군은 대전 전에 이미 통일성 있는 야간전술체계를 개발하고 꾸준히 훈련해 왔다. 야간전투는 결정적인 전열교전battle line engagement 전에 미국 함대의 전력을 약화시킬 목적으로 고안된 일본의 전력대등화 수단 중 하나였다. 미국 해군은 대전 전에 주력함 종렬진을 기초로 한 주간 함대전투를 중점적으로 훈련했다. 미국 해군의 전술개념은 적에 대해 T자 진형 전개를 용이하게 할 수 있는혹은 적어도 방해하지는 않을 위치를 확보하는 것이었다. 미국의 이러한 전술은 뒷날 솔로몬 제도의 여러 해전에서 결국 역효과만 가져온 것으로 판명되었다.

전략적 관점에서 볼 때 솔로몬 제도 전역은 시종일관 육상비행장과 해상의 비행갑판을 중심으로 주변 상공의 제공권 장악을 목적으로 벌어진 전투였다. 초기 6개월, 즉 1942년 8월부터 1943년 1월까지의 전투는 주로 과달카날에서 벌어졌다. 미국은 주간에 핸더슨 비행장 주변 상공을 장악했다. 반면, 일본은 북서쪽으로 600마일 떨어진 라바울Rabaul, 뉴브리테인New Britain 주변 상공을 장악했다. 그러나 일몰 이후에는 항공력의 위력이 상실되어 전투함 전투가 전개되었다. 매일 밤 일본 해군의 전투함들이 솔로몬 제도를 이중 구조로 편성해 도서의 협수로를 통과해서 남쪽으로 돌진해 들어왔다. 미국에게 적 전투함은 가공할 위력을 갖춘 도쿄특급Tokyo Express이었다. 이 도쿄특급은 과달카날에 증원군을 수송하고 핸더슨 비행장에 치명적인 포격을 가하는 것이 주 임무였다. 미국 전투함이 일본 해군을 저지할 때마다 칠흑 같은 어둠 속에서 사생결단을 다투는 해상전이 치열하게 벌어졌다.

해군 전투에서는 어느 쪽이든 대개 해안두보 방어 또는 선단보호라는 골치 아픈 문제에 부딪힌다. 이 점을 강조하기 위해 다소 복잡하기는 하지만, 이 문제를 좀 더 살펴보는 것이 좋을 것 같다. 솔로몬 제도 전역에서의 모든 야간전투는 육상 목표물을 둘러싸고 벌어졌다. 미국은 솔로몬 해전 발발 초에 사보Savo 섬에서 과달카날의 해안두보를 방어하고 있었다. 솔로몬 해전사상 끝에서 두 번째 전투가 벌어진 엠프레스 아우구스타Empress Augusta 만에서는 보겐빌Bougainville을 방어했다. 두 전투 사이에 벌어진 여러 전투에서 솔로몬 제도의 수비대를 증강 또는 철수하려고 노력하면서도 전투를 계속 벌여야 한다는 문제에 시달려야 했다. 동솔로몬 제도와 산타크루즈 제도 근해에서 벌어진 두 차례 항공모함전은 과달카날에서의 사태와 밀접하게 연관되어 있었다. 솔로몬 제도에서의 축차적인 병력 투입이라는 비정상적인 전략 때문에 일본의 전술지휘관들은 더욱 힘든 임무를 떠맡게 되었다. 일본의 전투함들은 자정을 전후해 몇 시간만 행동할 수 있었다. 이 때문에 함정이 계류할 수 없는 해역으로 계속 증원군을 보낸다는 것은 곤란했다. 이것이 일본군의 치명적인 약점 중 하나였으나 미국은 아주 오랫동안 이를 제대로 활용하지 못했다.

반면 일본군은 상황이 불리했음에도 초기1942년 8월부터 1943년 6월까지에는 전투를 훌륭하게 수행했다. 그 이유는 다음과 같다.

_ 미국은 야간 근접 전투에 적합한 전술이 전혀 없었다.

_ 미국은 교훈을 터득하는 데 느렸다. 전술지휘관의 전격적인 교체로 미국 해군

은 전투의 진행 추이에 끌려 다녔다.

- 미국은 무엇보다 막강한 잠재력을 지닌 레이더에서의 우위, 즉 대항탐색 레이더에 의한 선제 탐지 및 추적 능력에서의 우위와 사격통제 레이더에 의한 조준 능력에서의 우위를 제대로 활용하지 못했다. 모든 함정이 처음부터 이런 두 가지 점에서 우세를 차지했던 것은 아니었다. 그러나 당시에 레이더 장비가 더 유용하게 사용되어야 했지만 실제는 그렇지 못했다.

1942년 8월부터 1943년 7월까지 미국 해군은 이상의 네 가지 약점 때문에 고전해야 했다. 1943년 8월부터 1943년 11월 해전이 끝날 때까지는 미국 해군이 마침내 통일성 있는 새로운 전술을 사용함으로써 레이더의 잠재력을 유용하게 활용하였다.

① 제1단계 : 1942년 8월~1943년 6월

전쟁 초기부터 일본 해군의 전술은 대체로 모든 함정을 동시에 전투에 투입해 짧은 복종렬진 형태로 접근하는 한편, 대어뢰 방어를 하며 기동하는 것이었다. 때로는 적의 매복공격을 피하기 위해 전방에 구축함을 초계용으로 배치하기도 하였다. 그리고 적을 발견하면 접근, 선회, 어뢰 발사, 회피기동 등의 방법을 사용했다. 어떤 경우에는 전혀 포격을 하지 않는 때도 있었다.

미국 해군의 전술은 긴 밀집형 단종렬진을 사용하였다. 미국 해군은 선제 탐지를 기대했는데 이를 이룬 뒤에 T자 진형을 전개함으로써 함포가 적의 진행 축과 교차되도록 종렬진을 형성하는 것이 미국 해군의 의도였다. 미국 해군은 거리가 1만 야드 정도면 적의 어뢰 공격으로부터 안전하고 아군이 포격하기에도 적합하다고 믿었다. 적이 종렬진을 고수한다면 어뢰가 눈에 보이기 전에 눈으로 발견할 거리라면 예상되는 유효사정거리는 5,000야드 이내일 것이다 아군 포격에 의해 전투가 결판날 것이라고 여겼다.

그런데 양측의 거리가 급속히 가까워지면 일본 해군도 그대로 있지 않을 것이고, 그때는 어뢰가 무서운 위력을 발휘할 것이다. 미국 해군의 전술 지휘관들은 처음에는 레이더가 장착된 기함에 승함하지 않았다. 그래서 지휘가 불명확하고 명령이 적시에 전달되지 않았으며, 전투가 직사거리에서 벌어지고 종종 대혼란까지 야기되었다. 미국 해군은 나중에야 긴 밀집 종렬진에 대한 집중 어뢰 공격의 무서운 위력을 깨달았다. 그러나 전투가 예상보다 너무 가까운 거리에서 벌어지자 집중 발사된 롱 랜스 어뢰가 순양함과 구축함의 함포 유효사정거리와 대등한 거리에서도 매우 효과적이라는 사실을 인식하지 못했다.*

> * 어뢰 공격의 생생한 사례를 하나 들어보자. 일본 해군의 어뢰는 미국의 포구 섬광때로는 탐조등의 불빛을 조준하여 발사되었다. 8척의 함정으로 구성된 종렬진은 그 길이가 약 4,000야드에 달했다. 4,000~8,000야드의 거리에서 발사되는 어뢰는 표적 종렬진의 양쪽 끝 안쪽에 명중될 가능성이 높았다. 함정의 길이는 100야드 이상이며 함정 간의 간격은 500~600야드였다. 그러므로 6발 중 1발은 명중되는 셈이 된다. 특히 순양함이나 구축함에는 1발만 명중되어도 거의 언제나 화력 살상을 성취할 수 있기 때문에, 30발이나 되는 많은 어뢰가 물속에 떠 온다는 것은 모르기는 해도 매우 큰 위험이 될 수 있었으며, 또한 실제로도 상당한 위협이 되었다. 맥커니의 연구1985년에 의하면 전체 전투를 통해 어뢰의 평균 사정거리가 8,500야드임이 밝혀졌는데, 이로써 7,000야드 정도이던 항주거리가 7,500야드로 높아지게 되었다. 그는 전투기간을 통해 평균 명중률이 0.06에 지나지 않았지만 타사팔롱가와 쿨라 만 해전에서는 어뢰의 명중률이 0.20까지 향상되었다는 결론을 내리고 있다. 미국 해군의 경우 종렬진이 모두 함정 8척 정도의 길이에 달한 것은 아니었으며, 어뢰가 모두 믿을 만한 성능을 가졌던 것도 아니었다. 또한 전투가 끝나가면서 미국 해군은 어뢰의 항적을 회피할 줄도 알게 되었으며, 따라서 각 함대는 이론상 평가도 철저히 할 수 있었다.

1942년 10월 11일과 12일 과달카날의 북부에서 벌어진 에스페란스 곶 해전은 미국 해군이 그보다 5주 앞서 벌어진 사보 섬 해전에서의 패배 이후 도쿄특급과 대적하기 위해 세력을 일시에 투입할 수 있었던 최초의 전투였다. 이 해전은 양측의 제1단계 전술과 그에 따른 전투 양상을 전형적으로 보여주었다. 미국 측은 9척의 함정이 종렬진을 이루어 완벽한 배진을 갖추고, 접근하는 일본 해군에 맞서 일본 측 순양함 3척과 구축함 2척의 전방을 가로질러 T자 진형을 전개했다. 미국 해군의 순양함 4척은 함정 간격을 600야드로 유지하고 구축함 5척은 500야드로 유지하였다. 경순양함 헬레나

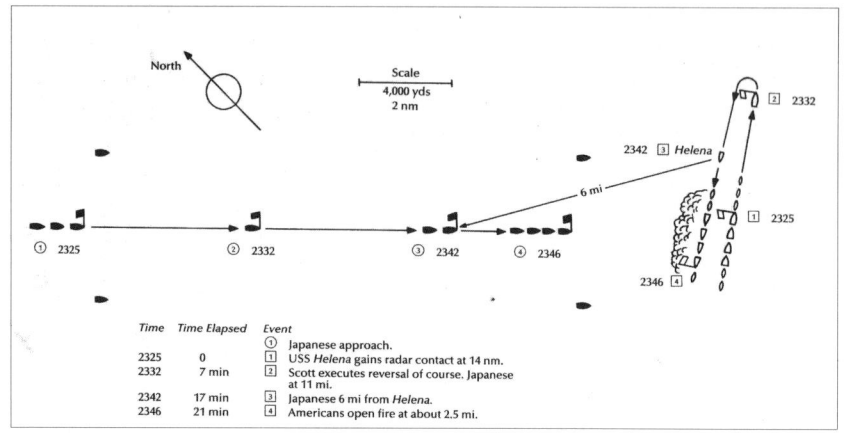

〈그림 5-1〉 에스페란스 곶 해전도

Helena 함과 보이즈*Boise* 함은 SG 표면 탐색 레이더를 장착하고 있었다. 스콧Norman Scott 제독의 기함 샌프란시스코*San Francisco* 함의 레이더는 방수에 취약하고 일본 해군의 장파를 이용하는 구형 모델이어서 사용하지 않고 있었다. 이 전투의 상황 전개를 살펴보자. 〈그림 5-1〉 참조

2325 헬레나 함은 14마일 밖에서 적을 탐지함. 상공에는 탄착관측기가 체공 중이었으나 큰 효과가 없었음. 헬레나 함은 잠시 숙고한 후 아무런 보고도 하지 않았음. 7분 경과.

2332 스콧 제독은 적이 분당 0.5마일로 접근 중인 것을 몰랐고, 스스로 적절하다고 생각되는 전술적 이유로 줄곧 달려온 항로를 변침함. 그러나 그는 전위 위치를 다시 확보하려고 기동하려는 순양함 바로 교전측방에 3척의 선도 구축함을 배치하는, 일찍이 볼 수 없었던 기동을 집행함. 10분 경과.

2342 헬레나 함의 함장이 우현 정횡 6마일이 위치는 레이더가 없는 관계로 스콧이 예하 3척의 구축함을 확인할 수 없다는 약점이 있었지만 포격에는 이상적인 위치였다에 적이 출현한 것을 보고함. 당황한 스콧은 구축함분대 사령관에게 구축함의 위치를 보고하라고 명령함. 토빈Robert G. Tobin 대령은 순양함의 우현, 즉 분대의 우측 중간에 자신이 위치해 있음을 보고함. 그의 판단은 구축함 2척에 관해서만 옳았음. 세 번째 구축함 던컨*Duncan* 함은

뒤따르지 않았기 때문임. 레이더 상으로 적이 4마일까지 접근한 것을 보고 토빈이 적을 향해 돌격할 것이라 믿었던 던컨 함은 적 방향으로 돌진해 간 뒤라 중간에는 아무런 장애도 없었음. 3분 경과.

2345 5척의 일본 함정은 그때까지도 위험을 모른 채 2.5마일까지 접근해 왔으며, 헬레나 함에게 포착됨. 헬레나 함은 일본 함대의 행동을 완전히 파악, 헬레나 함의 함장이 포격 개시 허가를 요청함. 그런데 스콧은 그 신호가 불분명하여 헬레나 함에서 송신한 또 다른 음성무선을 수신했는지 묻는 것으로 착각함.* 그리하여 스콧은 좋다고 했는데, 잠시 후 헬레나 함이 15문의 포와 5문 이상의 5인치 포로 포격을 개시한 것을 보고 깜짝 놀람. 1분 경과.

☐ * 문답식 로저Interrogatory roger는 불분명한 신호서 의문문signal book query이다.

2346 일본 함정은 스콧보다 더 놀랐음. 미국 함정의 존재를 인지한 바로 그 순간까지 일본 함정은 사보 섬 해전에서의 미국 함정만큼이나 위험한 처지에 있었음. 일본의 함정들은 종전 18corpen-18로 기동하였으며, 1회의 어뢰 발사에서 실패.* 양측의 거리는 직사거리인 2마일이었음. 1분 경과.

☐ * 종전corpen은 선두함을 뒤따라가는 기동을 말한다. 'corpen-18'은 진형 전체가 선두함을 따라 차례로 180도 회전을 함으로써 최초 침로의 반대 방향으로 항진하는 것을 의미한다.

2347 스콧은 일시 사격중지를 명령했지만 그때는 이미 스콧의 기함을 제외한 전 함정이 포격을 개시한 때였음. 포격 중지 명령은 나름대로 전술적 이유가 없었던 것은 아니었음. 파렌홀트Farenholt 함과 던컨 함이 사격 위치 내에서 좌현의 6인치 및 5인치 포의 포구를 내밀려고 하고 있었기 때문임. 4분 경과.

2351 스콧은 사격 재개를 명령했으나 그 사이 사격을 중지한 함정은 거의 없었음. 그의 예하 함정들은 화력 할당 계획이 전혀 없었기 때문에 눈에 보이는 대로 집중 포화를 가함. 그중에는 이미 폭파되어 불길에 휩싸인 2척의 구축함도 포함되어 있었음. 사격 분배 문제는 그 후로도 해결하지 못함.

일본 해군은 패주했으나 긴급 추격을 제의한 사람은 없었던 것 같다. 4척의 순양함과 5척의 구축함이 적의 순양함 3척과 구축함 2척에 대해 일제히 기습공격을 단행하였다. 미국 해군은 일본의 구축함 2척과 순양함 1척을 격침 또는 손상시켰으나, 미국 측 구축함 2척과 순양함 1척도 격침 또는 파괴되었다. 미국 해군이 입은 손상 대부분은 우군의 포격에 의한 것이었다. 던컨 함이 침몰되기 전 미국 함정이 발사한 포탄이 이 구축함에 명중되는 것이 목격되기도 하였다.

미국 해군은 에스페란스 곶 해전을 승전으로 간주했으나, 미국의 잠재적 화력과 선제공격의 우세를 감안하면 이 해전은 섬멸전이었어야 했다. 이미 탐지장비의 혁명시대를 맞이했는데도 미국은 레이더, 무선통신, 전자방해책, 신호서 등을 제대로 활용하지 못했다. 에스페란스 곶 해전에서 미국 해군은 어뢰를 발사하지 않았다. 이때처럼 적이 무방비 상태로 아무런 반격 준비도 갖추지 않고 치명적 살상무기인 어뢰도 적게 탑재한 채 접촉한 경우는 없었고, 그 후로도 전무했다.

당시의 미국 해군은 일종의 즉석편제부대pickup force였다. 모리슨은 이 함대가 어떠한 전투 계획도 세우지 못했다고 말했지만, 사실은 포격 종렬진이 예정된 계획이었다. 이 계획에는 최초의 레이더 탐지와 공격개시 시간 사이에 이루어지는 여러 결정의 진행 단계에 대한 내용은 전혀 없었다. 사태를 더욱 악화시킨 것은 미국 해군이 에스페란스 곶 해전을 명백한 승전으로 간주한 결과 타사파롱가Tassafaronga 해전이나 이후의 여러 다른 해전에서이와 같은 전술을 사용하게 되었다는 점이다.

6주 후 일어난 타사파롱가 해전은 오합지졸, 경험 없는 리더십, 시대에 뒤떨어진 밀집단종렬진 등 미국 해군이 지닌 단점이란 단점은 모두 보여주었다. 다시 미국은 8척의 일본 구축함그중 6척은 보급품을 적재하고 있었다과 대적하기 위한 5척의 순양함과 6척의 구축함으로 구성된 막강한 세력을 투입하였다. 이들은 충분한 시간을 두고 레이더로 적을 탐지하며 전면적인 기습을 감행했다. 레이더 사격통제에 따라 가장 이상적인 8,000~1만 야드의 거리에서 포격을 개시했다. 그러나 부적절한 타이밍 감각 때문에 어뢰 공격이 너무 지연되었으며, 적 어뢰의 사정거리에서 벗어났다고 생각한 결과 침로를 그대로 유지하였다. 바로 이때, 미국 해군은 무서운 다나카Raizo Tanaka 제독을 만났다. 그는 이미 1941년부터 구축함을 훈련시킨 인물이었다. 다나카 제독의 구축함들은 기습을 당했을 때 급히 방향을 전환하여 롱 랜스 어뢰를 발사하는 훈련을 받았다. 이 구축함들은 훈련받은 대로 행동하였다. 그 결과 미국 해군의 순양함 5척 중 4척이 격침 또는 파손되었다. 반면 다나카는 고작 초계구축함 1척만 잃었을 뿐이다. 미국 측 사령관인 라이트Carleton Wright는 전투 계획을 완전히 소화하지 못했다. 그가 이 해전 이틀 전에 다른 전투 계획을 택했기 때문이다. 니미츠는 이 해전의 교훈을 '훈련, 훈련, 또 훈련'이라고 누차 말한 바 있다. 그러나 미국 해군은 여전히 이런 교훈을 망각하고 있었다.

② 제2단계 : 1943년 7~11월

이 시기는 사보 섬 해전과 세 차례 해전 이후 미국이 앞서 겪은 교훈을 분명히 이해한 시기였다. 일본 해군의 작전은 더 성숙되고 전투정찰 활동도 개선되었다는 점, 이른바 야간정찰, 레이더 ECM, 초보적 수준의 레이더를 사용한 점을 제외하면 여전히 예전과 다름없었다. 미국 해군은 더욱 기세등등해진 적과 대적하게 되었다. 그러나 그들의 전투기법도 그만큼 더 능숙해졌다고 봐야 한다. 우선 미국 해군은 단위부대별로 훈련했다. 다음으로 견실한 전술에 맞추어 훈련했다. 그리고 3~4척의 구축함으로 구성된 소규모 밀집분대에서 어뢰를 발사하게 했다. 2개 분대를 투입하되 그중 1개 분대는 공격 후 침로를 이탈시키고 다른 1개 분대는 공격하게 함으로써 2개 분대가 포격을 가해 적을 소탕한다는 것이었다. 순양함을 투입할 경우에는 일본 해군의 무서운 어뢰 공격을 고려해 거리를 1만 야드 이상 유지하게 했다. 그러나 최상책은 구축함 공격이었다. 구축함은 살상무기인 어뢰를 보유하고 있었기 때문이다.

    미국의 전술이 첫 선을 보인 것은 1943년 8월 6일부터 7일까지 벌어진 벨라Vella 만 해전에서였다. 미국 해군은 일본 증원군의 임무를 대체로 예측하고 있었다. 이때에는 공격용 구축함만 투입시켰다. 무스브루거Frederick Moosbrugger 중령은 임무, 화력, 전투정찰이 우세했고, 세 가지 모두의 통합 전술을 겸비하고 있었다. 포터E.B. Potter에 따르면 이 계획에는 버크Arleigh Burke의 날카로운 직감력이 포함되어 있었다.Potter, 1981 : 313 이 계획은 <그림 5-2>와 같은 구조였을 것이다. 당시에는 각각 3척의 구축함으로 구성된 2개 분대가 있었다. 그 모두는 철저히 훈련되어 있었으며, 레이더의 도움으로 전술적으로 서로 상대방의 진로를 방해하지 않도록 배치되었다. 이들은 신속 정확하게 기동하도록 되어 있었다. 무스브루거 예하 제1분대는 44기의 어뢰를 탑재하고 있었고, 가능한 한 많이 발사한다는 계획도 갖추고 있었다. 3척의 구축함으로 구성된 심프슨Rodger Simpson 중령 예하의 제2분대는 대공포를 좀 더 강화하는 한편 어뢰는 24기만 탑재하고 있었다. 2개 분대는 함수를 적의 어뢰 위협에 노출시킨 채 돌진해 어뢰를 조종·발사했다. 일본 해군의 전술처럼 이상의 행동은 포격 없이 은밀히 이루어지도록 짜여 있었다. 어뢰의 집중 발사에 의한 충격이 끝나면 손상에 비례해 포격과 적극적 공세를 가할 수 있으나, 이 단계에 이르면 구축함은 적으로부터 치명적인 공격을 당하지 않도록 경계해야 한다.

    _ 접촉, 거리 1만 9,000야드
    _ 제1분대 가능한 모든 어뢰 발사. 6분 경과
    _ 제2분대 접근, 회전 및 어뢰 발사. 제1파 어뢰 명중 12분 경과
    _ 제2파 어뢰 명중. 함포로 소탕 및 추격전 전개. 적의 어뢰를 경계

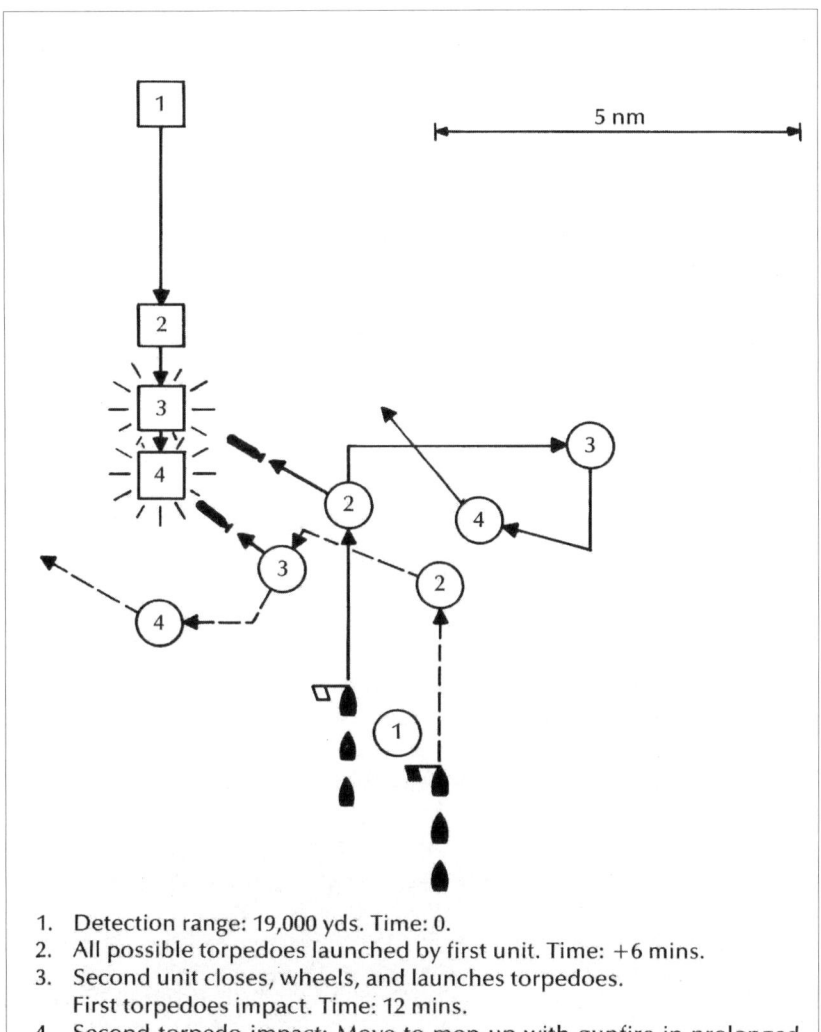

1. Detection range: 19,000 yds. Time: 0.
2. All possible torpedoes launched by first unit. Time: +6 mins.
3. Second unit closes, wheels, and launches torpedoes.
   First torpedoes impact. Time: 12 mins.
4. Second torpedo impact: Move to mop up with gunfire in prolonged stern chases. Watch out for torpedoes!

〈그림 5-2〉 벨라 만 해전(1942년 8월 6~7일)

 8월 6일 열대성 강우는 무스부르그의 짧은 2개 종렬진의 SG 레이더 시계를 흐려놓았다. 콜롬방가라Kolombangara와 벨라 라벨라Vella Lavella 근처의 섬은 레이더파 반사를 혼란시키고 군사작전을 어렵게 했다. 일본 해군은 이전부터 미국 야간정찰기에 의해 위치가 노출되어 있었다. 이 때문에 주의를 기울여 미국 해군의 동태를 살폈다. 일본 해군의 임무는 콜롬방가라의 수비대를 증강하는 것이었다. 그들은 4척의 수송용 구축함으로 구성되었다. 미국 해군에 비해 2 대 3으로 열세했다. 그러나 일본 해군은 이런 열세로도 승리를 거둔 적이 있었다.*

☐ * 그러나 이 전투 또는 기타 다른 전투가 있기 전까지는 어느 측도 정확한 계산을 할 수 없었다.

무스브루거 부대는 1만 9,000야드에서 일본 해군을 탐지했다. 각 함정이 동시에 탐지했다. 무스브루거는 4척의 적 구축함을 공격하기 위하여 적의 좌현과 아군의 좌현이 대응하도록 2회의 종전을 통해 침로를 우측으로 30도 변침시켰다. 주의를 기울이지 않는 적이 일정한 침로와 속력으로 협조해준 덕분에 포와 어뢰의 사격통제 문제는 쉽게 해결되었다. 7분 후 거리가 4마일로 줄어들었다. 야음 속에서 견시가 시정을 관측한 결과 2마일이었다. 행동개시 시각은 바로 이때였다. 무스브루거의 전투 계획은 자동적으로 동시에 공격을 개시하도록 짜여 있었기 때문에 간단명료한 신호로 사격개시 명령을 내렸다. 3척의 함정에서 발사된 좌현 어뢰 총 24기가 물살을 갈랐다. 항주거리가 4,000야드, 사정거리는 6,300야드였다. 1분 후 무스브루거에게서 '일제회전 우현 90도'라는 명령이 하달되었다. 무스브루거 분대는 일제히 우현으로 90도 회전하여 예상되는 적 어뢰의 역습을 철저하게 경계하면서 멀리 이탈하였다. 그와 동시에 심프슨의 구축함 3척이 좌측으로 회전하며 돌진했다.

일본 해군의 구축함 3척은 무엇이 자신들을 공격하고 있는지를 거의 알지 못했다. 반면, 미국 측에서는 엄청난 긴장감이 승조원들을 사로잡았다. 그들은 대소탕전이 마땅했을 지난 패전의 치욕을 기억해냈다. 그러나 오늘밤만은 결코 패하지 않으리라고 확신했다. 혁혁한 전과를 올린 해전이 모두 그렇듯이, 전과는 전술적 단결력을 지닌 실행 가능한 계획에 의해 좌우되며, 이 단결력은 훈련과 훌륭한 전투정찰, 살상무기의 신속한 발사에 따른 것이다. 일본 해군은 미국 해군의 장전수 한 명의 손을 다치게 한 대가로 구축함 4척 중 3척을 잃었다. 무스브루거는 넬슨처럼 훌륭한 전술이란 가까운 곳에 있음을 입증했다.

　미국 해군은 레이더에서의 우위를 활용할 수 있고, 적의 우세한 어뢰 공격을 무력화할 수 있는 전술을 개발하였다. 미국 해군은 그때까지 일본이 우세를 차지했던 바로 그 어뢰 공격으로 일본 해군을 격퇴할 수 있었다. 뛰어난 탐지장비와 전투정찰은 좀 더 우수한 화력 효과를 냈다. 미국은 또한 함정에 대형 무기를 탑재한 상태여서 소형함으로도 승리를 거둘 수 있었다. 야간에는 순양함의 포가 아니라 구축함의 어뢰가 전황을 좌우하였다. 그 비결은 T자 전법이 아니라 '치고 빠지는hit and move' 작전에 있었다. 즉각단위부대는 융통성이 없는 일정 방향의 자멸을 초래하는 밀집 종렬진을 고수하기보다 민첩한 움직임이어야 한다는 것이다.

　1943년 10월 6~7일 양일간의 벨라라벨라 해전에서 미국 해군은 다시 퇴각해야 했다. 이 해전은 대등한 세력명목상으로는 미국 해군의 구축함이 6척이었으나 실은 3척뿐이었고, 일본 해군의 구축함은 명목상 9척이었으나 실제로는 3척이었다을 보유한 지휘관이 냉정하지 못할 경우를 보여주는 예다. 미국 측 지휘관이던 워커Frank Walker 대령은 10마일이나 떨어진 곳에서 3척의 증원세력이 달려와 전투에 가담해 주기를 바라기보다는 예하 3척의 함정으로 즉시 돌진하는 쪽을 택했다. 그는 전반적으로 레이더에서 우위를 차지하고 있었으며, 7,000야드 거리에서 14기의 어뢰를 발사하고 어뢰 항주 중에 포격을 개시함으로써 패배하고 말았다. 워커 대령 예하의 구축함 3척은 현측포를 적 방향으로 향하고 있었는데, 2척은 어뢰에 명중되고 나머지 1척은 어뢰에 명중된 구축함 1척과 충돌했다. 미국은 일본 구축함 1척을 격침시킨 대신에 구축함 3척이 작동할 수 없게 되는 피해를 입었다. 피격된 일본의 구축함은 도피하기 위해 미국 측 어뢰 방향으로 회전하다가 격침되었다.

　그러나 엠프레스 아우구스타Empress Augusta 만 해전과 세인트 조지St.

George 곶 해전에서는 메릴Stanton Tip Merrill과 버크Arleigh Burke 같은 탁월한 전술가들이 참여했다. 여기서는 그 세부적인 내용까지 상세히 거론할 필요는 없다. 엠프레스 아우구스타 만 해전1943년 11월 2일은 사실 치열한 결전이었지만 통계상으로는 그리 규모가 큰 해전은 아니었던 것 같다. 이 해전에서 일본 측은 경순양함과 구축함 각 1척이 격침당하고 중순양함 1척이 충돌로 손상을 입었으며, 미국 측도 구축함 1척이 손상을 입었다. 메릴의 임무는 보겐빌의 상륙해안 방어였다. 경순양함 4척과 구축함 8척으로 구성된 메릴의 세력은 오늘날의 2척의 중순양함과 8척의 경순양함 및 구축함으로 구성되어 있어서, 이론상으로는 대등한 전력을 지니고 있었다고 알고 있는 적과 교전한 것이다. 메릴의 전술 계획은 순양함으로 하여금 약 1만 6,000야드의 원거리를 유지시킴으로써 적의 중순양함과 해안두보 중간에 위치하는 한편, 일본 해군의 어뢰 사격통제 기능이 불가능하도록 시간을 맞춰 180도로 일제회전을 한다는 것이었다. 이 모두를 실행하려면 함포의 정확도를 희생시켜야 했다. 거리가 너무 가까우면 6인치 포로 효과적인 공격을 해보기도 전에 적의 롱 랜스 어뢰의 공격을 받아 기동이 불가능해질 수도 있다는 점을 고려할 때, 이 정도는 미미한 희생에 불과한 것이다. 종렬진의 선두에 위치한 버크의 지휘 아래 있는 구축함 4척과 오스틴Bernard Austin의 지휘 아래 있는 후위의 구축함 4척은 고삐 풀린 미친개처럼 돌진해 어뢰 공격을 전개해 손상을 가한다는 계획이었다.

그러나 3개로 분리된 진형이 통제에서 벗어나는 바람에 뒤죽박죽되었다. 버크 지휘 아래 있는 4척 중 일부가 흩어졌다. 이 때문에 버크는 예하 구축함을 재집결하기 위해 오스틴의 진형에서 5인치 포를 발사하는 곳을 배회했다. 메릴은 4척의 경순양함에 대해 확고한 통제를 유지하면서 어뢰 공격의 위험에서 벗어나게 했다. 메릴의 함정들은 포탄으로 적의 목을 조르면서 구축함들이 돌진해 들어가는 동안 그 어떤 미미한 손상에 맞서 가할 수 있는 모든 공격에 전력을 기울였다. 일본 해군은 미국 해군의 공격에 당황한 나머지 자신들의 임무를 포기하고 방향을 돌려 도주했다. 이 해전에서 일본의 함정들은 아무런 효과도 발휘하지 못했다. 미국 해군은 민첩하게 행동함으로써 살아남는 방법을 터득했다. 미국 측이 가한 포격은 별로 많지 않았다. 모리슨이 한 계산을 보면 미국 측이 발사한 6인치 포 총 4,600발 중 겨우 20발만이 명중되었다고 한다. 야간 포격이 무척 힘들다는 것을 증명한 셈이다. 나중에 일본 해군의 말에 따르면 미국 측의 포격은 큰 편차를 보이며 계속 빗나갔다고 한다. 모릴이 추격하지 않은 것은 현명했다. 이미 날이 밝고 있어서 라바울의 육상기지에서 발진한 전투기에 의해 항공강습을 당하게 될 쪽은 오히려 미국 측이었기 때문이다.

1943년 11월 25일 세인트 조지St. George 곶 해전에서 버크는 한편으로는 포격을 가하면서 다른 한편으로는 추격을 벌이는, 그의 독특한 전술을 사용할 기회가 있었다. 그는 5척의 구축함을 3척과 2척으로 나눈 다음 서로 5,000야드 정도 떨어진 상태에서 상호 지원하게 했다. 이론상 대등하다고 할 수 있는 적은 신형 구축함 2척을 후방 1만 3,000야드의 거리에서 뒤따르고 있는 3척의 수송구축함을 호위하도록 배치시켰다. 일본 측 사령관은 레이더를 보유하고 있지 않았다. 따라서 구축함 수송분대는 사실상 상호 지원하는 것이 아니라 일방적으로 보호 받는 입장이었다. 버크 함대의 대항함으로서는 치명적인 결함이었다. 버크는 11마일의 거리에서 레이더로 적을 발견하고 침로를 조정했다. 15분 후 3마일 거리에서 버크는 3척의 구축함을 향해 15기의 어뢰를 은밀히 발사시켰다. 발사된 어뢰는 2척의 선도 구축함에 치명적인 손상을 가했다. 그런 후 버크는 3척의 수송구축함을 추격했다. 버크의 함정들은 함수를 적 방향으로 향한 채 다량의 어뢰 공격을 피하면서 2시간에 걸친 함미 추격전을 벌인 끝에 1척을 격침시켰다. 무스브루거Moosbrugger가 사용한 과거의 전술을 고안했던 당사자가 작은 전술적 작품만으로 솔로몬 해전의 야간전투를 마감했던 것이다.

솔로몬 제도에서의 여러 해전 : 결론

이제 1년 반에 걸친 전투 중에 과연 열한 번의 전투가 참다운 전투로서 특색을 나타냈던 야간전투를 어떻게 설명할 것인가? 새로운 탐지장비란 곧 레이더를 말하는데, 이 레이더는 전술적으로 완벽하게 운용되어야만 했다. 야간은 이러한 레이더 운용에 더없이 좋은 기회였다. 레이더 사용이 요구되는 캄캄한 야간에 미국은 당연히 결정적인 우위를 확보해야 했다.

솔로몬 해전과 같은 상황에서 T자 전술은 아무 소용이 없었다. 최상의 전술은 함수를 적 방향으로 향하고 실전에서는 복종렬진을 이루며 접근하다가 적의 사정거리로 들면 어느 방향으로든지 급히 선회하여 20~30발의 어뢰를 일제히 발사하고 함미를 적의 응전 방향으로 향하게 하는 것이었다. 미국 해군이 범한 오류 중 하나는 전투가 양측의 대결임을 잊어버린 것이었다. 선형전술line tactics은 강력한 현측포에 기댄 것인데, 이 경우는 발사 가능한 화력을 함수미 방향으로 배치하는 경우보다 이론상 2배나 위력이 있었다. 선형전술의 채택은 현측을 노출시킨 종렬진이 적 방향으로 향하거나 적 방향과 반대 방향으로 향하는 횡렬진에 비해 어뢰에 노출되는 선체 면적이 10배나 많다는 사실을 망각한 것이다. 부대 대 부대로 계산해 볼 때 미국 해군은 종렬진을 채택함으로써 5배나 불리한 국면을 초래한 것이다.

최소한 5마일의 거리에 당연히 있어야 할 순양함이 1척도 없는 무인지대가 생겼다. 일단의 소형함들은 어뢰를 집중 발사함으로써 상투적인 추측대로 행동하는 우세한 적을 파괴하는 기대 이상의 전과를 올렸다. 젤리코가 전사들의 기념당인 발할라Valhalla의 어느 곳에서 자신은 이미 1916년에 깨달은, 어뢰의 위력으로 망쳐버린 그 어두운 밤의 사태를 알아내는 데 그토록 오랜 세월을 보낸 미국 해군에 대해 미소를 머금으면서 머리를 흔들었을 법한 일이다.

초기 전투에서 미국 해군은 여기저기서 모집해 훈련도 받지 못하고 급조된 부대를 대상으로 일찍이 해군 장교들이 실시하던 바로 전술인 전투종렬진만 사용한 결과, 이미 운명은 정해진 셈이었다. 추측컨대 개전 초기 일본 해군의 위협을 받았을 때는 물론이고 야음에 해도에도 나와 있지 않은 천해를 고속으로 항주해야 하는 위험한 상황에 미국 해군의 해상함대 지휘관이 채택할 수 있었던 유일한 전술은 두말할 필요도 없이 전투종렬진이었을 것이다.

초기에 전술지휘관들은 그 이상의 전술을 알지 못했다. 다시 말해 그들이 보유한 레이더의 중요성이나 긴 종렬진의 위험성을 깨닫지 못한 듯하다. 특히, 초기 전투에서 지휘관들은 적이 분당 1마일의 속력으로 접근해 오고 있을 때 속도를 어느 정도로 통제해야 할 것인지에 대해 아무런 감도 가지고 있지 않았다. 전술지휘관들은 종종 포격을 개시하기 전에 전위 구축함을 적과 충돌할 정도로 위험한 지경까지 내몰 때도 있었다. 반면, 일본 해군에게는 이런 문제가 전혀 없었다. 일본 해군은 적을 발견하는 즉시 회전하여 일제히 어뢰를 발사했다. 그들의 전술에는 협동심이 있었다. 전쟁 전에 그들은 순양함에도 어뢰를 장착했다. 그러나 미국 해군은 현대전이 모두 어뢰의 사정거리 밖에서 함포에 의해 좌우된다고 믿어 모든 어뢰를 철거해 버렸다.

개전 초부터 일본 해군의 전술지휘관들은 위대한 도고 제독의 방식대로 전위에 위치하였다. 반면 순양함을 기함으로 한 미국 해군의 지휘관들은 단 종렬진 내의 후미 쪽두 차례의 전투에서는 6번째 함에 위치했다. 신속한 행동이 요구될 경우, 종렬진의 중앙에서 기동하는 것은 비능률적이다. 에스페란스 곶 해전에서의 혼란은 바로 이런 종류의 문제였다. 미국 해군이 기함을 종렬진의 중앙에 배치한 것은 시대에 뒤떨어진 감각에서 비롯된 결과로서 새로운 전장 환경에 대한 인식을 가로막는 전통적인 사고의 하나였다. 메릴이 구축함을 동원한 후에 있었던 엠프레스 아우구스타 만 해전을 포함한 1943년의 마지막 5차례 해전에서 미국 해군의 전술지휘관들은 전위에 위치하였다. 물론, 그 결과는 양호했다. 일본 해군은 평상 시 야간 전술 훈련을 자주 했다. 그래서 어떻게 싸워야 할지를 알고 있었지만 미국 해군은 나중에야 깨달았다.

일련의 해전을 이렇게 상세히 돌아봄으로써 미국 해군의 지휘관들이 실전을 통해 무엇인지를 배우고 그에 따라 예하 부대를 훈련시킴으로써 나름의 발전을 성취하였기를 바란다. 확실히 1943년 협수로에서의 격렬한 전투주요 전투에만 초점을 맞추는 독자들은 함정들이 밤마다 초계, 추적, 해안 포격에 동원되었다는 사실을 망각한다는 지휘관과 그의 승조원들의 역할을 분명히 하고 서로를 강철처럼 단련시키는 데 도움이 되었다. 예외가 하나 있기는 했지만, 우리는 미국 해군의 전술지휘관 중에 야간전투를 다시 한 번 치러서 얼마간의 발전을 이룬 인물은 찾아볼 수 없다. 함장과 참모의 빈번한 교체 때문이다. 앞서 라이트Wright와 무스브루거Moosbrugger의 예를 들어보았지만, 이들은 48시간에 걸쳐 전투가 진행 중일 때 지휘권을 이양 받은 지휘관들이었다. 남태평양함대사령관이던 할제이William F. Halsey 제독은 싸울 수 있는 기회를 결코 놓치지 않았다. 따라서 항상 함정, 무엇보다 구축함을 집결시켰다. 어느 장교도 전투를 2회 이상 지휘하거나 완전히 똑같은 형태로 구성된 함정을 지휘한 적이 없었다. 두 번의 전투를 치러봄으로써 발전한 유일한 장교는 버크였다. 그러나 버크도 엠프레스 아우구스타 만 해전에서는 지휘권을 행사하지 않았다. 만약 버크나 메릴이 넬슨만큼 많은 전투를 치렀다면 어떻게 되었을까 생각을 해본다. 그랬다면 버크는 한 번도 대적해 볼 기회가 없었던 전술가이자 만만찮은 전쟁 명인인 강인한 다나카와 대항할 명장이 되었을 것이다.*

☐ * 공정을 기하기 위해 일본 해군의 전투 수단이던 순양함과 구축함 역시 그때까지 협동작전을 실시해 본 경험이 없었다는 사실을 지적해야 한다. 그러나 일본 해군은 완벽한 교리와 수많은 야간전투 훈련 덕분에 협동성을 유지할 수 있었다.

솔로몬 제도 전역에서는 세력의 집결이라는 고루한 사고방식이 문제였다. 열세한 측은 우세한 측을 강타하고 희생되기 않기 위해 화력의 사정거리를 짧고 유효하게 유지하였다. 미국은 우세한 공격력의 집중으로 승리를 거둘 수 있다는 평범한 진리를 잠시 보류해야 했다. 장차 솔로몬 제도에서 얻은 지혜가 적용될 상황, 즉 다수의 미사일로 무장한 소형 함정들이 대적해야 할 적을 격파하고도 남을 만큼 화력을 보유한 상황을 분명히 보게 될 것이다.

이제 전략, 좀 더 구체적으로 말해 솔로몬 제도 전역에서의 전술의 전략적 중요성을 고찰해 보는 것으로 이 절의 결론을 맺겠다. 그동안 일본 해군은 승리를 거둘 수 있는 위치를 포기하고(진주만, 산호해, 사보 섬, 사마르 해전에서 그러했다) 잃어버린 명분만을 끈질기게 추구하는(과달카날 전역, 다나카의 대담한 과달카날 증원군 파견, 필리핀 해전 등이 그러했다) 경향이 지배적이었던 것 같다. 1942년 일본 해군의 성공적인 야간전술은 치고 빠지는hit and run 작전이었다.* 1943년 미국의 성공적인 전술은 치고 피하고 다시 치는hit and duck and hit again 것이었다. 미국 해군에는 전진할 때 잠시 멈추어 깊이 생각하는 경향이 있었다. 이 때문에 그들은 종종 곤욕을 치렀다. 그러나 전술적으로 희생을 치른 것은 나중에 전략적으로 보상을 받는다.

> * 그렇다고 해서 일본 해군에 생존자를 구출하기 위해 항진을 잠시 중단할 만한 용기가 없었던 것은 아니다. 그들은 위험을 무릅쓰고 생존자 구출작업을 벌였다. 일본 해군의 전술은 미국 함대를 조금씩 마멸시킨다는 전쟁 전의 전략을 충실히 따랐다.

레이더와 대공방어

1943년 엠프레스 아우구스타Empress Augusta 만 해전이 끝날 무렵, 레이더로 적의 항공 공격을 방어한 미국 함대의 능력을 잘 드러낸 사건이 하나 있다. 메릴Merrill은 이 해전 이후 일본 해군이 세운 거대한 라바울Rabaul 기지의 강습반경 내에 위치하여, 과달카날 전역에 헨더슨 비행장에서 발진한 미국의 항공기들이 퇴각 중인 도쿄특급에 단행한 항공강습을 회상하면서 그날 아침 일본군에 의한 최대 규모의 강습이 있을 것을 예견했다.

메릴은 마차바퀴의 살처럼 빈틈없는 대공방어망 내로 경순양함 4척과 구축함 4척을 집결시켰다. 마침내 항공기 100대가 강습을 시작했다. 가령 현대적인 함대를 집중해서 잘 운영할 경우 항공기를 어떻게 방어해 내는지를 분명히 보여줄 수 있는 상황도 있었다. 바로 이 전투의 양상이 그러하였다. 대공방어를 주 임무로 하는 메릴 예하의 함정들은 함포로 대비하였다.

순양함만 하더라도 1,000발의 5인치 포와 1만 3,000발 이상의 40mm 및 20mm 포탄을 발사했다. 그러나 일본 항공기는 경미한 충격을 준 1발의 폭탄만 명중시킨 채 17대의 항공기가 격추되었다. 강습은 7분 동안 전개되었다. 이것은 순양함들이 초당 35발의 포탄을 발사해 넓은 탄막을 형성하였다는 의미다.* 레이더는 메릴에게 조기경보를 했으며, 불충분한 육상기지 전투항공초계기들을 유도했다. 또한 레이더가 장착된 근접 유발신관의 5인치 양용포가 이 전투에서 가장 효과적인 살상무기로 등장했다.

  ☐ * Morison, 제4권 p.321(1947~1962). 순양함이 항공기 한 대를 격추시키는 데 800발 이상의 포탄이 소요되었다는 사실을 주목하기 바란다.

 이 전투는 1943년 11월 2일에 발생하였다. 3일 후 할제이는 라바울에 항공강습을 가하기 위해 셔먼Frederick C. Sherman 제독의 항공모함 사라토가 함과 프린스턴Princeton 함을 출동시켰다. 이때까지 라바울은 금단의 열매처럼 성역이었다. 육상에 배치된 최소 70대의 항공기, 대공포화로 무장된 항구, 7척 이상의 중순양함과 소형에 가까운 전투함들이 보유한 화력을 고려하면, 일본군의 대공방어는 당연히 상대방을 제압했어야 했다. 일본군은 대량 소탕전을 위해 상호 연계되어 있으나, 야간전투를 수행할 순양함이 1척도 없던 할제이는 위험을 무릅써서라도 항공강습을 감행하지 않을 수 없다고 인식하였다. 할제이는 45대의 공격기와 52대의 전투기를 항공강습을 위해 발진하도록 셔먼 제독에게 명령했다.* 일본 측 정찰기들이 적에 관한 보고를 했지만 레이더 경보장치가 없었던 라바울은 완전히 기습당하고 말았다. 미국 해군은 일본군의 진형 가운데 밀집도가 가장 높은 부분에 항공강습을 가하여 불과 10대의 항공기 손실만 입고 빠져 나왔다. 더욱이 이 손실도 대부분 귀환 과정에서 일어난 손실이었다. 반면, 일본 해군은 중순양함 4척, 경순양함 2척, 구축함 2척이 손실되었고, 보겐빌을 구출하기 위해 또 다른 야간출격을 감행할 모든 계획을 포기하고 말았다.

  ☐ * 전투기의 비율이 더 높은 것에 주목하자. 할제이의 긴급 명령에 따라 셔먼은 자기의 전

세력을 출진시켰다. 그의 항공모함은 육상기지 전투기들의 엄호를 받은 것으로 보인다.

레이더의 중요성은 양측 함대의 위치와 임무를 서로 맞바꾸어 생각해 보는 것만으로도 충분하다. 미국 조종사들이 일본 조종사들에 비해 우세했다는 점은 부인할 수 없다. 그러나 전투의 진행을 가속화하는 데 미국의 전투함들이 맡았던 역할과 조기경보 및 대공포술에서 혁혁한 효과를 발휘한 레이더의 역할을 망각해서는 안 될 것이다.

잠수함과 탐지장비

이 책은 잠수함에 대해서는 별로 언급하지 않았다. 상륙작전과 항공 공격에는 무엇보다 수상함이 필요하고, 해양을 통제하는 데 가장 유용한 기회를 제공해 주는 것은 함대전투이기 때문이다. 잠수함은 해양통제를 거부할 수는 있어도 그것을 행사하는 것은 막지 못한다. 잠수함은 파괴자였으며, 핵전쟁이 아닌 한 오늘날에도 유용하다. 핵전쟁하에서는 잠수함이 핵심적인 역할을 수행할 것으로 기대된다.

잠수함의 역할은 크게 함대 지원과 해상 게릴라전인 해운에 대한 공격으로 분류된다. 함대 지원을 위해 잠수함은 다른 전투함들이 접근할 수 없는 해역을 정찰하며 적을 공격하고 약화시킨다. 이것이 바로 과거에 독일, 이탈리아, 영국, 일본, 미국 해군에서 잠수함이 맡은 주된 임무였다.

다른 해전과 마찬가지로 필리핀 해 해전1944년 6월은 함대 지원에서 잠수함의 효율성을 잘 보여주었다. 이 해전에서 잠수함은 일본 해군을 최초로 발견하고 개략적인 구성 요소를 보고하였다. 이 해전이 끝나기 전에 잠수함은 일본의 대형 항공모함 2척을 격침시켰다. 이는 미처의 항공기들이 이룩한 성과보다 훨씬 더 훌륭했다. 대형 항공모함, 경항공모함, 호위항공모함까지 모두 감안하면 제2차 세계대전 중 각국의 항공기들은 총 20척, 톤수로는 34만 2,000톤의 항공모함이 격침되었다. 그러나 잠수함이 격침시킨 항공모함은 총 15척, 톤수로는 30만 6,000톤에 달한다. 미드웨이 해전에서 파괴된 항공모함 요크타운 함은 실제로 일본 잠수함 I-168에 의해 격침되었다. 수상함이 격침한 항공모함은 2척이며 총 3만 톤이었다.

　잠수함의 게릴라전에는 3대 전역이 있었다. 대서양에서의 독일 잠수함 전역, 북아프리카에 대한 독일의 재보급을 저지하기 위한 영국 잠수함의 전역, 일본을 석유와 기타의 자원공급에서 고립시키기 위한 미국 잠수함의 전역이 그것이다. 어떤 기준으로 보더라도 이 전역은 모두 가공할 만한 것이었다. 마지막에 거론한 미국 잠수함의 전역은 성공적이었다. 대서양에서 일어난 유-보트전은 일찍이 해양에 투신한 가장 용감했던 용사들을 사라지게 한 미증유의 대파괴전으로 끝났다. 그러나 러시아 해군의 고르시코프Gorshkov 제독이 지적한 바와 같이 연합국에 독일의 공격력보다 훨씬 강력하고 막대한 대항책을 강구하도록 강요했다는 점에서는 전략적으로 성공한 작전이었다고 할 수 있다. 연합국은 이 전역을 승리로 이끌기 위해 히틀러의 해군에 비해 몇 배의 인력과 자원을 소비하지 않으면 안 되었다. 그러나 당시 연합군의 입장에서는 행동상의 제약으로 비능률적 전쟁을 수행하지 않기 위해 달리 선택의 여지가 없었다. 나치 독일의 잠수함은 엄청난 이점이 있었고, 이를 빈틈없이 활용했다. 그 결과, 연합국은 대서양의 해상을 통제할 필요가 있었다.

　해상에서 펼쳐진 통상파괴전의 길고 긴 전통에 비추어 볼 때, 잠수함은 가장 신형 무기이다. 모든 게릴라전 시대를 통해 가장 훌륭한 성과를 거둔 엘리자베스 시대의 드레이크Francis Drake와 호킨스John Hawkins, 그리고 그 동료들은 일거양득했다. 즉, 선박을 포격함으로써 적이 수송 이익을 누리지 못하게 했고, 노획한 전리품을 영국으로 가지고 갔던 것이 그것이다. 그 후 남북전쟁 당시 남군의 전투함 앨라배마Alabama 함의 함장이던 셈머스Raphael Semmes는 적을 파괴할 수는 있었지만 전리품은 거의 차지하지 못했다. 제2차 세계대전에 이르러 그라프 슈페Graf Spee 함이나 비스마르크Bismarck 함 등의 함정들은 암호 분석, 공중 감시 및 레이더 등에 의해 운명을 달리할 수밖에 없었다. 20세기의 통상파괴함들은 이런 관측 활동에서 벗어나기 위해 바다 속으로 숨을 수밖에 없었다. 제1차 세계대전 내내, 제2차 세계대전 초기의 잠수함은 공격을 피하려고 바다 속으로 숨는 일종의 수상파괴함이었다. 이런 사실은 항공기 때문에 유-보트들이 잠항하게 되면서 그 효율성이 상실되었다는 의미다. 1943년 중반에 하루 평균 104척의 유-보트가 바다에 잠복해 있었을 때, 최고조에 달한 잠수함들의 활동을 좌절케 한 것은 바로 항공기였다. 연합국은 비스케이Biscay 만의 공세적 항공초계와 선단 주위에서의 방어적 항공초계를 적절히 배합함으로써 대서양 해전을 승리로 이끌었다. 레이더를 장착한 항공기는 우선 유-보트의 항해속력을 떨어뜨렸고, 다음으로 호송선단 주변에서 유-보트의 기동을 결정적으로 위축시켰다.

연합국의 군사행동 시 레이더는 필수적이었다. 또한 탐지 레이더는 전투정찰에서 최초의 대규모 대항-역대항전을 촉발시켰다. 영국이 주파수를 변경함으로써 독일의 탐지장비를 따돌렸던 그 내막을 여기서 상세히 설명할 수는 없지만, 이것이 주는 교훈은 분명하다. 영국의 전략가들은 유-보트가 연합국의 레이더 주파수를 아는지 여부를 알려줄 레이더 수집 방법을 알아냈다는 사실이다.* 물론, 이런 분석은 불필요하다. 영국이 독일의 암호를 해독했고, 연합국의 사령부는 이런 사실을 이미 알고 있었기 때문이다.**

□ * Blackett, 1962 : 222~223. 이 전자전에 관한 여러 설명 중에서 가장 훌륭하고 간명한 것 중의 하나는 티드먼Tidman, 1984 : 75~80의 설명이다.
** 미국의 전략가들은 1943년에 이미 이러한 성과를 이룩한 바 있다. 티드먼이 설명한 바와 같이 슈타인하르트Jay Steinhardt는 무선방향탐지기에 의한 위치가 분석을 통한 위치보다 10배나 정확한 것으로 생각하고 있었다. 슈타인하르트는 당시 대잠전 분석단장으로 그의 직속상관과 의견 대립을 보이고 있던 모르스Philip Morse에게 자료와 함께 이 문제를 제시하였다. 그 결과 마침내 문제가 해결되었는데, 모르스와 슈타인하르트는 최소한 진실을 밝혔던 것이다. 그러나 넘쳐흐를 만큼 막대한 양의 작전 분석 서류가 있었지만 그 속에 비밀은 단 한 건도 없었다.

유-보트 암호는 I급 비밀이었다. 이것의 역이용은 대서양 해전의 탐지전에서 가장 중요한 무기였다. 되니츠Dönitz 제독은 모항 출항 때부터 유-보트를 지휘하였다. 1942년까지 이리 떼 전술wolfpack은 선단에 대한 전투정찰과 집중 공격에 이용되었다. 유-보트가 자유롭게 통신할 수 없게 되자, 대신 베를린이 모든 전술신호를 최대한 활용할 기회를 제공하는 전술조정자의 역할을 수행하였다. 1941년 5월 영국은 U-110으로부터 독일의 암호기 1대를 탈취하여 적의 신호를 간헐적으로 판독하기 시작했다. 이에 덧붙여 연합군은 암호분석법을 보충하기 위해 무선방향탐지기RDF에 의한 삼각측량법으로 유-보트의 위치를 찾아냈다. 독일의 잠수함 운용자들은 극히 짧고 기술적으로 정교한 전파 발사를 삼각측량으로 관측하는 것은 불가능하다고 생각하였다. 그러나 이것은 잘못된 생각이었다.

물론 해독된 정보는 전략적으로 매우 중요했다. 첩보는 시험훈련 중인 유-보트를 포함한, 대서양과 발트 해 유-보트 함대의 전투서열에 대해 정확히 계산해냈다. 암호 해독자들은 수천 마일 떨어진 베를린에서 유-보트에 하달하는 이동과 공격 계획에 관한 풍부한 정보를 제공해 주었다.

작전 중인 모든 유-보트가 처음 사용한 암호인 히드라Hydra를 오랫동안 판독함으로써 얻은 또 하나의 획기적인 수확은, 이것이 유-보트전의 진행 양상, 심지어 되니츠 제독의 심리 상태까지 읽는 혜안을 제시해 주었다는 사실이다. 우리는 유-보트의 전투 방법, 초계 해역으로 이동할 때 또는 초계 해역에서 귀환할 때 평균 속력, 다양한 유형의 유-보트의 항해 지속 능력과 많은 함장들의 특성, 주로 사용하는 초계선patrol line의 형태와 시각 접촉에 사용되는 짧은 신호의 정확한 의미, 기상이나 위치에 관한 보고 등도 알고 있었다.Beesly, 1977 : 116

1946년 미국에서 출간되자마자 기밀로 분류된 『제2차 세계대전 시의 대잠전ASW in World War II』이라는 탁월한 미국의 전술연구서는 매우 많은 분량을 세세히 다루고 있다. 심지어 여기에는 독일의 유능한 유-보트 함장들의 이름까지 언급되어 있다.Sternhell & Thorndike, 1946 : 4, 10, 11, 20, 81 이런 I급 비밀이 이

토록 잘 유지된 것은 불가사의한 일이다. 이 공식적 연구에서 암호 해독에 관해 유일하게 언급한 것은 1944년 6월에 있었던 U-505의 포획과 관련된 사항뿐이다. 저자들은 이 사건으로 연합군이 독일의 암호에 관해 중요한 정보를 얻게 되었다고 기술한다. 그러나 실제로 연합군은 이미 이 암호를 판독하고 있었으며, 갤러리Daniel Gallery 대장의 대잠탐색공격전대hunter-killer group를 어느 곳으로 파견해야 할지도 알고 있었다. 이 때문에 과달카날USS Guadalcanal 함과 이 함의 호위함들은 U-505를 포함한 유-보트 4척을 연속적으로 순식간에 격침시킬 수 있었다.

대서양과 태평양 전역에서 암호 해독이 미친 영향에 관해 현재 우리가 알고 있는 사항에서 다음과 같은 내용을 추론할 수 있다.

_ 해상 게릴라전인 통상파괴전은 엄호를 받지 않는 한 현대적인 감시 능력에 의해 실패할 것이다.
_ 우위를 차지하고 있다는 자만심 때문에 육상에서 해양으로의 신호 전송은 상대방의 탐지에 특히 취약했다. 원거리 작전지휘는 전술적인 것으로서 전투정보를 누설하기 쉬워 특별한 신호규칙을 필요로 한다.

육상과 해상 부대 간의 전술적 상호 작용

이제, 탐지장비와 전투정찰, 그리고 그 대항책에서의 마지막 중요 요소를 살펴보겠다. 제1장에서 강조한 바와 같이 육상에서의 상황과 해상에서의 상황 간의 전략적 상호 작용은 적의 의도처럼 항상 대다수의 해전 양상과 규모를 결정짓는 주요 요소였다. 제2차 세계대전 중 이룩한 중요한 발전 중 하나는 주로 항공기의 새로운 역할에 따라 '전술적' 상호 작용의 중요성이 새롭게 등장한 것이다. 소략하지만 여기서는 그 새로운 가능성을 수없이 개척한 탐지 혁명이 정보전과 해군 지휘 문제에 미친 효과를 검토하기로 한다.

먼저 전술지휘관이 육상으로부터 주요 해역 어디까지 영향력을 행사했는지를 알아보자. 야마모토, 되니츠, 니미츠, 할제이는 정도의 차이는 있지만 모두 예하 부대의 전투기동에 참여하였다. 누메아Noumea의 육상에서 전송된 할제이의 신호에 관한 기록을 보면 특정 장소와 특정 시간에 남태평양 작전을 개시하도록 한 명령을 발견할 수 있다. 전술 지휘, 그리고 좀 더 일반적으로는 오늘날 용어로 작전술operational art로 명명되는 것이 육상으로부터 실시되었다. 그 목적은 함정 및 항공기로 구성된 해상의 공격부대가 적에게 발각되기 전까지 무선침묵을 유지하게 하려는 것이었다. 암호 분석이나 무선방향탐지기를 이용할 수 없는 경우에도 교신하는 신호의 양을 분석해 작전의 임박성을 알 수 있었다.

일본 해군과 미국 해군 모두 육상기지 정찰기를 사용하였다. 이는 해상의 함정과 항공기의 위치를 감추는 데 부분적으로 도움을 주기 위한 것이었다. 그러나 육상기지 초계기가 더 긴 항속거리와 작전지속 능력을 보유하고 있다는 데도 한 이유가 있었다. 일본 해군은 공격용 항공모함 세력을 축소시키기 위해 미국 이상으로 외부정찰을 이용하였다. 지중해에서 이탈리아 해군의 자신감과 사기를 떨어뜨린 가장 치명적인 원인 중 하나도 육상기지 항공정찰의 실패였다.

여기서 육상의 표적에 대한 해상기지 항공강습 시대의 도래에 관해서는 재론할 필요가 없다고 본다. 주목할 것은 해상표적에 대한 육상기지 항공강습의 운명이다. 이탈리아와 미국 공군은 해상전투함을 공격하기로 계획되어 있었으나 대부분 실패로 끝났다. 무솔리니Mussolini에 의해 해군의 항공력 건설을 거절당한 바 있는 이탈리아 함대는 공군의 정찰에 의존할 수밖에 없었다. 공군의 지원이 원활하지 못해 엄청난 피해를 입은 것이다. 그러나 일본은 육상 비행장에서 해군 소속 항공기를 성공적으로 발진시킴으로써 어뢰로 영국의 리펄스HMS Repulse 함과 프린스 오브 웨일스HMS Prince of Wales 함을 격침시키는 괄목할 만한 성과를 거두었다. 항공기가 임무 수행을 위해 훈련되고 무장만 갖추었다면 전투함에 대한 육상기지 항공기의 공격은 결코 본질적으로 잘못된 것이라고 할 수 없다. 제2차 세계대전 중 육상기지 항공기의 강습 효과를 제한한 전술적 요인은 기동력과 화력집중 능력의 부족이었다. 취약한 지휘구조와 기동 중인 함정을 명중시키기 위한 특수 훈련의 부족은 해상에 대한 육상으로부터의 항공강습이 전반적으로 실패하게 하는 주요 원인이 있었다.

육상기지의 해상초계는 단독으로 장거리에서도 안전하게 초계비행을 할 수 있었다. 그 때문에 특성상 대잠용으로 매우 큰 효과가 있음이 판명되었다. 이 항공기들은 전술 특성상 대규모로 지속적으로 이용될 수 있었다. 영국은 이러한 잠재적 역량을 나중에야 깨달았다. 전쟁 첫 주에 영국의 항공모함 커레이저스HMS Courageous 함이 U-29에 의해 격침된 뒤에도 영국 해군은 육상기지 항공기가 대對유-보트 비행에 안전하다는 사실을 인식하지 못했다. 영국은 3년 6개월 동안이나 육상기지 항공기를 대 유-보트 작전에 투입하는 것을 반대해 왔으나 대서양에서의 급박한 전황으로 부득이하게 활용하게 되었다. 1943년 초 영국의 폭격기 전대가 연안 방어 부대에 이관되면서부터 상황은 급변했다. 그와 동시에 영국은 루스벨트 대통령에게 리버레이터Liberator 폭격기를 생산하는 데 미국이 재정적 지원을 하도록 설득하자마자 곧바로 장거리 항공기의 특성에 알맞은 뛰어난 능력을 갖춘, 즉 대잠초계 임무를 수행하는 항공기를 대량으로 생산하는 시스템을 가동시켰다.Blackett, 1962 : 227

나치 독일은 해상에서 육상기지 항공기를 이용할 황금 같은 기회를 놓쳤다. 프랑스 함락 이후 독일 공군에 의한 몇 차례의 출격은 연합군의 대서양 호송선단을 공격하는 데 독일의 중거리 폭격기가 효과가 있다는 것을 보여주었다. 그러나 육상의 표적에 대한 공격을 선호하던 괴링Hermann Göring의 취향 때문에 독일은 항공기를 개발하여 대규모 선단공격에 투입할 기회를 잃고 말았다. 혹시 독일이 이런 가능성에 눈을 뜨지 않을까 하는 우려는, 이미 유린당한 바 있는 영국 해군을 전쟁 기간에 오랫동안 괴롭힌 걱정거리였다.

　상륙작전을 상세히 살피려면 별도의 책이 나와야 할 듯하다. 상륙작전은 대체로, 그리고 당연히 그때그때 전략적 내용에 부합하는 연구가 행해졌다. 그러나 무기의 도달거리 및 사정거리와 함정 및 항공기의 기동성 때문에 나폴레옹 전쟁과 제2차 세계대전 동안에는 이보다 더한 과장이 불가능할 정도로 상륙돌격의 본질이 근본적으로 바뀌었다는 것은 의심할 바 없다. 제2차 세계대전 이후의 상륙작전에서는 육해상 접경선이 점차 확장되는 경향이 나타났다. 또한 좀 더 새로운 전술이 사용되었다. 우리는 인천상륙작전, 기뢰원으로 때문에 차질을 빚은 원산상륙작전, 최근에 영국의 구축함 글래모건HMS Glamorgan 함이 포클랜드 섬의 육상기지에서 발사된 미사일의 공격을 받았던 사건, 그리고 가장 최근 일어난 사건으로는 미국이 그레나다Grenada를 침공할 당시에 항공기와 군함의 기동성을 신속히 이용한 것 등을 사례로 들 수 있다.

　서로 대적하면서 작전을 수행해야 하는 육상 및 해상부대의 잠재적 역량의 다양한 성장은 주의 깊은 연구를 필요로 한다. 또한 그러한 연구가 꾸준히 진행되어 왔다. 그 중요성은 나날이 증대될 것이고, 앞으로도 그러한 전투정찰, 통신, 부대의 통제, 이에 대한 각 대항책의 역할이 과소평가되어서는 안 된다. 이 모든 것의 원인은 바로 탐지혁명에 있었다. 육상과 해상 간의 전술적 상호 작용의 증대와 탐지 기술의 성장은 전술상 두 가지의 큰 경향을 이루고 있다.

CHAPTER **6**

거대한 경향

전쟁의 원칙에 관하여

　마한은 다음과 같은 명언을 남긴 적이 있다. 마한은 "전술의 구조는 흔히 전체적으로 붕괴되지 않을 수 없지만, 전략적 기초는 마치 반석 위에 올라선 것처럼 지금까지 변하지 않았다. 인간이 만든 무기를 수단으로 사용하는 전술 원칙은 변화와 발전 과정에 놓여 있다. 이 때문에 이러한 전술의 원칙보다는 전략의 원칙이 좀 더 이해하기 쉽다."Mahan, 1890 : 88~89고 생각했다.

　이런 예측이 사실이든 아니든, 군사원칙그것이 마한의 것이든 그 밖의 인물의 것이든과 거기서 나오는 전투 행위 간에는 차이점이 없지 않다. 전술은 변화되지만 그렇다고 그 변화가 전술 원칙을 탐구하는 데 장애가 될 수는 없다. 또한, 전략 원칙이 있다고 해서 꼭 전략이 변하지 않는다는 것도 아니다. 전술과 마찬가지로 전략도 '인간이 만든 무기'의 영향을 받는다. 우리는 마한이 장차 무기가 전략에 어떤 식으로 영향을 미칠 것인지에 대해 예견하지 않았다고 해서 그를 비난할 생각은 없다. 그러나 그가 기술한 바와 같은 변화가 있었음은 명백한 사실이다. 예를 들면 범선에서 증기선으로 바뀌면서 전략적 봉쇄를 실시하는 경우는 상당히 제한되었다. 몇 개월을 일정 해역에 머물 수 있는 범선이 항해 지속 능력이 없고 석탄 공급에 의존하는 증기선으로 대체되었다. 이에 따라 석탄 공급 기지를 확보하기 위한 경쟁은 전략에 중대한 영향을 미치게 되었다.

어떤 행동 지침에는 '진리truth'를 최상위로 하는 일정한 단계가 있다. 진리는 인식론자들의 이론에 의하면 존재하기는 하지만 결코 확실하게 인식될 수 없다. 원칙은 진리에 대한 시대적 시각vision을 표출한다. 정책policy과 교리doctrine는 원칙에 입각한 조화 있는 행동 계획이다. 끝으로 전략적 혹은 전술적 결정은 정책과 교리에 따른 개개의 행동을 말한다. 이 모든 단계를 거치면서 오류가 생기게 마련이다. 자신의 독자적 원칙에 입각한 제1차 세계대전에 대한 마한의 빗나간 예언은 무엇보다 이런 오류가 있을 수 있음을 보여주는 좋은 예이다.

각종 원칙을 연구하는 데 지금까지도 해군보다 육군이 훨씬 철저하다. 일찍이 마한은 이런 현상을 통탄한 바 있지만, 그동안 상황은 별로 바뀌지 않았다. 지금까지 대부분의 군사 연구가들은 전쟁원칙을 인용함으로써 전략적 원칙과 전술적 원칙그리고 그 근간을 이루는 군수을 상호 구별하는 문제를 기피해왔다. 불변의 진리를 찾으려는 그들의 노력은 마침내 다수의 단편적인 일람표를 만드는 것으로 끝났다. 랜더스먼S.D. Landersman 대령은 어느 미간행 논문에서 23종류의 전쟁원칙을 종합한 적이 있다. 그중에는 해군 장교들이 제시한 것도 포함되어 있다.

☐ * 이러한 원칙은 <부록 B>에 수록되어 있다.

모든 원칙에는 예외가 있다. 전쟁원칙의 예외는 전쟁의 방향을 좌우하는 결정적인 경향이다. 리델 하트Liddell Hart는 "전시의 모든 문제, 모든 원칙은 양면성을 가진다"라고 지적하였다. 그러면서 다음과 같이 말했다. "이것은 동전의 양면과 같다. 이것은 전쟁이란 양자 간의 사건이라는 사실에서 나오는 당연한 결과이다. 따라서 공격을 가하면서도 한편으로는 방어해야 한다"Lidell Hart, 1967 : 329 스스로 전쟁원칙에 관한 어떤 일람표도 만든 적이 없었으면서도 그런 원칙의 선구자였던 클라우제비츠는 각종 명제와 변칙을 제시하여 그의 저서를 읽는 독자들을 혼란에 빠뜨렸는데, 그중 몇몇은 역설이었다. 그는 실무자의 환희와 이론가의 비애를 동시에 지니고 있었다. 그는 전략적 전력 집중에 관한 전문인용이 가능할 정도로, 다음과 같이 극히 짧은 글을 남겼다.

> 최상의 전략은 언제나 강력한 전력을 보유하는 것이다. 우선 전반적인 전력이 강해야 한다. 그런 후 결정적인 지점에 강력한 전력을 보유해야 한다. 그런데 군사력을 창출한다는 것은 반드시 장군의 임무가 아니다. 이러한 노력을 별도의 문제로 한다면 전략에서의 가장 단순한 최고 법칙은 장군이 예하의 전력을 집중해 둔다는 사실이다. 따라서 긴급한 목적을 위해 파견되는 부대를 제외하고는 어떠한 부대도 주력부대로부터 분리해서는 안 된다. 우리는 이 원칙을 굳게 지키고 확실한 지침으로 삼아야 한다. 앞으로의 분석 과정을 통해 우리는 어떠한 경우에 세력을 분산하여 운용하는 것이 타당한지를 알게 될 것이다. 또한 집중의 원칙을 따르더라도 어떤 전쟁이든 동일한 결과가 나타나는 것은 아니며, 전쟁의 결과는 목적과 수단에 따라 얼마든지 달라질 수 있음도 알게 될 것이다.
>
> 믿기 어려울지 모르지만 지금까지 지휘관들은 이런 원칙을 반드시 지켜야 한다는 것을 제대로 인식하지 못함으로써 어떤 합리적인 이유도 없이 단지 막연한 감정에 따라 전력을 분리·분산하여 운용한 예가 많았다. 전력의 집중을 규범으로 하고, 전력의 분리·분할 운용은 정당화될 수 있는 부득이한 예외적인 경우라는 것을 인식한다면, 전력을 분리하는 어리석은 행동은 완전히 피할 수 있을 뿐만 아니라 그릇된 이유에 의한 전력의 분리도 방지할 수 있을 것이다.Clausewitz, 1976 : 204

각각의 이론에 나타난 대부분의 원칙은 서로 상충하는 특성을 지녔음에도 이러한 원칙을 우선순위로 제시해주는 이론은 없다. 따라서 전쟁의 원칙에는 중요한 예외가 인정될 수밖에 없다. 이 우선순위는 마땅히 그러해야 한다는 것을 나타낸다. 이러한 원칙 간의 상충성예를 들면 집중과 절약, 경계와 기습 때문에 무조건 이 원칙을 따르지 않게 하는, 일종의 작은 방패막이라고 할 수 있는 정신적 긴장의 끈을 늦출 수 없다. 원칙 간의 우선순위가 없기 때문에 이 원칙을 기억하고 있는 자들은 취사선택에 신중해야 한다. 일련의 전쟁원칙은 전쟁에서 낭비하는 노력을 줄이는 데 도움을 준다. 그러나 독자들이 연구는 하지 않고 이 원칙만을 따르려 한다면 매우 위험하다. 선임 장교들이 젊은 후배 장교들에게 이러한 원칙의 일람표를 그대로 강의하는 것보다 더 큰 해악은 없다. 선임 장교는 그 내용에 관해 강의해야 한다.

전쟁원칙의 두 번째 약점은 '집중'처럼 그 내용이 핵심적인 단어로 '압축'되어 있다는 점이다. 단어가 그대로 원칙일 수는 없다. 원칙이란 일반적 진리를 기술해 놓은 것이다. '전력집중'은 최소한의 의미만 지닌 최소한의 설명에 불과하다. "적의 부분에 대하여 우세한 전력을 집중하라"라고 표현하면 더 구체적이고, 따라서 더욱 의미 있는 설명이 될 것이다. '적을 격파할 수 있는 결정적인 시간과 장소에 전투력을 집중하라. 그러나 적의 화력에 취약할 정도로 전력을 집결시켜서는 안 된다'라고 하면 훨씬 더 구체적인 표현이지만, 이런 설명이 오늘날에는 타당할지 모르나 역사상 항상 타당했던 것은 아니다. 그러므로 똑같은 원칙을 러시아식 이론으로 표현하면 다음과 같다. '주요 노력을 집중하고 결정적인 시간과 장소에서 적에 대한 전력과 수단의 우위를 창출하라.' 이런 표현은 우리의 의도와 일치하는가? 어느 전쟁원칙이 유용하게 사용되려면 그 원칙을 실행하는 데 어떤 행동을 취해야 하는지를 명백하게 나타낼 수 있도록 적어도 현재 통용될 수 있고 명백히 규정될 수 있는 원칙이어야 한다.

전쟁원칙이 지닌 세 번째 약점은 이것이 실제에 맞게 해석되지 않은 상태에서는 전략을 전술혹은 일부의 주장에 의하면 작전술과 구별하지 않는다는 점이다. 실제 전투에 유용하도록 해석할 수는 있지만 일반적 원칙을 구체적 상황에 적용할 경우에는 오류가 생길 수 있다. 러시아의 전쟁의 군사적 법칙 military laws of war과 법칙 적용 규범 law-governed patterns은 상당히 그럴듯해 보이지만 이것 역시 추상적이기는 마찬가지이다. 러시아의 군사과학 체계는 지금까지 구축된 체계 중에서 가장 정교한 것 중 하나이다. 이론에 대한 굳은 믿음과 결정론에 대한 신뢰가 그 특성을 이루는데 러시아의 군사 계획을 예측하는 열쇠는 바로 여기에 있다.

전쟁원칙의 또 한 가지 문제점은 그것이 지상전과 해상전의 차이를 구별하지 않는다는 점이다. 육상부대와 해상부대 간의 전술적 상호 작용이 점차 증가되는 경향인 데도 해상부대와 육상부대 간에는 '전략적' 상호 영향력이 존재해 왔다. 이런 사정이 크게 변하지는 않았지만 실제 전쟁에서 육상의 행동원칙과 해상의 행동원칙에는 현격한 차이가 있다. 이를 보여주기 위해 육군전투army battle에 관한 더피T.N. Duppy의 견해와 해군전투navy battle에 관한 필자의 견해를 표로 나타내 보았다. 여기서 좌측의 설명은 더피의 최근 저서『전투이론의 역사적 기초The Historical Basis for a Theory of Combat』중 제1장 "영원한 전투 진리Timeless Verities of Combat"에서 발췌한 것이고, 우측의 설명은 더피의 설명과 함께 대응될 수 있다고 생각되는 해군전투의 특성에 관한 필자의 견해이다.

더피가 제시한 지상전투에 관한 군사적 진리가 비록 해상전투에서 액면 그대로 적용될 수는 없다고 하더라도 이를 두고 왈가왈부할 생각은 없다. 전쟁의 원칙은 그 나름의 효용성이 있기 때문이다. 다른 모든 훌륭한 이론이 그렇듯이 이 원칙도 이유whys와 원인wherefores을 설명하는 데 도움을 준다. 반면, 실제로는 시간whens과 장소wheres, 방법hows의 문제를 다룬다. 그러나 궁극적 원칙만으로는 아무것도 이룰 수 없기 때문에 여기에 만족할 수 없는 것이다. 가장 현명한 권위자들의 견해를 정선하여 완벽한 표를 만든 후에도 만약 이것이 가능하다면 지적으로 이제는 갈 데가 없는 막다른 골목에 이를 것이다. 그때는 원칙이 전쟁에 미치는 효과는 적에 비해 더 깊은 사고를 하는 것으로 요약된다고 할 수 있다. 전투 과정을 이해하는 것은 전술을 연구하는 더 좋은 방법이다. 전투 과정은 항해사의 과학이자 기술이

	지상전투 land battle	해상전투 sea battle
1	공세적 행동은 결정적 전투 결과를 성취하기 위해 필수적이다.	해상전투에서도 마찬가지이다.
2	방어 전력이 공격 전력보다 월등하다.	방어 전력이 열세하다.
3	성공적 공격이 불가능할 경우에는 방어 태세가 필요하다.	방어 태세는 본질적으로 위험에 빠질 가능성이 크며 막대한 손실을 초래할 수도 있다.
4	측방이나 후방 공격이 정면 공격보다 성공 가능성이 높다.	예측하지 못한 함미 방향으로부터 공격은 유리한 점이 있다. 그러나 포위 개념은 지상 전술의 포위 개념과 전혀 다르다.
5	주도권을 장악하면 우세한 전투력의 투입이 가능해진다.	주도권 장악은 해상전투에서 특히 중요하다.
6	방어자의 성공 가능성은 요새 전투력과 비례한다.	방어력은 단지 효과적인 공격 또는 반격을 위한 전술적 시간을 벌기 위한 것이다.
7	희생을 치를 각오가 되어 있는 공격자는 어떠한 방어벽도 돌파할 수 있다.	필요한 수단만 확보되어 있다면 해상전투에서도 마찬가지이다.
8	성공적인 방어를 위해서는 충분한 종심과 예비대가 필요하다.	해상전투에서 예비대를 남겨둔다는 것은 오산이다.
9	전력의 요소로서 기습의 효과, 상대적 전투 효율, 그리고 방어태세의 이점을 중시한다면 우세한 전투력을 보유한 측은 항상 승리할 수 있다.	적절한 조건만 충족된다면 해상전투에서도 우세한 세력이 항상 승리를 거둔다고 할 수 있다. 그러나 대등한 세력이 해상에서 교전을 하는 경우에는 선제공격자가 승리한다고 하는 것이 더 적합한 표현이 될 것이다.
10	기습은 대체로 전투력을 강화시킨다.	해상전투에서도 마찬가지이다.
11	화력은 살상, 분쇄, 억제의 수단이며 분산의 원인이 된다.	해상전투에서도 마찬가지이다.
12	전투 행동은 평시의 실험, 계획, 훈련 등으로부터 예측한 것보다 완만하고 위축되며 비효율적으로 나타난다.	해상전투에서도 이러한 경우가 종종 있지만 전투 결과가 기대 이상으로 빨리 나타난 전례도 많다. 추측컨대 해상에서는 지상에 비해 예상과 실제 간의 괴리가 적은 것 같다.
13	전투는 하나의 간단한 격언으로 표현되기에는 너무 복잡하다.	해상전투에서도 마찬가지이다.

며, 그 원칙은 항해사가 항로를 찾기 위해 사용하는 별과 같다.

전투 과정

성과 있는 전술 연구의 요체는 전투가 시간적·공간적으로 어떻게 일어나는지를 인식하는 것이다. 전투활동, 즉 변동 과정 dynamics은 이를 이해하기 위한 원칙이다. 변동 과정은 시간 연관 모델, 즉 전투 과정에 대한 설명이다. 일반적으로 각종 모델은 전투 과정의 상images이다. 구체적으로 말하면, 궁극적으로 전장이 그 자체로 이해의 시험장이 되기 전까지는 세부 사항을 세세히 구비한 수학적 모델, 모의 연구, 전쟁연습 등이 모델일 수밖에 없다. 전장의 변동 과정에 대한 연구가 적절한 전술 연구 방법론에 기여한다는 것은 전쟁에 관해 사용되는 다음과 같은 일반적 용어에 비추어 주장의 타당성이 입증된다. 즉, 전투력, 잠재력, 에너지, 압력, 집결, 기세, 이동, 세력 등의 용어는 군인들이 전투 과정에 적용하는 유형적 요소의 변동 과정을 말한다.

기본적 전투 과정을 살펴봄으로써 우리는 지난 역사를 재검토하고 일정한 경향, 불변 요소, 기술, 전장 환경에 관한 몇 가지 결론을 얻을 수 있을 것이다. 일단 기술이 전투 진행 과정의 진행 방식에 어떤 변화를 가져왔는지를 살필 것이다. 예를 들면 이미 범선시대에서 거포시대로, 다시 항공력 시대로 바뀌면서, 첫째는 전투 과정, 즉 화력발사가 어떻게 변화했는지를 살펴보았다. 기술은 화력의 발사 과정을 변화시켰고, 이와 더불어 전술상의 화력집중 방식도 바꾸었다. 이런 추세로 미루어보아 미사일 시대로 일컫는 미래전 양상을 짐작해 볼 수 있다.

다음에 열거한 사항들은 떨어지는 사과에서 물리학의 법칙이 나오듯 역사에서 곧바로 도출할 수 있는 것이 아니다. 사회적 현상을 설명해주는 증거에는 물리적 현상처럼 명확한 결론을 제시할 수 있는 것이 별로 없다. 그러나 그 증거는 제시해야 한다.

해군 전술은 다음과 같은 5대 명제에 기초하고 있으며, 이들은 일련의 과정과 각각 관련되어 있다.

_ 해군전naval warfare의 핵심은 소모 과정에 있다. 소모는 성공적인 화력발사에서 나온다.

_ 전투정찰은 효과적인 화력을 발사할 수 있도록 적의 위치를 확인하는 것으로,

- C²는 전투정찰 및 화력 잠재력을 투입 세력의 현실적 역량으로 전환시키는 과정이다.
- 해군전투는 위험이 있든 또는 실제로 적이든 간에 동시에 양측의 소모를 야기하며 세력 대 세력의 과정이다. 승리를 쟁취하기 위해서는 효과적인 선제공격을 해야 한다. 따라서 적의 화력, 전투정찰, C² 과정을 방해하기 위한 각종 전투도 기본적으로 중요하다.
- 기동 역시 전술적 과정이다. 사실 전투 시의 기동은 한때 전술의 고전적 정의로 여겨지던 때가 있었다. 기동은 전투정찰 및 사격을 위해 세력을 배치하는 C² 활동이다. 전투기동은 상당히 관심을 기울일 만한 가치가 있고 또 관심을 받고 있지만 그 다음 단계, 즉 기동의 구조에 관해서는 아무도 관심을 기울이지 않고 있는데, 이렇기 때문에 전투기동이 차지하는 위치를 조속히 확립할 수 없다.

또한 우리는 화력발사, 전투정찰, C²를 과정이 아니라 그 기능을 다하는 해군력의 구성 요소, 이른바 화력, 전투정찰 수단, C² 체계로 볼 수 있다. 이러한 전력 요소에는 각각에 대응하는 세 가지 요소가 있는데 대항세력, 대정찰 수단, C²CM 체계가 바로 그것이다.

① **화력과 대항세력**

화력은 적의 세력 운용 능력을 파괴하는 역량을 말한다. 대항세력은 발사된 화력의 효과를 감쇄시키는 역량이다. 여기서 공격력과 방어력은 방어자의 화력 대응 수단인 대항세력의 불균형을 유지하는 데 유용한 구실을 한다. 오늘날에는 별로 일반화되지 않지만, 역사적으로 볼 때 각국 해군은 군함 선체의 생존성(16인치 및 18인치 포 시대에는 전투지속 능력으로 불렸다)을 증가시킴으로써 적의 화력에 대비하였다.

② 전투정찰 수단과 대정찰 수단

전투정찰 수단은 각종 수단, 즉 정찰, 감시, 암호 분석, 정보전이라 불리는 여러 방법 등을 동원해 정보를 수집한다. 그러나 수집된 정보가 전술지휘관에게 보고되기 전까지는 전투정찰이 완성되었다고 할 수 없다. 전투정찰을 통해 적의 위치, 이동, 취약점, 전투력, 무엇보다 적의 의도에 관한 전술적 정보를 획득한다. 대정찰 수단은 적의 전투정찰 활동을 파괴하고 차단하고 지연시킨다. 이러한 방해 활동은 '경계'로 명명하는 것이 좋을 듯하다. 그러나 지금까지 경계라는 말은 대정찰 및 대항세력을 의미하는 것으로 사용되었다. 즉, 대잠 또는 대공경계진은 적의 공격에 대응하는 것을 적의 정보의 질을 감소시키는 것만큼이나 혹은 그 이상으로 강조하고 있다.

③ C^2와 CM^2 체계

지휘command는 부대에게 요구되는 것이 무엇인지를 결정하고, 통제control는 요구되는 바를 실행에 옮기는 것이다. 이 모두는 과정이다. 다소 부자연스럽지만, 정의하자면 C^2 체계는 과정을 실행할 수 있는 장비와 조직이다. 지휘는 지휘관과 참모, 물적 장비, 예를 들면 간단한 기동상황판이나 복잡한 전투정찰 정보의 전시 등에 의해 구체화된다. 통제는 통신장비, 작전명령, 함대교리, 신호서 등에 의해 구체화된다. 지휘통제대항책C^2CM은 적의 결심 및 결심 전파 능력을 제한하려는 각종 시도를 말한다. C^2CM 장비에는 지휘소와 기함을 파괴하는 미사일도 포함된다. 이러한 장비를 더 널리 통용되는 말로 표현하면 통신방해장비communications jamming equipment라고 할 수 있다. 아무리 미묘하다고 해도 C^2CM은 첩보요원들이 허위 정보를 유포하고 적의 무기를 다른 곳으로 돌린다기보다는 전술가의 결심을 혼란시키고자 할 때 허위접촉을 하게 함으로써 이루어진다. 그러나 첩보원이 전투정찰 활동을 수행할 수 있고, 신호 역이용, 예를 들면 무선방향탐지기의 활용도 전투정찰의 한 형태가 될 수 있다. 빈번하게 사용되는 용어인 C^3대항책C^3CM은 화력, 전투정찰, C² 등에 동시에 대항하기 위한 활동을 말한다. 적이 이 중 어떤 과정을 주목표로 삼을 것인지를 식별하는 것이 바람직하다. 따라서 앞으로는 대항세력, 대정찰, C²CM 활동 등에 관해 언급할 때 이를 신중히 구별할 예정이다.

전술지휘관은 자기의 세력을 네 가지 활동, 즉 화력발사, 대항세력 출격, 전투정찰 및 대정찰에 각각 배치하는 데 C²를 사용한다. 적의 지휘관도 마찬가지이다. 많은 무기체계와 잠수함처럼 독자적으로 작전을 수행할 수 있는 것은 모두 이 네 가지 활동을 수행할 능력을 어느 정도 보유하고 있다. 함대사령관의 입장에서 볼 때, 사령관의 주요 전술적 책임 중 하나는 예하부대에 각자 담당할 기능을 할당하는 것이다. 사령관은 항구에 정박 중일 때 국립감시위성, 육군의 지대공 미사일, 아군 함대와 적 비행장 중간에 위치한 공군의 요격기 등 자신의 통제를 받지 않는 각종 무기체계에 대해 필요시에 그 역할을 통합하지 않으면 안 된다.

이제 우리는 무엇보다 각 과정의 특성을 변화시킨 역사적 경향과 그에 따른 전술을 검토할 수 있는 준비가 된 셈이다. 이번 장에서는 전술 변화의 원인과 효과를 주로 다룰 것이다. 다음 장에서는 역사적으로 변화 없이 지속되어 온 요소, 이른바 어떤 전술이 변하지 않았는가? 또는 기습처럼 어떤 전술이 변화 없이 믿음직스러운 역할을 수행해 왔는지를 검토할 것이다. 짐작컨대 이런 경향에 관한 지식과 불변 요소에 관한 지식은 모두 우열을 가리기 어려울 정도로 중요하다.

그러나 각각의 과정, 즉 화력발사, 대항세력 활동, 전투정찰, 대정찰을 개별적으로 분석하는 것은 위험하다. 조화로운 협동작전만이 전투에서 승리를 거둘 수 있기 때문이다. 오케스트라의 모든 악기가 지휘자에 의해 하나로 조화를 이루듯, 이런 과정은 전술지휘관에 의해 조정되어야 한다. 그와 동시에 적 지휘관도 예하부대와 공격 시기 선택에 관해 결정을 내릴 것이다. 양측 모두 전투의 결정적 순간과 성과를 향하여 한 걸음씩 나아가고 있는 것이다.

결과가 이미 예정된 전투가 아니라면, 승리는 효과적인 선제공격의 기회를 찾아서 더 완벽한 협동작전을 전개한 함대에 돌아갈 것이다.

기동

기동은 전 과정 중 독특한 위치를 차지한다. 단위부대들은 기동을 통해 자신의 위치를 계속 찾아갈 수 있다. 모든 단위부대가 각자 부과된 기능을 수행하기 위해서는 제자리에 있을 때 승리할 가능성이 많다. 해상에서는 위치가 지리적으로 고정되지 않는다. 물론 함대의 일부 구성부대는 해안의 고정기지에 위치할 수 있다.* 그러나 대항 중인 함대의 위치는 상호 관련성이 있다. 따라서 각 단위부대의 기동에 따라 함대의 상대적 위치는 복잡하게 바뀐다. 해군전투에서 어느 한 부대의 사정거리 및 방위와 다른 부대의 사정거리 및 방위 사이에 존재하는 상호 관계는 전술적으로 중요한 고려 사항이 된다. 이에 따라 양측의 동시 기동은 계속 변한다. 자기 편 부대 간의 상대적 위치 또한 중요하다. 설령 숙련된 부대라고 해도 서로 그 위치를 추적·파악하는 것은 적의 위치를 파악하는 것만큼이나 매우 어렵다.

☐ * 지상전에서는 최초로 구축하는 방어 진지가 절대적으로 중요하다.

범선시대의 함선들은 집중을 위해 밀집 종렬진을 유지하면서 적의 풍상 또는 풍하를 차지하려고 하였다. 전함시대에 이르러서는 적에 맞서 T자 전법을 전개하는 방향으로 기동하였다. 초계 잠수함은 적이 통과할 해역에 정찰과 공격용으로 사전 배치되었다. 항공기는 유도될 수 있도록 또는 자기의 의지대로 화력을 운용할 수 있도록 공중초계 위치에 배치되었다. 함상 발진 요격기는 공격위치로 이동할 시간을 확보할 수 있도록 미리 정해진 준비 태세를 갖추고 있다. 어느 경우든 시의적절한 부대 배치가 중요한데, 이는 적보다 뛰어난 전투정찰과 사격을 가능하게 한다. 기동은 화력발사라는 궁극적인 전술 목표를 달성하기 위한 중간 목표인 상대적 위치를 확보하는 수단이다.* 특히, 현대 해군전투에서의 사정거리와 탐지장비의 탐지거리가 함정은 물론 항공기의 기동을 지배한다. 전술가는 위치 이동 능력인 기동을 세력의 배치 및 행동시기 결정 계획의 실행 가능성을 점검하는 데 중요한 요소로 고려해야 한다.

□ * 필자는 지상전투나 지상전술에 관하여 이러한 입장을 취하지 않는다.

더욱이 함정과 항공기, 무기의 물리적 속력은 결정을 내리는 속도와 그런 결정을 집행하는 속도와 혼동하기 쉽다. 상호 관계의 불명확성을 제거하려다가는 자칫 그런 관계를 이해하지 못하는 경우가 있다. "속도가 전쟁의 요체이다"라는 손자의 격언은 자주 인용되는 말 중 하나다. 여기서 그가 말하려는 것은 분명 지휘였다. "적의 무방비 상태를 이용하라"라고 한 그의 말은 이를 분명하게 보여준다. 또한, 이런 무방비 상태를 이용하기 위해서는 적의 취약지로 신속히 이동해야 한다는 말은 기동성에 관해 논한 것으로 보인다. "전쟁의 진정한 속력은 … 시간을 허비하지 않는 지속적인 정력energy에 있다"라는 마한의 격언은 무엇보다 전열의 속력에 관해 언급한 것으로서 여러 가지 의미로 해석 가능하다. 다른 논자들과 마찬가지로, 마한도 시의적절한 화력발사의 집중은 결심과 그 결심의 신속한 전파, 전략적 강습, 전술적 위치 확보, 신속하고 정확한 사격 등 이 모든 것을 통합함으로써 이룰 수 있다는 것을 일컫는다.

기동maneuver과 기동성mobility은 종종 서로 바꾸어 사용되는 용어이다. 앞으로는 이 기동성이라는 용어를 전략이나 작전술 또는 대전술의 한 요소로 사용할 것이다. 마한은 기동성을 '해군 전투력의 주요 특성'이라고 지칭하면서 전략의 진리를 표현하려 했다.

역사에 비추어볼 때 기동성은 다음과 같은 세 가지 능력으로 이루어진다.

_ 비교적 자립적 형태로 장거리를 이동할 수 있는 능력, 이는 기동군수 지원부대인 함대 지원부대에 의해 가능하다.

_ 신속하게, 즉 지상군이 이동하기 전에 또는 해안에 새로운 비행장이나 미사일

기지가 건설되기 전에 신속히 이동할 수 있는 능력

_ 지정 위치에서 혹은 그 근처에서 수개월 이상 장기적으로 작전을 실시할 수 있는 능력. 이는 해군기지와 기동 군수 지원부대 양자의 지원에 의해 가능해진다.

　기동 군수 지원부대가 없는 함정이 기동성을 확보하려면 함정 자체가 고도의 항속거리와 내해성을 갖추어야 한다. 수상함의 핵추진은 전략적 필요성에서 비롯된다. 반면, 잠수함의 핵추진은 기동성과 효과적인 전술적 기동 및 은밀성에 의해 이루어진다. 기동성의 중요성은 많은 연구 가치가 있지만, 여기서 논할 과제는 아니다.

　기동은 전술적 속력과 기민성을 말한다. 함대기동은 집단적으로 이루어지는 협조된 행동이어야 한다. 따라서 여기서 C²와 결정의 속도를 별개로 논하는 것은 불가능하다. 전투정찰, 정보판단, 결정, 명령, 기동, 화력발사까지 실시하려면 상당한 시간이 소요되는데 이 과정에서 상반되는 일이 벌어질 수도 있다. 발사체인 군함이나 군용기의 속력과 기민성은 신속한 전투를 위한 양대 요소이다. 기동력에서의 우위는 다른 점을 보충하는 데 도움이 되기 때문에 군인들은 이를 중시할 수밖에 없다.

　오늘날 기동에는 두 가지 경향이 나타난다. 첫째는 발사체의 속력에서 무기의 속력을 강조하는 쪽으로 관심이 변하고 있다는 사실이다. 제2차 세계대전 때까지는 함대를 기동시키는 것이 전술의 핵심이었다. 그러나 제2차 세계대전 중에는 항공기의 속력이 함정의 속력보다 중요하였다. 그러나 대전 이후에 미사일이 등장하면서 속력과 사정거리에 따라 함정의 위치를 크게 변경시키지 않고도 무기를 발사할 수 있는 새로운 상황이 전개되었다. 미사일의 속력과 기민성은 항공기의 기민성을 압도하고 있으며, 현명한 전투조종사들은 항공기가 함정의 전술적 기동을 지배하였듯이 이제는 미사일의 기동력이 항공전을 지배하게 되었다.

　기동에서의 두 번째 경향은 첫 번째 경향의 당연한 결과로 나타난다. 함정 기동력의 중요성이 감소되는 데 반해 전투정찰의 중요성이 높아진 것이다. 피오라반조 제독에 의하면 "기본적인 전술적 위치는 이제 더는 상호 대적하고 있는 진형 간의 기하학적 관계만으로 규정될 수 없으며, 작전적인 요소, 즉 적을 조기에 탐지하는 것에 의해 결정된다"Fioravanzo, 1979 : 209라고 하였다. 이러한 발전의 중요성은 해군부대가 물리적으로 분산될 경우에도 화력이 장거리에서 쉽게 집중될 수 있음을 의미한다. 줌발트Elmo Zumbalt 제독과 배글레이Worth Bagley 제독, 필자가 보기에는 터너Stansfield Turner 제독도 이러한 가능성을 강조했다고 본다.* C^2 역시 집결하지 않은 상태에서 집중을 이룩할 수 있는 능력을 필요로 하고 있기 때문에, 그 이상의 논의는 이 장의 다른 적절한 절에서 다루기로 하겠다.

> * 이 장교들은 1970년대 초 미국 해군의 탁월한 지도자들이었다. 줌발트 제독은 1970년부터 1974년까지 해군참모총장을 지냈으며, 배글레이 제독은 거의 같은 기간에 참모차장을 역임하였다. 터너 제독이 해군에 미친 영향은 1972년부터 1974년까지 해군대학총장으로 있을 때 최고조에 달했을 것이다. 이들은 창의적이고 상상력이 풍부하였으며 전반적으로 보수적인 해군의 분위기에도 전통에 얽매이지 않았다. 그들은 전역한 후에도 해군의 당면 문제에 대하여 계속 의견을 개진하였다. 이들 중에서 자신의 전술 이론을 공식적으로 상세하게 기록해 둔 인물은 없지만, 이 세 사람의 재직 시의 행동과 함정 건조 독려에 비추어볼 때, 그들은 다수의 널리 분산되어 있는 함정과 정교한 통신에 의해 상호 연결되어 있는 항공기 상호 간의 세력 집중을 강조했다는 것을 알 수 있다.

앞서 사정거리가 훨씬 증가된 무기에 따라 무인지대도 훨씬 커졌다고 지적한 바 있다. 현재로서는 전투 현장으로의 이동전략적 기동과 효과적인 선제공격을 통해 승리를 쟁취하기 위한 이동전술적 기동을 구별한다는 것이 어려운 일이다. 전투는 언제든 먼 거리에서도 일어날 수 있기 때문에, 기동성의 가치는 감소되었거나 분명 완화되었다. 이론상으로는 강력한 초장거리 미사일 때문에 전장으로 이동하는 기동부대의 전략적 역량도 무력화되었다. 한편 장거리 발사무기체계가 함정으로 하여금 적의 장거리 미사일을 위한 적의 표준적 조준에서 벗어나기 위한 기동을 가능하게 해줌으로써 속력은 새로운 전술적 특성으로 등장하였다.

역사적으로 기동은 다음과 같은 세 가지 목적을 위해 사용되었다.

_ 우세한 공격 또는 방어부대의 집중, 전략적 측면을 제외하면 함대의 운동은 그 중요성이 점차 감소되어 왔다.
_ 좀 더 신속한 공격, 전술에서 신속한 공격이라는 요소는 중요하며 또한 앞으로도 중요할 것이지만, 함정 및 항공기 자체의 속력은 상대적으로 그 중요성이 감소되었다.
_ 무기 회피에 의한 방어, 자체방어에서 속력의 중요성은 점차 증가되고 있다. 기민성은 여전히 중요하지만 과거만큼 그렇게 중요하지는 않다.

화력

전쟁의 역사에서 가장 현저한 경향은 무기의 사정거리가 증가되는 현상이다. 범선시대에는 2마일 정도에 불과하던 사정거리가 거함거포 시대에는 15마일 이상으로, 제2차 세계대전 중에는 300마일까지, 현재에는 600마일까지 증가되었다. 핵탄두를 장착한 대륙간탄도탄이 지구를 반 바퀴나 날아갈 수 있는 것에 비추어볼 때, 이제 정체기에 접어든 셈이다. 핵전쟁이 일어날 경우 잠재적인 전술적 전장은 미국과 러시아가 될 것이다.

이런 경향에도 지금까지 전술가들은 무기의 최대사정거리에는 관심을 두지 않았다. 중요한 것은 유효사정거리이다. 범선에 장착되었던 장거리포의 유효사정거리는 약 300야드에 불과하였으며, 캐러네이드 포의 유효사정거리는 그보다 훨씬 짧았다. 연속 조준사격술의 등장 이전인 1900년경에는 전함 한 척이 2,500야드 거리에서 적함 1척을 무력화시키는 데 50분이 소요된 것으로 추정되었다. 1914년에 이르러 시계가 양호할 경우 1만 야드의 거리에서 적함 1척을 10분 이내에 격침시킬 수 있었다. 제1차 세계대전 시의 대구경포 전함의 성능이 <그림 6-1>에 나타나 있다. 이 그림은 시계가 양호하고, 해상 상태가 나쁘지 않으며, 거리 측정장비를 사용한다는 가정하에

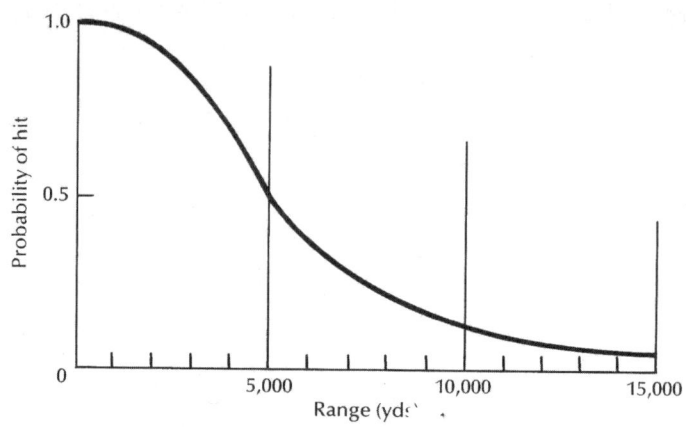

〈그림 6-1〉 1916년경 전함 함포의 명중률과 거리의 함수관계

만든 것이다. 제1차 세계대전에서는 사격통제가 열쇠였다. <그림 6-1>에 나타난 결과는 완전히 이론적인 것으로서 포연이나 구축함 연막진은 고려하지 않았다. 코로넬 해전이나 포클랜드 해전1914 또는 유틀란트 해전1916에서 전투순양함 전투 시 시계가 매우 양호했다면 전투는 1만 야드 밖에서 결정되었을 것이다. 그러나 시계가 전투를 좌우한다고 하더라도, 가령 유틀란트 해전 시 전열 간의 전투에서 독일의 대양함대가 그랬듯이, 함대는 신속히 포격을 개시함으로써 위기에서 스스로 벗어날 수 있었다.

제2차 세계대전 시에는 레이더로 거리를 측정함으로써 이러한 상황은 변화될 수밖에 없었다. 정교한 사격통제체계를 구비함으로써 함포의 탄도가 매우 정확해졌고, 심지어 5, 6인치 및 8인치 등 중구경포까지도 거의 최대사정거리에서 고도의 명중률을 기록할 수 있었다.* 1898년부터 1948년까지의 반세기를 비교해 볼 경우, 해군무기의 유효사정거리는 거의 10배 정도 증가되었다.

□ * 그러나 솔로몬 제도 해전 시의 포격의 효과에 관하여 제5장에서 설명한 바와 같은 상황은 발생할 수도 있다는 것을 잊어서는 안 된다.

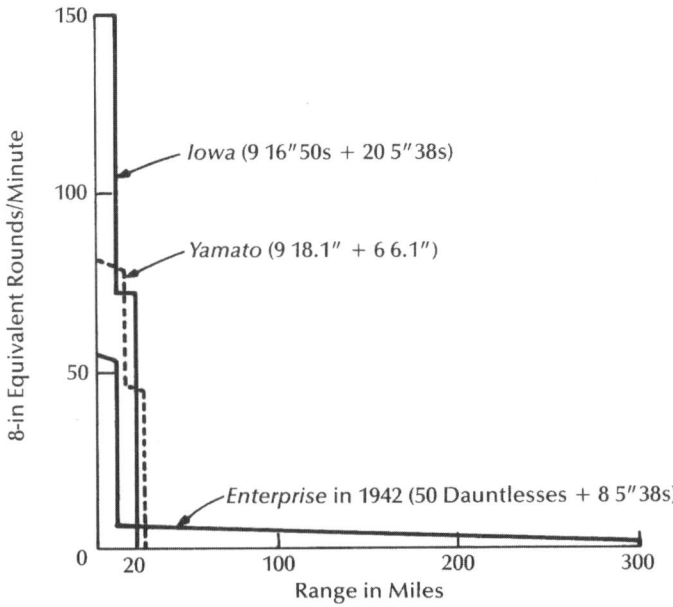

〈그림 6-2〉 8인치 포 분당 대등가 발사탄 수를 기준으로 한 사격률 대 거리

함포의 유효성 증가는 제1차 세계대전 초기에 항공기의 등장으로 빛을 잃었다. 그러나 항공기 자체에서도 최대사정거리와 유효사정거리는 구별되었다. 1930년대의 육상기지 B-17폭격기는 특히 장거리 대함공격을 목적으로 설계된 항공기였다. 그러나 수평폭격기는 아무 효과가 없는 것으로 판명이 났다. 이 폭격기들은 장거리에서 해상 표적을 제대로 발견하지 못했고, 더욱이 어떤 거리에서든 표적을 공격하는 것은 훨씬 더 곤란했기 때문이다. 함정 공격용으로는 항속거리가 훨씬 짧은 해군 항공기가 가장 효과적이라는 것이 판명되었다.

해군대학원의 워시번A.R. Washburn은 미간행 논문에서 해군 항공기와 해군 함포를 비교한 적 있다. 그는 대표적인 전함과 항공모함을 예로 들어 <그림 6-2>에서처럼 화력과 거리 간의 관계를 그림으로 나타냈다. 이 그림은 8인치 포의 대등가 발사탄 수의 화력 중량 비율을 보여준다. 아이오와

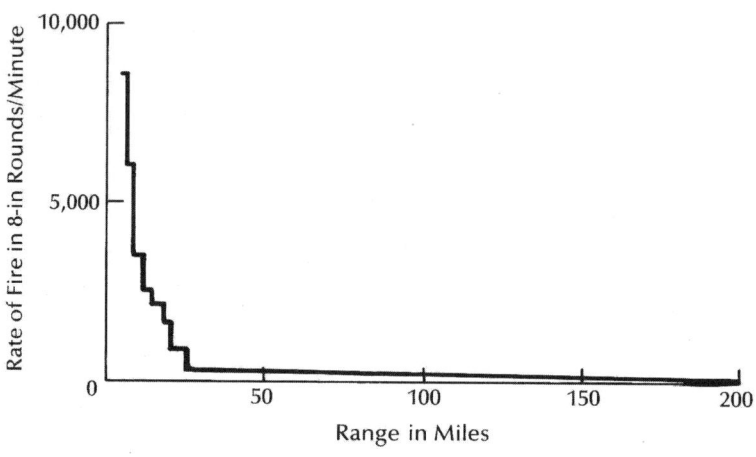

〈그림 6-3〉 1939년 미국 함대 전체의 사격률

USS Iowa 함과 일본의 야마모토IJN Yamamoto 함의 주포 발사속도 비율은 2 대 1이며 항공기의 경우 1회 왕복 소요시간은 1시간이다. 항모 엔터프라이즈 USS Enterprise 함의 전체 주포대의 상대적 발사속도는 보잘것없었다. 이 항공모함 항공기의 항속거리는 적 항공모함에 결정적인 위협이 되었다. 적어도 1942년과 1943년에 이 항공모함 공격 세력은 항공모함에 결정적 타격을 가하기에 충분했기 때문이다. 제2차 세계대전 전에 전술가들이 만든 이론적 모델도 워시번의 곡선과 비슷했던 것으로 보인다. 전함 옹호파는 특히 방어적인 측면을 고려할 때, 단 1회의 항공강습량만으로도 결정적 타격을 가하기에 충분하다는 것에 의문을 제기하였다. 그러나 항공모함 옹호파는 그림보다 60배 더 강력한 폭격기에 의한 파상적인 견지에서 공격량을 생각하였다. 1회의 비행대 공격은 분명 결정적 타격력을 지녀야 한다. 또한 워시번은 1939년 미국 함대의 화력 총계를 산출했는데, 그 결과는 <그림 6-3>에 나와 있다. 우리는 제2차 세계대전 이전의 항공모함 항공세력의 결정적 전투 잠재력이 왜 논쟁의 대상인지를 간과하고 있는지 모른다.

오늘날에는 치밀한 탄도탄과 순항유도탄 추진체계에 따라 명목상 사정거리가 훨씬 증가되었고, 정교한 사격통제와 자동유도장치에 힘입어 유효 사정거리도 훨씬 증가되는 추세다. 또한 순수한 파괴력 측면에서도 일정한 경향이 나타나고 있다. 무기살상력의 제고도 사정거리만큼 중요한 역할을 담당해 왔다. 더피는 지상전을 대상으로 무기살상력을 연구한 적이 있는데, 이론상 살상력의 증가에 관한 그의 연구 결과는 <그림 6-4>가 보여주고 있다.Duppy, 1986 : 9, Chapter 1, 2 참조 이 그림의 수직축은 10의 승수 꼴로 나타나 있다는 점을 유의하기 바란다. 16세기 중엽과 현대의 두 시점을 비교해 볼 때 핵무기를 제외하면 무기의 살상력이 10^5즉, 10만 배 정도 상승했다는 결론을 내린 후 더피는 일종의 역설을 보여주고 있다. 즉, 전장에서의 무기 살상력은 높아진 데 반해 단위시간당 인명손상률은 오히려 더 낮아졌다는 점이다. 그 이유는 무엇인가? 유력한 이유 중 하나는 전장에서 증가된 병력의 분산현상이다.

다모클레스Damocles의 칼과 같이 위험한 핵무기가 문명세계의 머리 위에 드리워져 있다. 핵무기의 사정거리와 살상력도 이제는 극에 달했다는 것을 알면 조금은 위안이 된다. 전술적으로 말해 이 무기들의 유효사정거리가 실제로 대륙에서 대륙에 이를 정도인 지금까지 이런 무기는 결코 사용해 본 적이 없기 때문에 확신할 수가 없다. 무기의 표적이 잘못 조준되었을지도 모른다는 불안감에 떨지 않을 수 없는 문명세계, 잘못 발사될 수도 있는 불확실성에 직면해 있는 전술가들, 이들 모두 탄도형이든 순항형이든 간에 유도탄이 수천 마일을 비행하여 예상 지점에서 몇 미터 이내에 떨어지기를 바랄 것이다. 그러므로 발사 지점과 탄착 지점에서 미터 단위로 측정되는 지리비행학적 정확도는 발사거리가 대륙 간일 경우 전술적 성공을 거두기 위해 반드시 필요한 것이다.

해군 전술가들에게 핵무기의 사용과 잠재적인 사용 위협은 실제로 수많은 어려움을 야기하고 있다. 그렇지만 우리는 무기의 유효사정거리와 살상률의 상승 경향에서 다음과 같은 점을 예견할 수 있다고 결론을 내려도 무방할 것이다.

- 방어 형태의 변화. 이 문제는 이 장의 다음 절에서 언급될 것이다.
- 지상전투와 해상전투 간의 구별 소멸. 이 문제는 제9장에서 논의될 것이다. 여기서 강조할 점은 육상부대와 해상부대 간의 전투를 위한 잠재력이 증대되는 현상이다. 이것은 복구력이 좀 더 강한 육상부대와 기동성으로 쉽게 표적이 되지 않는 해상부대 간의 교전 가능성을 고조시키는 중요한 전술적 경향이 있다.
- 범세계적 규모의 핵전쟁에 대비한 전략과 전술의 융합 현상. 이 문제에 관해서는 잠시 후 다시 논의할 것이다.

장래에 대한 불투명한 전장과 핵우산의 전쟁억제력에 대한 보편적인 신뢰 때문에 그동안 대륙 간 전쟁에서의 전투 수행에 관해서는 거의 생각을 하지 않았다. 전략무기라는 용어는 일종의 속임수이다. 만약 전면적 핵전쟁이 일어난다면 세계는 사실상 하나의 전술적 전장이 되어 최상의 지휘소에서 작전을 수행하는 지휘관과 참모들에 의해 그 운명이 결정될 것이다. 그러므로 전술가들이 이러한 분야에 관심을 기울이는 것은 중요한 일이다.

1960년대와 1970년대의 핵전쟁 전형paradigm은 다음과 같았다. 대통령이 적색단추를 누른다. 이 단추는 거대한 진동을 일으키며 일시에 수천 기의 미니트먼Minuteman과 폴라리스Polaris 미사일이 발사된다. 그러나 20세기 말의 인류는 합리적이라기보다는 효과적인 C^2 방법이 필요하다는 것을 깨달았기 때문에 이제는 진부해져 버린, 이 결점 많은 모델을 채택할 필요가 없게 되었다. 극단적인 파괴전쟁 하에서는 C^2 본부 자체가 유례없이 철저하게 공격당할 것이기 때문이다. 통합 및 특수부대 지휘관들을 포함하여 적재적소에 배치된 지휘관들과 참모들이 전술지휘관이 되어 공격목표를 선정하고, 정보를 수집하며 발사명령을 내리고, 범세계적 규모의 전투를 수행하게 될 것이다. 이러한 지휘관들과 참모들에게는 통상적인 전술적 책무, 즉 작전 계획, 무장부대

6. 거대한 경향 211

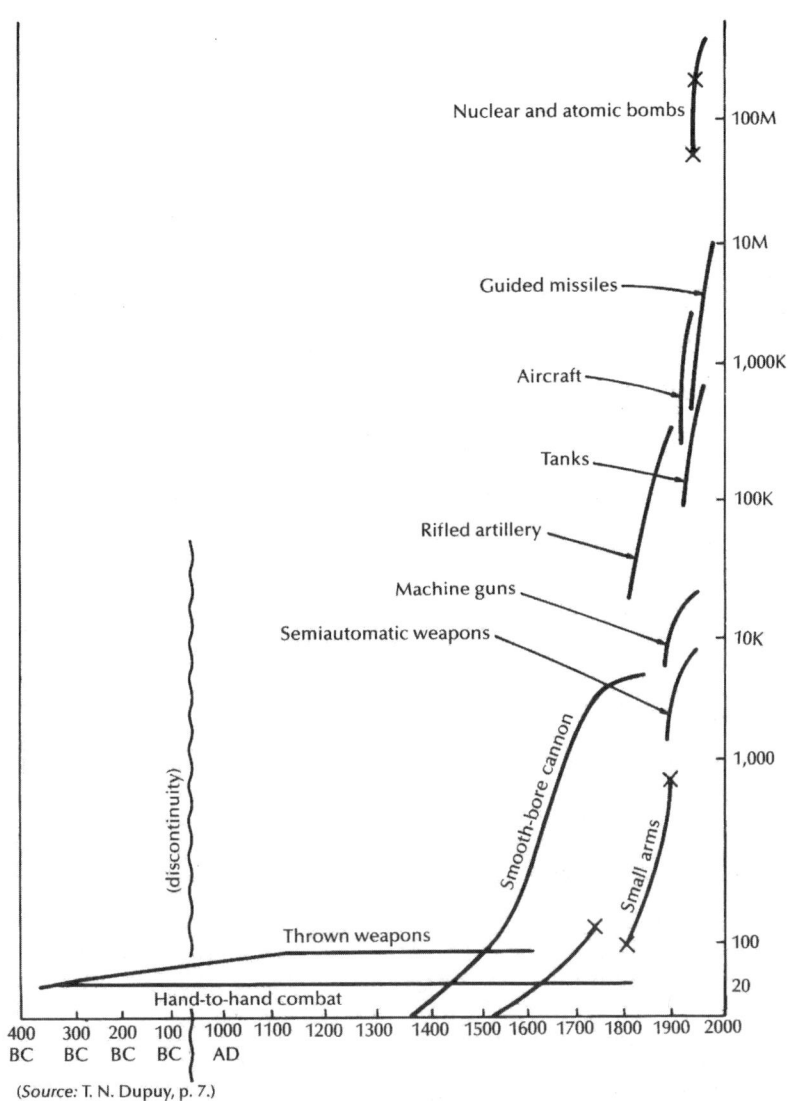

〈그림 6-4〉 시대에 따른 살상력 증가

와의 교신, 시의적절한 기동 및 사격지휘, 정확한 전투정찰 정보 획득, 유사한 전투에 대비한 전술 훈련 등의 책무가 부여되어 있는 것이다. 아무리 태평양 지역 총사령관이라 해도 자신을 전략과 군수 지원만 담당하는 지휘관이라고 생각해서는 안 될 것이다. 그가 표적의 선정과 핵무기 발사를 통제할 경우, 그 역시 야전의 전술지휘관이라고 불릴 수 있을 것이다.

대항세력

방어에서 현저한 경향은 생존성 재고 방법이 장갑 격실구획, 용적, 보수, 기만, 분산 등으로 바뀐 점이다. 방어를 논하기 위해서는 둔한 무기탄환, 포탄, 폭탄와 영리한 무기유인 항공기와 유도탄를 구분해야 한다. 분석 목적에서 보면 항공기는 1회 이상 출격할 수 있다는 점을 제외하면 그 자체로 하나의 유도탄과 유사하다.

포탄, 어뢰, 폭탄 등이 전쟁을 지배하던 시대에는 군함에게 상당한 전투지속 능력을 구축할 가능성이 있었다. 당시에는 전투가 가시거리 내에서 수행되었기 때문에 은폐와 기만 수단이 제한되었다. 연막이 가장 보편적인 은폐 수단이었다. 수평 폭격기에서 투하되는 폭탄은 대개 피할 수 있었으며, 일제사격은 일시적인 효과밖에 없었다.

어뢰대항책은 현대의 대미사일 방어의 원형이었다. 어뢰는 매우 치명적인 무기였으며, 이에 대한 최상의 방어책은 회피였다. 이러한 점을 보완하기 위해 공격자는 어뢰를 일제 발사했다. 잠수함은 표적거리에서 어뢰를 발사하려고 시도했으며, 수상함은 가능한 한 최대 규모를 형성해 협조된 동시 공격을 시도했다. 어떤 경우든 용감한 공격자는 가능한 한 접근하려고 노력했다. 어뢰는 일단 발사되면 되돌릴 수 없다. 어뢰와 현대의 미사일 사이에는 공통점이 많다. 예를 들면 미사일도 명중되기 전에 격퇴될 수 있다는 것이다.

장갑과 선체 강도는 그 전성기에도 지상의 두꺼운 벙커 정도의 방호력을 지닐 수 있다고 생각된 적은 없었다. 장갑은 아군의 공격력이 효력을 나타낼 때까지 적 화력의 기선을 꺾기 위해 사용되는 일종의 지연책이었다. 이 시대에는 함정의 화력, 전투지속 능력, 추진력 사이에 배수톤수를 어떻게 배분할 것인지를 둘러싸고 많은 논쟁이 있었다. 제1차 세계대전 이전과 이후에 각국은 각각 고유의 형태가 있었다. 미국은 포와 장갑, 행동반경을 향상시키기 위해 속력을 희생시켰고, 독일은 전투지속 능력을 선택했으며, 이탈리아는 속력을 중시했다. 오늘날의 미국처럼 영국은 좀 더 확장된 세계적 규모의 전개를 위해 거함의 거주성habitability을 강화했다.

전함시대에 관하여 전쟁연습을 한 결과 전형적인 제1선 드레드노트 급 전함은 약 20발의 대구경포에 명중되어 격침되었고, 구식전함pre-dreadnought은 12발을 명중당해 격침되었다.* 결국 화력과 기동력의 손실은 명중탄 수와 비례하지 않았다. 미국에서 실시한 전쟁연습에서 10발을 맞은 드레드노트 급 전함은 화력과 속력이 절반 이하로 떨어지게 되었다.

□ * 제1차 세계대전 무렵에는 어뢰 1~2발에 명중되는 것을 치명적인 것으로 간주했다.

1920년대 전쟁연습을 통해 미국 해군대학의 전문가들은 화력과 전투지속 능력을 고려하여 전열의 효율을 총체적으로 계량화할 수 있다는 것을 알았다. <그림 6-5>는 전 함정의 현측포를 포격할 수 있고 시계에 장애가 없을 경우 평행한 침로상에 상호 대항 중인 전열을 비교해 놓은 것이다. 이 그림에서 미국 태평양함대청군는 10척의 전함으로 구성되어 있다. 이 전함들은 일본 함대홍군의 6척의 전함과 4척의 전투순양함에 비해 중무장과 중장갑을 갖추고 있다. 거리가 1만 야드인 경우 3분 이내에 일본 함대의 전열은 최초 전력의 20%를 잃게 될 것이며, 반면 미국 함대의 전열은 10%만 잃게 될 것이다. 일본 함대의 상대적 전투력은 급격하게 저하될 것이다. 일본 함대가 승리를 희망하려면 속력에 전념해 거리가 더 가까워지기 전에 T자 전술을 펴고 전열 간의 간격을 자신들이 우위를 차지할 수 있는 거리인 약 2만 5,000야드를 유지하려고 시도하는 수밖에 없을 것이다.

제4장에서 제시한 바와 같이, 미국과 일본 양측 모두 1920년대에 이런 관계를 알았다. 미국의 주된 고민거리는 일본군의 우세한 진형 속력미국측의

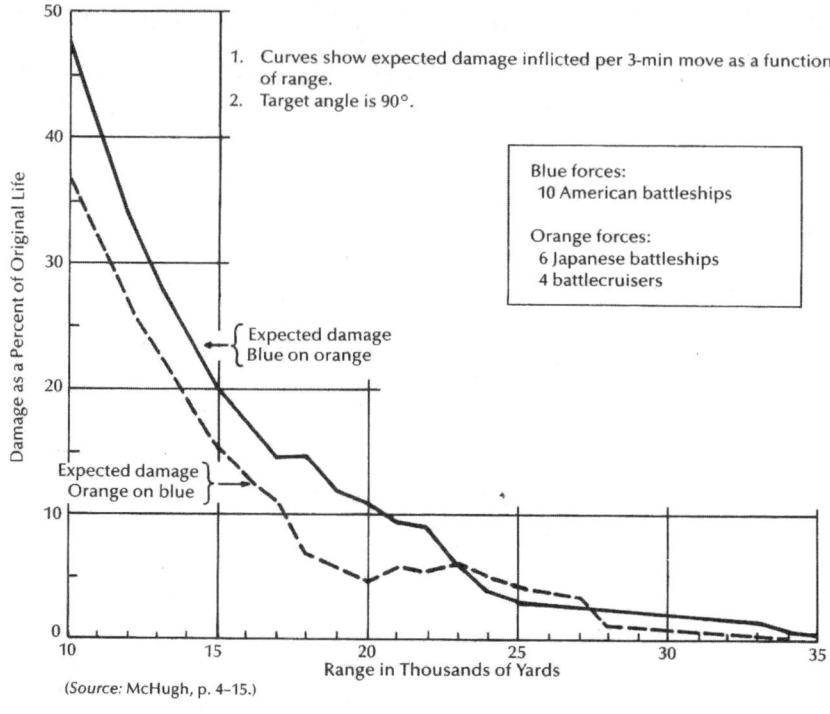

〈그림 6-5〉 1926년 당시 대적 중인 전열의 비교

18노트에 비해 일본군은 23노트과 기습 가능성, 미국 함대가 일본 함대를 제압하는 과정 중에 입은 지나친 손실 피해로 임무를 수행할 수 없을 수도 있다는 잠재적 위험 등이었다. 일본 함대는 잠수함으로 최초 공격을 가하고 항공기와 롱 랜스 어뢰로 추가 공격을 가한 다음, 암암리에 8인치 포로 무장한 모가미Mogami 급 경순양함들로 전열을 증강하려 하였다. 현재 우리가 알고 있는 바와 같이, 태평양전쟁이 개시된 이후 양측 모두 대기습을 당했다. 그런데도 양측 계획의 일관성, 돌발 사태에 대비한 미국 측의 세심한 배려, 신속한 결정속도를 되돌아보는 것은 많은 도움이 될 것이다. 지금까지 제시한 각종 전력의 비교는 널리 알려진 것이지만, 전쟁연습은 <그림 6-5>에 나타난 것처럼 정적인 구상에 생동성을 불어넣는 과정을 통해 수행되는 것이다. 비록 과거의 진행 속도가 이 그림에 예시된 바와 같은 정도로까지 신속하게

전개되는 것은 아니지만 여전히 빠른 속도로 진행되었다. 따라서 이러한 소규모의 계획 보조 수단이 사용될 경우 전쟁에서의 마찰은 전체적으로 줄어드는 것이 아니라고 봐도 좋을 것이다.

제2차 세계대전 중에는 방어 무기가 전례 없이 탁월한 성과를 이루었다. 1942년까지 엄청난 대공무기가 설치·사용되었는데, 이 무기들은 레이더 탐지기와 무서운 위력의 근접촉발 신관, 고속이동 표적을 추적하여 명중시킬 수 있는 새로운 사격통제체계 등이었다. 1944년에 이르러 공격기는 문자 그대도 희망으로 떠올랐다. 전쟁 마지막 해 현대적 수상전투함들은 그동안 해군 항공기에게 빼앗겼던 세력 균형을 회복하지 못하였다.

그러나 함정의 우위는 오래 가지 못했다. 제2차 세계대전 말기에 원자폭탄이 등장함으로써 함정은 빛을 잃게 되었다. 표적에 폭탄 한 발만 떨어져도 함정은 격침될 수 있었으며, 이렇기 때문에 모든 장갑은 무용지물이었다. 은폐와 기만, 신속한 선제공격이 오히려 더 중요했다. 해상부대의 배진은 수백 마일에 걸쳐 분산되었다. 이것은 공세적 강습이 상공에 나타나기 전에 공격 폭격기와 잠수함을 기만하고 선제 제압하기 위해 고안된 것이었다. 공중 요격기, 대공 미사일과 대잠무기는 지연용 무기보다 훨씬 수가 많았다. 미국 해군은 핵무기가 없는 상황 아래에서는 선제공격을 가할 수 없었기 때문에 미국의 태세는 그만큼 더 기만 효과가 큰 셈이었다. 어떻게 하면 육상에 집중강습을 가할 시간을 벌 수 있을까 하는 것이 당면한 전술적 문제였다. 미국의 항공모함 기동부대를 역습하려는 러시아 해군의 엄청난 노력을 생각한다면 미국은 대성공을 거둔 셈이다. 그러나 미국도 그 대가를 치러야 했다. 즉, 핵전쟁을 염두에 두고 있던 미국은 재래식 무기에 대해 생존성이 그렇게 높지 않은 함정을 건조했던 것이다. 미국은 장거리 방어무기인 공중 요격기와 미사일을 중시하고 제2차 세계대전 시의 20mm 및 40mm 포와 유사한 현대식 근접점방어 close-in point defense를 소홀히 하였다. 미국은 또한 새로운 연성살상 soft-kill 장치, 즉 핵무기에 대항할 수 있는 범위

이상의 거리까지는 도달할 수 없는 단거리 체계의 개발을 소홀히 했다. 영국 해군도 이와 유사한 경향을 띠었고 피해통제damage control와 점방어를 소홀히 했다. 그 결과 영국함정은 재래식 무기로 치른 포클랜드 섬 재탈환 전투에서 톡톡한 대가를 치를 수밖에 없었다.

화력에 관해서는 앞서 더피의 역설에 관해 언급할 때 설명한 바 있다. 더피의 역설이란 16세기 이래 무기의 살상률은 10만 배나 높아진 데 반해 지상전의 사상자율은 감소했다는 것이다. 아직 해전에서는 이에 합당한 자료가 없다. 이제 더피의 이론에서 무엇을 추론할 수 있는지를 알아보기로 하자.

첫째, 전장에서 병사 1명당 고성능 무기의 수가 감소되었다. 탱크, 전투폭격기, 중포 등의 무기는 이론적 살상률의 증가를 말해 준다. 그러나 더피가 제시한 일련의 자료에 의하면 현대전에서는 최고 성능 무기보다는 그 외 다른 무기가 더 높은 살상률을 기록한 경우가 가끔 있었다. 즉, 포의 사정거리와 살상률이 극적으로 높아진 이후에도 보병의 소병기가 살상률에서 포병을 능가했다. 종종 차위 성능 무기second-best weapon가 더 훌륭한 역할을 수행하게 되는데, 이는 최고 성능 무기의 공격에서 생존하기 위해 적이 공격효율을 극도로 희생하면서 특수한 방책을 강구하기 때문이다.*

> * 우리는 포클랜드 전쟁에서 이러한 현상을 목격한 바 있다. 아르헨티나 공군은 영국 함정들의 고가와 대공방어체계, 즉 함대공 미사일 발사대에 의해서 그들 항공기 총수의 약 10%에 해당하는 8대를 격추당했을 뿐이다. 아르헨티나 조종사들은 수면에 가깝게 비행할 경우 함대공 미사일이 효과를 발휘하지 못할 것임을 알고 있었으며, 영국의 함정들이 이 공격기들을 격추시킨 것은 대부분 단거리 무기에 의한 것이었다. 그러나 비효과적인 이 함대공 미사일도 대공방어에는 절대적으로 중요하였다. 그 이유는 이 미사일이 아르헨티나 조종사들의 기동 공간을 위축시키고 영국의 근접 방어체계의 효율성을 높이는 데 도움이 되었으며, 아르헨티나의 조종사들로 하여금 단거리에서 폭탄을 투하하도록 압력을 가함으로써 일단 폭탄을 투하하고 난 뒤 재무장할 시간을 주지 않았기 때문이다.

둘째, 과거의 지상전투 무기는 표적이 은폐되어 있으면 이 표적을 조준할 수 없는 경우가 흔했다. 따라서 무기의 효과는 이론보다 훨씬 못 미쳤다.

무기의 사정거리가 증가하면서 무기의 부정확도도 증가되었다. 지역사격은 적의 세력 집중을 분쇄하고 대응사격을 제압할 수 있지만 살상에는 별로 효과가 없었다.

셋째, 병력은 생존하기 위해 점차 분산하게 되었다. 더피의 평가에 의하면 나폴레옹 전쟁과 1973년의 아랍-이스라엘 전쟁을 비교해 볼 때 전장에서의 평균 병력 밀도는 200배 정도 낮아졌다고 한다.Duppy, 1986 : 28의 그림 2-4 참조

특히, 해전과 관련된 사항으로서 더피는 무기, 특히 탱크의 파괴율이 병력의 살상률을 훨씬 능가하였다는 점을 지적했다. 위험성이 매우 높은 적의 장비는 위험하다는 이유 때문에 집중 포화를 받았다. 그러나 전투에서 병력 밀도와 병력살상률이 정비례하지는 않았다.

지상군은 전장에서 널리 균등하게 분산하는 것이 아니라 군집을 이루며 분산한다. 1개 소대는 소규모 세력군이며 탱크는 대규모 세력군에 해당된다. 해상의 함정은 화력으로 보나 인력으로 보나 또한 가격으로 보나 대규모 세력군이다. 또한 분산할 수 있는 최소 단위도 함정이다. 분산이 중요한 방어수단의 하나라고 할 경우, 소형함과 분산된 화력은 중요한 장점이 된다. 오늘날 전투함의 크기에 관한 논쟁의 상당 부분은 소형함의 분산적의 표적 추적을 혼란시키기 위함과 대형함의 세력 집중적을 완전히 격파하기 위함의 장점을 각각 비교해 보는 것에 주된 관심을 두고 있다. 태평양의 항공모함전이 이 문제에 관해 어떤 해답을 줄 수 있는 야간의 정보를 제공해 준다. 어느 세력이 집결해야 하느냐 아니면 분산해야 하느냐를 결정해 주는 것은 방어 전투력이다. 오늘날에 만약 어느 지휘관의 함대가 강력한 방어체계를 구비한 다수의 함정으로 구성되어 있다면 이 지휘관은 세력을 집결해 적을 완전히 격파해야 할 것이다. 만약 함정이 별로 없고 방어체계가 취약하다면 분산해야 할 것이다. 어느 경우든 지휘관으로서는 임무를 달성할 시간을 벌어야 한다. 이곳저곳으로 돌아다니며 격침되기를 기다리는 것은 결코 지휘관의 임무가 아니다. 만약 방어체계가 공격 목적을 달성할 때까지 지탱해 줄 수 없

다면 이 함대는 현재의 위치에서 이탈해야 한다.

　제2차 세계대전 이래 미국이 경험한 재래식 전쟁에서 미국의 전투함들은 실제적인 목적을 달성하기 위한 작전을 수행할 때, 적의 무기 사정거리 밖에서 또는 효과적인 공격력을 보유하지 못해 역습의 결과를 두려워하는 적북한과 베트남이 대표적인 예이다을 상대하는 등 안전지대에서 작전을 벌여왔다. 30년 동안 미국 해군의 일상적인 임무, 즉 군사력 투사 작전은 항상 일방적으로 전개될 수만은 없는 해전의 본질에 관해 안일한 태도를 형성시켜 왔다고 판단된다. 즉, 이러한 미국 해군의 임무는 방어, 피해, 통제, 함정건조, 생존성 등에 관한 미국 해군의 태도에 분명 악영향을 끼쳐왔던 것이다.

　오늘날의 함정들은 기술 수준으로 볼 때 재래식 전쟁에서 입은 손상을 감당하고 전투를 계속할 수 있는 능력을 구비할 수 있다. 미국 해군성에서 발간한 비밀로 분류되지 않은 포클랜드 전쟁에 관한 보고서에 이러한 점을 상기시키는 내용이 들어 있다.

　　예를 들면 포클랜드 전쟁에서 영국 해군의 최초 손실을 가져온 셰필드HMS Sheffield함을 격침시킨 엑조셋Exocet 미사일도 새로 재취역한 제2차 세계대전형 전함인 뉴저지USS New Jersey 함의 장갑체계를 관통하지는 못했을 것이다. 유사한 예는 제2차 세계대전 시에도 수없이 많았다. 전함 사우스다코타USS South Dakota 함은 1942년 과달카날 해전에서 8인치 포탄 45발에 명중되고도 전투를 계속하였으며, 무사시IJN Musashi 함은 어뢰 14발과 대형 폭탄 22발에 명중되었으나 계속 항진해 나갔다.Secretary of the navy, 1982 : 3

　현대의 재래식 무기가 제2차 세계대전 시 무기의 성능을 개량시킨 바 있는 특수한 관통력을 갖도록 제조될 수 있음을 의심한 사람은 없을 것이다. 그러나 이 보고서는 반드시 유의해야 할 내용을 담고 있다. 뉴저지 함처럼 포격을 받고서도 전투를 계속할 수 있는 전투함을 더 많이 보유하고 있으면 재래식 전쟁에서 적의 계산을 교란하고 적으로 하여금 무기의 특성과 전술을 다시 생각하게 할 수도 있다. 미사일은 과거의 포탄처럼 대함 공격을 위해 소비될 수 없다. 미사일은 그 양이 충분하지 못하다.

오늘날 미국 해군은 두 가지 상황에 적응할 수 있는 능력을 갖추지 않으면 안 된다. 오늘날의 전투함들은 재래식 전쟁에서 손상을 견뎌내고 전투를 계속할 수 있는 능력을 갖출 수 있고 또한 갖추어야 한다. 각 함정의 최종 점방어 last-ditch-point-defense 무기는 함대 대항세력의 필수적인 요소가 되어야 한다. 핵전쟁에서 손상을 견뎌내고 전투를 계속할 수 있는 능력은 존재한다 하더라도 거의 기대할 수 없는 실정이다. 점방어는 사정거리가 짧기 때문에 거의 가치가 없다. 핵전쟁에서 대항세력에게는 전술적 은폐와 기만이 중요한 수단이다. 재래식 전쟁에서 적절한 무장을 갖춘 전함은 전투함의 생존을 위한 가장 좋은 수단의 본보기가 되며, 핵전쟁에서는 현대식 잠수함이 가장 훌륭한 생존 수단이다. 이 두 가지 상황에 대처하는 전술은 서로 다른데 함대는 어느 상황에도 대처할 수 있는 형태를 갖추고 훈련해야 하며, 준비되어 있어야 한다.

역설적으로 소규모 전쟁일수록 함정은 고유의 전투지속 능력을 구비할 필요가 있다. 미국 해군이 보다 많은 항공모함을 건조하고 4척의 전함을 재취역시킨 것은 소규모 전쟁을 치를 수 있는 능력을 계속 보유하려는 의지의 표명이었다. 그런데도 오늘날의 전반적인 추세는 선체 강도 강화에서 벗어나고 있다. 그나마 전함들의 재취역으로 앞으로도 계속될 어느 한 가지 경향으로 지나치게, 그리고 급속히 기울어진 불균형에서 회복할 수 있게 되었다. 우리는 생존성이란 공격 시간을 벌기 위한 특성이라는 사실을 항상 잊어서는 안 된다. 수상함의 취약성에 관해 말하는 비평가들은 이 점을 간과하고 있다. 식견이 부족한 자일수록 전시에는 고가의 전투함이 영구히 공격을 견뎌낸다고 생각한다. 반면에 현명한 자일수록 거함은 투자한 만큼의 가치를 못한다고 말한다. 그리고 우세한 순수세력, 즉 어느 함정의 전투수명

combat lifetime 기간에 발사된 화력을 대체할 다른 대안이 나타난다면 이 후자들의 설명이 옳다는 것이 입증될 것이다.

이러한 논의를 이해하려면 함대 전술가들이 방어세력을 어떻게 보고 있는지를 아는 것이 중요하다. 방어체계는 내습 항공기나 미사일의 일정수를 추출해내는, 차단벽이나 마지노선이 아닌 일종의 여과기와 같은 역할을 한다. 방어체계의 성능이 우수할 경우 선체는 명중된 공격의 충격을 흡수하고 전투함은 위축된 공격작전을 수행할 수 있다.

제2차 세계대전 시 대공무기는 공중공격기의 일부를 격추시키고 탄막을 형성하여 또 다른 공격기들의 공격을 방해한 적이 있었다. 현대의 경성살상 및 연성살상 방어체계도 같은 역할을 한다. 방어자는 어느 정도까지 높은 공격기 격추율을 보유한다. 공격이 치밀하고 상호 조정이 잘되어 있다면 적극적 대공방어체계도 어느 시점에서는 집중 폭격될 것이며, 이 단계를 넘어서면 대부분의 미사일이나 항공기가 방어망을 돌파할 것이다. 오늘날의 집중적인 항공 또는 미사일 공격은 방어체계의 지역폭격점saturation point 내측까지 돌파하는 것을 목표로 한다.

다른 두 가지 경향에 대해 언급하겠다. 첫째, 전술적 무인지대의 증가다. 즉, 어느 쪽도 주력부대에 의한 작전을 수행하지 않고 항공기, 잠수함 및 미사일정과 같은 초계부대가 상대방의 전력을 약화시키거나 정보를 수집하기 위해 종속적인 교전을 벌이는 전술적 무인지대가 증가하는 현상이다. 무인지대가 존재하는 이유는 방어를 위한 공간이 필요하기 때문이다. 재래식 전쟁에서 전투공간은 공격 대응시간으로 환산될 수 있다. 반면에 핵전쟁에서는 충분한 방어란 있을 수 없으며, 전투공간은 단순히 공격무기의 도달거리 밖으로 벗어나기 위해 또는 적이 이동 중인 함정을 조준하는 것을 매우 어렵게 하기 위해 필요할 뿐이라고 말해도 좋을 것이다. 좀 더 작은 무인지대는 오래 전부터 있었다. 과거에 2,000야드 이내의 거리에서는 포에 의한 주간 해상전투가 일어나지 않았다. 거리가 이 정도로 가까워지면 전투는 결판나고 만다. 전열이 1만 야드 거리, 즉 구축함이 숨어 있는 지대에서 전투가 벌어질 것으로 기대할 수는 없었다. 항공모함은 다른 전투함보다 100마일 이상 근접하려 하지 않았다. 오산을 하거나 풍향이 불리할 경우 포의 사정권에 진입하게 되는데, 그렇게 되면 15분 이내에 모든 상황은 끝나고 말 것이다. 영국의 항공모함 글로리어스HMS Glorious 함이 이러한 경우를 당한 적이 있으며, 레이테 만 해전에서 만약 구리다가 용기를 잃은 나머지 압도적으로 우세한 일본의 해상함대를 이끌고 철수하지 않았더라면 사마르Samar 근해에서 미국 해군의 호위 항공모함들은 큰 곤경을 치렀을 것이다. 오늘날 위험지대zone of danger는 500마일 이상으로 확장되고 있다.

두 번째 경향은 항구에 정박 중인 함정의 취약성에 관한 것이다. 항구는 전통적으로 열세하든 우세하든 해군의 안식처였다. 비록 공격으로부터 절대적으로 안전한 항구는 없겠지만, 현존함대fleet-in-being가 항구에서 안전하게 보호받을 수 있다는 생각은 해군력이 취약한 국가의 전략에 중대한 영향을 미쳤다. 그러나 이러한 상황도 변했다. 항구의 안전도가 점차 낮아졌다. 다른 항공강습이 비교적 덜 알려진 데 비해 진주만 기습은 이러한 변화를 잘 보여주고 있다. 1940년 11월 11일 밤에 영국의 일러스트리어스HMS Illustrious 함에서 발진한 일단의 뇌격기torpedo plane들이 굳게 방호된 타란토Taranto 항의 이탈리아 함대에 대하여 기습공격을 단행하였다. 이 공격으로 이탈리아 해군은 전함 6척 중에 3척을 6개월 동안 사용하지 못했고, 1척은 전쟁이 끝날 때까지 사용하지 못했다. 그리고 이탈리아 함대는 나폴리로 피항하였다.Roskill, 1954~1956 : 110~114 그로부터 오래지 않아 일본 역시 항구의 취약성을 직접 깨닫게 되었다. 1943년 11월 셔먼 제독 예하의 항공모함들이 라바울을 공격하자 일본 해군은 당황한 나머지 트럭Truk 섬으로 곧장 철수하고 말았다. 얼마 후인 1944년에 미국 해군의 항공모함이 트럭 섬까지 공격하였으며, 일본 해군은 어떠한 도서의 요새에 대해서도 압도적인 항공력을 집중할 수 있는 미국 해군의 역량에 완전히 압도되어 해상에서 도전할 수 없게 되자

서태평양 해역으로 철수하고 말았다. 그로부터 거의 반세기가 지난 오늘날 함정은 모함에 있는 것보다 외부에 있는 것이 훨씬 더 안전한 경우가 종종 있다.

전투정찰

전투정찰의 목적은 무기를 사정거리 내로 배치하고 이 무기들을 조준하는 데 도움을 주기 위한 것이다. 전투정찰은 정보를 수집하고, 수집된 정보를 보고한다. 전투정찰의 지배적인 추세는 탐색률이 점차 증가하고 정찰, 감시, 정보수집 체계의 행동반경도 점차 확대되어 왔다는 사실이다. 그 이유는 명백하다. 장거리 무기가 이와 같은 요소의 향상을 요구하기 때문이다. 그 외에 지금까지 전투정찰을 계속 상승세로 유지하려고 노력한 이유는 명확하지 않다. 무기는 어느 방향으로도 발사될 수 있다. <그림 6-1>에서 <그림 6-5>까지 우리는 1차원적으로 나타난 화력에 대해 고찰한 바 있다. 이제 우리는 탐색 구역이 <그림 6-6>과 같이 부채꼴 모양을 하고 있는 제2차 세계대전 시의 항공정찰을 살필 것이다. 적 공격기의 항속거리가 2배로 늘어나면 탐색구역은 4배가 된다. 하나의 방책탐색 barrier search, 전투정찰선 scouting line만으로도 이 확장된 탐색구역 전역을 감당할 수 있는 경우가 가끔 있다. 제2차 세계대전 말기에 항공모함 전방의 잠수함을 탐지하기 위하여 고안된 곡선경계진이 전형적인 예이다. 그러나 전술지휘관들은 종종 전투정찰선만으로는 만족하지 못한다. 우선 전투정찰선은 통상 쉽게 통과될 수 있기 때문이다. 예를 들면 잠항 상태로 접근하여 미사일을 발사할 수 있는 능력을 갖춘 잠수함은 미사일 사정권 또는 사정권 이내의 어느 곳이든지 나타날 수 있는 위협적 존재이다. 다음으로 탐색이 항상 연속성을 가질 수 없다는 것이다. 제2차 세계대전 중 일본 측과 미국 측이 아무런 정찰활동도 하지 않고 밤을 보내고 난 새벽녘에는 전술적 지원 임무를 담당하는 정찰기 또는 초계기를 발진시켰을 때 이 항공기들은 적이 얼마나 먼 거리에 있는지

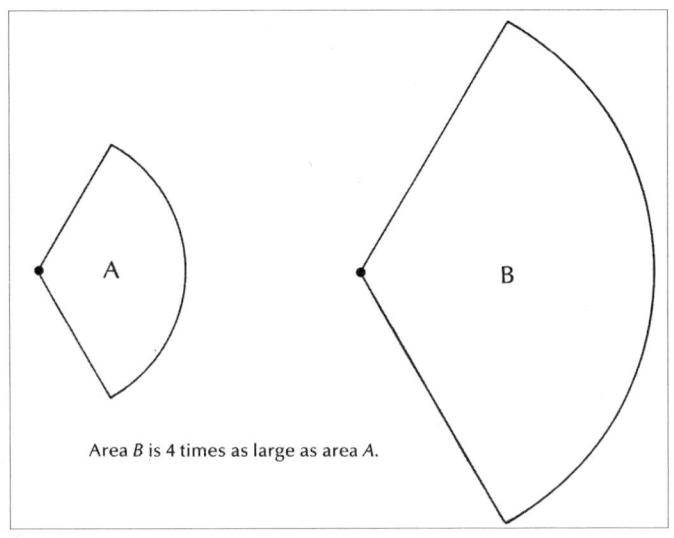

〈그림 6-6〉 구역 개념으로서 탐색 능력의 도해

를 전혀 알 수 없었다.

　오늘날 대부분의 지휘관들은 위협이 될 수 있는 모든 함정과 항공기를 추적하려는 경향이 있다. 무기의 사정거리가 증가하면서 탐색 구역은 무기 사정거리의 제곱에 비례하여 확대되며, 감시 능력 역시 충분히 확장된다.* 전투정찰에 미친 또 하나의 발전이 있다. 제1차 세계대전에 앞서 대함대의 전투정찰선이 뒤죽박죽되었던 사실을 한 번 더 생각하자. 대함대의 위치는 포의 사정권이 아닌 적이 무기 사정권까지 접근하기 전에 순항 진형에서 전투 진형으로 전환하기 위해 젤리코에게 무선을 보내 그의 허락을 얻는 데 약 20분이 필요할 것이라는 시간 계산에 의해 결정되었다. 이미 살펴본 바와 같이 전투공간warfare space은 대응시간reaction time과 밀접한 관계가 있다. 미사일은 음속에 비해 2배 이상의 속력을 낼 수 있어 대응시간이 매우 촉박하므로 전투정찰선은 미사일까지의 거리와 공중이나 수상 또는 잠수함은 미사일 발사대에 대응하는 데 걸리는 시간을 정확히 계산해 설정해야 한다. 어떤 권위자들은 이것을 3개의 원 또는 파이 조각에 비유해 설명하기도 한다. 가장 작은 범주는 통제권역region of control이다. 이 범주 내에서는 어떠한 적도 섬멸할 수 있으며, 또한 섬멸하지 않으면 안 된다. 그 다음 범주는 영향 또는 경쟁권역으로서 일종의 무인지대와 같은 곳이다. 가장 큰 범주는 이해권역region of interest이다. 이 범주 내의 적에 대해서는 대비태세를 갖추고 있어야 한다. 첫째, 권역 내의 전투정찰은 표적자료, 둘째, 권역에서는 추적자료, 셋째, 권역에서는 탐지자료를 각각 수집하게 된다. 따라서 무기체계의 사정거리와 속력의 증가는 단순히 무기 발사 기능 지역을 확장시키는 효과를 가져왔을 뿐만 아니라 모든 전투정찰과 사전기동 권역까지 포함하도록 전장의 규모를 확장시키는 효과까지 가져왔다.

☐ * 라우슨Joel Lawson 박사는 만약 정부가 비용을 지출할 의사만 있다면 현대적 감시체계로 해상의 모든 물체, 즉 약 7만 7,000대의 해군 함정, 상선, 항공기들을 추적하여 전시해 보일 수 있다고 설득력 있게 주장하고 있다. 그는 또한 그와 같은 역량은 바로 전술적으로 유용한 체계의 기초가 된다는 것을 알고 있다. 라우슨Chapter Hwang, p.63 참조.

전장의 수직적 범위 역시 꾸준히 확대되었다. 즉, 전장은 수면 밑으로는 더 깊어지고 수면 위로는 더 높아졌다는 것이다. 이러한 상황은 전술가의 사고를 매우 복잡하게 했다. 전술가들은 작전을 연구하는 데 세 가지 측면을 동시에 고려해야 했다, 이 세 가지 측면이란 각각 무기 사정거리와 압박 및 전투정찰 역량으로 이루어진 고유한 전투체계를 말한다. 탄도탄은 일단 발사되고 나면 되돌릴 수 없고, 어뢰는 인력drag의 영향을 받으며, 공대공미사일은 중력의 한계가 있다. 지휘관의 고민은 이 세 가지 측면을 모두 고려하여 전술적 결정을 내려야 한다는 데 있다. 물론 잠수함은 어뢰로 수상함을 공격할 수 있다. 그러나 잠수함이나 수상함이 미사일을 발사할 경우에는 수면 아래 또는 수상에서의 위협이 '공중'에서의 문제로 전환된다는 데에 현실적인 고민이 있다. 지휘관은 동시에 세 판의 장기를 두고 있는 것이 아니라 어느 장기판에서 다른 장기판으로 옮겨 다닐 수 있는 장기 알로 세 개의 판 위에서 하나의 게임을 치르고 있는 것이다.

이제 전쟁은 우주공간으로까지 확대되는 추세다. 우주공간은 제4의 전장이다. 공중air과 해수표면surface이 다르듯이 우주는 전술적으로 공중과 다르다. 우주공간에서의 전투와 전술이 어떤 양상으로 발전할 것인지는 아무도 모르지만 우리는 우주전이 일어날 것이라는 사실만큼은 확신할 수 있다. 던니건James Dunnigan은 『전쟁수행론How to Make War』이라는 저서에서 "항공작전은 정보 수집을 둘러싸고 벌어졌다. 이러한 추세는 지금까지 계속되어 왔고, 앞으로도 계속될 것이다."*라고 기술한 바 있다. 육상이든 해상이든 전시에 항공기의 첫 번째 역할은 전투정찰이다. 항공기는 이 점에 대해 대성공을 거두었다. 그 결과 대정찰 수단, 즉 추적 항공기가 등장했다. 제1차 세계대전 중 항공기의 역할은 전투정찰을 제외하고는 비교적 하찮은 것이었다. 우주 공간에서도 동일한 결과가 나올 것이라고 확신한다. 위성은 이미 지상감시에서 극히 중요한 역할을 하고 있다. 특히 전투정찰에서는 이 위성에 필적할 만한 것이 없다. 제1차 세계대전 중의 대공사격처럼 지상발사 대위성 무기체계는 최상의 대응 수단도 아니며, 현재 사용될 수 있는 은폐 및 기만 수단이 되지 못한다. 전투정찰의 기본적 중요성에 나오는 당연한 결과로서 감시위성을 파괴하기 위한 우주에서의 추적체계pursuit system가 발명될 것이다. 뒤이어 우주 폭격기가 언제 등장할 것인지를 우리로서는 예측할 수 없다. 그러나 과거의 역사에 비추어볼 때 두헤Giulio Douhet의 후손들은 전략 우주폭격기의 출현과 더불어 지상전 시대가 끝날 것임을 예언할 것이며, 21세기의 미첼은 모든 전투함들이 우주전에서 희생양이 되어버릴 것이라는 성급한 예측을 내릴지 모른다.

□ * Dunnigan, 1982 : 98. 훌륭한 전쟁연습의 창안자로서, 좋지 못한 전술에 대한 비판자로서 던니건은 우리 세대에 제1차 세계대전 이전의 제인Fred T. Jane이나 프랫Pratt만큼 훌륭하다고 하더라도 그의 견해는 우리 시대의 문제 중에서 약 75% 정도에 대해서만 옳을 것이다. 그리고 이 정도는 그리 저조한 것이 아니다.

대정찰

거포시대 이전에는 전투 과정에서 부수적으로 발생하는 포연이나 우연한 안개 등이 해상에서의 유일한 은폐물이었다. 거포의 출현과 더불어 무기회피는 중요한 전쟁 도구로 인식되었다. 이미 살펴본 바와 같이, 전투함은 전투함은 연막을 치는 것으로, 잠수함은 잠항하거나 추적 후 일제사격 또는 어뢰 회피를 통해 명중되는 것을 피함으로써 결정적으로 지연시킬 수 있었다.* 이것은 표적추적 방해책, 즉 적의 무기발사를 혼란시키는 방법이었다.

> *추격 일제사격 개념 뒤에 숨어 있는 생각은 이렇다. 즉, 적은 포탄이 귀함에 못 미쳐 떨어지는 것을 관측하면 다음 일제사격에서는 거리를 더해 수정하려 할 것이다. 따라서 귀함이 사격거리를 단축시키기 위해 전방으로 전진한다면 귀함은 적의 다음 일제사격의 탄착점이 귀함보다 훨씬 뒤가 될 것으로 기대할 수 있다.

무기의 파괴력과 사정거리가 증가하면서 생존무기 공격수단은 줄어들었으며, 적의 전투정찰 효율성을 감속시키는 방향으로 중심이 이동하였다. 무기 사정거리의 현저한 증가로 장거리에서 전투정찰이 수행되기 시작하면서 대정찰antiscouting이 가능했다. 은폐, 기만 및 회피에 의한 대정찰은 탐지, 추적 또는 표적조준의 방해를 주된 목표로 할 것이다.*

> *다른 수단도 사용된다. 은폐 대신에 은밀 행동, 기만 대신 왜곡이나 역정보, 회피 대신에 전파방해나 유인체에 의한 교란 등이 그것이다. 은폐는 적이 아군의 존재를 탐지하지 못하도록 해준다. 기만은 적으로 하여금 아군이 다른 위치에 있는 것으로 생각하게 하고 적의 사격을 다른 곳으로 돌리는 것을 말한다. 회피는 적의 공격을 무위로 만들거나 지연시킨다. 카옵스Ervin Kaops는 혼란과 희석을 C와 D로 줄여 부르기를 좋아했다. 용어의 혼란을 초래하는 것이 또 있다. 미국 육군에서 은폐는 방호의 의미로 사용된다. 따라서 각개 병사는 개인호를 파거나 바위 뒤에 숨는 등의 방법으로 은폐한다.

잠수함은 공격뿐 아니라 탐지되기 않기 위해서라도 잠항을 계속해야 했다. 항공모함 기동부대 지휘관은 측면으로 비켜나 탐지를 회피하면서 적의 항공모함에 선제공격을 시도하였다. 스프루안스Spruance는 사이판과 괌에서 적이 주위로 접근할 것을 감안해 상륙해안을 방어하기로 결정하였다. 기상을 통한 은폐는 무엇보다 일본군이 자주 활용했으며, 야음에 의한 은폐는 고속 항공모함이 해안 쪽으로 접근해서 육상의 비행장을 공격할 수 있게 했다. 육상발진 항공기는 통상 행동반경이 항공모함을 능가했으나 비행장의 위치가 고정된 점은 단점이었다.

　레이더는 무서운 전투정찰 체계였지만 수동 레이더 탐지기는 좀 더 먼 거리, 즉 전술적으로 중요한 의미가 있는 거리에서도 적의 위치를 파악할 수 있었다. 레이더의 대항책은 조기경보였으나 표적 조준 방해 정보까지 제공하지는 못했다. 영국 연안사령부의 항공기를 피하려고 애쓴 독일의 유-보트들에는 수동탐지만으로도 충분하였다. 솔로몬 해전 시 일본 함대는 조기탐지가 중요하였으나, 화력을 발사하는 데 필요한 표적조준 정보까지 제공받지는 못했다.

　제2차 세계대전 무렵, 통신대항책은 탐색 및 표적조준 방해책 만큼이나 중요했다. 무선방향탐지기RDF와 암호 해독은 적의 위치를 파악해서 집중 공격하는 데 활용되었다. 제2차 세계대전 시 암호 분석의 중요성을 입증시킨 또 하나의 예를 든다면, 1941년 독일의 해상습격함과 상선습격함, 광범위한 보급선과 유조선 체계의 위치가 노출되어 해상에서 모두 소탕된 것은 일반적으로 믿고 있는 것처럼 항공기 전투정찰이 아닌 독일 선박에 전송되는 암호 교신을 해독함으로써 가능했다.Beesly, 1981 : 91~97; Hughes & Costello, 1977 : 153~155.

　그런 탐색 및 통신대항책의 당연한 결과로 방해대항책이 등장했다. 에스페란스 곶에서 스콧Scott은 커다란 전술적 희생을 치르면서 레이더 작동을 중지시켰는데, 그렇게 하지 않을 경우 적에게 정보를 주는 결과를 초래한다고 생각했기 때문이다. 제1차 세계대전 이래로 통신의 전반적 구조는 우리가 말할 때 적이 듣는다는 그럴듯한 가정에 입각해 왔다. 제1차 세계대전 중에는 대체로 다음과 같은 가정이 통용되었다. 말하자면 음어encoded talk는 적에게 정보를 주고 때때로 위치를 노출시키지만, 자신의 의도는 어느 것도 노출시키지 않는 반면에 평문plain talk은 적이 완벽하게 이해할 수 있다는 점이다. 그러나 오늘날 우리가 알고 있듯이 암호 사용의 위험성은 생각보다 훨씬 심각하다. 게다가 대량교신 과정에서 전보를 음어화하고 해독하는 데 소요되는 시간이나 착오, 오해 가능성과 같은 사소한 요소로 시간의 정확성을 생명으로 하는 경우에는 지휘관들에게 큰 좌절을 안겨준다. 제1차 세계대전 중 최소한 초기 6개월 동안에는 미국의 전술가들이 통신보안에 의해 야기될 불편과 혼란을 분명 과소평가하였다.

자동음어 조해장치가 있으면 문제 해결이 쉬울 것이라고 생각하는 사람들은 다시 한 번 생각하는 것이 좋을 것이다. 정보의 누설 위험성 외에도 이런 장비는 비용이 많이 들고 충분히 확보할 수도 없다. 이뿐만 아니라 그레나다 침공처럼 합동작전에서 잘못된 시간에 상반된 공유 영역을 충분히 야기할 우려도 있다. 초장거리전 시 본질적으로 내재된 이와 같은 경향과 그 밖의 여러 가능성은 표면적으로 볼 때 우리가 거의 인식하지 못하는 사이에 대정찰 가능성이나 전투정찰 중단 상태로 이어질지 모른다는 것을 예고하고 있다. 지금까지의 전쟁 경향은 이런 일의 실제적 도래를 보여주고 있다.

C^2와 C^2CM

C^2에서는 전술상의 경향보다 불변 요소가 더 중요하지만, 몇 가지 주목할 만한 변화가 있었다. 그중 하나는 눈앞에 임박한 전투의 전술적 불확실성이 높아졌다는 사실이다. 현대의 전술지휘관은 적에 관한, 심지어는 자기 부대에 관해서도 전자적 단서를 토대로 작전을 수행한다. 물론, 범선시대의 지휘관은 전투 상황에 관한 한 오늘날 지휘관들이 전자안electronic eye으로 볼 수 있는 것보다 훨씬 더 많은 것을 육안으로 볼 수 있었다. 그렇다고는 해도 범선시대의 지휘관이 모든 것을 다 볼 수는 없었다. 젤리코와 쉬어 제독, 스프루안스와 나구모 제독, 다나카와 버크는 모두 결정적 정보를 획득하지 못한 상태였다. 따라서 암흑에서 문자와 숫자를 이용해 작전을 지휘하면서 중요한 전술 결정을 내려야 했다. 만약 이러한 정보의 부재가 단지 전술상 흔한 일이어서 과거처럼 아무 부담감이 없다면, 더할 나위가 없을 것이다. 그러나 해군의 역사로부터 얻을 수 있는 합리적인 결론은 미래의 전장에서는 전혀 예측하지 못한 사태가 훨씬 더 많이 발생할 것이라는 점이다. 이제

는 견실한 전투정찰이 없으면 언제든 그리고 범선시대에서는 전혀 불가능했고, 제2차 세계대전 시 가끔 가능했던 속력으로 적의 미사일이 곧장 날아들 것이다. 해상 지휘관은 24시간 내내 전쟁에 직면할 것이다. 나일 강 해전의 야간전투는 1798년의 상황으로 봐서는 예외적이었다. 그러나 현대전은 야간전투가 다반사로 일어날 것이다.

기습의 가치가 점점 중요시되는 방향으로 발전해 왔다는 것은 웨일리Barton Whaley의 연구를 통해 직접 밝혀냈다. 그는 『전략 : 전쟁에서의 기만과 기습Strategies Deception and Surprise in War』이라는 저서에서 1914년부터 1953년까지 있었던 86회의 육상 전투를 분석했다. 그 후 그는 연구 범위를 더 확대해 1973년까지 있었던 25회의 전례도 추가했다.* 웨일리는 이 기간 중 기습 달성을 위해 기만을 사용하는 예가 늘어났고, 더 나아가 기만 없이는 기습 달성이 점차 어려워졌다는 결론을 내렸다. 같은 이유에서 기만은 해상에서도 점점 더 중요해졌다. 오늘날에는 새롭고 괄목할 만한 감시 및 정찰체계의 발달로 함대가 공격이 임박했다는 모종의 암시를 적에게 누설시키지 않은 채 협조 공격을 단행하는 것이 훨씬 어려워졌다. 그러나 전투정찰체계의 탐지거리, 복잡한 구조 및 과잉 상태, 획득된 정보를 종합하는 번거로운 과정에 비추어볼 때 기만을 생각하는 전술가에게는 자신의 독창력을 발휘할 새로운 가능성도 열려 있다.

□ * 이 확대된 연구 작업은 1967년에 완성된 후 다니엘과 허빅Daniel and Herbig, 1982 : 177~194에서 웨일리와 서먼에 의해 증보되었다. 당초에 웨일리가 강조한 사항은 전략적 기만이었지만, 미국 육군의 밴 블릿William Van Vleet 대위의 연구 결과 지상전에서의 전술적 기습과 기만의 중요성에 대해서도 유사한 결론에 도달하게 되었다. 밴 블릿 대위는 또한 전장에서 성공을 거둘 수 있는 가장 일반적인 방법에 대해서도 기록하고 있다.

전술가들에게 계속되는 압박도 전례 없이 가중될 것이다. 이러한 새로운 상황에는 어떤 유형의 전투지도가 적합한가? 지금까지 늘 중요한 역할을 해 온 젊음과 활력, 정신적·육체적 정력이 풍부한 지도자들이 두각을 나타낼 것이다.

'24시간 상시 전장'이라는 사실에서 도출된 또 하나의 결론은 함정들이 장차 경계태세에도 주요 교전을 수행할 것이라는 점이다. 제2차 세계대전에서는 경계태세 II 및 III과 종일 전투배치 경보 상태에 있는 경우가 많았다.* 승조원들의 정력을 절약하는 것은 전쟁구역 내에 있는 모든 함장의 24시간 계속되는 관심 사항이 되었으며, 특히 오키나와 전역에서 그러하였다. 가미가제의 위협과 지속적인 압박이 며칠 동안 계속된 이 전투는 지금까지 우리가 목격한 여러 전투 중 현대 전장의 심리적 측면을 극명하게 보여주는 가장 좋은 예였다. 함정 승조원들에게 가해지는 압박이 함장들에게 가해지는 압박과 마찬가지로 가혹하고 기력을 소진시켰다. 전쟁에서의 긴장 상태 증가 추세도 새로운 현상이었다. 승조원들에게 지루한 시간이 줄고 대신 공포의 시간이 늘어난 것이다. 오늘날 해군은 함정 건조와 인원 배치에서 태세 II 및 태세 III하에서의 전투 대비를 위한 소요가 갈수록 커지고 있다. 이러한 전투에서 전술지휘관과 함장들은 승조원들에게는 없어도 있다는 느낌을 심어주어야 할 것이다. 이런 상황에서 함장이 정위치하기도 전에 '함장은 이런 경우에 어떤 조치를 취할 것인가?'라고 자문하고 그에 따라 행동한 어느 장교에 의해 승리하든 패배하든 작전이 종료될 수 있기 때문이다.

* 준비태세readiness conditions는 전투배치general quarters보다 다소 느슨한 태세이며, 경계태세 II는 대략 승조원의 2분의 1 정도가 전투부서에 배치되고 경계태세 III은 3분의 1이 배치된다.

현대적 기습공격의 엄청난 치명적 효과는 수적으로 표시될 수 있다. 함포 교전에서 2 대 3의 열세는 기습에 의해서도 쉽게 변하지 않는다. 예를 들어, 브래들리 피스크Bradley Fiske의 현측포 상호 사격 모델에 의하면 열세한 B측이 대등한 전과를 얻으려면 A측으로부터 대응사격을 받지 않고 10분 동안 계속 사격한다. 이 시간은 양측 모두 포격을 교환할 때 A측이 B측을 전멸시키는 데 소요되는 시간의 약 60%에 해당된다. A측이 대응사격을 개시하기 전에 B측이 A측에 대해 2 대 1의 우위를 차지하려면 20분간 A측으로부터 대응사격을 받지 않고 사격을 계속해야 한다. 이것을 제2차 세계대전의 항공모함전 모델과 비교해 보자. 만약 2개의 항공모함 비행단을 보유한 B측이 3개의 비행단을 가진 A측을 기습공격할 수 있다면 B측은 일격에 2척의 항공모함을 격침시키는 즉시 우위를 차지할 것이다. 이것과 대등한 현대 미사일도 함대에 대해 비슷한 충격을 가할 수 있는 잠재력이 있다. 거포시대의 함대가 회복될 수 있는 규모의 기습공격이라면 현대 해전에서는 전세를 결정지을 수 있다. 무기의 사정거리가 길어지면서 정찰거리의 신장에 대한 요구가 커졌으며, 그 요구는 무기의 속력이 높아지면서 더욱 커졌다.

기습적이고 잘 조정된 충격식 공격 역량이 증가하면서 C^2와 적의 C^2에 대한 대항책의 역할은 거역할 수 없는 새로운 중요성을 띠게 되었다. 현대의 전술 지휘관들은 화력발사 계획과 화력발사 시 상대적으로 적은 노력을 기울이는 반면, 전투정찰 활동의 계획과 집행, 대정찰과 C^2 대항책에 의한 정찰 활동 방해에 대해서는 더 많은 노력을 기울일 것이다. 과거의 포술 사격 통제법 획득에 해당되는 것이 최근 막연히 정찰 및 감시체계라고 생각되는 그 어떤 것과 관련되어 있다는 생각이 분명해지고 있기 때문이다. 필자는 퀴베론Quiberon 만 해전과 트라팔가르 해전, 나르비크Narvik 해전처럼 적이 장애물이 없는 시계를 가지고 있는 경우에도, 언제나 시도할 수 있는 특정 종류의 전술적 기습을 제외하고서는, 함대에 대한 대규모의 결정적 기습공격이 지금도 가능하다는 것이 의심스럽다. 그러나 함대사령관과 참모들이 치명적인 기습공격 대신 C^2로 그러한 기습공격을 대신하려 한다면, 전술 발전의 명백한 방향은 그들의 뇌리를 더욱 혼란시킬 것이다.

쉼터

CHAPTER **7**

항구적 불변 요소

기동

전투 이론에 관한 문제 중 하나는 "전투의 개시와 종료를 어떻게 규정할 것인가?"이다. 살상전투력화력을 교환하면서 전투가 개시되는 것인가? 노버트 위너Norbert Wiener가 『인공두뇌학Cybernetics』에서 말한 코브라와 몽구스 이야기를 한 번 생각해 보자. 몽구스는 지능적·육체적 민첩성을 겸비함으로써 코브라의 공격 능력을 능가하는 비상한 능력이 있다. 몽구스가 코브라의 머리 뒤쪽에서 공격하는 바로 그 순간 두 동물 간의 싸움은 끝난다. 전투는 몽구스의 순간적인 행동 하나만으로 이루어졌는가? 아니다. 그렇다고 해서 최소 탄환을 발사했을 때 전투가 개시되는 것도 아니다. 손자, 리델 하트, 존 보이드 등은 전투란 화력을 사용한 것 이상이라고 주장했다. 필자도 같은 생각이다. 엄밀한 의미에서 전투는 그에 앞서는 결과에 영향을 미치는 기동전략적 기동은 제외된다을 포함한다. 마한의 표현을 빌리자면 "전술은 전투 진행 중은 물론 전투 전부터 훌륭한 협동을 만들어내는 기술"Mahan, 1990 : 10이라는 것이다. 역사적으로 볼 때 지금까지 기동의 목적은 유리한 전투태세를 확립하는 데 있었다. 피오라반조 제독은 우리에게 과거의 기동과 현대의 기동을 연결하는 어떤 불변 요소를 발견해 낼 수 있는 하나의 단서를 제공한다. 그는 기본적인 전술적 위치를 더 빠르고 또한 강력한 화력집중을 가능하게 하는 상대적 위치라고 보았다.Fioravanzo, 1979 : 209 동적인 특성을 지닌 속력과 시간은 정적인 특성을 지닌 위치로 환산될 수 있다. 범선시대에도 제독들은 함선들이 전투거리 내로 진입해 손상을 입어 속력이 떨어지기 전에 실시하는 기동의 중요성을 알고 있었다. 거포시대에 이르러 전함의 속력은 상당히 향상되었지만 포격으로 전투가 순식간에 종결될 수도 있었다. 이 때문에 그 효과는 크게 감소된 셈이다. 기동의 역할은 주로 포격이 개시되기 전에 이루어진다. 잠재적으로 거대한 전장과 고속 작동 무기로 인해 가장 민첩한 함정의 기동조차 뱀이 기어 다니는 속력으로밖에 여겨지지 않는 오늘날의 상황을 우리는 잘 알고 있다. 그런데도 유리한 위치를 확보하려는 노력은 계속되고 있다. 위치 확보를 위해서는 속력과 시간이 필요하며, 통찰력은 전술지휘관이 구비해야 할 품성이 되었다. 이를테면 오늘날의 지휘관은 거리라는 문제로 기만당해서는 안 된다. 그가 취하고자 하는 전략적 이동이라는 것이 전장에서의 기동이 될지도 모른다. 또한 오늘날의 지휘관은 위치 확보가 자신의 목표라면 속력과 시간이 그 수단이라는 사실도 잊어서는 안 된다.

평시에는 좀 더 빠른 전투함의 속력에서 비롯되는 전시의 장점이 과대평가되는 경향이 있었다. 고속은 많은 비용이 들며 중량과 공간의 희생을 요구한다. 어쨌든 평시의 기획가들은 함대 내의 속력이 가장 느린 함정에만 집착함으로써 진형 전체의 전술적 문제에 관해서는 언급도 못하고 있다. 손상을 입은 어느 전투 단위가 함대의 속력에 미치는 영향은 예나 지금이나 여전히 평시의 전술 토론 시 간과되고 있다. 일찍이 알레이 버크Arleigh Burke가 리틀 비버스Little Beavers, 제23구축함 전대의 지휘관으로 재직할 당시 자신은 손상된 함정을 한 척이라도 남겨두고 떠나지 않겠다고 예하 전대에 말한 바 있었지만, 오늘날 그는 자신의 이 말에 열정은 있었지만 깊은 사려는 결여되어 있었음을 솔직하게 시인했다. 늘 빈틈없고 속력 문제에 매우 집착하였던 피스크는 1905년 해군연구소 수상 논문에서도 속력을 통제용이성 manageability : C^2과 화력보다 중시하였다. 그러나 마한은 속력에 현혹되지 않았다. 그는 등속 개념에 관한 이론을 전개하고 속력을 희생시키는 대신 무장과 장갑을 강조함으로써 제1차 세계대전 이전의 전함건조 결정에 큰 영향을 미쳤다. 보드리는 장갑순양함을 가리켜 기병보병과 비교할 때 기병은 값비싼 무장으로 치장하였다과 유사한 것이 아니라 오히려 싸구려 전쟁도구라고 말했다. 그는 "막대기로 무장한 아이들을 태운 얼룩말 전대에 관해 들어본 자가 있는가?"Baudry, 1914 : 47라는 글을 남겼다. 전투순양함이 전투함의 치명적 약점은 최소 사격만 받아도 폭발한다는 것이었다의 아버지라 불리는 재키 피셔Jackie Fisher 제독이 속력에 대한 보드리의 이와 같은 경멸적 태도를 염두에 두었다면 좋았을 것이다. 윈스턴 처칠은 전투정찰선의 지원을 받으며 전투함대의 전방에서 작전을 수행할 수 있는 중장갑을 갖춘 고속의 전함을 선호하였다.

오늘날 해군의 전술분석가들은 속력의 비용 효과를 보여주는 사례를 전혀 예시하지 못하고 있다. 그나마 제시한 것도 고작 대부분 공격이 아닌 방어적 전술기동과 관련된 것에 불과했다. 수중익선이든 표면효과함이든 속력이 투입된 비용에 상응하는 효과를 발휘했다는 예는 없다. 이 함정들의 속력은 항적 때문에 오히려 많은 불편을 주었다. 고속의 신형 공격잠수함도 합리화되기에는 이론적 배경이 취약했다.*

> ☐ * 잠수함이나 저공침투를 실시하는 단기 항공기처럼 단독으로 임무를 수행하는 경우의 속력 문제에 대해서는 그 나름의 분석이 필요하다. 어느 부대의 균일 속력 문제와 손상을 입은 함정의 처리 문제는 논란의 여지가 있다. 명심해야 할 것은 단독으로 임무를 수행할 경우에는 당연히 전력의 집중도가 저하되며 집중이 없는 경우 각 전투 단위가 생존을 유지하기 위해서는 적에게 발견되지 않기를 바라는 수밖에 없다는 점이다. 그리고 불행하게도 속력은 은밀성과는 천적과도 같은 존재이다.

해군대학의 *Naval War College Review*지의 발행인인 프랭크 울리그Frank Uhlig의 지적에 따르면 항공모함은 항공기를 신속하게 작전에 투입할 수 있어야 한다. 항공모함의 속력이 빠르지 못할 경우 어떻게 해야 할지를 고찰하는 것은 흥미롭다. 미래전에서는 VSTOL 항공기의 광범위한 사용이 가능할 것이기 때문에 이는 쓸데없는 문제가 아니다. VSTOL의 최대 약점인 수직양력에 따르는 취약성은 전체 진형의 추진력을 감소시킴으로써 만회할 수 있다. 추진력을 2분의 1로 감소시켜도 함정의 속력은 이전에 비해 약 80% 정도가 된다는 사실을 잊어서는 안 된다. 게다가 속력이 높아지면 소음이 생기고 소음은 적 잠수함의 미사일 공격을 자극할 수 있다. 저속으로 또는 투묘 상태에서 항공기를 작전에 투입할 수 있는 항공모함의 역량이 중요할 때가 있다. 그러나 필자는 견해를 달리한다. 예를 들면 어느 부대가 인도양으로 항해할 경우에는 전략적 속력이 여전히 중요한 역량이다. 그리고 전술적 회피와 표적조준 방해에 필요한 속력 역시 최소한의 중요성을 가진다.

제2차 세계대전에서는 노스캐롤라이나North Carolina, 앨라배마Alabama, 아이오와Iowa 급만이 항공모함과 보조를 맞출 수 있는 전함이다. 따라서 다른 급의 대공함들이 고속 전함의 역할을 더 훌륭하게 수행할 가능성도 있지 않겠는가라고 묻는 것은 요령부득의 일이다. 새로운 기술에 의해 다른 것을 희생시키지 않고도 속력을 높일 수 있다면 우리는 이를 기꺼이 받아들여야 한다. 그러나 신기술이 출현하여 속력을 높일 수 있다고 하더라도 어느 하나를 포기해야 한다면 우리는 속력을 높이는 데 현혹되어서는 안 된다. 함정의 속력과 항공기 속력, 기동성을 약간 높이는 데도 엄청나게 비싼 대가를 지불했다는 것을 우리는 이론적 분석뿐만 아니라 역사적인 경험을 통해서도 배웠다.

화력

해상에서 전술적 성공의 요체는 효과적인 공격의 선제 사용이다. 전술가로서는 중무기의 사정거리가 적의 사정거리를 실질적으로 능가한다면, 이 경우에는 적의 유효사정거리 밖에서 적을 파괴하는 데 충분하도록 전력을 집중해 공격하는 것을 목표로 삼아야 한다. 그러나 적이 사정거리에서 아군을 능가하는 경우라면 잔여 화력으로 임무를 수행하면서 적의 공격으로부터 생존하는 것을 목표로 삼아야 한다. 핵공격에 대비한 미국 해군 전술은 우선 항공모함의 항공력을, 그런 뒤 SSBN의 화력을 전투에 투입할 수 있을 때까지 은폐와 기만을 이용한다는 것이 골자다. 러시아 해군의 재래식 항공기, 수상함, 잠수함의 공격에 대비하려면 미국 전투부대의 전술은 적을 선제공격하여 제압할 충분한 화력집중을 필요로 한다. 이러한 전술은 전세를 장악할 수 있는 공격 또는 방어력의 우세를 전제로 하며, 미국 부대가 장거리 폭격기의 항속거리에서 뒤진다거나 개전 초에 선제공격을 당할 수밖에 없는 경우에도 마찬가지이다. 그러나 미국 해군의 우세가 매우 근소한 관계로 전술적 어려움은 컸다.

그러나 적이 결정적 화력을 사용하기 전까지 미국의 전술지휘관들은 유효화력을 집중해 임무를 달성하기 위해 충분한 양을 발사할 수 있는 수단을 확보하는 것이 중요하다. 미국의 전술지휘관들이 이런 수단을 보유하고 있지 않다면 아예 교전할 생각을 버려야 한다. 이런 상황이라면 적에게 손상을 가할 가능성보다 패배할 가능성이 훨씬 크기 때문이다. 여기에 덧붙여 공격력에 관한 제2의 항구적 불변 요소가 적용된다. 즉, 다른 조건이 동일하다면 순수 전투력에서의 근소한 우위가 전황을 결정지을 것이고, 그 효과는 누적적으로 나타날 것이다. 그러나 어떤 이유에서든 적이 결정적이지 못한 선제공격을 가할 것이라고 기대될 경우에는 우열의 차이가 더욱 벌어진다. 열세한 측은 방어 위치를 확보할 수 없고, 지상전처럼 실질적인 타격을 가할 수 없다. 열세한 함대로서는 모험을 피하고 효과적인 선제공격 방법을 강구해야 한다. 그렇지 않을 경우 전투의 회피, 생존, 침식 등의 전략을 채택해야 한다. 이러한 전략을 구사하는 데는 행운과 노련한 기술이 뒤따라야 한다. 조금이라도 열세한 측은 적에게 거의 아무런 타격도 가하지 못한 채 패배하고 말 것이다.

앞의 장을 통해 이런 몇몇의 이론적·경험적 근거를 고찰한 바 있다. 이러한 결론은 제2차 세계대전 전에 미국 해군대학에서 실시한 몇 가지 전략 게임에 의해서도 뒷받침된다. 이 게임에서 분산된 전대끼리의 교전 결과는 다음과 같은 여러 계산에 따라 다르게 나타났다. 첫째, 양측의 상대적 전투력단순히 함정의 수만으로 계산한 것은 아니다이 2 대 1일 경우 열세한 측은 완전히 전멸하고 말았다. 전투력 비가 3 대 2일 경우에는 열세한 측이 그 전력의 2분의 1 이상을 상실하였다. 전력비가 4 대 3일 경우에는 우세한 측이 상대를 격퇴하긴 했으나 그 후 게임에서는 대규모 작전을 수행할 만한 여력이 없었다.McHugh, 1966 : 4~29

필자의 산술적 계산에 따르면 순수 전투력에서 4 대 3 정도로 우세한 측은 적이 효과적인 선제공격을 가한 경우를 제외하고는 해상에서 전황을 결정짓는 것으로 나타났다. 3 대 2 정도의 우위라면 적을 격파할 수 있다. 종종 각국이 5 대 3이나 2 대 1 정도의 수적 우위를 확보하기 위해 노력한 경우도 있지만, 이러한 비율은 전술적 고려보다 전략적 고려에 근거를 두고 있다.*

□ * 워싱턴 회의Washington Conference의 협상 과정에서 미국은 태평양과 대서양에서의 전략적 부담을 고려해 일본과의 주력함 비율에서 5 대 3 정도의 우위를 유지하기로 하였다. 20세기 초에 영국은 자국에 대한 두 강대국의 동맹을 염려하여 2국표준주의two-power standard를 채택했는데, 이것은 영국의 해군력을 두 강대국의 해군력을 합한 것에 견줄 만한 규모로 유지한다는 것이었다.

불변 요소라고 불러도 좋을 만큼 일반화된 또 하나의 반복되는 경향은 전쟁이 발발하기 전에는 무기의 효과를 과대평가한다는 것이다. 미서전쟁에서 해군의 포격이 매우 부정확했던 것은 하나의 충격이었다. 1915년경 함정의 사격통제 문제가 거의 해결된 뒤로는 10~20분간의 정확한 사격만으로도 전세가 판가름이 났다. 그런데도 유틀란트 해전 시 독일의 대양함대는 영국의 전투 진형이 제대로 통제되지 못한 데 힘입어 파멸을 모면하였다. 이때 독일 함대는 매우 능숙하게 기동했으며 포연이 전장의 시계를 방해하였다. 태평양 상에서 항공모함전이 있기 전 지휘관들은 항공력의 효과를 지나치게 낙관적으로 보았다. 그 결과, 혼란의 도가니였던 야간 해상전투는 기대했던 것만큼 화력이 정확하지 못했다. 이 때문에 전쟁 전의 상황판 게임처럼 명확한 결전이 이루어지지 못했다. 여기서 또 하나의 원칙이 도출된다. 즉, 전쟁의 불확실성에 유의하고 아군의 무기를 견딜 수 있는 적의 능력을 너무 과소평가하지 말라는 것이다. 차후에 일어날 해상전에서는 전투함의 미사일 병기고가 텅 비어 있음을 목격하게 될 것이다. 아울러 혹자들이 결정적 무기라고 하는 것을 구입하기 위해 비용을 지출하는 현상도 거의 볼 수 없을 것이다. 제2차 세계대전의 전술가들 중 최후의 인물인 알레이 버크 제독에게 그의 이름을 딴 알레이 버크 급 신형 유도탄구축함에서 개선할 점이 무엇이냐고 물었을 때 그는 "단검 한 쌍을 더 달겠다"고 대답했다.

그러나 결정적인 성과를 가져올 가능성은 늘 최소한으로 잠복되어 있다. 우리는 잘못된 전술 때문에, 그리고 장갑은 뛰어났으나 사격과 기동이 따라주지 못했기 때문에 공격효과를 망친 예를 여러 차례 보았다. 그러나 전체적으로 볼 때 공격화력이 늘 압도했다. 따라서 비티가 불과 5분 동안에 자신의 전투순양함 2척이 폭발하는 것을 보고서도 놀라지 않았듯이, 우리도 포클랜드 전쟁에서 제너럴 벨그라노HMS *General Belgrano* 함과 셰필드HMS *Sheffield* 함의 격침 사실을 놀라워해서는 안 된다. 또한 영국의 후드HMS *Hood* 함이 고속 전투순양함으로서는 너무 허약하다고 판명된 것, 미드웨이 해전에서 일본 해군의 등뼈가 하루아침에 부러진 사실, 압도적으로 우세했는데도 미국 해군이 오키나와 혈전에서 가미가제에게 하루 평균 1척 이상의 함정을 잃었다는 사실에도 놀라서는 안 된다. 현대전에서는 함정과 항공기가 놀라운 비율로 파괴될 것이다. 그러나 그런 파괴성이 갈수록 커지는 추세는 찾을 수 없다. 다만, 해전의 결정적·파괴적 속성이 계속되고 있다는 것만 목도할 뿐이다.

공격무기의 전투 수행 능력이 과대평가될 것이라는 이야기와 해전이 대량파괴전과 결전으로 변할 것이라는 이야기는 서로 모순되는 것인가? 이 양자 간의 공통점을 추출하면 다음과 같다. 즉, 비록 전술가들은 그들이 예상한 것 이상으로 많은 공격을 해야 할 것이지만, 그런데도 고도의 파괴성과 잠재적 결전성을 발휘할 공격 역량은 여전히 존재할 것이다. 듀이Dewey와 샘프슨Sampson은 막대한 포격을 가함으로써 결정적인 승리를 거두었다. 유틀란트 해전은 전술적으로 볼 때 결정적이 못했을지 모르나 코로넬 해전과 포클랜드 제도 해전은 분명 결정적인 해전이 아니었다. 심지어 제1차 세계대전 시의 결정적이지 못한 각종 해전조차 불과 몇 분 후 결전으로 바뀔 정도로 칼날 위에 선 것 같은 위태로운 지경에 있었다. 항공모함의 항공력은 1942년에 있었던 네 차례의 대해전 이후 태평양에서 거의 모든 항공모함을 쓸어버릴 정도로 강력해졌다. 항공기의 효과가 기대에 미치지 못했다는 것은 중요한 사실로, 이후 항공기의 전술적 운용에 영향을 미쳤다. 그러나 태평양 전구 전략가들에게는 이런 사실이 거의 중요하지 않았다.

대항세력

지금까지는 화력에 대한 방어 성공도의 높낮이가 들쭉날쭉했지만 현재는 낮아지고 있다. 이에 비해 적의 화력공격을 분산 또는 파괴시키는 작전의 중요성은 여전하다. 이렇듯 대항세력의 특징을 이루는 불변 요소는 다음과 같다.

_ 단기간인 경우가 아닌 한, 그리고 비정상적인 상황이 아니라면 해상에서는 클라우제비츠와 그 밖의 지상전투 연구가들이 표현하려 했던 바와 같은 의미의 방어가 공격을 압도하는 경우는 없었다. 해상에서는 결정적 공격을 가할 수 있는 잠재력이 항상 숨어 있었다.

_ 방어세력은 예상 밖의 높은 탄력을 보여주었다. 방어세력은 효과적인 공격을 가할 수 있는 시간을 확보해 주는 것 이상의 기여는 거의 하지 못한다. 그러나

- 방어에 지나치게 많은 것을 요구하지 않는다면 새로운 위협을 저지할 새로운 수단이 발견될 수 있다.
- 공격은 평시에 계산된 정도의 효과를 발휘하지 못할 것이다. 이를 뒤집어 말하면, 방어가 계획 과정에서 예측한 것 이상의 효과를 발휘하는 경우가 종종 있을 것이다.
- 개전 초기에는 공격과 방어가 모두 제대로 되지 않는 법이다. 그러나 공격은 전쟁 초반보다 큰 효과가 있다.

해상전에 관한 또 하나의 항구적인 특징을 든다면, 일단 파괴된 해군력은 회복하기가 어렵다는 점이다. 이런 이유 때문에 전열함은 같은 수의 포를 갖춘 요새와 교전을 벌이지 않았고, 전함은 기뢰부설 해역으로 들어가는 모험을 피했으며, 항공모함은 대등한 수의 항공기가 있는 비행장을 공격하지 않았다. 함정은 자신이 해상-육상 전투에서 압도적으로 우세할 경우와 해상통제권을 장악했을 때에만 공격을 시도하였다. 1915년 봄에 있었던 갈리폴리 작전은 압도적으로 우세한 세력이 필수적이라는 사실과 기뢰부설 해역에서의 해안포대와 교전하는 것이 얼마나 위험한지를 잘 보여주었다. 이 전투에서 프랑스와 영국의 전함 3척과 영국의 전투순양함 1척이 격침 또는 손상되었으며, 다다넬스 해협을 돌파하려던 함대의 시도는 성공 일보 직전에 취소되었다.

비행장을 공격하려는 항공모함 작전도 비슷한 위험성이 있다. 항공모함의 손상과 비교해 볼 때, 손상된 비행장은 신속하게 복구할 수 있다. 재래식 전쟁의 경우 은닉, 생존성, 회복 등의 역량은 해상이 육상에 비해 더 뒤진다. 이러한 단점을 보완할 수 있는 전투함의 장점이 바로 좀 더 높은 기동성과 집중할 수 있는 잠재력이다. 그런데 핵전쟁은 이러한 일반적 상황에 변화를 가져왔다. 위협에서 벗어날 수 있는 전략적 이동과 미사일 공격을 피할 수 있는 전술적 이동에 따라 해상전투함은 이제 육상부대보다 훨씬 오래 견딜 수 있게 되었다. 잠수함에서 발사되는 SLBM의 생존성은 그 은닉성으로 때문에 육상기지의 ICBM을 훨씬 능가한다. 핵전쟁은 회복에 관한 지금까지의 양식도 변화시킨다. 재래식 해군부대는 육상기지 체계에 비해 회복이 훨씬 어렵다. 그러나 핵전쟁에서 어떠한 것도 핵탄두 앞에서는 회복이 불가능하며, 따라서 차이는 모두 사라지고 있다.

전투정찰

손자는 다음과 같이 말했다.

> 지혜로운 왕자와 현명한 장군이 가는 곳마다 적을 정복하고 그들의 전과가 보통 사람들의 전과를 능가하는 이유는 바로 예지에 있다. 예지라는 것은 영감이나 신적인 능력에서 나오는 것이 아니며, 과거의 사건과 비슷한 것이거나 계산에서 나오는 것도 아니다. 그것은 적의 상황을 알고 있는 사람에게서 나올 수밖에 없다.*
>
> □ * Sun Tsu, 1963 : 144~145.

이것은 『용간편 Employment of Secret Agents』에 실려 있다. 그러나 우리는 손자가 현대의 암호 해독이나 감시위성을 본다면 아무 생각 없이 두 손을 비비고 서 있을 것이라고 쉽게 상상할 수 있다.

해군 지휘관들은 늘 그들의 무기 사정거리상 적절한 거리에서 효과적인 전투정찰을 수행하려고 노력해 왔다. 다시 말해 해군 지휘관들은 효과적인 공격과 방어 작전을 전개하는 데 지장이 없는 충분히 먼 거리에서 시간-기동의 관계를 생각한다면 '충분히 먼 거리'는 '충분히 일찍'이라고 생각할 수 있을 것이다 적에 관한 자료를 획득하려고 노력해왔다. 그리고 이러한 자료에는 아군의 기점 상황도 포함되어 있었다. 체스 경기를 처음 시작하는 아마추어로서는 이러한 기점을 유지하는 데 따르는 실패까지 미처 생각하지 한다. 평시의 훈련에서 어느 지휘관이 자기 측을 표적으로 삼아 공격하는 실수는 드물지 않게 일어난다. 프로라면 누구든지 위협을 인식하고 특히 초보자를 위해 에스페란스 곶 해전을 포함하여 솔로몬 해전의 야간전투에 대해 매우 상세하고 정확하게 기술한 모리슨의 상세 보고를 다시 숙독해야 할 것이다. 전술은 부대의 숙련도에 맞게 선택되어야 한다. 장거리 미사일이 밀집되어 있는 현대 전장에서는 제대로 훈련받지 못한 부대를 광범위하게 분산·운용하기보다는 자기편을 공격하기 십상이다.

전투정찰에 관한 항구적 불변 요소는 충분히 설명할 수 없다. 범선시대에는 전략적 탐색 임무를 수행하기 위해 일련의 프리깃함이 전방으로 진출하였다. 그 당시 해군의 가장 큰 문제는 어떠한 수단을 사용해서라도 적을 발견하는 것이었다. 그 외 적의 전략적 목표나 적이 어디에서 작전하고 있는지를 알 수 있는 방법은 거의 없었다. 오늘날의 위성이나 초수평선OTH 레이더처럼 프리깃함은 전술적 전투정찰의 역할까지 겸했다. 이러한 역할과 전략적 역할을 의식적으로 구별하지는 않았다. 일단 적을 발견하면, 이 프리깃함은 기류신호가 닿을 거리 내로 급히 되돌아왔다. 그렇게 함으로써 전열함은 종렬진을 형성할 충분한 시간을 벌 수 있었다. 프리깃함이 충분하지 못할 경우, 항진 중인 함대는 혼란에 빠지기 쉬웠다. 나폴레옹 전쟁에서 프랑스와 스페인 함대가 겪었던 여러 사례 중 빈센트 곶 해전은 바로 그와 같은 혼란이 발생한 일례이다. 해군 지휘관들은 더 많은 프리깃함을 구하려고 아우성을 쳤으나 프리깃함은 충분하지 못했던 것 같다.

제3장에서 전투정찰에 엄청난 세력이 투입되었음을 살핀 바 있다. 젤리코 제독은 자신이 보유한 중화력 중 25%를 전투정찰용으로 사용했으며, 쉬어 제독도 이와 거의 맞먹는 세력을 투입하였다. 제1차 세계대전 시까지 정찰원에는 함정이나 항공기 외의 것도 포함되었다. 양측 모두 신호 정보를 활용하려고 시도했다. 필자는 전투정찰을 분석을 제외한 정보의 전송까지 포함하는 개념으로 본다. 무선통신을 구비하지 못한 함대가 전투정찰 문제를 어떻게 해결했는지는 알아내기 어렵다. 함대기동에 적합한 무선통신은 그만큼 성공적인 전투정찰을 위해 필수적이다.

제1·2차 세계대전 사이에는 항공기가 탐지, 추적, 그리고 탄착수정기로서 표적조준을 위한 주요한 전투정찰 수단이 되었다. 제2차 세계대전 시 지중해의 여러 해전에 관한 글을 쓴 프랑스 드 브롱Raymond de Belot 제독의 설명에 따르면 이탈리아 해군은 공군 정찰기에만 계속 의존했고, 이 바람에 공군 정찰기에 의존하지 못할 상황을 맞자 결국 파멸하였다.Belot, 1951 : 41~44, 67~68, 71~72, 86 미국과 일본 해군은 잠수함과 육상 및 해상초계기를 조기경보 또는 전략적 전투정찰을 위해 사용하였다. 미국의 항공모함 부대는 여기에 추가로 전술적 정찰을 위한 양용 목적의 정찰 폭격기를 배치함으로써 큰 성과를 거두었다. 함재기를 탐색용으로 사용하는 면에서 뒤떨어졌던 일본 해군은 순양함의 수상기에 많이 의존하였으며, 가능한 한 육상기지 정찰기의 도움도 받았다. 정찰기 제작에 인색했던 일본은 그 대가를 크게 치렀다. 가장 유능한 지휘관들은 적을 발견하고 조준하기 위해 대규모 전투단 형성을 포기하고, 양용 함정과 항공기로 단일 목적인 전투정찰 활동을 강화하는 데 주저하지 않았다. 탐지와 표적조준에 투입된 대공탐색 레이더가 미국의 전술적 성과에 기여한 점은 각종 역사서에서 너무 과소평가되는 것 같다. 비록 초기 솔로몬 해전의 야간전투에서 레이더를 제대로 사용하지 못한 경우도 있었고, 태평양 전장에서 우세한 대공탐색 레이더의 작동으로 얻을 수 있었던 갖가지 이익은 아무리 강조해도 지나치지 않는다.

오늘날의 전술지휘관들은 더는 탐색 활동에 충분한 노력을 기울이지 않을 것이라고 믿어도 좋을 듯하다. 거리, 중심방위center bearing 및 산각spread angle에 따른 각종 탐색장비의 적절한 배치가 전술가들의 가장 중요한 전술 결정의 한 요소가 될 것이다. 스프루안스, 미처, 할제이가 전투정찰 폭격기를, 젤리코가 고속 전함을 전투정찰용으로 사용했듯이 오늘날의 지휘관들은 전투정찰을 강화하기 위해 종종 화력집중을 희생시켜야 한다. 만약, ICBM과 SLBM이 관련된 범세계적인 핵전쟁이 일어난다면 전술적 전투정찰은 지금까지 다른 종류의 전쟁에서 담당하던 것과 같은 역할을 수행할 것이다. 표적을 조준하고 피해를 평가하며 잔여 전투 능력을 계산하기 위해서는 앞으로 우주 및 지상의 각종 자원이 필요하게 될 것이다. 앞으로 기술이 발전하면 그러한 전쟁에 적합한 차세대 레이더 장비로 무엇이 제작될 것인가? 그리고 일찍이 솔로몬 해전에서 시대에 뒤떨어진 전술 계획 때문에 그러했듯이, 우리는 차세대 장비를 잘 사용할 수 있을 것인가, 아니면 헛되이 낭비할 것인가?

지금까지도 전투정찰이 전쟁에서 변함없이 중요한 요소라고 말하는 것은 너무 평범한 이야기일 것 같다. 전투정찰을 정당히 평가하여 말한다면 다음과 같다. 승리는 탐지, 추적, 표적조준 등의 전투정찰 활동에서 적을 압도한 측의 것이다. 해상에서의 훌륭한 전투정찰은 기동보다 훨씬 중요했으며 무기 사정거리를 포함해, 때로 다른 어떤 것보다도 중요한 것은 단지 누가 효과적인 공격을 할 것이냐는 문제는 물론이고 누가 결정적인 선제공격을 가할 수 있느냐는 문제까지도 결정해 왔다.

C^2와 C^2CM

은퇴할 때까지 구해군 전자체계 사령부의 선임연구원으로 재직한 라우슨 J.S. Lawson 박사는 지휘·통제라는 용어를 어느 지휘관이 임무를 수행하기 위해 예하 부대에 권한을 행사하고 지시하는 과정을 뜻하는 것으로 사용하였다. 1977년경 라우슨 박사와 해군대학원의 무스 Paul Moose 교수는 <그림 7-1>과 같은 의사결정 주기 모델을 고안하였다.* 이 체계는 각종 전술 과정뿐만 아니라 의사결정 지휘 부분, 탐지 전투정찰 부분, 행동 통신에 의한 통제 부분까지 포함한다. 라우슨과 무스, 심지어 그의 동료들은 '탐지 precesses'와 '행동 acting'을 C^2의 과정에 포함시켜 하나의 환류 고리 속에 편입시킴으로써 C^2 과정의 전체적인 형태가 드러나도록 하였다. 또한 그들은 이것이 화력발사나 전투정찰, 이를테면 발사화력의 속도와 양 또는 정찰과 감시 정보의 획득 속도 및 등급에 미치는 영향을 연구할 수 있는 가능성을 열어주었다. 이런 지휘·통

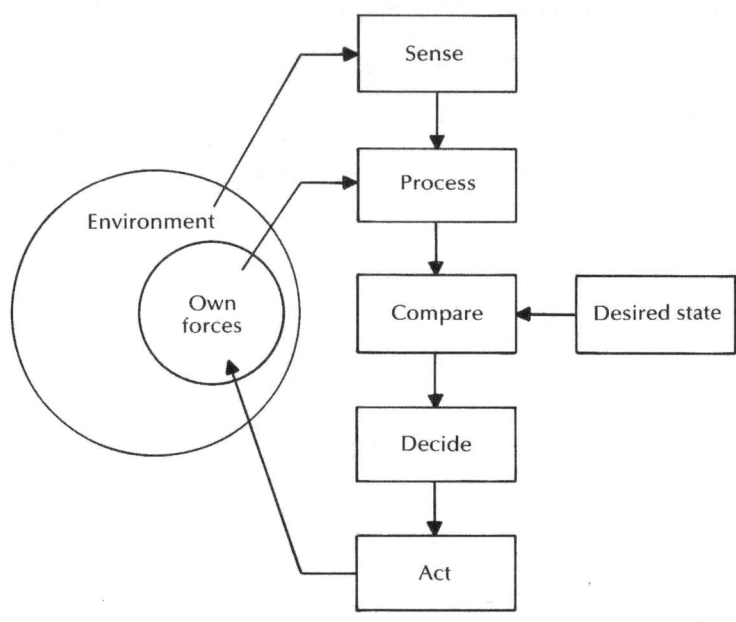

〈그림 7-1〉 라우슨의 지휘통제 주기

제 주기는 화력발사, 전투정찰, C^2 또는 세 가지 모두와 관련된 제반 단계를 관찰함으로써 C^2가 전술적 맥락에서 차지하는 위치와 효율성을 검토할 수 있게 하였다. 어느 한 전술연구가라면 세 가지 중 자기가 임의로 선택한 두 가지 요소를 일정한 것으로 가정하고 나머지 한 가지를 상세히 연구할 수 있을 것이다. 예를 들어 양측의 전술적 전투정찰과 무기 발사 계획이 어떠하다고 가정한 다음, 필요한 정보가 지휘본부 내로 또는 지휘본부 내에서 어떻게 움직이는가 하는 문제, 즉 지휘 과정만 중점적으로 연구할 수 있다는 것이다. 또 다른 예를 들면 잠수함의 위치를 찾아 공격하라는 명령이 통신축선 상의 각 단위부대에게 어떻게 전달되는가, 통제 과정을 공격임무 완성과 관련된 교신통로 및 시간에 주안점을 두고 연구할 수도 있을 것이다.

☐ * 이와는 별도로 유럽 연합국 최고사령부 기술 본부의 코일 박사도 이와 유사한 전형을 창안한 바 있다. 또한 러시아도 이미 1960년대에 이에 대응하는 C^2 모델을 만들었다는 증거가 인공두뇌학에 관한 러시아 내 과학연구에 나타나고 있다. 에브척과 이바노

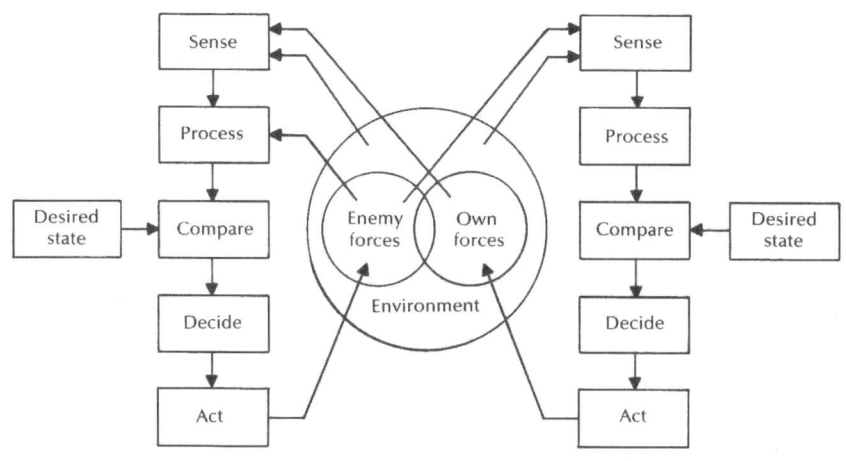

〈그림 7-2〉 동일한 환경에서 동시에 작동되는 피아의 지휘통제 주기

프의 연구 참조. 이 연구는 1964년과 1971년에 발표된 이전의 연구서를 개정한 것이다. 테일러Taylor, 1984 : 36~41에는 C²에 관한 러시아 내에서 진행된 연구의 이러한 측면에 대한 유용한 논평이 담겨 있다.

    1977년에 완성된 라우슨의 모델이 많은 비판을 받는 결함 중 하나는 처음부터 통제를 하나의 일방적인 과정으로만 파악한 점이다. 이제는 라우슨도 자신의 모델이 전장 환경과 아군에 영향을 주는 적의 통제주기까지 포함해야 한다고 믿는다.* 그 결과 부대 대 부대의 상호 영향을 고려해 새로 만든 모델이 <그림 7-2>이다. <그림 7-2>는 일견 명료해 보이지만 단순히 적의 통제주기를 포함시키는 것만으로는, 복잡하고 많은 분석을 요하는 문제들 때문에 어느 것도 명확한 답을 제시하지 못한다. 무엇보다 우리는 적에 비해 20% 정도 빨리 작동한 아군의 통제 고리가 어떠한 효과를 가져왔는지를 살펴봐야 한다. 이러한 경우 전장 환경을 통제하는 데 근소한 전술상의 우위, 이를테면 20%의 우위를 차지하는가, 아니면 사실상 전면적인 통제가 가능한가? 필자는 여기에 일반적인 해답이 없다고 생각한다. 그러나 주변의 구체적 전술 문제에 대해서는 상세히 규명해 봐야 한다. 물론, 이러한 지휘통제 주기를 다루어 보았다고 해서 환류 방식의 공학적 고리이 모델은 한쪽만이 있는 그대로 다룬다와 한 쌍의 군사통제 고리이 모델은 상호 반대되는 대상을 다룬다 사이의 기본적인 차이점을 누구든 파악할 수 있다고는 할 수 없다.

☐ * 1985년 겨울에 캘리포니아 주 몬테레이에서 라우슨과 나눈 대화에서 인용한 것이다.

라우슨은 지휘통제라는 것이 어떤 일을 어떻게 처리할 것인지에 관한 하나의 과정이라는 사실을 강조한다. 그의 통제 모델은 구체적인 전술적 내용 없이 때가 되면 그냥 작동한다는 식의 추상적인 모델이다. 필자가 보건대 지휘란 무엇을 해야 하는지를 강조하는 것이라고 본다. 지휘는 지휘의 배분, 말하자면 전투력의 할당에 관한 것이다. 세력배분에 대해서는 C²에서 다룰 사항이다. 물론 지휘에 대한 부대의 배분은 시간 및 공간과 관련되어 있으며, 또한 조직의 문제일 뿐만 아니라 부대는 예를 들면 횡적으로는 대공전 지휘관과 대잠전 지휘관 사이에, 종적으로는 예를 들어 전자전 참모들 사이에 배분된다 기능의 문제이기도 하다. 예를 들면 부대는 전투정찰과 강습 부분으로 배분되기도 하고 공격화력과 방어화력 부분으로 배분되기도 한다.

'무엇을 해야 하는가?'라는 전술적 내용은 라우슨이 말하는 '요망된 상태', 즉 지휘관이 달성하고자 하는 결과와 매우 유사하다. 전투 초기에 요망된 상태는 과업의 할당과 부대의 위치, 러시아의 군사과학에서 칭하는 바와 같이 반사통제reflective control를 통해 적의 활동에 미치는 영향과 밀접한 관계가 있다. 전투 후기에 C²에서 중요한 요소는 일련의 유효한 화력으로 적에게 선제공격을 가하는 것이다.

C² 계획은 교리가 제대로 정립되어 있고 해군작전의 성격이 제대로 예견될 수 있는 경우가 아니면 개략적으로나마 전술적 내용을 다루어야 한다. 이 중요한 사항에 관해 한 번 살펴보자. 지상 공격의 한 가지 방법은 세력을 구성하는 각 요소에 요망된 상태라고 할 수 있는 지리적 목표를 구체적으로 지정해 줌으로써 전선을 따라 작전을 지휘하는 것이다. 이 경우 증원군은 작전상 큰 어려움을 겪고 있는 지역으로 투입된다. 그리고 전 목표의 동시

달성이 성공으로 간주된다. 여기서 승리는 위험에 노출된 측방이 없다는 것을 조건으로 한다. 두 번째, 대조되는 방법은 전 전선 중에서 작전이 성공적으로 수행되는 지역을 강화하는 것으로서 성공을 눈덩이처럼 불어나게 지원하는 방법이다. 이 경우 승리는 전과의 확대가 뒤따르는 돌파에 달려 있다. 해군작전에서 전투단의 성공적인 방어는 항공 공격, 수상함 공격, 잠수함 공격을 방어할 것이 요구될 때 시의적절한 대공, 대함 또는 대잠세력의 증강 여부에 달려 있다. 강습작전에서 해군의 기동력이 가지는 한 가지 장점은 공격의 위협을 가함으로써 적의 취약성이 노출될 때에 언제든지 이용할 수 있다는 것이다.

지휘책임, 참모 활동, 이것을 지원할 하드웨어와 소프트웨어를 포함한 C^2 체계를 개발하려면 작전의 전술적 내용이 좀 더 상세하게 계획되어야 한다. 전투 초기부터 전술적 목표에 제대로 부응하기는 어렵다는 사실과 효과적인 지휘 방식이 필요하다는 사실은 필연적으로 해군 전술지휘본부를 위한 상세한 체계의 개발을 요구해 왔다. 전술적 목표와 실제가 전혀 일치하지 아니할 경우, 그 대안은 전술적 내용이 없는 지휘본부와 그 밖의 각종 C^2 지원체계를 만드는 수밖에 없다. 이 경우 C^2지원체계의 구상과 좌표로부터는 내용 없는 전술이 나올 것이다.

지휘관과 참모들은 과업을 보다 더 훌륭하게 수행하는 데 도움이 된다면 결심지원체계를 사용하여 정보를 종합한다. 지도와 문자 및 숫자로 표시되는 현대식 전시는 이와 같은 처리 과정에 도움이 된다. 또한 인공지능도 도움이 된다. 이것은 사고의 과정을 모방한 것으로서 그 과정이 끝나면 결정이 자동적으로 내려진다. 필자는 인간의 머리보다 더 훌륭하게 명확한 결정을 내려주는 군사적 지휘결심 보조도구의 예를 본 적 없다. 그러나 그러한 일의 일부를 더 훌륭하게 처리해 주는 것은 많다. 어떤 무기 사격통제 체계는 인간이 개입하지 않아도 위협에 대해 스스로 우선순위를 정하여 포를 정렬하고 미사일을 발사하기도 하는데, 이러한 체계는 제2차 세계대전 이후 존재해 왔다. 여전히 인간의 간섭과 지배를 받고 있지만 최소한 한 가지 대공 미사일 체계는 사전에 프로그램된 전술교리에 따라 작동하도록 설계되어 있다.

통제는 일단 내려진 결정을 집행하는 활동이다. 음성통신, 시각통신, 전자통신은 중요한 통제수단이다. 효과적인 계획 수립과 훈련은 통제의 초석을 이룬다. C^2의 효율성을 측정하는 한 가지 척도는 계획을 변경할 때까지 지속된 시간의 길이다. 또 하나의 척도는 계획을 변경하는 데 소요되는 통신의 양이다.

시간time과 시간 조절timing은 중요한 요소이다. 시간은 지속의 개념이며, 시간 조절은 지휘관이 심호흡을 한 번 한 후 전술적 지휘를 내리는 순간을 의미한다. 시간은 단축이 가능한 양적 개념이며, 시간 조절은 선택의 순간을 뜻한다.

명령을 좀 더 신속하게 처리하고 전달할 수 있는 치밀한 신호와 통신망이 사용된다면 시간은 절약된다. 시간은 또한 결심 보조도구에 의해서도 절약될 수 있다. 그밖에 시간 절약을 가능하게 하는 중요한 요소는 팀워크인 데 팀워크는 훈련과 교리에 의해 획득된다. 시간을 낭비하는 요소로는 무기력, 혼란, 육체적 피로, 흩어진 사기 등이 있다. 필자는 기백이 모두 소진된 지휘관과 기력을 잃은 병사들에 의해 엄청난 재앙을 초래한 전술적 결정이 내려진 경우가 역사책에 기술되어 있는 것보다 훨씬 많았을 것으로 생각한다. 미국 해군역사에서 최악의 전투였던 사보 섬 해전에서의 패배는 의심할 바 없이 그 당시에 미국 해군이 소진해 있었다는 사실에서 그 원인을 찾을 수 있다. 이 해전은 미국 해군의 성급하고 서툰 세력 배치와 미국의 초계구축함들이 미카와 제독의 순양함 전대의 통항을 탐지하지 못해 일어났다.

시간 조절은 성공적인 전투를 위한 핵심적 요소이다. 고대 그리스인들은 절호의 순간을 'kairon lavien' 즉 '기회를 잡을 수 있는 유리한 시간'이라고 표현하였다. 전술가는 적이 자기와 같은 목적으로 성공적인 공격을 위해 정보를 수집하고 있다는 것을 알고 있는 경우, 자기도 성공적인 공격을 가하기에 충분한 체계적인 정보를 가지고 있는가라는 문제와 계속 씨름해 왔다. 비록 전술가가 완벽한 정보를 가졌다고 하더라도 그것만으로 적이 대응할 때 성공을 확신할 수 없다. 체스 게임을 한번 생각해 보자. 체스 게임을 하는 사람은 두 사람 모두 모든 것을 알고 있으며, 자기 세력에 대해 완벽한 통제를 행사한다. 그러나 전술정보에 의해 승자가 결정되는 것은 아니다. 적절한 시간 조절은 정보의 산물일 뿐만 아니라 천부적 능력과 경험의 산물이기도 한 것이다.

한편 체스 게임은 전쟁에 비하면 하찮은 웃음거리에 불과하다. 체스에서의 문제는 전적으로 지력과 관련되어 있을 뿐이다. 거기에는 안개도 위협도 없으며, 정신적 혼란을 줄이기 위한 싸움이나 공격 시기 선택에서의 압박감도 없다. 훌륭한 지휘관과 그렇지 못한 지휘관과의 차이는 약 10초에 불과하다는 알레이 버크의 말은 자주 인용되어 왔다. 지휘관은 언제나 시간과 시간 조절을 염두에 둬야 한다. 훌륭한 지휘관과 그렇지 못한 지휘관의 또 하나의 차이점은 사물을 볼 때 무엇을 깨닫는가, 이야기를 들을 때 무엇을 감지하는가, 그리고 이야기를 할 때 무엇을 전달하는가에 달려 있다.

지휘의 첫 번째 목적은 통제를 유지하는 것 또는 베인브리지 호프Bainbridge Hoff의 글에 나오는 것처럼 "가능한 혼란이 없도록 하는 것"Bainbridg-Hoff, 1894 : 86이다. 그렇게 하는 것은 비록 하나의 시작에 불과하지만, 그것은 전술 계획의 출발점이다. 버크와 그 밖의 육군 장성들이 바다로 나섰을 때, 종렬진을 형성함으로써 이질적인 예하 부대에 가장 먼저 질서부터 주입하기 시작했던 사실을 기억하기 바란다. 질서가 있고 난 후 세력의 집중이 뒤따른다. 지금까지 필자는 솔로몬 해전의 초기 야간전투에서 미국 해군이 종렬진 형태로 전투를 벌인 이유가 통제를 상실해서는 함정에 많은 성과를 기대할 수 없었기 때문이었다고 감히 말해 왔다. 심지어 후반에 이르러 알레이 버크가 소규모 팀별로 연속적으로 타격을 가한다는 전술을 구상했을 때도 그들이 협동작전을 할 수 있는 팀의 구성은 가장 많아야 두 개 팀이었다. 엠프레스 아구스타 만 해전에서는 두 개의 구축함이 종렬진의 양측 끝에서 돌진하는 동안 팁 메릴Tip Merrill의 순양함들이 하나의 기준점을 형성하였다. 그리하여 미국 함대는 세 개의 진형을 사용함으로써 일대 난전을 벌였으나, 적에게는 미미한 손상밖에 주지 못했다. 알레이 버크의 함대는 분산되었으며, 그 결과 버크는 이 세력을 재집결시키느라 한 시간 이상 배회하였다. 모든 면에서 통제가 상실된 상황이었다.

미국 공군의 예비역 소장 제스퍼 웰치Jasper A. Welch는 그의 특유의 간략한 방법으로 완벽한 C^3I 체계를 위한 기준을 제시한 바 있다. 다음은 이런 기준을 중요도에 따라 나열한 것이다.

_ 아군의 질서와 응집력을 계속 유지한다.
_ 전투 진행 속도를 조절하고 치명적인 대실책을 피할 것. 이상의 두 가지 기준은 웰시의 표현을 빌리면 '패배를 면하기 위한 필요조건'이다.
_ 비-제로non-zero 효과를 확실하게 달성할 것. 웰시에 의하면 이것은 승리를 위한 제1의 필수 조건이다.
_ 세력 할당, 전략, 부대 구성의 유효성을 보장하는 C^2를 최적 상태로 유지할 것. 웰시의 표현에 따르면 이것은 그 상대적 중요도에서 17번째 정도를 차지할 것이라고 한다.Hwang, 1982 : 4-6

미 육군의 존 커시먼John Cushman 예비역 중장은 통신과 관련하여 다음과 같이 말한 적 있다.

통신에 대한 지휘관의 만족도를 측정할 수 있는 어떤 척도를 한 번 생각해 보자. 이 척도는 눈금이 0부터 100까지 있는데, 0은 전혀 만족하지 못한 상태이고, 100은 완전히 만족하는 상태를 나타낸다. 만약 지휘관이 매우 초보적, 즉 적합성은 거의 없으나 최소한 통신이 있다고 할 수 있는 그러한 통신망을 보유하고 있을 경우, 위의 척도에 따르면 만족도는 50정도가 될 것이다. 따라서 완벽한 통신체계가 있다고 해도 만족도는 고작 2배 정도 증가에 불과하다.Cushman, 1983 : 6

전술의 복잡성은 평시의 골칫거리이다. 그러나 평시에서 전시로 전환되면 전투전술은 현저하게 단순화된다. 전술 이론가들은 전투 중 복잡한 작전 수행의 어려움을 과소평가한다. 또한, 군사사가들은 실제로는 전혀 이용할 수도 없는 기회를 들춰내는 데 급급하다. 심지어 평시 해군 지휘관들도 이런 경향에 빠져들고 있다. 뛰어난 재주, 독창력, 복잡한 기동은 고도로 훈련되어야 하는 잠수함이나 소규모 부대 같은 단독작전 수행단위에나 적합하다. 전투 와중에 대양함대의 능숙한 180도 회전 집행과 같은 특출한 기동은 교리에서나 볼 수 있는 것으로서 여기에는 고도의 훈련이 필요하다. 사실, 그 예는 거의 찾아볼 수 없다. 상당히 많은 훈련을 거쳤다는 것에 대해 적도 알고 있을 가능성이 있는 이상, 복잡한 함대 전술은 적이 알고 있다는 것을 전제로 실행해야 하는 전술적 경향임을 고려해야 한다. 통신과 결심보조 도구의 역량이 점차 커지고 있는 전술적 경향으로 볼 때, 복잡한 전투 장비를 복잡한 전술과 동일한 것으로 간주하려는 유혹이 생기는 것은 어쩔 수 없다. 그러나 복잡한 전술은 신중한 고려와 많은 훈련을 거친 후 부가적으로 도입되어야 한다.

공격력과 방어력의 집중 기술은 상당히 어렵다. 그런데도 이 기술을 체득할 적의 잠재력은 쉽게 과장된다. 적을 과소평가하는 것은 치명적 결과를 낳기 쉽다. 그러나 단지 최악의 경우만 대비해서 계획을 세우고 그에 따라 행동하는 것만으로는 충분하지 못하다. 종종 우리는 적의 능력에 맞추어 행동을 정하라고 배운다. 그러나 이는 잘못된 생각이다. 그 행동은 적의 능력에 대해 완벽한 심사숙고를 거친 것이어야 한다. 앞의 것과는 전혀 다른 생각이다. 게임이론을 이해하는 독자들은 이런 이론이 지휘관이 정형화된 상황 판단과 유사하다는 것을 알고 있다. 여기서는 평가 행위가 양자택일적인 선택만큼이나 중요하다. 적의 최상 행동에 대한 아군의 최상행동을 발견하는 데 게임 이론식 해답을 얻을 수 있을 것이다. 그러나 최적 상태를 위한 가장 전형적인 도식을 사용하는 경우, 상황 판단은 실행 과정에서 왜곡된다. 이러한 이유 중 하나는 상황 판단은 정적인 데 반해 전투는 동적이기 때문이다. 즉, 시간과 시간 조절에 따라 대안은 추가될 수도 있고 감소될 수도 있다. 1862년 5~6월의 섀넌도어 밸리Shenandoah Valley 전역에서 스톤월 잭슨Stonewall Jacksons은 단순히 적보다 일찍 출발하여 좀 더 신속하게 진군함으로써 새로운 대안을 창조했다. 다른 한 이유는 새로운 것을 지득함으로써 예상치 못한 사태가 전개된다는 점이다. 전투 계획은 주공격이 있기 전에 세력균형이 깨지는 경우에도 대비해야 한다. 그러나 판단만으로는 이런 경우를 예견할 수 없다. 필리핀 해 해전을 한 번 생각해 보자. 이 해전에서 일본의 장거리 항공모함 항공강습은 항공기들이 발진하기도 전에 자신들의 운명을 결정지었다. 스프루안스 제독은 이미 일본의 육상항공력을 파괴함으로써 일본의 함재기들이 착륙할 사이판과 괌의 비행장을 스프루안스의 전투기들이 이미 장악했기 때문이다.

　판단이 지니는 한계에 대해서는 열세한 세력의 지휘관에 대해 생각해 보면 잘 알 수 있다. 열세한 세력의 지휘관에서 최악의 경우에 대비한 계획은 승리의 가능성이 있는 선택이 아니다. 그의 판단을 활용하는 한 가지 방법은 전투정찰이나 기만 또는 신속한 기습을 통해 적이 선택할 수 있는 방법 중 자기에게 가장 불리한 것을 찾아내어 제거하려고 시도하는 것이다. 한편, 우세한 세력의 입장에서 볼 때, 위험성이 없는 전투는 매우 좋은 기회의 상실을 의미한다. 만약 있을 수 있는 모든 사태에 대비하기 위해 세력을 아껴둔다면, 그것은 인접 부대나 자신으로부터 오히려 시간을 빼앗아 버리는 결과가 된다. 이때, 시간은 전략상 전술에서의 세력에 상응한다. 머리보다는 가슴으로 싸웠던 할제이 제독은 자신의 지휘 방식이 전략남서태평양 사령관의 경우에서든 전술제3함대 사령관의 경우에서든 늘 밀어붙이기 식이었다. 이 때문에 그의 대실책은 용서받았다. 그런데도 역사상 1급 전술지휘관을 꼽는다면, 할제이 제독은 가슴과 머리 모두로 싸운 스프루안스보다 뒤지는 인물이다.

상황 판단의 역할은 일종의 불변 요소로 작용한다. 판단은 전술 결정에 영향을 줄 만큼 중요하지만, 전술 결정을 전적으로 좌우하지는 않는다. 세력이 열세한 지휘관에게 판단은 전투 중 피할 수 없는 위험을 어떻게 대처할 것인지에 대한 실마리를 제공한다는 점에서 중요한 역할을 한다.

우리는 통신의 속도가 점차 빨라지고 원거리 세력에 대한 통제 역량 역시 강화되는 현상이 하나의 거대한 상황을 이룰 것이라는 말을 종종 듣는다. 이것은 전략가의 입장에서 보면 사실일 수도 있다. 그러나 전투를 직접 수행하는 함대 지휘관은 결정이 이루어지는 속도와 결정을 집행해야 할 책임을 항구적 불변 요소라고 생각하는 것이 더 현명하다. 마틴 그레벨드Martin van Greveld는 『전쟁에서의 지휘Command in War』라는 중요한 저서에서 고대로부터 현대에 이르기까지 지상전의 역사를 기술한 바 있다. 그는 모든 지휘체계가 다루어야 할 핵심 문제로서 불확실성을 지적하고 있다. 그러나 그는 다음과 같이 덧붙이고 있다. "이 연구의 가장 중요한 결론은 불확실성을 극복하기 위해 어떤 방법을 채택해야 하는지를 알려주는 기술적 결정론이 존재하지 않으며 또한 존재한 적도 없다." 연막신호에서 전신기에 이르기까지, 무선통신에서 통신위성에 이르기까지, 기술은 조심성 없는 군사조직이 빠지기 쉬운 일종의 함정이다. 이용 가능한 기술을 완전히 활용한 후 작전을 정형화할 것이 아니라 그레벨드의 웅변적인 결론처럼 기술에 의해서도 극복할 수 없는 것이 무엇인지를 파악함으로써 임무 수행을 할 수 있는 방법을 계속 찾아야 할 것이다.Creveld, pp. 268, 274~275.

기류 신호나 발광 신호에 의한 전술신호를 판독해 그에 따라 행동하는 데 소요되는 시간과 오늘날 광범위하게 전개되는 함정이나 항공기들 간의 신호를 판독해 그에 따라 행동하는 데 소요되는 시간은 동일하지 않는가? 범선시대에 전투에서의 포연이 신호 판독 능력을 어떻게 저해하였는지를 우리는 기억이나 하고 있는가? 또는 통신실과 함교 간의 통신 연결의 불량으로 인하여 VHF 무선통신이 잘못되었던 실패 사례, 또는 UHF 크리스털이나 적절한 통신 계획의 결여로 대잠항공기가 공중에서 제구실을 못했던 실패 사례 등을 기억하고 있는가? 우리는 적이 전파방해로 아군의 통신을 전혀 엉뚱한 내용으로 만들어버릴 수도 있다는 가능성뿐만 아니라 오늘날에도 제대로 기능하지 못하는 해군 전투자료체계의 각 연결 부분이 있다는 것을 잊지 않는 것이 좋을 것이다. 잠수함에 대해서는 아직 언급하기 곤란하다. 무기의 사정거리와 살상률의 증가로 진형이 크게 벌어졌으며, 이렇게 확대된 진형은 위성통신에 의존하지 않을 수 없는데, 이런 통신위성은 항상 믿을 만한 것은 아니다.

이상의 내용을 이렇게 요약할 수 있다. 통신의 속도와 전송량의 발전에도 전투에서 세력을 지휘 및 통제할 수 있는 능력은 별로 변화되지 않았다. 이런 사실이 의미하는 바는 무엇인가? 그와 같은 사실은 결정의 시간 조절과 명령의 하달에 영향을 미치기 때문이다. 지휘관이 통신에 소요되는 시간을 경시하면서 통신의 정확도에만 지나치게 집착했던 과거에는 훌륭한 계획도 제대로 집행되지 못했다. 그러한 예는 수없이 많다. 그러나 그중에서도 과달카날 해전에서 제대로 움직여주지 않은 13척의 함정으로 구성된 종렬진을 운용하려고 애쓴 단 캘러헌Dan Callaghan의 분투가 무엇보다 인상적이며, 에스페란스 곶 해전에서 스콧의 혼란스러웠던 기동과 포격개시 명령도 좋은 예다. 기술만으로 부대통제 체계에 대한 요구를 충족시키려는 것은 큰 무리가 따른다. 오늘날의 지휘관은 전투 시의 혼란을 보여주는 역사에서, 전투의 진행 양상에 적절히 대응하기가 어렵다는 사실평시에는 이러한 어려움이 없다에서 많은 통찰을 끌어낼 수 있다.

전투 진행 양상에 적절히 대응하려면 지휘관과 참모들은 전투 계획을 수립해야 한다. 계획은 이질적인 세력을 통합해 하나의 기동부대로 만드는 기능을 한다. 모든 구성단위의 협동성을 최대한 성취하기 위해서는 이 기동부대 지휘관의 지휘를 받는 오직 1인의 참모가 모든 작전 계획을 수립해야 한다. 대잠, 대공, 대함 및 강습작전 등 각 분야에 대한 세력 배분은 참모라면 중재한다기보다 주도해야 할 작업이다. 부대 내의 각종 전파발사 운용책을 포함해 종합적 전투정찰 활동을 계획하고 집행하는 것은 전 작전이 그의 어깨에 달려 있기 때문에 다른 인물에게 절대 위임해서는 안 된다. 물론 이러한 논리가 대공, 대잠, 대함전의 각 지휘관에 의한 분권적인 세력 운용을 금하는 것은 아니지만, 필자의 견해로는 함대가 자기 임무를 수행하려면 지휘관과 침모들이 함대 작전의 모든 방면에서 완벽한 능력을 구비하고 있어야 한다. 전함과 순양함, 구축함 시대 이래로 전술지휘관들은 통일적인 작전을 위해 모든 구성단위를 직접 통솔해 왔다. 오직 전술지휘관만이 구심력으로 행동할 수 있었던 것이다.

교리 개발 역시 C^2 활동의 일부이다. 전시의 훌륭한 전술은 평시의 훌륭한 전술 연구에서 나온다. 견실한 훈련은 견실한 교리에서 나오며, 견실한 교리는 견실한 전술사상에서, 견실한 사상은 전술 이론의 기초에서 나온다. 제1차 세계대전 중 해상에서 전술적으로 생각지도 않은, 예전에는 거의 없었던 놀라운 일이 벌어졌다. 20세기 초 해군 전술에 관한 저술이 넘칠 정도로 많았던 것이 그 원인이었을지 모른다. 놀랍게도 전쟁이 발발했을 때 전술과 교리의 정비 상태는 기술 변화의 추세나 전시에 전투함의 작전 양상을 관찰할 수 있는 기회의 많고 적음과는 전혀 무관해 보인다. 제2차 세계대전 중 미국 해군은 좀 더 익숙한 포함을 야간작전에 적응시키는 것보다는 해군 항공기를 전투용으로 사용하는 데 더 능숙하였다. 전술의 유효성과 가장 관계가 있는 것은 다양한 각종 교범에 나타난 전술사상의 수준이었다. 미국 해군의 해전교범은 그 앞의 함대 전술에 관한 이전의 교범과 견실성, 주제, 대상독자 등의 관점에서 비교되어야 한다. 1900년부터 1910년까지가 그러했듯이 전술에 관한 논문이 해군연구소 *Proceedings*지의 주종을 이루어야 한다. 1930년대처럼 해군작전에 관한 것이 해군대학 교과 과정의 중핵을 이루어야 한다. 전쟁연습에서는 1920년대와 1930년대처럼 훈련과 경험뿐만 아니라 각 전쟁연습의 결과에서 얻을 수 있는 교훈에도 중점을 두어야 한다. 지적인 활력에서 우리의 현대전술에 관한 저술들은 이 세상에서 가장 뛰어난 것들과 필적할 수 있어야 한다. 필자는 토머스 헤이워드 제독이 해군참모총장으로 재직하고 있을 때, 그가 시작한 전술사상의 황금기가 지금도 계속되고 있다고 믿고 있다. 그러나 전술 관련 문헌 수준은 이제 겨우 출발점에 섰음을 보여준다. 필자는 우리의 전술에 관한 저술가들의 수준이 장차 양면성을 지닌 해전이 발발할 경우를 대비한 전술적 잠재역량을 축적하기에 가장 좋은 홍군을 가상의 적으로 삼아 평시에 해상에서 훈련을 실시하는 것보다 더 좋은 해결책이라고 주장한다.

결론적으로 모든 조건을 고려할 때 평시에 지휘에 관한 모든 불변 요소 중 가장 중요한 것은 무엇인가? 필자 나름의 생각이지만 이 책에 나와 있는 다른 것과 달리, 그에 대한 증거를 제시하는 것이 불가능하다. 반대로 불변 요소로 많은 증거까지 제시한 커시먼 장군은 전시 상황의 임무 완수가 제1의 명제인 이상, 평시에도 그에 대한 준비를 하는 것이 제1의 명제가 되어야 한다고 믿고 있다.Cushman, 1983 : 4~13 이런 생각은 바람직해 보인다. 우리는 "습관은 지극히 높은 수준, 즉 더는 동요가 없는 수준을 만들어낸다"는 클라우제비츠의 말을 따라 전투를 거치지 않고 다른 어떤 것보다도 상위를 차지하는 훈련에서 습관을 형성해야 한다고 주장해야 하는가? 물론 훌륭한 습관은 불변 요소로 간주될 만한 가치가 있다. 그렇지 않다면 자기 세력과 적을 알고 자기 자신을 아는 것을 불변 요소로 볼 것인가? 이것들은 모두 더할 나위 없이 중요한 조건이다. 그러나 필자는 평시 지휘관이라면 전투지휘자들을 발굴해 내는 것보다 더 중요한 것은 없다고 주장한다. 현재 미국 해군이 들이는 시간보다 더 많은 시간을 들여 지휘관으로 하여금 최선을 다해 전투 지도자들을 발굴하게 하고, 그들을 바다로 보내 그곳에서 훈련시켜라. 항해를 업으로 삼는 지휘관들이 각자 자기보다 유능한 장교를 2명씩 발굴해 전 방위로 전쟁 대비 태세를 갖출 수 있도록 도와주는 것을 제1의 목표로 삼으라. 이것만 실행되면 그 밖의 것은 모두 저절로 성사될 것이다.

전술의 경향과 불변 요소 요약

① 해전사에 나타난 전술의 경향

_ 무기어뢰, 항공기, 미사일의 속력은 그것을 발진시키는 발사체함정일 수도 있고 육상의 구성 요소일 수도 있다의 속력보다 훨씬 빠르게 발전하는 경향이 있다.

_ 발사체의 속력은 발사된 무기의 속력보다 부차적인 것으로 간주되고 있다. 발사속도는 무기의 순수한 속력뿐만 아니라 전투정찰과 C^2 과정에 의해서도 좌우된다.

_ 기동력은 전투 시의 세력 집중과 선제공격에서는 그렇게 중요한 역할을 담당하지 못했지만, 적의 무기를 파괴하는 데는 여전히 중요하며 적의 무기를 회피하는 데 훨씬 더 중요한 역할을 맡고 있다.

_ 무기의 절대사정거리와 유효사정거리가 증가되어 왔다. 유효사정거리는 단순히 화력의 양만을 지배하게 되었다.

_ 무기의 살상력이 증가되어 왔으며, 특히 해군의 전투장비에 대한 파괴력이 증가되었다.

_ 무기의 사정거리와 파괴력의 증가는 교전 중인 양 함대 사이의 무인 해역의 크기를 증가시켜 왔다. 양 함대 사이에 놓인 이 공간에는 전투정찰 수단과 경계진이 배치되었다.

_ 방어적 측면에서는 전투지속 능력보다 방호력 중시 경향이 등장했다.

_ 그러나 함정 설계자들은 이상에서 언급한 변화의 속도를 지나치게 앞질렀다. 전투지속 능력은 여전히 모든 주요 전투함의 속성이 되어야 한다.

_ 분산된 각 진형과 배진에서 화력을 집중시키기 위해 C^2를 활용하는 한편, 세력을 폭넓게 분산시키는 경향이 있었다.

_ 항구 내의 함정과 지상의 항공기는 공격에 훨씬 취약해졌다. 이제 항구는 과

거와 같은 피난처가 아니다.
- 무기의 사정거리에 뒤지지 않기 위해 전투정찰 체계도 치열한 경쟁을 벌이지 않을 수 없다.
- 전투정찰을 필요로 하는 범위가 수직적으로도 점차 확장되었다. 공중·수상·수중 전투정찰 수단의 관계가 점차 긴밀해졌는데, 이는 새로운 무기의 사정거리가 세 영역에 걸쳐 있기 때문이다.
- 우주에서의 전투정찰은 우주에서의 전투로 이어질 것이다.
- 대정찰의 효율성을 높일 수 있는 잠재력이 증대되면서 무기의 사정거리와 탐지장비의 탐지거리 및 통신거리가 점차 신장되는 경향이 나타났다.
- 대정찰과 이의 적절한 활용은 적의 전투정찰의 효율성에 중대한 제한 요소로 작용해 왔다.
- 전술적 기습의 가능성이 높아졌다. 기습은 적에 의해 감행될 수도 있고 아군에 의해 감행될 수도 있으며, 또 우연에 의해 수행될 수도 있다.
- 기습의 영향도 치명적이었다. 이는 양측이 모두 기습적이며 효과적인 1회의 공격으로 막대한 화력을 가할 수 있는 잠재력을 보유하고 있기 때문이다.
- 기만적인 화력을 격퇴하고 전투정찰 활동을 지연시키며 지휘를 혼란시키는 것의 중요성이 점차 높아져 지금은 성공적인 함대 전술에서 핵심 역할을 수행하고 있다.
- C^2 역량이 증가되었다. 그러나 C^2가 그에 대한 요구에 부응하는 것은 매우 어려운 일이었다. 전투정찰 정보를 완전히 자기 것으로 만드는 데 활용되는 현대적 결심 보조도구에서 결정의 시간 조절을 개선하고 결정을 내리는 소요 시간을 줄이는 역량도 점차 증대되어 왔다.
- 전투에서는 24시간 내내 위험에 처하는 경향이 나타났다. 사실 현대 전투에서는 원거리까지 세력을 조기에 배치하는 것이 매우 중요해짐으로써 그 개시시기를 제한하는 것이 매우 어려워질 것이다.
- 전술지휘관들은 전투정찰에 더 많은 주의를 기울이는 반면에 화력 발사에는 그보다 낮은 정도로 주의를 기울일 수밖에 없다.

② 해전사에 나타난 전술의 불변 요소

- 전투를 예상해 기동한다는 것은 항상 그랬던 것처럼 중요한 일부다. 그러나 오늘날 기동은 대규모로 이루어지고 있다.
- 기동의 목적은 적에 비해 유리한 위치를 확보하는 데 있다. 거점과 같은 지리적 의미의 절대적 위치는 해상에서는 육상에서 만큼 중요하지 않다. 물론 지리적 의미의 절대적 위치가 긴요한 전략적 중요성을 가질 수는 있다.
- 평시에는 함정의 기동력이라는 장점이 과대평가된다. 기동력의 전술적 가치는 그것을 얻기 위해 희생되는 것과 비교해 평가되어야 한다.
- 유효화력의 선제발사는 가장 중요한 전술적 목표가 된다.
- 연속사격이 이루어지는 조건에서는 순수유효세력의 근소한 우위로도 전세를 결정지을 수 있을 뿐만 아니라 적에게서 그에 상응하는 피해를 입지 않고도 성공을 거둘 수 있을 것이다.
- 충분히 축적된 타격력을 활용한다면 상당히 열세한 측도 전투정찰과 C^2를 적절히 활용해 승리를 거둘 수 있다. 이 경우 열세한 측은 화력이 충분해야 한다.
- 화력은 평시에 예견한 만큼 효과를 내지 못한다. 그러나 대개 결정적 화력을 가할 수 있는 잠재력은 존재한다.
- 지금까지의 역사를 돌이켜볼 때 해전은 전술적 예비세력을 남겨두지 않은 때 가장 성공을 거두었다.
- 대항세력, 대정찰, C^2 대항책의 목적은 아군의 화력이 효과를 발휘할 때까지 적의 화력발사를 지연시키거나 감소시키기 위한 것이다.
- 방어는 거의 해전에서 전투를 좌우하지 못하며 패배를 늦추는 지구력 이상의 역할밖에 하지 못했다.
- 방어는 새로운 무기에 대처하여 그 효율성을 감소시키는 놀라운 피해 복구 능력을 보여주었다.
- 해군부대는 육군부대에 비해 손상을 복구하는 데 훨씬 오랜 시일이 소요된다. 이러한 사실은 해상에서 공격이 전세를 지배한다는 사실과 더불어 해군이 지상군에 비해 모험을 되도록 피하게 하는 한 원인이 되었다.

_ 전술지휘관들은 무기의 사정거리와 발사 속도에 대응해 항상 전투정찰 능력의 향상을 추구해왔다.

_ 전투정찰 역량은 거의 언제나 수요에 미치지 못한다.

_ 전술지휘관들은 전투정찰과 경계를 위하여 세력을 재할당하고 함대의 화력을 희생시킬 준비가 되어 있어야 한다.

_ 시간과 시간 조절은 C^2와 적에 대응하는 각종 대항책 운용에 결정적인 고려사항이었다.

_ 지휘에서 제일의 목표는 통제를 유지하는 것이다. 통제는 어떠한 전투에서도 성공의 필수조건이 된다.

_ 상황 판단과 이를 계량화한 게임이론은 C^2에서 필수불가결한 수단이다.

_ 판단과 어떤 이론적인 기획 과정을 실제에 적용하는 데 열세한 세력의 지휘관은 승리를 쟁취하기 위해서는 기꺼이 위험을 감수할 자세가 되어 있어야 한다.

_ 역사적으로 볼 때 함대에 대한 통제가 이루어지는 속도는 크게 변화되지 않았다. 전투 경험뿐만 아니라 계획과 교리, 훈련도 지휘관과 그의 함대가 전투 진행속도에 끌려 다닐 가능성을 줄이는 데 도움을 준다.

_ 평시에는 복잡한 전술을 개발하는 경향이 있다. 그러나 최초의 교전이 행해지고 나면 전술은 단순화된다.

CHAPTER **8**

기술 발전의 경향과 불변 요소

기술 발전의 추세와 전술의 변화

이번 장은 전술의 거대한 경향과 불변 요소에 관한 이전 장의 주제에 대해 후속 성격을 띤다. 기술의 독특한 성격은 그것이 전술을 변화시키는 양식에 기인한다. 즉, 기술 발전으로 전술의 경향이 새롭게 생겨나는 한편, 새로운 기술 출현에 따라 전술의 일정한 불변 요소가 나온다. 물론 기술의 진보와 그에 따른 주기적인 전술의 대변화 자체에도 중요한 불변의 전쟁 원리가 포함된다. 문제는 오늘날 과학적 발명의 속도가 너무 빨라지는 현상이 군사상 어떤 경향으로 전환되느냐는 점이다. 우리는 오늘날 기술이 전술에 미치는 지속적인 영향 너머의 현상을 목도하고 있는가 아니면 그런 영향이 가속화되고 있음을 보고 있는가?

다음과 같은 두 가지 전술적 문제에 답하려면 기술 변화의 속도가 혁명적 잠재력을 지닌 각종 무기와 탐지장비의 개발로 얼마나 신속히 계승되는지를 간파할 필요가 있다.

_ 새로운 기술이 일련의 전투에서 활용되어 전쟁의 결과에 어떤 영향을 미칠 정도로 그 효과가 크게 나타나는 일은 얼마나 자주 일어날 것인가? 다시 말해 기

술 변혁이 일어날 수 있는 계기는 얼마나 자주 생길 것이며, 또 얼마나 중요한 역할을 할 것인가?
_ 이러한 기술변혁의 계기가 일어났을 때 전투에서 이것을 실제로 이용할 수 있는 기회를 얼마나 잘 포착하고 활용할 것인가?

트레버 더피Trevor Duppy는 미간행 논문들을 통해 지상전에서 새로운 무기가 전쟁 결과에 미친 영향이 대개 지엽적이고 늘 일시적인 것에 불과했다는 증거를 여럿 제시하고 있다. 그는 기술의 대변혁만으로는 지상전에서 승리를 거둘 수 없으며, 진정한 승리를 위해서는 이런 기술에 전술혁명이 수반되어야 한다고 믿고 있다. 나폴레옹이 이동포대를 전술적으로 사용한 것은 가히 혁명적이었다. 그러나 야포 자체는 전혀 새로운 무기가 아니었다는 것이 좋은 예다. 프랑스가 독일에 비해 수적으로나 질적으로 더 월등한 탱크를 보유하고 있었으며, 영국이 이 탱크를 발명한 국가였는데도, 오히려 독일이 이 탱크를 효율적으로 사용해 전격전Blitzkrieg을 전개함으로써 프랑스와 영국을 희생양으로 삼았다는 사실은 매우 아이러니컬하다. 이러한 예에서 신병기, 즉 포나 장갑은 전혀 비밀무기가 아니었다. 반면, 제1차 세계대전 시 영국군이 탱크를 일종의 기습무기로 캉브레Cambrai 전투에서 대규모로 처음 사용하였을 때, 그들은 국지적인 성공은 거두었지만 탱크를 제대로 활용할 줄 몰랐다. 지금까지 거듭 논의되는 내용이지만 영국은 탱크 전술을 숙달하기도 전에 탱크 기술을 성급하게 포기했다. 바로 여기에 이번 장에서 논의할 첫 번째 주제가 있다. 전시에 어떤 무기를 전술 및 훈련과 병행하여, 은밀하게 그것도 전쟁을 도발할 수 있을 정도로 막대하게 생산하는 것이 과연 가능한가? 또, 그런 무기의 기술적 영향이 그저 지엽적이고 일시적인 데 머물게 할 것인가?

비밀무기와 전시 기습

오늘날에는 대규모 해상전투가 많이 줄어들었다. 이 때문에 전투는 기술의 대변혁에 의해 결정될 가능성이 더욱 커지고 있다. 최소한 무기 하나 정도는 전투 결정력 면에서 연합국의 전투정찰 효율을 극도로 향상시킨 암호 분석에 필적할 만하다. 한국의 명장 이순신 제독이 만든 거북선은 1592년 일본 해군과 대적하여 부산과 남해에서 일어난 두 차례 결전을 승리로 이끈 적이 있다.

거북선의 발명 이후 오랜 세월이 흘러 또 다른 비밀무기가 등장하였다. 일본의 롱 랜스Long Lance 어뢰였다. 1943년 여름까지 미국 해군은 일본 해군의 무기가 어떤 것인지, 또 그것이 얼마나 큰 효과를 발휘하는지를 정확히 몰랐다. 롱 랜스 어뢰는 1930년대 초에 개발되었으며, 일본의 순양함과 구축함 승조원들은 이 어뢰로 빈틈없는 훈련을 계속해 왔다. 태평양전쟁이 발발한 당시에 미국이 지녔던 자만심은 대개 일본의 기술 수준을 경시한 데 기인하였다. 이러한 자만심은 자신들의 암호는 절대적으로 안전하다는 독일과 일본의 자만심만큼이나 부끄러운 일이었다.

또 다른 비밀무기로는 원자폭탄을 들 수 있다. 물론, 엄밀히 말하면 원자폭탄은 해군의 무기가 아니다. 또한 전술적으로 활용할 만큼 충분한 양이 확보된 것도 아니었다. 원자폭탄은 1945년 일본에게 항복이냐 아니면 자멸이냐를 강요한 경악할 만한 무기였다. 원자폭탄은 완벽한 보안 속에 가려졌던 전시 비밀무기로서 의문의 여지없이 일본 지도자들에게는 거대한 충격을 주었다. 과학기술을 이용해 원자폭탄을 개발하는 데는 4년이 걸렸고, 그나마도 겨우 2개만 만들 수 있었다. 평시였다면 이런 극비 무기의 개발 사실이 비밀로 유지될 수 있었을까? 각종 증거에 따르면 불가능한 일이었다. 가능하다 하더라도 적어도 미국에서는 불가능했을 것이다. 많은 미국인들은 비밀무기를 좋은 뉴스거리로 생각하고 있다. 해리 서머스Harry Summers 대령은 『전략론On Strategy』을 통해 어느 국가든 자국 국민들의 성급한 성격을 잠재우지 않고서는 장기간의 전쟁을 효율적으로 수행할 수 없다는 인식을 새롭게 일깨웠다. 마한, 러시아의 전쟁법, 클라우제비츠 또는 손자의 저서를 읽은 언론 종사자들이 좀 더 많았더라면 서머스의 메시지가 결코 새롭다거나 신선하게 들리지는 않았을 것이다. 지금은 자유로운 국민과 사회, 그들의 정부가 나서서 개발 가능한 비밀무기의 범위와 종류를 결정할 것이다. 독자들은 35년 전에 기술된 반네버 부시Vannevar Bush의 『현대무기와 자유인 Modern Arms and Free Men』이라는 저서를 펼쳐봐야 할 것이다. 부시는 이 저서에서 지식의 상호 교류가 왕성하게 개방된 사회가 제2차 세계대전 중 과학과 공학기술의 응용 면에서 독일이나 이탈리아와 같은 폐쇄된 파시즘 사회를 앞질렀다고 결론 맺고 있다.Bush, 1949 : 193~232 그러나 기술전쟁에서 승리하려면 군사 기술에서 앞서든 보안이 뛰어나든 둘 중 어느 한 부분에서 적국을 능가해야 한다. 두 가지 모두를 적국에 내줄 수 없는 노릇이다.

대부분 전시에는 신무기에 의한 기습을 단행하겠다는 의도가 어떤 식으로든 노출되지 않는다. 제2차 세계대전 시 실패로 끝난 무기대부분 해군무기에 관한 몇 가지 사례를 제시하겠다.

■ **자기감응기뢰**magnetic influence mines

독일은 영국의 해운을 파괴하기 위하여 영국해협 연안에 이 기뢰를 부설했다. 이 기뢰는 효과적이었지만, 너무 일찍 사용할 경우 대항책에 취약하다는 것이 드러났다.

■ **미국 해군 어뢰의 자기뇌관**magnetic exploder

제2차 세계대전 이전에 개발된 이 장치는 제대로 작동되지 않아 미국 해군의 작전에 큰 지장을 주었다. 단기전이었다면 미국 해군의 어뢰는 완전히 재난만 가져왔을 것이다. 일찍이 영국과 독일도 그들의 정교한 어뢰 때문에 애로가 많았다.

■ **근접신관**proximity fuzes

대전 중 상당 기간, 미국은 독일이 이 신관을 회수해 미국을 공격하는 전략 폭격기 기술에 이용할 것을 두려워해 해상용으로만 사용했다.

■ **야간전투기**night fighter

매우 효과적인 무기였지만 결정적 타격을 가하기에는 그 수가 너무 적었다.

■ **잠수함**submarines

효과 면에서는 강력했으나 대전투함 역할은 제1차 세계대전 전부터 널리 알려져 있었다.

■ **소나**sonar

이 장비는 잠수함의 위협을 무력화하기 위하여 비밀리에 개발되었으나 역할을 충분히 하지 못했다.

■ **혼란방사체**window

적 전투기의 방향유도 레이더의 기능을 방해할 목적으로 사용되는 알루미늄 조각이다. 독일은 제2차 세계대전 초에 이미 이를 보유하고 있었으나, 1943년 7월 연합군이 함부르크 폭격에서 사용하기 전까지 사용되지 않았다. 양측 모두 이 혼란방사체가 양면성을 지닌 전쟁도구라는 사실을 깨달았다.

■ **제트항공기, V-1 및 V-2 미사일과 스노켈 잠수함**

너무 늦게 출현해 강력한 효과를 발휘하지 못했다.

비밀이든, 잘 알려진 것이든, 당초의 목적을 제대로 달성하지 못한 새로운 무기는 다음과 같은 사유 때문이었다.

_ 생산량의 제한. 가령 자기기뢰가 그러했다.
_ 시험의 제한. 가령 어뢰뇌관이 그러했다.
_ 지나친 복잡성. 숙련된 취급자와 함대 전술과의 통합을 필요로 하는 것으로 레이더와 야간전투기가 그 예이다.
_ 지나친 단순성. 적이 입수하여 역이용할 위험성이 있는 것으로서 혼란방사체가 그러했다.
_ 도입한 후에 있을지도 모르는 실패의 위험성. 예를 들면 미국의 자기어뢰가 그러했다.

_ 지나친 기대. 소나가 그 예이다.
_ 장기간에 걸친 개발 과정에서의 보안 유지에 따르는 불편. 나치 독일의 비밀 무기가 그러했다.

이제 우리는 전시에 해상에서 이용할 수 있는 결정적인 기술의 대변혁을 이루는 것이 어렵다는 결론을 내릴 수 있다. 따라서 전시에 어느 신무기를 발명한 측이 결정적인 힘을 불어넣어 줄 수 있는 전술이나 훈련이 형성될 때까지 또는 결정적인 타격력을 발휘할 수 있도록 대량생산될 때까지 무기 개발을 비밀로 하더라도 거의 소용없는 노릇이다. 전시 지도자들의 능력은 어떤 전쟁도구를 전투에 즉각 활용하느냐에 따라 확실해진다. 이 문제에 관해 더 많은 저서가 나오지 않은 상태에서 설불리 하나의 견해만 주장하는 것은 그릇된 것인지 모른다. 그러나 필자는 전시 지도자들의 직업적 본능이 옳다고 생각한다. 한편 다른 부류의 인물들, 이를테면 신기술이 출현하면 즉각 반응을 보이는 인물이 있다면 그들에게 할 수 있는 말은 편집증적인 집착을 버리고 전시에는 신중한 태도를 몸에 익히라는 것밖에 없다.

평시의 발전과 혁명

평시 상황은 극명한 대조를 이룬다. 즉, 평시에는 아무리 새로운 무기기술이 발명되어도 작은 전쟁이 일어나기 전에 대비할 시간이 충분하다. 다만 비밀탐지 장비의 경우는 그렇다는 분명한 증거가 없다. 그러나 평시에 개발된 신무기의 전술적 중요성이 전시에도 제대로 인식될 수 있을 것인가? 적의 신병기를 과소평가해 대항책 개발에 투자하지 않고 적절한 대응 수단에 대한 충분한 전술적 사고와 이를 토대로 한 훈련을 하지 못하는 것은 마땅히 비난 받을 일이다. 분명히 전술가의 본분은 현재 보유하고 있는 도구를 이용해 자기가 할 수 있는 최선을 다하는 데 있다. 이 도구를 분산에 이용할 것인가? 아니면 회피나 선제공격에 이용할 것인가? 파괴된 무기체계를 내던지고 남아 있는 것을 새로운 방식으로 또는 더 훌륭한 방식으로 이용하는 데에 중점을 둘 것인가? 전술가가 위협을 인식하지 못해 사전준비를 하지 않았다면, 평시에 완전히 공개된 무기도 비밀리에 개발된 무기처럼 전시에는 결정적인 무기로 변할 것이다. 진정한 위험은 바로 여기에 있다. 그 위험한 무기란 도대체 어떤 것인가? 화학전, 우주전, 레이저전, 은밀전, 기뢰전 기술은 모두 현실로 나타났다. 그런데 지금의 우리는 이런 현실을 인지하고 있는가?

오늘날 우리는 급속한 과학연구 추세라는, 더 미묘한 문제와 마주치게 되었다. 확실히 이런 현상은 하나의 경향이라 할 만하다. 그러나 이러한 현상이 이전보다 빠른 속도로 고성능 무기 개발로 이어졌다는 증거는 별로 없다. 미국의 군함, 군용기, 기타 각종 전쟁용 무기와 탐지장비의 개발 기간은 비교적 느린 편이다. 영국-네덜란드 전쟁 중에는 불과 1~2년 사이에 전함대가 건설되었다. 만약, 이 전쟁 중 영국이나 네덜란드가 어떤 새로운 해전 무기를 발명했다면 그들은 틀림없이 전쟁 중에 그 무기를 해상에서 사용했을 것이다. 오늘날 미국에서 어느 새로운 전투함을 설계하여 최고 당국자의 지원을 얻고 예산을 할당받아 최초의 원형prototype을 만들려면 15년이 걸린다. 현대전이 현대적 기술의 개발 추세에 의해 결정되는 것이라면, 우리가 전투함의 유효 전투수명을 30년, 전투기와 공격기의 전투수명을 15년으로 보는 이유는 무엇인가? 신형 무기개발 능력에서 미국을 앞지르고 있는 것으로 보이는 러시아인데도 구형 전투함과 항공기를 그토록 오랫동안 보유하고 있는 이유는 무엇인가? 놀랄 만한 결정적 전술의 개발은 가속적인 과학기술의 개발에서 나오는 것은 아닌 듯하며, 이것은 적어도 미국에서 타당한 이야기라고 본다. 고도의 기술은 그 기술을 신속히 이용하는 데 오히려 장애물이 된다.

그러나 전투 양상을 변화시켜 전쟁을 선제 도발할 수 있는 능력을 지닌 어떤 새로운 전쟁무기에 관해 한 번 생각해 보자. 장거리 순항유도탄과 유도기뢰homing mine는 한 좋은 예다. 해군은 우선 1950년대에 잠수함에서 발사하는 순항유도탄을 실험하였으며, 1960년대 후반에는 심해 유도어뢰 실험을 시작하였다. 기술 발전 전망을 이해하고 있는 사회가 직면한 문제는 어떻게 하면 이 기술을 해전에 이용할 수 있을까 하는 데 있었다. 그에 대한 해답은 기술이란 혁명적 방식이 아니라 점진적으로 도입되어야 한다는 것이다. 자유주의 사회에서는 점진적 접근이 효과적인 법이다. 그런데도 미국인들은 아직 구상에 머무르고 있는 어떤 함정이나 항공기에 대해 왈가왈부하면서 재설계하려는 태도를 끈질기게 보여주고 있다. 순항유도탄의 경우만 하더라도 미국 해군은 이 유도탄이 무기를 조준할 수 있는 효율적인 방법을 보여주지 못했다는 이유로 30년 동안 이를 생산하지 않기로 결정한 바 있다. 일단 무기를 개발하라! 그러면 조준체계는 자연히 개발될 것이다. 만약 대구경포의 개발을 심스가 세부적인 사격통제장치를 만들 때까지 미루었더라면 참으로 개탄스러운 일이었을 것이다.

　미국의 조약형 순양함treaty cruiser은 점진적인 접근 방식이 성공한 전형적인 예가 된다. 양차 세계대전 사이에 체결된 해군 군비조약에 규정되어 있는 중순양함은 1만 톤의 기준배수량에 주포가 8인치 포로 제한되어 있었다. 이 조약에 따라 건한 설계의 주안점은 비용 효과가 아니라 배수톤수 효과에 있었다.* 2척의 펜사콜라Pensacola 급 순양함이 허용된 최대톤수로 설계되었다. 불균형top-heavy이면서도 장갑이 취약했던 이 순양함들은 개dog로 불렸다. 펜사콜라 급이 건조되는 동안에도 2급함 건조 계획은 꾸준히 시행되었으며, 2년마다 좀 더 나은 급의 함정이 건조 승인을 받았다. 네 종류의 각급 순양함이 모두 계속 개선된 것이었다. 그러나 그중에서도 극치를 이룬 것은 출중하다는 찬사를 받은 7척의 훌륭한 아스토리아Astoria 급이었다. 제2차 세계대전 시에는 펜사콜라 급과 아스토리아 급이 같이 전투에 투입되었지만, 어느 쪽이 전투 수행을 더 잘했다고 말하기는 어렵다. 펜사콜라 급은 일종의 시작형이었다고 할 수 있다. 그러나 단지 시작형에만 머문 것은 아니다. 펜사콜라 급은 불완전했지만 효과적인 전투함이었다. 그리고 이 급은 더 나은 순양함을 건조할 수 있는 가능성을 열어주었다. 그 결과 전시에 볼티모어Baltimore 급, 오리건 시티Oregon City급, 뉴포트 뉴스Newport News 급 등의 중순양함이 성공적으로 생산되었다. 이 순양함들은 대공무기와 탐색 및 사격통제 레이더, 마침내 반자동 8인치 포까지 완전히 갖추었다.

□ * 스탈보 제독은 소련 해군의 모르스코이 스보르니크Morskoy Sbornik에서 오늘날에도 이 배수톤수 효과는 함정 건조에서 가장 중요한 표준이 되고 있다고 말한 바 있다.Stalbo, 1981 : 25, No. 5 참조

무기의 전투 능력에서 눈에 보이지는 않지만 중요한 개선을 이룬 많은 사례가 있다. 그중 하나는 강선이 새겨진 포신이며, 다른 하나는 드레드노트급 전함의 사격통제체계 개선이다. 새로운 엔진은 항공기의 출현에서나 겨우 볼 수 있었지만 이 엔진은 항공기의 성능을 크게 향상시켰다. 아마추어의 눈으로는 컴퓨터의 성능이나 암호학에서의 어떤 변화도 볼 수 없으며, 우주에서의 전투정찰체계의 발달도 볼 수 없다. 칼 라우텐슐래거Karl Lautenschläger는 러시아의 오스카Oscar 급 잠수함의 가장 중요한 특성은 엄청난 크기가 아닌, 이 잠수함의 미사일이 우주기지 탐지장비에 의해 유도될 가능성이 있다는 점이다.Lautenschläger, 1984 : 57* 음향적 은밀성에 의존하고 있는 잠수함의 세계에서는 어떻게 하면 적보다 훨씬 정숙하게 작전을 수행할지를 놓고 계속 경쟁하고 있다. 잠수함은 정숙 항진할수록 적에게 발견되지 않는다. 이렇듯 중요한 변화가 가능했던 것은 전투 선구자들의 개선 노력이 있었기 때문이다.

□ * 라우텐슐래거 박사는 전 해군 항공정보장교로서 현재는 로스알라모스 국립연구소의 연구원으로 재직 중이다.

대변천에 관하여

노선시대의 범선이나 범선시대의 기선, 전함시대의 항공모함같이 어떤 기술이 혁명적 잠재력이 있을 때, 새로운 기회의 활용이라는 실제적인 문제는 매우 복잡하게 전개된다. 우리가 가야 할 방향을 알고 있는 경우도 마찬가지이다. 질서정연하게 단계적으로 발전하는 목표는 현상을 유지하려는

자들의 주의력을 피하는 데 있지 않다. 수구파Old Guard는 수평선의 몇 가닥 가느다란 연기를 보고서도 실제적인 위협을 느끼며, 존재하지 않는 많은 위협을 감지하기도 한다. 그러나 단계적 목표는 거대한 변혁이라는 문제를 해결하는 것이다. 새로운 체계에 적합한 새로운 전술 개발이 어려운 문제라고 한다면, 신전술과 구전술의 혼합은 더욱 어렵다. 상호 지원을 위해 항공모함과 전함에 새로운 역할을 요구했을 때 그 시도가 잘못되었던 점을 생각해 보라. 미국이 1881~1914년 사이에 신해군New Navy을 건설했을 때처럼 아무 것도 없는 데서 새로운 해군을 건설하는 것은 오늘날의 미국 해군처럼 이미 중요한 국방 임무를 수행하고 있는 해군을 변환시키는 작업에 비한다면 매우 간단한 일이다.

어떤 놀라운 신무기체계를 기술적으로는 체계적으로 개발할 수 있다고 하더라도 여전히 다음과 같은 문제가 남는다. 즉, 재훈련, 구전술과 신전술의 통합, 군수 지원 운용, 그리고 많은 현실적인 세부 사항에 신경을 써야 하는 문제 등이 그것이다. 이것은 본질적인 문제이다. 이러한 변혁을 마무리해야 하는 것은 기술연구가들의 책임이 아니지만, 혁명적인 기술 변화에서 발생하는 문제인 것은 틀림없다. 더욱이 좀 더 성능은 우수하지만 값이 저렴한 신무기가 있다고 해서 국방예산이 크게 절감되지는 않을 것 같다. 그 이유는 다음과 같다. 첫째, 그 도입 과정에서 새로운 생산과 일시적으로 중복되는 훈련 및 군수 지원에 따르는 비용이 예산을 증가시킬 것이다. 둘째, 신무기에서 우리가 얻을 수 있는 이익은 곧 적에게도 이익이 될 것이다. 그런데 우리는 어떠한 근거에서 적이 예전만큼 국방에 예산을 투입하지 않고 우리보다 신무기를 많이 도입할 것이라고 생각하는가?

그러나 기술 변화에 따르는 핵심적인 문제는 구해군에서 신해군으로의 변혁을 어떻게 이룰 것인지에 있다. 이 문제는 오늘날 미국 해군이 처한 상황에서 볼 수 있듯이 간단하지 않은 문제이다. 미국 해군의 사상적 토대에는 대립되는 두 학파가 있다. 그중 한 학파는 항공모함 옹호론자들이며러시아 해군이 항공모함을 건조하기 시작했다는 점을 주목하기 바란다, 다른 한 학파는 워싱턴의 거의 모든 인물이다. 비평가들은 해군이 한목소리를 내야 하며 어떤 새롭고 창의적인 방법으로 해군력을 재건설하려는 계획을 제시해야 한다고 말한다. 그러나 그것은 쉽지 않다. 울시R.J. Woolsey 전 해군성 차관은 미국 해군을 어떻게 구성하는 것이 옳은가라는 문제에 대해 미국 해군이 보유하고 있는 함정의 수보다도 많은 의견이 난무하고 있다며 불만을 토로하였다. 아이작 키드 제독은 해군군수참모부장으로 재직할 당시 "한 무리의 오리 떼가 우리 해군을 조금씩 쪼아 먹고 있다. 이 쪼아대는 행위가 치명적인 것은 아니지만, 여러분은 이 쪼아대는 행위를 막는 데 시간을 온통 소비하고 있는 실정이다"라고 말했다. 워싱턴의 많은 사람들이 기술혁신에 대해 소극적인 반면, 이를 적극적으로 찬성하는 인사는 한 명도 없었다. 반네버 부시Vannevar Bush는 전체주의 체제하에서 나타나는 의사결정의 획일성은 기술에서 큰 오류를 범하는 폐단이 되지만, 민주주의 사회에서 흔히 볼 수 있는 의사결정 과정의 혼란은 상대적으로 더 효율적이라고 했지만, 그는 미국 국방 조달의 특징인 시간을 질질 끄는 폐단을 간과한 것 같다.Bush, 1949 : 193 그러나 이러한 제도에 염증을 느낀 전술가들도 상황이 더 나은 경우에도 국방비를 어디에 써야 할지를 결정해야 하는 인사들이 큰 부담을 안고 있다는 사실을 이해해야 한다. 오늘날 워싱턴에서 벌어지고 있는 시끄러운 논쟁은 늙은 사자들의 포효에 비하면 오리가 꽥꽥대는 소리에 불과하다. 버나드 브로디Bernard Brodie는 그의 저서를 통해 세계에서 가장 좋은 환경에 산다는 우리가 직면한 어려움을 다음과 같이 일깨워주고 있다.

창의성이 없다거나 진보적이지 못하다고 비난받아 온 사람들이 어느 발명품이 유용하게 쓰이기 이전에는 낙천적인 동시대의 다른 사람들보다 더 뛰어났을지도 모른다. 어떤 사람의 예언이 그리고 다른 어떤 사람의 예언이 옳은 것으로 판명되는 단순한 상황만으로는 후자가 더 통찰력 있는 사람이라고 할 수 없다.

이 문제는 전군 혹은 해군 고위층의 전반적인 보수주의 문제와 밀접하게 관련되어 있는 것으로서, 이에 대해서는 그동안 상당수의 독선적인 저술이 있었다. 발명가들이나 기발한 생각을 잘하는 사람들이 그들 고유의 인식을 가로막는 큰 장애물이라고 생각되는 인물이나 정치구조에 대해 통렬히 비난하는 것은 당연하다. 전체적으로 볼 때 그러한 비난의 소리가 야단법석을 떨었기 때문에 무관심한 사람들조차 이에 끼어들 정도가 되었다. 논자들은 경쟁적으로 고급관리나 고급장교들을 비난하고 있다.

1842년에 로버트 필Robert Peel 경은 워너Waner 대령의 어뢰발명 계획이 전반적인 워너 계획이 수년 후에는 통상 워너 혹스(Waner hoax)라고 불린다을 각하했다는 이유로 비난받던 해군본부위원회의 입장을 옹호하면서 어떤 새로운 발명 안을 채택하는 데 공적 기구가 직면하는 몇 가지 문제를 지적했다. 공인이 이런 종류의 제안을 전적으로 무시한다면 그는 비난받아 마땅하다는 것이다. 그러나 다른 한편 그가 확실한 근거도 없이 이 제안을 지원하는 데 지나치게 빠져든다면 그것 역시 마땅히 비난받아야 한다고 보았다. 공직에 있는 사람은 누구나 이런 종류의 발명 안을 즉각 받아들이는 습성이 있다. 그들은 하루라도 이런 행위를 하지 않고 보내는 때가 없다.Brodie, 1943, pp.438~439

왐파노악 함 이야기

엘팅 모리슨Elting E. Morison은 해군 보수주의의 동조적 해석론자인 동시에 비평가였다. 그는 한 논문에서 왐파노악 함에 관한 이야기를 하였다. 왐파노악 함은 기술의 천재 베냐민 이셔우드Benjamin Isherwood가 만든 놀라운 발명품으로 구해군 시절에 사용하지 않고 방치한 결과 폐물이 되고 말았다.* 이 군함은 1869년 2월의 황천에도 실시한 시운전에서 17노트의 속력을 기록했으며, 훗날 화창한 날씨에 뉴욕으로 귀항할 때는 23노트의 속력을 기록하였다.** 당시 미국 해군 외에 가장 빠른 군함은 영국의 아드리아틱HMS Adriatic 함으로서 이 군함은 파도가 없는 해상에서 15노트의 속력을 기록한 바 있다. 20년 동안 왐파노악 함의 속력에 필적할 만한 군함은 한 척도 없었다.

☐* E.E. Morison, *Modern Times*, pp. 98~122.

☐** Pratt, *Our Navy*, pp. 343~346.

왐파노악 함이 그토록 빨랐던 이유는 이셔우드가 한 가지 임무만을 위해 특별히 설계했기 때문이다. 그 임무는 남군의 습격함을 추격하고, 영국의 통상파괴를 노리는 습격함으로 활약하는 것이다. 이 군함은 마치 단거리 선수 같았다. 그런데 문제는 다른 데 있었다. 1870년부터 1890년까지 서부 개척을 계속하고 고립주의를 채택하며 인디언과 싸우고 철도를 부설하는 아메리카 대륙의 국가에 왐파노악 함은 물론이고 해군 전체가 불필요한 것으로 여겨졌을지 모른다. 모리슨은 뉴욕 항에 꼼짝 않고 들어앉아 낡은 방식을 답습하려고만 할 뿐 미래에 대해 눈뜨지 못한 미국 해군의 보수적인 태도를 크게 비난했다. 이런 무지몽매를 지적한 점에서는 모리슨의 말은 옳다. 그러나 해군만 비난하는 것은 잘못된 태도이다. 국가 전체에 책임이 있었다. 합리적인 근거도 없이 왐파노악 함을 박대한 해군장관위원회의 늙은 제독들이 분명하게 의견을 말하지 못한모리슨은 그들의 이름을 들고 있다 - 이는 해군 장교들이 지닌 해묵은 문제점이다 책임을 져야 한다. 늙은 제독들은 정부의 무관심으로 거의 고갈되었다고 할 만큼 삭감된 예산을 집행하는 실무자들이었으며, 설상가상으로 세계적으로 볼 때 취약하고 가난에 찌든 해군을 운용하려 애쓰고 있었다. 왐파노악 함은 매우 빠른 속력으로 500마일을 항해하거나 탑재된 석탄만으로 며칠 동안 항해할 수 있었다. 그러나 그와 같은 성능도 예산의 지원도 없는 아프리카와 같은 상황이라면 무슨 소용이 있겠는가? 낮은 흘수, 날렵한 선체, 증기기관으로 사냥개와도 같이 민첩한 기동력을 지닌 이 군함이 항해하는 모습은 그들에게 신병만큼이나 어색했다. 1870년대에 해군 함정들은 애처로울 만큼 보잘것없는 임무를 수행하는 것에 만족해야 했다. 해군 지도자들이 이와 같은 상황에 좀 더 분개했더라면 하는 것이 솔직한 심정이다. 그러나 남북전쟁의 영웅이고, 범주 항해의 1인자였으며, 공학자들의 적이던 데이비드 포터David Dixon Porter 제독은 경제성을 이유로 범주 항해를 명령하고 미국 해군의 청년 장교들에게 각자의 중책에 정통하라고 가르칠 것을 지시하였다. 서부 개척이 계속되는 동안 아무도 해군에 관심을 기울이지 않았다. 약 20년 동안 불명확한 국가정책으로 때문에 왐파노악 함은 서야 할 자리를 잃었다. 이 군함을 사용하지 않고 방치한 것은 개탄스럽지만 불가피했던 것 같다.

> * 미국 해군이 가장 비천했던 시기에 대해 더 알고자 한다면 앨비언Albion, pp.19-204을 참조하라. 기술 자체를 위해 기술에 눈이 먼 것 같은 역사가들에 비하면 필자는 왐파노악 함을 덜 옹호하는 편에 속한다. 다수의 원거리 초계 기지를 보유하게 된 영국은 1902년까지도 범주 항해하는 1,000톤급 슬루프 형 전투함을 보유하고 있었다.

이 주목할 만한 군함에 관한 이야기를 여기서 끝낼 수는 없다. 이 군함은 기술적으로나 군사적으로 큰 의미가 있다. 습격함들의 유효성이 감소되던 때였다. 프란시스 드레이크Francis Drake 시대에서 라파엘 셈스Rafael Semmes와 제임스 와델James Waddell 시대에 이르는 동안 통상파괴전의 효과는 점차 감소 추세였다. 1875년 20노트로 항해하는 기선의 연기는 아주 먼 거리에서도 포착될 수 있었다. 따라서 기선은 2~3개 전대를 오랫동안 피해 있을 수 없었다. 통상파괴전을 수행한 해군이 계속 유지되었다면 그로부터 10년 후인 1889년경의 신해군에 어떤 영향이 미쳤는지를 한 번 생각해 보자. 여러분은 수구파가 다음과 같이 불평하는 소리를 들을 수 있을 것이다. 재해권command of the sea에 관한 마한의 기발한 신교리가 저 학구적인 스테판 루스Stephen B. Ruce에 의해 미국 해군대학에서 교육되다니 이 얼마나 멋진 일인가? 우리가 세계에서 가장 빠른 순양함을 보유하고 있을 뿐만 아니라 위대한 공학자 이셔우드가 만든 최초 순양함의 유산을 보유하다니! 우리는 우리의 임무를 알고 있다. 그것은 통상파괴이다. 무엇보다 속력부터 겸비하자. 인디패티저블USS Indefatigable 함, 후드USS Hood 함, 리펄스USS Repulse 함과 같은 미국의 전투순양함이 그 다음의 일이 아니겠는가! 왐파노악 함의 후예들은 세계에서 가장 빠른 해군이지만, 훈련용으로 충분한 연료를 받지 못했고 전투용, 심지어 피신하는 데도 충분한 연료를 받지 못한다면 무솔리니의 해군과 같은 운명을 맞았을 것이다.

변천의 영향 요인

 모두 모리슨의 저서를 탐독하는 것이 좋겠다. 미국 해군에 관한 지적은 매우 온당하다. 기술에 관한 미국 해군의 근시안적인 태도를 지적하면서 모리슨이 거론하는 사례는 점차 비난이 완화되고 있다. 그는 탁월한 지식으로 그 이유를 다음과 같이 설명하고 있다.

 19세기 중엽 당시 미국 해군은 규정된 일상 과업과 상부에서 지시한 업무를 처리하고 규정된 조직표 이상으로 활동하였다. 당시 미국 해군은 결코 완벽한 조직은 아니었지만 그래도 최소한 그들 나름대로 완성된 문화가 있었다. 이 사회는 때때로 전횡과 차별이 행해지고 엘리트주의와 무감각이 만연된 집단으로 보일 수도 있었다. 그리고 다른 폐쇄된 체제와 마찬가지로 창의력의 발휘와 지식의 전파가 제한되고 있었다.
 그러나 당시의 해군은 오늘날 해군이 갖추면 좋을 법한 몇 가지 훌륭한 특성이 있었다. 당시 해군의 전반적인 구조는 그 구성원들이 바다라는 용서를 모르는 무한한 자연력을 효과적으로 지배할 수 있게 치밀하게 조직되어 있었다. 더욱이 당시 해군은 그 구성원들이 제한된 공간에서 상호 긴밀한 유대를 유지하면서 다른 세계에서 고립된 채 오랜 세월을 함께 생활하며 일할 수 있도록 창의적으로 조직되어 있었다. 해군과 그 권위적 문화에 대해 구성원이 지니는 유대는 성직자까지도 감동시키는 어떤 힘이 있었던 것이다.Morison, 1977 : 14

 모리슨은 그의 모든 저술을 통해 현대 해군이 연구 개발의 기초, 그러한 기초가 가져다주는 것이 무엇인지를 꿰뚫어보는 비전, 분별 있게 행동하는 힘을 필요로 하는 이유가 무엇인지를 잘 보여주고 있다. 그리고 어떤 임무를 지니고 있는 것은 아니지만 우리에게 기술에 관한 기대만으로는 충분치 못하다는 것을 일깨워주는 왐파노악 함과 같은 예가 여전히 남아 있다. 이로 인해 해군정책은 기술, 전략, 경쟁가격, 그리고 최소한의 요소가 아니라 마지막으로 갖추어야 할 요소인 더 강화된 속력, 장갑, 내해성, 화력 또는 성능이 뛰어난 탐지장비에 적합한 전술적 내용과 어울릴 수 있었다.

혁명적 변천을 창조하기 위해서는 대개 한 가지 이상의 기술이 필요하다. 돛과 대포가 결합함으로써 노선의 자리를 대신한 것이 그 예다. 증기력만으로는 전열함을 대체하기에 충분하지 못했다. 거기에는 증기기관과 스크루 프로펠러와 철제 선체가 필요했고, 이것은 역으로 거포의 출현을 가능하게 하고, 강선과 포미장선식 포, 효과적인 사격통제체계를 가능하게 했다. 그 이름에 걸맞은 폭탄의 무게를 지탱할 수 있는 강력한 항공기 엔진이 없었다면 대형 항공모함은 아무것도 아니었을 것이다. 대형 항공기는 동력 승강기, 사출기, 착함제동장치, 그리고 해상 상공에서의 장거리 항공술을 필요로 했다. 대규모 해군 혁명은 각종 기술에 능통한 지식과 종합적인 지도력에 의존하고 있다. 우리가 쉽게 볼 수 있는 바와 같이, 정교하고 급속히 이루어진 해군혁명의 구체적 사례라 할 수 있는 폴라리스 잠수함도 2명의 위대한 기술 연구 지도자인 하이먼 리커버Hyman Rickover와 레드 레이번Red Raborn의 연구 성과인 핵추진 방식과 고체연료 로켓공학이라는 두 가지 기술 결합, 해군참모총장으로서 전쟁과 정치, 신속한 작전의 중요성을 인식한 알레이 버크가 없었다면 출현하지 못했을 것이다.

지금까지 미국 해양력의 지주 역할을 해왔던 대형 항공모함이 우리의 눈앞에서 기술적·전략적·재정적·전술적으로 사라질 경우 거대하고도 복잡한 변화를 예고하고 있다. 필자는 해군 내의 보수주의에 관한 모리슨의 당연한 지적이 그르다고 말하지는 않겠다. 사실, 나아가야 할 방향을 명백히 알고 있는 철강산업이나 자동차 산업에서조차 강한 타성, 즉 각종 사업을 1년 또는 2년 이상 미루는 경향이 있었다. 하물며 해군의 경우에는 나아가야 할 방향이 명백하지 못하다. STOVL 및 VSTOL 항공기를 제외하고도 새로운 세력 구조의 기초가 될 수도 있는 최소한 세 가지의 다른 중요한 기술이 있다. 필자가 지칭하는 체계가 완성되면 해군은 해군의 변천 문제를 해결하지 않으면 안 된다. 체계 XSystem X: 이것은 여러 체계로 구성된 일종의 망이 될 것이다가 전투의 중요 쟁점이 된 이후에도 오랫동안 항공모함이 해양력의 유용한 도구로 남아 있을 것이기 때문이다. 변천기를 거치는 동안에도 옛 기술은 쉽게 사라지지 않을 것이며, 거기에는 또한 그만한 이유가 있는 것이다. 이러한 예는 전함에서 볼 수 있었다. 전함은 워싱턴 조약 기간에 천대를 받기는 했지만 여전히 전투에 투입되었다. 소구경포에서도 같은 예를 볼 수 있다. 처음에 성능이 지나치게 과소평가되었던 거포가 출현한 이후에도 소구경포는 여전히 사용되었다. 철제 기선이 등장한 뒤 미국 해군의 임무를 수행하기에는 부적절하다고 드러났을 때 사용된 목재 범선도 그러한 예다. 심지어 오늘날의 디젤 잠수함도 같은 예라고 할 수 있다. 초기 핵잠수함에는 해결해야 할 많은 결함이 있었으며, 30년이 지난 오늘날에도 핵잠수함은 각국 해군에서 비핵잠수함을 완전히 대체하지 못하며, 또 그래서도 안 된다.

    전략적으로 볼 때 체계 X는 해상을 보호함으로써 통상과 군사력의 계속적인 이동을 보장할 수 있어야 한다. 또한 해상을 보호한다는 것은 그 상공을 지배한다는 것을 뜻한다. 이러한 보호 임무는 미국의 특별한 국익과 관련되는 문제로 취약성과 호기를 동시에 대변하고 있다. 재정적 측면에서 볼 때, 체계 X로 전환하기 위해서는 항공모함 전투단의 운용비가 엄청나게 비싸다는 것을 전제로 논쟁을 벌이고 있는 항공모함 비평가들보다 월등히 높은 이해를 바탕으로 한 지지가 요구된다. 해군을 운용하는 데는 언제나 많은 비용이 들었다. 워싱턴 회의에서 조약이 체결될 수 있었던 숨은 이유는 조약국 모두가 군비경쟁을 벌일 여유가 없었기 때문이다. 각국은 이미 막대한 함정건조 비용 때문에 건조 사업의 상당 부분을 포기해야 할 입장이라는 것을 잘 알고 있었다. 필자가 이미 언급한 바와 같이, 150개의 체계 X로 15척의 항공모함을 대체시킨 신해군은 운용비가 훨씬 축소될 것 같지는 않다. 이뿐만 아니라 신해군으로 전환하는 데 드는 비용은 분명 정상적인 예산 수준을 초과할 듯하다. 신해군을 건설해야 한다고 주장하는 인물들이 가장 크게 공헌할 수 있는 길은 좀 더 값싼 함대에 대한 신화를 버리는 데 있다.

기술과 전략, 예산이야말로 해군 밖의 우호적인 인물들이 신해군으로의 전환에 기여할 수 있는 전부이다. 체계 X에 적합한 함대 전술을 개발하는 것은 남에게 미룰 수 없는 해군 고유의 임무가 될 것이다. 그러나 이 체계가 제대로 작동되려면 해군 장교들은 미사일 순양함이나 전투기 또는 통신위성에 맞게 지난 시대의 작전 요구를 단순히 새것으로 바꾸는 데 그치지 않고 창의적으로 전술을 발전시키도록 노력해야 한다. 노선에서 범선으로의 전환은 횡렬진에서 종렬진으로의 변화 이상으로 의미가 있다. 이 변화는 그야말로 지상전술과 같은 구시대의 전술에서 전례 없는 새로운 해상전술로의 변천이다. 비록 범선시대의 종렬진이 증기선시대의 종렬진과 같은 것으로 보인다 해도 각 종렬진의 전술적 근거는 서로 현격하게 달랐던 것이다. 이 책의 본래 목적이 오늘날 무기의 전술적 사용과 이 무기에 적합한 보다 치밀한 교리 개발에 관한 논의를 촉발하려는 데 있었다는 점을 고려할 때, 만약 이 책이 언젠가는 신전술을 다루게 될 장교들의 상상력 속에 들어 있는 직업적 감각의 돛을 펴줌으로써 체계 X에 어울리는 새로운 전술 개발의 기초를 다지는 데 도움이 된다면 이 책은 본래 의도한 것 이상의 목적을 달성한 것이다.

　　어떠한 경우든 체계 X가 외부로부터 해군에게 강요되는 일은 없을 것이다. 기술자들은 갖가지 대안을 제시할 것이고, 전략가들은 정책적 상황을 제기할 것이며, 감사관들과 의회의 제 위원회는 감언이설이나 위협을 가할 것이고, 러시아 해군은 옛 시대의 해양력 수단을 동원해 새로운 위협을 가할지도 모른다. 그러나 궁극적으로는 해군 스스로 진로를 개척해 나가지 않으면 안 된다. 이 절의 목적은 어떤 주요한 변천을 큰 혼란으로 받아들일 일반인들에게 사실을 명백히 깨우쳐 주려는 것이다. 현재로서는 해군이 어느 시기에 미로를 돌파해 자신의 진로를 개척할 것이라는 보장은 오리무중이지만, 갖가지 증거에 의하면 오히려 아마추어 열성가들이 해군을 막다른 골목으로 몰아갈 가능성도 보인다.

요약

　기술의 발전으로 촉발된 전술적·전략적 변화는 일종의 거대한 불변 요소이다. 기술 자체의 가속적 변화 속도에 상응해 새롭고 혁명적인 무기가 가속적으로 출현할 것 같지는 않다.

　전쟁 중에 개발된 주목할 만한 신무기의 도입이 전역의 결과에 결정적인 영향을 미친 경우가 종종 있었다. 그러나 보안 유지, 성능 검사, 복잡성, 생산과 훈련의 필요성, 적이 개발할 위협 때문에 그 효과는 대개 제한된다. 전쟁 중 어떤 새로운 무기체계가 개발될 경우, 그 무기체계는 지체 없이 전투에 투입되어야 한다.

　평시에 공공연하게 개발된 새로운 무기와 정찰 체계는 견실한 전술과 적절한 교리가 수반되고 잘 훈련된 부대에 의하여 사용되어야만 전쟁을 승리로 이끌 수 있다. 평시에 조심스럽게, 비밀리에 개발된 무기와 전투정찰 체계는 중요한 성과를 거둘 것으로 기대되지만, 보안 유지 때문에 생산, 교리, 훈련이 축소되면서 역시 사용이 제한된다. 은밀한 것이든 그렇게 은밀하지 않은 것이든 적의 전쟁 도구에 대응하기 위해 교리는 전쟁 발발 시에 실전에 적용될 수 있는 것이어야 한다. 해군의 정규 훈련과 작전조직밖에 있는 자들도 획기적인 전술적 결과에 대해 늘 생각하고 있어야 한다. 그래야만 새로운 전술이 신속히 도입되어 훈련을 거쳐 실전에 적용될 수 있다.

　새로운 무기는 종종 원대한 비전을 지닌 인물에 의해 새로운 전술의 개발을 필요로 한다. 유사성을 지닌 일련의 전투장비가 생산되고 각 모델이 앞 모델에 이어 신속히 개발된다면, 무기와 전술 모두 좀 더 빨리 완벽해질 수 있다. 무기를 사용해 보지도 않고 대량 생산과 대량 사용에 적합한 완벽한 무기를 고안해낸다는 것은 불가능하다. 또한 가능하다고 하더라도 무기가 그 잠재력을 실현하기 위해서는 하드웨어가 3~4세대를 거쳐야 한다. 획기적이거나 완벽한 무기를 만들어내겠다는 연구가들은 어느 무기에서 외관상 명백하게 나타나지 않는 성능상의 중요한 변화를 간과하기 쉽다.

전술 발전의 희망과 기술상 좋은 기회는 편견의 벽에 의해 분리되어 있으며, 이 편견의 벽이 마찰과 실패의 근원이 된다. 지금까지 해군의 전술가들은 창의성이 메말라버린 전술구조에 새로운 성능의 무기를 꿰어 맞추려는 오류를 범해 왔다. 또한 발명가들은 왐파노악 함의 속력 문제처럼 곧 소용이 없어지거나, 또는 그 용도가 지나치게 제한되어 있거나, 아니면 전술적으로 채택하는 데 비용이 너무 많이 드는 새로운 성능의 무기개발만을 일방적으로 옹호하는 오류를 범해왔다.

해전 양상의 대변천에 관해 말한다면 이런 변천을 이루는 데는 기대했던 것 이상으로 많은 시간이 소요된다. 어떤 새로운 전쟁 도구를 완성해 이를 대량생산하는 데는 많은 시간이 걸릴 뿐만 아니라 그에 알맞은 전술을 형성하는 데도 같은 시간이 필요하기 때문이다. 새로운 전쟁 양상이 형성되는 동안 변천에 대비한 계획이 수립되어야 한다. 이 변천이 진행되는 동안에는 기존의 것이든 아니면 새로 창출된 것이든 모두 나름대로 전투 역할을 갖는 법이다. 이 전투 역할은 점진적으로 발전을 거듭하는 전술과 교리, 훈련이는 군인들의 단골손님이다에 의해서 결정된다. 그러나 전술 거장의 손에 달려 있는 대변천의 최종 충격은 기술이 바로 우리의 눈앞에 새로운 무기를 보여주고 난 이후에도 맑은 하늘의 날벼락처럼 느껴질 수 있다.

대변천을 이루기 위해서는 몇 가지 과학적 잠재력을 체계가 다른 무기나 탐지장비에 구현할 수 있는 공학적인 혜안, 무기가 전폭 양상을 어떻게 변화시킬 것인지를 꿰뚫어보는 전술적 통찰력, 정부의 무관심이라는 가시덤불 속에서도 기회의 꽃을 꺾을 수 있는 과단성 있는 지도력이 필요하다. 이러한 변천의 영감은 종종 해군 밖에서 얻을 수도 있다. 그러나 노력은 언제나 해군 내에서 경주되어야 한다.

CHAPTER 9

가변 요소

이론, 계획 및 실제 전투 간의 일치성 문제

러시아의 존경할 만한 마카로프 제독은 『해군 전술의 여러 문제에 관한 논고Discussion of Questions in Naval Tactics』라는 저서에서 나폴레옹이 1812년에 프랑스 주재 러시아 대사에게 했던 말을 다음과 같이 기술했다. "여러분 모두는 조미니의 책을 읽었다는 이유만으로 전쟁에 관해 모두 안다고 생각한다. 그러나 그의 저서에서 전쟁을 배울 수 있다면 내가 그 책이 출간되도록 내버려둘 것 같은가?"

그렇다. 이론으로 전쟁에서 이길 수 있다면 이론은 국가기밀이 되어야 할 것이다. 그러나 이론만으로는 승리할 수 없다. 아니, 특히 공산주의 국가도 일정한 목적을 위해 군사이론을 공개적으로 출간하고 있다. 이론은 전투의 전술과 성과를 결정하는 여러 가변적인 요소를 예측하지 못하기 때문에 곧 한계를 드러내고 마는 것이다. 이론은 일정한 경향과 불변 요소를 볼 수 있지만 시간과 장소, 그리고 정책의 상황을 보지는 못한다. 이러한 상황은 전쟁 전에는 알 수 없지만 전술을 결정하는 요소이며, 각각의 전투, 지역, 그리고 시간에 따라 달라지는 각 지휘관의 방식에 의해 결정되는 가변 요소이다. 이론가가 실전에서 작전을 수행하는 지휘관들에게 도움을 줄 수 있는 능력은 한정되어 있다. 모든 전술적 가능성이 이론이나 역사에서 추출될 수 있는 것은 결코 아니다.

만약 전술적 가능성이 이론이나 역사에서 추출될 수 있다면, 우리는 이 장을 생략해도 될 것이다. 그러나 전투에 영향을 미치는 여러 요소를 한 번 생각해 보자. 그러한 영향 중에 이론은 가장 개략적이고 관계가 먼 것이다. 다음으로는 평시의 지휘관의 책임 부담이다. 전시에서 임무가 모든 지휘관이 가장 중요하게 고려하는 사항임은 명백한 원리이다. 지휘관의 평시의 모든 목표는 전시에 임무를 수행하기 위해 준비하는 것이다. 그런데 여기서 말하는 임무는 무엇인가? 오늘날 미국 해군은 다양한 잠재적 목표를 지니고 있다. 이 목표는 전쟁의 규모와 작전 구역이라는 견지에서 보면 엄청난 것이다.

평시에 지휘관들은 전투를 수행하는 이들의 직업상 선배이라고 할 수 있다. 해군 내부 조직에서 우리는 윌리엄 모펫William Moffett나 조지프 리브스Joseph Reeves, 또는 윌리엄 프랫William Pratt와 같이 전투 준비를 도와주었지만 전투 지휘 권한이 없는 지도자들을 존경하고 있다. 반면에 다음 사람들, 즉 검열, 탁상업무, 선체 도장, 그리고 우아한 사관실 장식 등의 일에 헌신한 이들을 잊고 있다. 지휘관은 평시에 자신의 첫 번째 책임이 항상 교리를 최신 상태로 유지하고 이에 따라 훈련하는 것이라는 사실을 잊어버리고 있다. 장비 유지와 보급 창고를 가득 채우는 일, 그리고 병력 보충 등도 역시 중요하다. 그런데 이러한 일은 전비태세에 비해 뚜렷한 차이가 있기 때문에 평시에 지휘관들의 관심 밖에 있는 경향이 있다. 빈틈없는 태세와 철저한 협조체제는 정력과 예지의 지표라고 할 수 있지만 평시가 되면 그 중요성이 잘못 인식된다. 이 모든 충고는 지극히 평범하다. 지휘관들은 이 모두를 이해는 하지만 곧 잊고 만다. 평시는 진정한 책임이 무엇인지를 재인식하고 전술과 교리를 갱신하는 시간이어야 한다.

전시에 몇 가지 가변 요소는 쉽게 파악된다. 국가목표와 군사전략이 그러하다. 전구와 부대의 선택도 이에 해당된다. 어느 해군이 예견하고 있는 전쟁은 그 해군의 구조를 지배하고 그들의 교리를 결정하며 형성하게 된다. 만약 우리가 엉뚱한 전장에서 엉뚱한 적에 대비해 부대를 건설하고 이를 훈련시켰다면 전쟁이 발발했을 때 장비와 전투교리를 재조정한다는 것은 거의 불가능하다. 오늘날 미국 해군은 지난 수년 동안 전쟁을 방지하거나 억제할 목적으로 전 세계에 소규모 파견대로 광범위하게 분산되는 작전에만 지나치게 몰두해 왔기 때문에 전쟁이 방지되지 못해 발발했을 때 다수의 함정이 하나의 통합된 함대로서 작전을 수행하는 준비는 미흡할 것이다. 함대는 훈련받는 대로 싸우게 마련이다. 미국 해군이 전투함대battle fleet로서의 경험이 없다면 그들은 전투단battle group 규모로만 전투하게 될 것이다.

전투가 임박하면서 전술가에게는 좀 더 많은 가변 요소가 나타나게 된다. 전술가는 최종 전투 계획을 입안하기 위해 자신의 임무와 전투서열을 파악한다. 그러나 전술지휘관 또한 현재 보유한 것만으로 임무를 수행할 수밖에 없다. 전술지휘관은 얼마간의 훈련을 실시할 수도 있고 교리를 자신이 처한 상황에 맞게 조정할 수도 있으며, 예하 부대 장병들에게 자신의 정신과 방식을 주입할 수 있다. 그러나 이 모든 것은 그나마 시간이 충분할 때나 가능하다. 모든 지휘관은 예하 함장이 교대될 때마다, 그리고 부대가 교체될 때마다 곤란을 겪을 수밖에 없다. 지휘관은 솔로몬 해전에서 용감하기는 했지만 부적합하게 급히 편성된 부대에 관한 기억에 시달리게 될 것이다. 함대는 2개 바퀴의 힘으로 전투를 수행한다. 그 하나는 함대 교리이며, 나머지 하나는 전투부대의 안정성이다. 함대가 이 중 어느 것도 구비하지 못한 채 전투에 투입된다면 이는 매우 불행한 일이다. 넬슨 제독이라 하더라도 이 두 가지가 결핍되면 승리할 수 없을 것이다.

전투에 영향을 미치는 마지막 요소는 바로 전에 일어난 전투와의 근접성이다. 전쟁에서 최초 전투는 양측이 신체적 접촉 없이 연습하던 대로 경기를 펼치는 풋볼 게임이나 오로지 연습 상대만을 상대로 연습을 해온 체스 게임과 같은 것이다. 실제로 전투의 최종 상황은 전투를 벌여 지휘관과 장병 및 무기의 능력이 표출될 때까지는 알 수 없다. 한 전술지휘관의 전술 선택에 관해서는 그것이 견실한 것이든 미덥지 못한 것이든 단순하든 복잡하든 또는 통제가 철저하든 느슨하든 오직 전투 그 자체만이 마지막 베일을 벗겨 최종 가변 요소가 무엇인지를 보여줄 수 있다는 사실에는 누구도 이의를 제기하지 못할 것이다. 그러나 전투를 기다리면서 자신의 전술이 확립될지도 모른다고 믿는 지휘관이 있다면 그를 경계하기 바란다. 그러한 지휘관은 건전한 전술적 결정내리는 데 충분한 지식을 갖추지 못한 사람이다. 견실한 이론과 평시의 사전 준비, 그리고 전시 경험과 지휘관의 전술 계획이 다함께 구비되어 있을 때 비로소 승리를 확신할 수 있다.

임무와 부대

전투가 임박하면서 두 가지 사항이 쟁점으로 떠오르게 된다. 첫째는 임무mission이며, 둘째는 관련된 부대forces이다. 임무와 부대는 마치 손과 장갑처럼 조화를 이루어야 한다. 미국 해군은 이 양자를 조화시키는 방안으로 수년 전에 기동부대task forces를 창설했다. 이 기동부대는 부여받은 특수임무를 수행하기 위해 적정한 규모의 적정부대를 결합한 하나의 경이적인 발상이다. 병력을 적절한 부류와 규모로 배분하는 능력은 우리가 이 장의 마지막 부분에서 다시 다루고자 하는 주제이다. 전술지휘관의 작전 계획을 좌우하는 것은 모두 자신이 맡은 임무에서 비롯된다. 먼저 이 문제부터 다루어 보자.

임무 : 전략과의 연결고리

임무에 관한 지식은 지리적 상황과 해양, 그리고 전술에 영향을 미치는 그 밖의 각종 물리적 요소에 관한 지식을 포함한다. 물론, 이러한 요소는 정확하게 알려져 있지 않다. 그러나 임무 자체는 상관에게서 하달되는 것이기 때문에 정확하게 알 수 있고, 지휘관에게는 절대적인 것이다. 임무에 따라 부대가 구성되지만, 때로는 사전에 구성된 부대가 있기 때문에 임무가 하달되는 경우도 있다.

전략은 부대와 전투 목표를 결정한다. 그러나 이 말은 전략이 전술을 지배한다는 의미는 아니다. 필자는 전략을 전술의 상위에서 전술을 지배하는 것으로 보기보다는 클라우제비츠가 말한 것으로 파악하고자 한다. "모든 것은 전술적 결과에 달려 있다. 모든 전략 계획이 전술적 전투에 의존하고 있든 아니든 간에 이 전략 계획이 어떠한 경우에도 결정의 근원적 기초를 이루고 있다는 것을 우리가 강조하는 이유는 바로 여기에 있다. 결과를 두려워할 필요가 없을 때에만 전략적 결합으로부터 어떤 결과를 기대할 수 있을 것이다."Clausewitz, 1976 : 386

견실한 전략은 전 부대와 승리의 가능성을 평가하기에 충분한 이들 부대의 전술에 관한 지식에 달려 있다. 그러므로 해군대학에서 전략 계획이 의존하고 있는 부대와 전술에 관한 연구를 먼저 세밀하게 하지 않은 채, 전략을 연구하고 전략 계획을 제시하는 것은 소용없는 일이 되고 말 것이다. 전략과 전술은 사냥꾼과 사냥개의 관계처럼 밀접한 관련이 있다. 사냥꾼은 주인이기는 하지만 사냥개를 사서 훈련시키지 않는다면 여우를 잡을 수 없을 것이다.

그러나 전술적 목표는 항상 전략적 맥락에서 상급 권한 자에 의해 결정된다. 필자가 이미 지적한 바와 같이 해상전투는 육상의 어떤 목표를 지원하기 위한 것이다. 이론적으로 우리는 어느 함대의 궁극적 목표가 결정적인 전투에서 적 함대를 격파하는 것임을 잘 알고 있다. 그 이유는 적 함대 격파가 모든 문제를 해결한다는 해군 전략의 기본 전제에 의해 설명될 수 있기 때문이다. 실제로 양측이 전투를 선택하지 않는 한 제해권 장악을 위한 대규모 전투는 거의 발생하지 않는다. 클라우제비츠가 전쟁에 대해 말한 것은 해군의 결전에도 적용된다. "전쟁을 하려는 결정은 공격자가 아니라 방어자에게서 시작된다. 공자의 궁극적 목적은 전투가 아니라 점령에 있기 때문이다."Clausewitz, 1976:377 해군의 역사를 보면 어느 한쪽이 결전을 피하기로 결정한 예가 많다. 이런 사실은 왜 해상에서 전투가 그렇게 적었는지를 설명하는 데 도움이 된다.

일단의 함선들이 현존함대fleet-in-being로서 항구에 머물러 세력을 유지했던 때가 있었다. 그렇게 했던 이유는 적이 승리한 후에 누릴 수 있는 각종 기회를 거부함으로써 적에게 충분한 손상도 가해보지 못한 채 패배당하는 경우를 방지하기 위함이었다. 현대의 해군무기를 한 번 되돌아보면 현존함대를 유지한다는 것이 과거에 비해 훨씬 어려워졌다는 것을 알 수 있다. 그러나 이러한 현존함대가 아직도 재래식 전쟁에서는 유행에 뒤떨어진 전력은 아니었다.

또 다른 가능성을 살펴본다면 우리가 제2차 세계대전을 다룬 장에서 본 바와 같이, 열세한 측은 상대 함대가 작전목표를 추구하기에 불리할 경우에만 전투를 벌일 것이라는 점이다. 해군작전의 목표는 해양통제sea control나 군사력 투사power projection 중 하나이다. 해양통제는 해상교통로 방호를 그 목적으로 하고 있지만, 대개 해상교통로를 위협하는 적 부대의 격파에 초점을 맞추고 있다. 군사력 투사는 해양통제의 활용을 목적으로 하는데, 주로 육상에 대한 강습이나 상륙작전의 형태로 수행된다. 군사력 투사는 그 정의에 대해 말할 때 상선해운의 안전한 이동과 시의적절한 군사적 증원, 그리고 지상 작전을 위한 재보급을 포함시킬 때 개념이 더 명확해질 것이지만 통상 이러한 개념은 포함되지 않고 있다. 우리는 제2차 세계대전 시에 해안두보를 방어하거나 보강하려고 시도하던 지휘관들이 자신의 주요 임무가 무엇인지 설명할 수 없을 만큼의 분할된 목표 때문에 곤란을 겪었다는 것을 살펴보았다. 스프루안스Spruance 제독은 자기 임무에 집요하게 몰두해 마리아나 제도의 해안두보를 방어하는 바람에 비난받았다. 할제이Halsey 제독은 적

함대 격파라는 자신의 임무를 지나칠 정도로 외곬답게 수행하였다. 그로 인해 맥아더MacArthur 장군은 레이테Leyte 만 해안에서 패주할 뻔했다. 솔로몬 제도에서 양측은 각각 지상전투와 관련된 임무로 항상 곤란을 겪었다. 적은 우세한 측의 임무가 과중하다는 문제점을 역이용할 수도 있다. 따라서 전략적 견지에서 전술가가 너무 과중한 임무를 맡도록 내버려둘 수 없다는 것은 자명한 논리다.

    요점은 전략이 늘 그 책무를 다 수행할 수 없다는 점이다. 적을 결전으로 이끌어내려면 투사작전projection operations으로 적을 위협해야 한다는 것은 주목할 만하고, 이해할 수 있는 현상이다. 주요 투사작전은 현대무기의 사정거리로 비추어보아 전술지휘관에게 더욱 무거운 부담을 주게 된다. 전술지휘관은 해상에서의 적 부대의 격파와, 육상 사태와 관련된 작전의 방호 중 어느 것이 더 중요한지를 염두에 두어야 한다. 태평양전쟁에서 우리는 모순을 발견할 수 있다. 일반적으로 일본 해군은 우선 전투함을 파괴하려고 시도했다. 해양통제가 그들의 최우선 목표였다. 반면 적 함대가 주요 목표라는 철학에 젖어 있던 미국 해군은 때로는 엄청난 희생을 치르면서 완강하게 해안두보를 방호했다. 투사작전의 성공을 보장하는 것이 더 현명한 방책이라는 명백한 결론이, 그러나 확실한 사실로서 지지를 받지 못하고 있었다. 만약 미국 해군이 레이더와 암호 분석, 함정 건조 능력에서 우위를 확보하지 못했더라면 일본 해군 전략의 고전적인 시도가 무위로 끝나지만은 않았을지 모른다.

    제2차 세계대전에서는 해양통제가 선행되지 않았음에도 투사작전에 성공적이었던 무시하지 못할 예가 여러 차례 있었다. 1943년 5월까지 유-보트의 위협이 완전히 타개되지 않았는데도 1942년 11월에 북아프리카 상륙작전이 감행되었다. 독일의 롬멜Rommel 장군이 지중해에서 몰타Malta나 영국의 잠수함 위협을 감쇄하지도 않은 채 감행한 1942년 수에즈 운하 전역은 거의 성공적으로 끝났다. 그리스와 이집트를 지원하기 위해 전개되었던 영국의 해군작전은 해양통제가 거의 확보되지 않은 상황에서 수행되었다. 독일군 접근로의 제해권을 장악하지도 않은 채 노르웨이를 점령했을 때 영국 해군 본부에서는 경악을 금치 못했으며 처칠 수상은 격노했다. 공중을 통한 크레타 섬 점령으로 독일 육군이 치른 대가가 너무 컸기 때문에 그 후로 그런 작전은 더는 펼치지 않았다. 그러나 어쨌든 크레타 점령은 성공했으며, 영국 해군은 이 전역에서 상당수의 전투함을 상실하는 대가를 치렀다.

이러한 작전은 제2차 세계대전에서만 볼 수 있는 독특한 작전이었다. 한니발Hannibal의 전역에서부터 쓰시마 해전에 이르기까지 수십 세기를 뒤져 육지와 육지 사이에 가로놓여 있는 해상에 대한 통제가 없이 육상에서 성공을 거둔 원정 작전의 예를 찾는 것은 결국 헛수고로 끝나고 말 것이다. 해양을 통제하지 않고 군사력 투사가 발생한 이유를 필자는 잠수함과 항공기의 출현에서 찾고 있다. 어느 작전이 수행되기 전이든, 수행 중이든 간에 대양에서 작전할 수 있는 능력을 확보하지 않고 성공적인 원정 작전을 수행하는 것을 필자는 하나의 변칙으로 받아들였다. 항공강습이나 상륙작전의 개시 또는 육상부대에 대한 지원은 해양 사용을 필요로 하며, 이러한 작전의 이중 목표는 전술지휘관들을 줄곧 괴롭힐 것이다. 이러한 사실은 제2차 세계대전 시에 육상과 해상의 일본군을 상대하던 때와 마찬가지로 주로 잠수함과 육상기지의 항공기로 구성되어 있는 러시아 해군을 상대할 때도 마찬가지일 것이다. 대륙의 강국을 향해 군사력 투사 위협을 가할 수 없는 함대는 결코 위협적이라고 할 수 없다. 따라서 ① 미국의 위협이 무시할 수 없을 정도로 상당히 심각하고, ② 미국의 작전임무가 러시아에게 어떤 이익을 제공하며, ③ 러시아 해군이 더 우세한 전력을 확보하기 전에는 러시아 해군이 결전을 위해 미국으로 건너오는 경우는 없을 것이다.

전쟁의 강도

사전에 미리 파악할 수 없는 임무와 관련된 또 다른 가변 요소는 전쟁의 규모 또는 강도이다. 이 전쟁의 강도라는 스펙트럼을 분석해 보면, 그 한쪽 끝에는 자국의 이익과 관련된 세계 어느 곳에서의 위기가 자리하고 있고, 다른 한쪽 끝에는 억제되지 않은 전면 핵전쟁이 자리 잡고 있다. 이 양극단 사이에는 수많은 단계가 있다. 그중 하나는 재래식 무기에 의한 전구전쟁 theater war이다.

이러한 위기를 억제하는 것이 약 40년간 지속되어 온 미국 해군의 일상적인 임무였다. 위기는 평균 1년에 한 번 이상 발생하였다. 그중 일부는 억제되었다. 그 결과 과소평가되기도 했다. 그 밖의 소규모 전투로 이어지기도 했지만, 제2차 세계대전 이래로 공해상에서 미국의 전투함에 대해 성공적인 공격이 실시된 적은 한 번도 없었다. 이런 위기관리는 지금까지 미국 해군작전이 이끌어낸 성공적인 일련의 결과였다.

전쟁의 강도라는 스펙트럼을 따라 위로 올라가면 재래식 무기에 의한 실제적인 전쟁 active war이 있다. 베트남 전쟁은 불완전하지만 하나의 예이다. 이 전쟁은 또한 위기억제전쟁의 상부 끝의 스펙트럼으로 범주화될 수도 있었다. 베트남 전쟁에서 통킹 만 Tonkin Gulf 사건을 제외한 해군작전은 항공 강습에서 해군 함포 지원 구역 경비 작전, 남부 베트남 강변전쟁에 이르기까지 모두 지상 작전 지원의 일환으로 수행되었다. 적이 어떠한 해상 위협도 가하지 못했기 때문에 미국은 상선해운의 이동과 해양통제를 당연한 것으로 인정하였으며 지금도 역시 그러하다. 미국 해군이 앞으로도 대양이라는 성역에서 아무 손실 없이 다른 열강의 해군을 상대로 작전을 계속할 수 있다고 믿는 것은 위험한 생각이다. 많은 사람은 현실적으로 러시아 해군과의 재래식 함포전이 현실적으로 일어날 수 있는 일이라고 생각하고 있다. 이러한 전망은 기분 나쁜 일이지만 핵전쟁보다는 낫다. 미국의 정책은 스펙트럼의 최상층에 자리 잡고 있는 핵전쟁의 발발 가능성을 줄이고 재래식으로 유도하기 위해 온갖 노력을 경주하고 있다.

미국은 가공할 전면 핵전쟁에 관해 억제 개념 이외의 것을 생각하지는 않는 편이다. 심지어 절대적 억제가 비현실적인 것이라고 말하는 군인들조차 핵전쟁에서 사용되는 전술과 C² 그리고 무기에 대해 생각하는 것을 기피한다. 미국이 대규모 파괴를 직접 경험한 것은 남북전쟁뿐이었다. 좀 더 전형적인 총력전의 예는 포에니 전쟁이라고 할 수 있다. 결국 이 전쟁은 카르타고의 완전한 파멸로 끝났다. 전쟁의 참상을 더욱더 많이 경험한 바 있는 러시아는 미국보다 현실적인 핵전쟁 수행과 생존 계획을 수립했다.

전술가들은 핵전쟁 상황을 개탄하면서 다른 한편으로는 핵전쟁을 수행해야 하는 책임을 안고 있다. 최근 미국 해군은 이러한 책임을 더 정열적으로 떠맡고 있는 것 같다. 핵전쟁의 특성 중 하나는 전술가의 핵무기 사용에 대한 일련의 제약성이다. '효과적인 선제공격을 하라'를 기본적 표어로 삼고 있는 전투지휘관의 지휘와 탐지장비의 문제, 그리고 먼저 사용할 수는 없으면서 제한적으로 사용하지 않을 수 없는 상황에서 무기의 생존이라는 곤란한 문제를 안고 있는 것이다. 전술적으로 중요한 과제는 전술가, 전략가, 국방정책 결정자들이 각각 지니고 있는 핵전장 작전의 개념이 서로 본질적으로 다른 것이 되지 않도록 확실히 해두는 것이다.

역사적으로 볼 때, 억제는 어떤 수준의 전쟁에서든 군사력이 수행하는 기능의 하나였다. 해군이 담당하는 일련의 역할 이러한 관점에서 보면 해병대는 중요한 구성부대의 하나이다을 고려할 때 국지적인 위기에서 전면적 교전에 이르기까지 전쟁의 수행뿐만 아니라 억제와도 관련시켜 생각하는 것이 올바른 방법이다. 우리는 종종 억제는 임무가 아니라는 말을 듣는다. 이 말은 싸울 수 있는 능력과 의지가 뒷받침되지 않는 억제는 속빈 나무와 같다는 것을 우리에게 일깨워주기 위한 것이다. 1983년 레바논에 주둔 중이던 해병부대는 일종의 실속 없는 허세 병력으로서 소환되어 해체된 바 있다. 위험에 노출된 지역에 해군력을 투입하려는 사람들은 이렇게 결심하게 된 배경을 심사숙고해야 한다. 때로는 의지를 시험해 보는 일도 생길 것이며, 유혈사태도 발생할 것이다. 1787년 토머스 제퍼슨Thomas Jefferson은 다음과 같은 말을 남겼다.

"자유라는 나무는 가끔 애국자와 독재자의 피를 먹고 새로운 원기를 얻어야 한다. 피는 자유라는 나무의 천연비료이다."

억제가 전술 개념에 집중하는 것을 방해해 부담이 된다는 사실을 깨닫기 위해서, 미국 해군의 가혹한 평시 운용 계획과 함대 운용 계획 입안자들이 통합 훈련을 할 수 있는 안정된 기동부대를 유지하려다가 당할 수 있는 불행에 대해 살펴봐야 할 것이다. 평시에 각국이 투쟁 상태에 있다는 공산주의자들의 견해를 인식하는 것은 도움이 될 것이다. 공산주의 이데올로기는 클라우제비츠의 가장 유명한 말을 왜곡해 사용하고 있다. 그들의 주장은 전쟁이란 다른 수단에 의한 정치의 연장이 아니라 정치는 전쟁과 더불어 또는 전쟁을 수반하지 않고 진행되는 계속적인 투쟁에서 승리하기 위한 방법의 하나다. 공산주의 이데올로기는 서방의 해군이 전혀 기능을 하지 못한다 하더라도 서방 해군에 휴식을 주지는 않을 것이다.

소방대는 어느 집의 불이 다른 곳으로 번지기 전에 진압해야 가치를 인정받을 수 있다. 성공적인 진화작업이라는 평을 듣기 위해 시카고의 화재를 진압할 필요는 없다. 지금까지 해군의 구성을 둘러싼 제반 논쟁은 시카고 화재와 싸울 수 있는 함대의 전개에 초점을 맞추고 있었다. 그러나 대부분 함대의 전개는 세계 도처의 화재와 싸우기 위한 것이었다. 임무, 전술, 훈련 및 전개에 관한 미국 해군과 해병대의 딜레마는 바로 여기에 있다. 해군은 모든 수준에서 억제를 목표로 해야 하고, 그것이 실패할 경우에는 그 다음 수준에서 억제를 계속하는 한편, 가장 낮은 수준에서 견제를 목표로 삼아야 한다. 이전의 어떤 해군, 어떤 군사조직도 이처럼 모호하고 과도한 책임과 임무를 부여받은 적이 없었다.

이 문제와 관련된 두 가지 전술적 의미 중 첫 번째는 항공모함전투단과 관련되어 있다. 미국의 항공모함전투단은 전 세계에 널리 배치되어 있으며, 해군력 현시에 매우 중요한 역할을 담당하고 있다. 어느 적성국에서 이 항공모함전투단이 그 임무를 수행하기에 부적합하거나 어떤 정치적인 이유로

이 항공모함전투단이 사용되지 않을 것이라고 판단되는 경우가 아닌 한, 항공모함전투단은 평화를 유지하는 역할을 수행할 것이다. 동시에 항공모함전투단은 3척 이상의 항공모함과 그 동반 함정으로 구성된 함대 단위로 훈련을 하면서 전술적 능력과 대규모 재래식 전쟁을 수행하는 데 필요한 교리를 발전시켜야 할 것이다. 또한 미국 해군은 평화 유지나 비핵전에 대비한 훈련에만 지나치게 몰두해서는 안 되는데, 흔히 핵전쟁에서의 해군력 운용이 비핵전쟁의 경우와 매우 다르다는 사실을 망각하고 있다. 전면 핵전쟁에서는 고정 표적이 모두 공격을 받게 될 것이다. 해상의 해군부대는 그 위치를 현명하게 선정한다면 그 국가에서 생존성이 가장 높은 전투 요소가 될 것이다. SSBN이 중요 자산임은 말할 필요도 없지만 고위 지휘관의 지휘함으로 사용될 수 있는 수상함 역시 생존성이 높은 무기저장고로서, 그리고 제2타격 세력second strike force으로서 중요한 역할을 수행할 것이다. 그러나 수상함의 임무는 현재 해군 내에서 거의 주목받지 못하고 있으며, 해군 밖에서도 항공모함전투단이 초기에 적의 핵무기 사정거리 내에 들어간다는 근거 없는 이유로 부정되고 있는 실정이다.

다양하고 모호한 책임과 임무에 관련된 두 번째 의미는 C²와 관련된다. 건전한 C² 계획을 수립하려면 각각 다른 수준의 전쟁 특성을 구별해서 살펴볼 필요가 있다. 대부분 미국 해군의 C² 계획은 최초 수준, 즉 만족스러운 정치적 또는 전략적 해결에 의한 봉쇄를 목표로 하는 위기나 대결에 중점을 두고 있는 것 같다. 이러한 수준에서 해군부대는 엄격한 교전 규칙 아래 작전을 실시하게 된다. 여기서 한 가지 중요한 전술적 문제는 해군부대가 계속 적의 기습 위협을 감수하면서 가시적인 현시를 통해 압력을 가해야 한다는 것이다. 가시적인 현시는 위기 억제에서는 유리한 수단이지만 실제 전투에서는 오히려 불리한 수단이다.

미국의 위기 상황은 국가지휘당국의 엄격한 통제를 받으며 관리되어 왔다. 사실 전술적 지휘는 워싱턴 당국이 행사해 왔지만 정상 지휘 계통의 많은 단계를 때로는 그냥 뛰어넘고, 때로는 제대로 통보조차 받지 못하는 경우도 있었다. 각종 사태의 처리가 신속한 절차를 밟게 하기 위해 국가지휘당국은 전 세계에 걸쳐 심지어 매우 낮은 말단 부대에 이르기까지 직통 통신을 할 수 있는 C^2 체계를 설치하고자 지대한 노력을 기울여왔다.

국제분쟁에 관한 명백한 이치 중에 하나는 국가가 군사적으로나 정치적으로 성공을 거두어야 한다는 것이다. 중요한 전쟁이 진행 중일 때 정치적 요소는 부차적인 요소가 된다. 세계의 여론과 국제법은 잘해야 무시당할 뿐이며 최악의 경우에는 조롱만 당한다. 위기 수준에서는 군사적 및 정치적 고려가 모두 큰 비중을 차지한다. 이 경우에는 봉쇄부대가 행세하게 된다. 군사전술가는 전투 임무를 수행할 때 자기 부대의 손실을 최소화하려는 입장에서 생각한다. 반면 정치가는 전투 행위나 그 위협을 촉진하는 정치적 목표의 견지에서 생각한다. 이러한 군사적 목표와 정치적 목표는 상호 충돌을 일으킨다. 위기나 분쟁에 처한 전술지휘관은 군사적 목표와 정치적 목표 간의 마찰을 회피할 수 없다. 정치적 목표는 군사적 계획을 한정시킨다.

위기 시에 작전 현장과 지휘계통상에 있는 군인들은 워싱턴에서 하달된 막대한 양의 통제에 억눌려 있지만, 지난 40년간의 위기에 관한 기록을 되돌아볼 때 그러한 지시성의 명령은 앞으로도 계속될 것 같다. 일시적인 국지 군사작전부터 심지어 사격에 관한 지시에 이르기까지 상부에서 하달된 세부 지시가 넘쳐흐를 정도로 많았다. 앞으로도 사태에 대한 정치적 고려에 따라 정부의 고위 당국자가 앉은 자리에서 현장의 전술지휘관에게 직접 하달하는 지시가 넘칠 것이다. 그러므로 이러한 사정에 맞는 C^2 교리를 창출하는 것이 현명할 것이다. 이 교리는 다음과 같이 정립되어야 한다. ① 국가지휘당국이 계획을 세우고 현장에서의 작전을 지시하는 데 한목소리를 낼 수 있도록 통합된 방식이 확립되어야 한다. ② 현장으로 직접 하달되는 명령인 지휘통제에서 통보받을 수 있도록 규정되어야 한다. ③ 중간 부대의 지휘관에게서 부대의 할당과 증원, 군수 지원이 이루어질 경우 합당한 설명이 수반되어야 한다. ④ 지휘 계통을 복구해야 할 경우, 이 지휘 계통을 신속히 복구할 수 있는 준비를 함으로써 견제 실패와 분쟁 확산 가능성을 방지해야 한다.

　　이상의 교리가 충실히 이행된다면 필자는 국가지휘당국에서 직접 하달되는 상세한 명령에 어떠한 논리적 모순이 있다고는 생각하지 않는다. 지휘는 두 가지 표준을 지켜야 하는 최고 수준에서 효과적으로 수행될 수 있을 것이다. 여기서의 표준은 첫째, 지휘의 통제 폭은 일정 한도를 초과해서는 안 된다. 지휘관이 하급의 여러 부대를 통제할 수 있도록 전투 행동을 국지화하는 것이다. 둘째, 시의적절한 전술정보는 바로 획득될 수 있어야 한다. 전투정찰과 통신수단에 의해 전장에서 멀리 떨어진 지휘소에 있는 지휘관이 함정에 위치한 현장 지휘관과 같거나 그보다 많은 정보를 보유할 수 있게 되었다. 우리는 지금까지의 경험을 통해 지휘소의 지휘관이 정확하고 시의적절하게 전장 상황을 평가할 수 있는 반면, 현장 지휘관은 자신의 전술적 결정의 전략적·정치적 의미를 제대로 평가할 수 없다는 것을 알고 있다.

　　어떤 위기가 제2의 수준, 즉 전구전쟁theater war으로까지 발전할 경우 현장의 하급 지휘관과의 통신 상태가 악화되고 지휘관의 통제가 국가지휘당국을 압도하며, 전쟁의 속도에 비추어 국지적인 주도권과 권한이 요구되는 위험한 상황, 아마도 엄청나게 위험한 상황에 처할 수도 있다. 이것이 바로 단회선 지휘short-circuited command에 적합한 교리가 필요한 이유 중 하나다. 국가지휘당국은 현장과는 동떨어진 명령이 지나치게 많았던 베트남 전쟁에서와 같이 통제의 고삐를 늦출 필요성을 인식하지 못하고 있는지도 모른다. 그러나 보다 큰 위험성은 주도권이 요구되는 상황에서도 꼼짝하지 않고 앉아서 상부로부터의 명령을 기다리게 하는 태도를 전술지휘관들의 마음속에 심어준다는 데 있다. 전구전쟁에서는 심지어 통신 상태의 악화와 전쟁의 불확실성에도 전쟁의 속도와 시간 조절은 거의 전부라고 할 정도로 중요하다.

　　전면전 수준에서는 제반 조건이 훨씬 더 혼란스러울 것이다. 적절한 방위를 하기 위해서는 일정 형태의 협상에 의한 분쟁의 종결에서 완벽한 국가 생존에 이르기까지 각종 목표를 향한 전황의 회복과 후속 행동을 가능하게 하는 계획과 시설, 교리가 필요하다. 예를 들면 대통령과 합동참모본부가 방위 계획을 세우면서 적의 공격을 받고도 생존할 것이라는 단정적인 가정을 바탕으로 한다면 그 계획은 불합리하다. 비록 그들이 생존한다고 하더라도 많은 전투구성부대는 며칠 동안 누가 지휘권을 행사하는지 알 수 없을 것이다. 이러한 사태에 대비하려면 제반 부대가 자동적으로 취할 수 있는 사전에 계획된 행동지침이 있어야 한다. 적절하지 못한 방위책의 또 하나의 예는 모든 감시처리기관을 육상에만 배치하는 것이다. 많은 사람들은 감시정보가 진주만과 같은 기지에서 종합되어 함상의 전술지휘관에게 지체 없이 전송되어야만 한다고 믿고 있다. 전구전쟁의 경우에는 육상시설의 생존성이 높지만, 전면전에서는 육상시설이 사전 공격 표적이 되기 때문에 해상 기동시설의 유지가 바람직하다. 공중지휘소는 생존성이 높지만, 이를 운용하려면 불과 몇 시간 뒤에 다시 군수 지원을 제공할 수 있는 정교한 대책이 마련되어야 한다. 수상기지휘소해상에 착륙할 수 있을 뿐만 아니라 신속히 이동해 공격을 피할 수 있는 항공기는 생존성과 강화된 군수지구력을 결합한 획기적인 방법이다.

열세한 해군의 임무와 전략

이론가들은 양대 해양국 간의 투쟁이라는 견지에서만 문제를 생각하는 경향이 있다. 그러나 대륙 강대국들의 정책도 검토해 볼 가치가 있다. 이들 국가의 정책이 궁극적으로는 육상 강대국과 해양 강대국 모두에게 영향을 미치고 있기 때문이다. 공격적인 네덜란드의 정책에 익숙해 있던 18세기의 영국 해군이 그렇게 만만치 않은 프랑스에 대해서도 똑같은 전술을 사용하려고 했을 때, 어떤 일이 발생했는지를 우리는 잘 알고 있다. 영국 해군의 전술은 새로운 적에 대해서는 적합하지 못했기 때문에 실패하고 말았던 것이다. 프랑스 정부는 궁극적인 목표, 즉 해군의 상위 목적에 대해 언급하면서 함대를 결전에 투입하려 하지 않았다. 자국 해군의 역할 외에는 인식하지 못했던 영국은 프랑스의 이러한 정책을 해군력의 열세를 합리화하려는 것이라고 조롱하였다. 그러나 프랑스의 정책은 옳았다. 해군의 궁극적 목표는 어떤 식으로든 육상에 거주하는 국민들의 생활에 영향을 주는 것이다. 그리고 프랑스의 전략 역시 적절한 경우가 종종 있었다.

어느 국가의 정책이 해군력의 열세를 초래할 경우, 그 국가가 깨달아야 할 첫 번째 사실은 함대에 의한 방어 계획이 실패로 끝날 것이라는 점이다. 열세한 해군력을 보유한 국가에서 선택할 수 있는 방법은 무엇인가? 첫째는 현존 함대를 유지하는 것이다. 유틀란트 해전 이후 독일의 대양함대가 그러한 예를 보여주었으며, 프랑스도 범선시대에 종종 이러한 정책을 사용한 바 있다. 그러나 활동적이지 못한 해군은 능력이 쇠퇴하는 반면, 우세한 해군은 재해권을 행사하려고 더 과감한 시도를 감행할 수 있을 것이다. 선택할 수 있는 두 번째 방법은 결전에서 승산이 설 때까지 적의 전력을 점진적으로 약화시키는 것이다. 이 방책은 바로 유틀란트 해전 이전에 독일 대양함대의 전시 목표였으며, 제2차 세계대전 발발 이전에 일본 제국 해군의 훈련 목표였다. 당시 대양함대는 소규모 파견부대 간의 전투에서 우위를 확보하기 위해 기만과 책략에 중점을 둔 전술을 개발하였다. 일본 해군 역시 평시에 열세한 전력에 적합한 전술을 개발하였다. 이러한 전술은 그들이 우세했던 전쟁 기간의 경험에서 비롯되었다.

세 번째 방법은 세력비에서 열세한 함대에게 어떤 기회가 생겼을 때 사용할 수 있는 방법으로 적의 일시적 취약성을 포착해 이를 제해권을 장악하는 데 이용하는 것이다. 이 경우 열세한 측은 행동의 기초를 적의 역량에 두어서는 안 되며 위험을 감수하더라도 적의 의도에 대한 나름의 계산에 따라 행동할 준비가 되어 있어야 한다. 미드웨이 해전에 앞서 미국 함대가 수적 열세에 처해 있었을 때 니미츠 제독이 염두에 두었던 사항이 바로 이 점이었다는 것은 의심할 여지가 없다. 그가 플레처Fletcher 제독과 스프루안스Spruance 제독에게 내린 명령은 미리 계산된 위험을 기초로 하여 전투하라는 것이었다.* 열세한 해군은 전투정찰에서의 우위 확보에 전력을 기울여야 한다. 니미츠 제독과 예하의 전투지휘관 두 명의 전투 계획은 암호 해독에서 얻은 훌륭한 정보에 기초를 두고 있었다. 열세한 부대가 효과적인 선제공격을 하려면 주도권과 기습을 적절히 배합함으로써 그들의 한계를 극복하지 않으면 안 된다.

> * 니미츠는 작전 명령의 내용을 보충 설명하는 특별교서에서 다음과 같은 글을 쓴 바 있다. "부여받은 임무를 수행할 때 여러분은 계산된 위험의 원칙에서 영향을 받게 될 것이다. 그리고 여러분은 이 원칙의 의미를 여러분의 세력이 우세한 적의 공격에 노출되어 적에게 더 큰 손상을 가할 가능성이 없다면 노출되지 않게 하라는 것으로 해석하면 될 것이다." S.E. Morison, 1947~1962 : 84, vol 4

네 번째 방법은 국부적인 우위를 확보하는 것으로서 일찍이 제2차 세계대전 중에 독일이 발트 해에서, 이탈리아 해군과 공군이 지중해에서 종종 이러한 국부적 우위를 확보한 적이 있었다.

열세한 해군이 선택할 수 있는 다섯 번째 방법은 단순한 해양거부sea denial이다. 해양거부의 목표는 광대한 무인지대를 창출하는 데 있다. 대륙 강대국이 육상에서의 목적을 달성할 때 재해권이 필요한 이유는 무엇인가? 적에 대한 해양거부만으로 충분할 수도 있다. 양차 세계대전에서 영국의 상선해운에 대한 독일의 유-보트 작전은 대륙에서의 세력 강화를 위해 해양거부를 전적으로 달성하기 위한 첫 시도였다. 롬멜 장군의 해상교통로를 차단하기 위한 영국의 잠수함, 해상 및 공중작전은 해양거부 이외의 목적이 있었지만 이 또한 해양거부의 또 다른 예라고 할 수 있다. 이러한 해양거부는 항공기와 잠수함 공격으로 원거리까지 확장되면서, 러시아 해군 전략 중 하나로 잠재적 비중을 크게 차지하고 있음이 분명하다.

해양거부는 승전전략으로서 실패할 경우에도 어떤 유력한 힘이 있다면 여전히 전쟁 수행에 기여할 수 있다. 이미 언급한 바와 같이 유-보트 전역은 적어도 연합국이 투입한 대응 비용을 고려한다면 성공작이었다. 가미가제

특공대의 조종사들은 일본의 제해권 회복에 아무런 기여도 못했지만, 미국 해군의 활동을 위축 및 지연시킴으로써 일본 본토 방위에 도움을 줄 것으로 기대할 수도 있었다. 많은 군사사가들은 러시아 해군의 주요 목표가 그들의 SSBN 보호와 더불어 제한적인 해양거부에 있다고 믿었다.

대륙 강대국들의 전략적 선택에 관한 설명이 완전히 끝난 것은 아니다. 이 이외에도 마한의 제자들에게는 경시당하는 경향이 있는 또 다른 가능성이 있기 때문이다. 대륙 강대국들은 육상 전투를 통해 달성할 수 있다. 제1차 세계대전 전에 일단의 학자들은 영국의 경우 유럽 대륙에 대한 대규모 군대의 파견을 피해야 한다고 주장했다. 영국의 군사적 역할은 세계의 각 지역에서 식민지와 무역을 보호하는 것이며, 영국의 정책은 대륙에서의 세력 균형을 유지하기 위한 것이어야 한다. 영국의 더글라스 헤이그Douglas Haig 장군을 포함한 다른 학파는 영국이 대륙 전쟁에 초연한 자세를 취하면 결국 유럽 대륙을 독일에 내줄 수도 있다고 주장했다. 이들의 주장에 따르면 적에 의한 대륙의 지배는 단기적으로는 영국에 치명적인 타격을 주지는 않겠지만, 적어도 이러한 사태는 바람직하지 않다는 것이다. 제1차 세계대전 때는 육군의 견해가 지배적이어서, 영국의 원정부대가 벨기에까지 진출함으로써 엄청난 고전을 겪기도 했다.

해양 전략의 옹호론자들은 여론이 자기들에게 유리하다고 인식했으며, 또 실제로 영국의 어린 소년들을 참호로 내모는 것을 비난하는 여론이 거세게 일어났다. 그런데도 제2차 세계대전 때에는 훨씬 더 대규모의 원정부대가 대륙으로 파견되었다. 1940년 던키르크Dunkirk의 기적을 낳은 춘계 전격전에서 벨기에, 네덜란드, 프랑스가 순식간에 초토화되었다. 당시 상황에서 영국이 군대를 파견한 것이 바람직했는지 여부는 우리의 관심사가 아니다. 우리는 단지 양차 세계대전의 경험이 영국의 해양 전략에 미친 영향이 각각 어떻게 다른지에 관심이 있을 뿐이다. 제1차 세계대전에서 프랑스가 영국의 도움으로 살아남게 되자 독일의 함대와 유-보트들은 북해에 기지를 둘 수밖에 없었다.

제2차 세계대전 시에는 프랑스가 초토화된 이후 유-보트들은 비스케이 만Bay of Biscay을 근거로 대양에 대거 진출했다. 만약 히틀러가 선택하기만 했다면 그는 프랑스 내의 비행장에서 발진하는 항공기 공격으로 연합국의 상선해운을 유린할 수 있었을 것이다. 프랑스가 함락되면서 영국의 해군작전은 극도로 위축되었다. 육상에서의 사태는 영국의 해양 전략을 결정적으로 변화시켰으며 거의 붕괴 직전까지 이르게 했다. "해양을 지배하는 자는 자신의 의지대로 전쟁을 좌우할 수 있다"라는 프란시스 베이컨Francis Bacon의 고색창연한 금언은 "전쟁에 깊이 개입하지 않는 자는 적에게 그들이 추구하는 바를 내어줄 위험에 빠지기 쉽다"고 한 클라우제비츠의 견해보다 한수 아래다. 해양력의 영향은 지상전투의 영향에 비해 효과가 완만하며 좀 더 직접적이지 못할 뿐만 아니라 해군이 흔히 인정하는 이상으로 육상 사태의 영향을 많이 받는다.

열세한 해군의 전술적 임무에 관해서는 지금까지 세 가지 사항이 지적되었다. 첫째, 전투시간이 다가오면서 임무의 목표가 확실해지는 것은 사실이지만, 전투준비의 연쇄성 때문에 전투지휘관의 전술 선택의 폭은 좁아진다. 둘째, 어떤 식의 준비를 할 것인지를 평시에 미리 심사숙고해 예견해 두지 않으면 안 될 넓은 임무의 폭에 의해 영향을 받는다. 끝으로 해군의 전술지휘관은 해상부대와 육상 사태와의 상호 작용에 더욱 주의 깊은 관심을 쏟아야 한다. 여기에는 그만한 이유가 있다. 첫째는 순전히 전술적인 이유로서 장차 이러한 상호 작용이 더욱 커질 것이라는 점이다. 둘째는 미국의 잠재적인 적국의 특성, 즉 그들의 함대와 편제구조 및 군사철학이 모두 육상작전 위주로 되어 있으며, 우리에게는 낯선 것이라는 점이다. 셋째는 우리가 마한에게서 대규모 전투에만 지나치게 관심을 쏟는 성향을 이어받았다는 점이다. 전투에 의하든 전투에 의하지 않든 해양의 안전을 유지하는 것은 하나의 큰 과업임이 틀림없다. 전투력으로써 육상 전역에 직접 기여하는 것 역시 큰 과업이며, 이 과업을 수행하는 데 우리는 해양 자체를 통제하고 사용해야 할 필요성을 소홀히 해서는 안 된다. 이 책은 해상과 육상의 해군부대, 이 해군부대의 전술, 결전에 관해 그동안 등한시해온 분야를 다루고자 한 책이다. 물론, 대규모 전투가 함대의 궁극적 목표라고 주장하는 것은 아니다. 다만 열세한 함대와 우세한 함대의 임무와 목표가 서로 다르다는 것을 지적하려는 것이다.

부대

어느 지휘관이 그의 임무를 수행하려면 할당받은 부대가 있어야 한다. 마치 목수가 고양이 집을 지으려면 목재와 못이 있어야 하듯이. 그러나 목수는 그 일에 필요한 재료의 양을 계산할 수 있지만, 전술가는 예측할 수 없다. 전술가는 자신의 적이 고양이일지, 호랑이일지 예측할 수 없다. 최근까지만 하더라도 그레나다 작전에서 미국은 적의 규모를 너무 과소평가했다. 물론 다행히 전술지휘관이던 조지프 멧칼프Joseph Metcalf 해군중장의 예하의 부대는 추가 증원을 받아 임무를 무사히 수행했다.

제6장에서 이미 살펴본 바와 같이 전략적 전투정찰의 목적 중 하나는 대항세력을 결정하기 위한 것이다. 상급지휘관은 정보판단을 기초로 전술지휘관에게 할당할 부대를 결정하며, 이 경우 작전상 오류를 대비해 예비부대가 배치된다. 그 규모는 예상 오차에 비례하여 결정되는데, 이것이 바로 부대 개념이다.

만약 그레나다 작전에서처럼 전략지휘관의 의사대로 사용할 수 있는 부대가 충분하다면 시간time과 시간 조절timing이 그의 계산을 좌우하는 요소가 될 것이다. 더욱 많은 세력을 집결시키고 배치하기 위해서는 더 많은 시간이 소요되며, 전술가의 경우와 마찬가지로 전략가에게도 시간이 중요하다. 그레나다 작전에서는 시간이 결정적으로 중요했다. 그 이유는 멧칼프 공정부대와 해병대가 상륙할 때 쿠바군이 새로 도착해 방어진지를 강화하는 것이 목격되었기 때문이다. 전술지휘관이 자기 나름대로 상황 판단을 할 경우, 그에게 할당된 부대의 규모는 그가 적의 전 능력에 대비해 얼마나 완벽한 방어를 할 수 있는지를 보여주는 척도가 되며, 역으로 상급 전략지휘관이 전술지휘관에게 감수할 것을 기대하는 위험이 어느 정도인지를 보여주는 지표이기도 하다.

부대 대 임무의 관계를 알아볼 수 있는 또 하나의 방법이 있다. 그것은 전략지휘관이 기존 부대에 부여한 과업이다. 이러한 부대의 장점은 작전의 긴밀한 통일성이다. 그러한 예는 적지 않다. 제2차 세계대전 시 제3함대와 제5함대는 잘 훈련되고 전술적으로 통일성을 갖춘 함대였다. 과거의 항공기와 호위구축함으로 구성된 대잠탐색공격전대는 한 잠수함 표적에서 다른 잠수함 표적으로 이동할 때도 통일성을 잃지 않았다. 모든 해병 지해공 합동부대가 효과적인 상륙돌격을 하려면 상호 간의 밀접한 관계가 절대적으로 요청된다. 이러한 예에서는 세력이 아닌 시간이 작전기획에서 독립변수 역할을 한다. 전술지휘관에 대한 효율성의 척도는 임무를 수행하는 빠른 속도에 달려 있다.

해군 세력의 상관관계

효과적인 전술 행동의 근원은 세력 판단이 양면성을 지닌 과제라는 사실과 세력의 모든 구성 요소가 전투서열에 전부 나타나는 것이 아니라는 사실을 인식하는 데 있다. '세력의 상관관계correlation of force'라는 용어는 매우 간결하면서도 함축적인 말이기 때문에 군인들이 이러한 상관관계를 이해하지 않고 어떻게 서로 교신할 수 있었는지 의문이 든다. 일찍이 손자는 이 상관관계의 의미를 다음과 같이 간략하게 표현했다.

이제 전쟁술을 구성하는 요소를 든다면 첫째는 도度, 둘째는 양量, 셋째는 수數, 넷째는 칭稱 : 전력의 우열 비교, 다섯째는 승勝이라 할 수 있다. 지형에 따라 도가 결정되고, 도에 의해 양이 산출되며, 양에 의거해 수가 산출되고, 수에 의거해 칭이 결정되며, 칭에 의거해 승리가 결정된다.

실체를 파악하기에 극히 곤란한 전쟁의 지적 거장인 손자가 '양'이라는 개념을 통해 표현하고자 한 것이 무엇인지를 생각해 보는 것은 흥미로운 일이다. 러시아의 평시 및 전시 분쟁대응교리의 목적은 지리적 및 일시적 우열을 포함해 세력과 수단의 상관관계에서 모든 양을 통합하는 데 있다. 아래 사항은 지휘관이 관련 사항으로 고려해야 할 제반 요소를 분석하는 방법 중 일부에 불과하다.

① 리더십

미래의 전투 지휘관들에게 리더십에 관해 이론적으로 설명할 수 없다. 그들은 하나같이 "한 인간이 세상에서 이룩한 역사는 근본적으로 바로 자기 자리에서 활동한 위인들의 역사이다"라는 토머스 칼라일Thomas Carlyle의 철학을 받아들이는 반면, 리더십이란 명목상의 지도자인 어떤 인물이 타인이 기대하는 바를 행하는 것, 즉 군중을 즐겁게 해주기 위해 코끼리를 쏘아 죽이는 일에 불과하다는 조지 오웰George Orwell의 설명에는 귀를 기울이지 않는다.

각 세력 간의 상관관계는 리더십의 비교와 관련된다. 무엇보다 지난 역사는 적군 지휘관의 성격을 파악하는 것이 중요했음을 많은 예를 통해 알 수 있다. 빌뇌브Villeneuve와 드 루이테르de Ruyter의 성격을 안다는 것은 각각 사용된 전술이 달라진다는 것으로 귀결된다. 일본군은 해안두보에 집착하는 스프루안스 제독의 완고한 성격을 간파함으로써 이를 이용할 수 있었다. 그러나 일반적으로 해상작전은 지상작전에 비해 적 지휘관의 행동을 평가할 수 있는 기회는 훨씬 부족하다. 몽고메리Montgomery나 아이젠하워Eisenhower, 롬멜Rommel, 구데리안Guderian, 패튼Patton과 같은 육군 장군의 경우는 개개인의 성격이 널리 알려져 있고, 또한 그들의 유형이 적의 마음속에 깊이 각인되어 있었다. 반면 넬슨Nelson이나 저비스Jervis, 야마모토Yamamoto, 할제이Halsey, 1782년과 1783년 인도양에서 5차례나 맞붙었던 해군 역사상

영원한 맞수의 전형적인 예로 통하는 영국의 휴스Hughes 제독과 프랑스의 수프랑 제독 등 몇 명의 예외는 있지만, 역사적으로 해군 장교들이 자신의 성격을 제대로 보여준 경우는 별로 없었다.

따라서 해상에서는 집단의 리더십 유형을 연구하는 것이 더 유용한 방법이다. 양차 세계대전 시 몇 척의 유-보트 함장과 항공기 조종사가 그들의 개인적인 기량과 유형으로 존경을 받은 적은 있다. 그러나 각자의 취향에 맞는 전술의 모자이크를 조성한 것은 이름 없는 참전자들에 의한 일련의 일대일 전투였거나 소규모 전투에서 얻은 자료를 전체적으로 종합함으로써 가능했다. 미국 해군의 정보 당국은 전시작전의 경향을 예견하기 위해 러시아의 리더십 유형의 특성을 파악하려고 시도했다. 물론, 러시아 정보 당국도 미국의 유형을 파악하기 위해 같은 시도를 했다.

리더십에 관한 전투지휘관의 평가는 객관적인 것이었다. 웰링턴Wellington은 나폴레옹Napoleon이 전장에 있다는 것만으로도 4만 명 병사의 가치가 있다는 것을 분명히 알았다. 그러나 웰링턴은 워털루Waterloo 전투에서 나폴레옹이 그의 유형을 고려할 때 분명 블뤼허Blücher 원수가 프러시아 증원군을 이끌고 오기 전에 공격을 개시할 것이라는 사실을 확실히, 그리고 객관적으로 알았더라면 오히려 전장에서의 방어 위치에 더 관심을 기울였을 것이다. 전투 직전의 추상적 구상은 아무런 가치도 없다. 그보다 그 전의 전투 기록이 가장 중요하다.

막강한 병력과 성공적인 전투정찰의 문제는 논외라 하더라도 승리를 좌우하는 가장 중요한 요소는 각 지휘관이 가장 잘못 판단하기 쉬운 것, 즉 자신의 성격과 자신에 대한 평판 바로 그것이다. 훌륭한 전투지휘관들은 모두 강한 경쟁심을 소유하고 있었다. 그러나 유감스럽게도 가장 뒤떨어지는 지휘관들 또한 다르지 않다. 지휘관들은 천성적으로 공격적이고 자신만만하다. 그들은 자기반성을 모른다. 해군 지휘관이 자기 평가를 개선하기 위해 할 수 있는 것은 거의 없다. 또한 아무리 훌륭한 이론으로도 자기 평가가 가능할 정도로 자신의 성격을 개조할 수 없다. 물론, 그는 자기의 성격과 평판을 개선하기 위해 노력할 것이다. 그러나 천성이 좋지 않고 성장이 부진한 사람은 그것조차도 깨닫지 못할 것이다. 상황이 이렇다면 이제 할 수 있는 유일한 충고는 한 가지밖에 없다. 즉, 경험 없는 지휘관은 자신의 기량이 평균 수준에 불과하다고 생각해야 한다. 자신에게 있지도 않은 재능으로 허다한 난관을 극복할 수 있다고 생각해서도 안 된다. 자만은 지휘관들이 가장 쉽게 빠질 수 있는 성격상 함정이다. 어느 지휘관이 재능이 있다면 그 재능은 그의 몸에 자연스럽게 배었을 것이다. 전장에서의 훌륭한 평판은 훌륭한 성격보다 훨씬 큰 가치가 있다. 반대로 평판이 나쁘면 훌륭한 품성도 사라질 것이다. 나폴레옹이 '운 좋은' 장군들을 찾은 이유는 바로 이 때문이다. 분명히 말하건대 지휘관이 최상급의 적이는 곧 평시에 세력을 확보하고 교리를 정비하여 대비해야 할 적을 뜻한다보다 자신의 계획과 기지와 책략을 능가해 성공을 쟁취하겠다는 전술적 철학을 가졌다면 그 철학은 필연적으로 치명적인 결과를 가져오는 지나친 낙관주의의 철학일 것이다.

② **훈련과 사기**

아리스토텔레스는 『윤리학』에서 "우리는 현재 우리가 해결 방법을 배우고 있는 바로 그것을 실제로 행함으로써 그 일 처리 방법을 배운다"라고 했다. 기계적인 훈련은 효과적인 전투의 끝이 아니라 시작으로 간주되어야 한다. 풋볼경기에서 어느 지점에서나 행해지는 블로킹이나 태클은 창의적인 기술이지만 그 기술은 운동장에서의 경기를 통해 기계적으로 연습함으로써 얻어진다. 전투 훈련 역시 기계적 측면과 창의적 측면이라는 양면성을 지닌다. 사기 자체는 풋볼 경기장이든 바다든 상대적인 것이다.

이론이 있다고 해도 전투 당일의 훈련 상태에 관한 최종적인 평가를 빠뜨려서는 안 된다. 그러나 역사는 훈련 상태에도 상대적인 평가가 있다는 것을 보여준다. 만약 지휘관들이 자신의 개인적인 우수성을 과장하려는 경향이 있다면 이러한 이는 적과 자기 측 세력의 준비 상태를 비교적 중요하게 여기지 않는 경향과 같다는 의미이다. 조지 듀이George Dewey와 윌리엄 샘프슨William Sampson 제독은 뛰어난 포술로 승리를 거두었는데, 조지 맥밀런George McClellan 장군이 좀 더 새로운 재훈련을 위해 부대를 복귀시켰다면 그러한 조치는 당연하게 여겨졌을 것이다. 이러한 상황에서 미서전쟁 시 제독들은 스페인 함대의 전투준비가 훨씬 불량하다는 것을 알고 있었다. 또한 신속하고 결정적인 전투의 필요성도 인식하고 있었다.

우리는 솔로몬 해전에서 미국 함정이 얼마나 황급하게 투입되었는지 알고 있다. 그렇다고 해서 당시 지휘상의 문제가 모두 이런 실수에서 비롯된다고 할 수 없다. 일본 측의 만만찮은 인물 다나카 역시 그만한 손실을 입었고, 그가 맡고 있는 잡다한 부대에 대해 심한 불평을 터뜨렸다. 따라서 문제는 오합지졸을 그런대로 참아 넘겨서는 안 되며, 훈련 상태와 그에 수반되는 사기를 적의 훈련 상태나 사기와 비교하지 않을 수 없다는 점이다.

③ 하드웨어

양측의 진정한 전투서열에는 장비의 상태에 관한 질적 판단도 포함되어야 한다. 함정의 경우는 작동이 불가능한 장비도 양호한 장비와 마찬가지로 전투에 이끌려 들어갈 수밖에 없다. 미국 해군의 용감한 휴스턴USS Houston 함은 이미 폐기된 세 개의 포탑 중 한 개로 싸우면서 전쟁 기간 대부분을 보냈다. 기관실은 흥미로운 사례였다. 해군이 세력의 집중을 위해 함대의 집결을 요구할 경우, 어느 함정의 기관실에 이상이 있으면 함대 전체의 속력이 떨어지게 된다. 그렇게 되지 않으려면, 이 함정은 함대 후방에 뒤떨어져 있어야 한다. 도고 함대는 로제스트벤스키Zinovi Rozhestvensky 함대에 비해 속력에서 우위를 차지하고 있었다. 러시아 함대는 발틱 해로부터 쓰시마 해협까지 1만 8,000마일을 항해했기 때문에 함정들의 기관 상태는 매우 불량한 편이었다. 이 때문에 도고 함대가 차지하는 속력의 우위는 두 배 정도에 달했다. 오늘날에는 전투 시에 함대가 분산되어 있기 때문에 기관 상태가 좋지 못한 1~2척의 함정이 전 함대의 기동력에 어떤 영향력을 미칠 것인지를 예측하기 훨씬 어렵다. 그러나 이것이 바로 전술지휘관이 연구해야 할 또 하나의 가변 요소이다.

결론적으로 말해 아마도 전투 직전 아군의 규모와 질, 세력 구성이 지휘관이 할 수 있는 가장 손쉬운 양적 판단이 될 것이다. 반면 적군의 그것을 판단하는 것은 가장 어려운 문제 중 하나일 것이다. 한 가지 매우 중요하면서도 어려운 문제는 전투정찰 수단에 대한 판단이다. 이 문제가 어려운 것은 부분적으로는 다양한 잠재적 전투정찰 수단이기 때문에 전투정찰 수단 중에는 양측의 어느 쪽 전투지휘관의 지휘하에 있지 않은 것도 있을 수 있다. 또 하나의 이유는 일부 탐지장비의 능동적 사용이 전투의 전개 상황이나 탐지 가능한 전자파를 어떻게 전송하느냐에 따라 다르기 때문이다.

④ **전투지속 능력** Endurance

전투지속 능력은 전투 현장에서의 부대의 탄약 비축과 연료 적재량에 의해 결정된다. 전략뿐만 아니라 전술도 전투지속 능력에 영향을 받는다. 듀이는 마닐라 만에서 예하 함정들이 탄약을 거의 소모했다는 잘못된 보고를 받고 전투를 중지한 적이 있다. 1960년대의 한 해군 연구보고서는 군사용 보급 선단을 호송하면서 대서양을 횡단하는 대잠함들이 허위 접촉물에 대해 발사함으로써 어뢰가 쉽게 고갈될 수 있다는 결론을 내린 적이 있었다. 이런 예상은 포클랜드 전쟁에서 분명한 현실이 되었다. 당시 영국 해군은 겨우 잠수함 1척에 지나지 않는 아르헨티나의 유력한 전투서열에 대해 수백 발의 대잠무기를 발사한 적 있다. 미국 해군에서 이러한 연구가 있은 후 대잠함정의 어뢰 적재용량은 3배로 증강되었다. 무기가 고갈될 현실적 위험이 있고 재보급이 불가능한 경우 전술은 틀림없이 위기에 처할 것이다.

1973년 10월 전쟁에서 이집트 함정들은 이스라엘 함정에 비해 사정거리가 거의 두 배나 되는 미사일을 적재하고 있었다. 하지만 이스라엘 해군의 고속 초계정들은 이집트 함정이 정확성 없이 미사일을 발사하게 하여 모두 소모하도록 유인한 뒤 접근해서 이집트 함정을 격침시켰다. 현재, 미국과 러시아 양국 해군은 그들이 보유하고 있는 공격 및 방어무기의 수를 재검토하고 있는 것으로 보인다. 그러나 적재용량을 높이는 데도 제한이 있다. 한 가지 이유는 적의 미사일에 대비해 탄약고를 장갑하기 어렵다는 점이다. 누구든 탄약함이 위험에 노출되도록 놔두지 않을 것이다. 또 한 가지 이유는 값비싼 미사일이 탄약함과 함께 대량으로 바다 밑에 가라앉도록 내버려 둘 수 없다는 점이다. 미국 해군대학원의 어느 연구원은 지역대공미사일 체계 area AAW missile system와 점방어 체계 point defense system 사이의 알맞은 균형 관계를 주제로 한 결과 다음과 같은 예상하지 못한 부수적인 성과를 거두었다. 즉, 어느 함정의 예상 전투수명 내습해 오는 공대함 미사일의 수로 표현과 이 함정이 작전을 수행할 수 없을 때, 아직 탄약고 속에 들어 있는 대공미사일 숫자와의 관계를 알아보기 위해 미국과 러시아 군함의 성능을 검토할 필요가 있었다. 그 결과 비밀로 분류되었지만 이 연구는 함대의 전투지속 능력에 대해 참모 판단을 하는 데, 손실을 입게 될 세력의 예상 전투 수명시간과 관련된 순수 미사일 화력을 적절하게 고려해야 한다는 것을 알았다. 이러한 고려는 전투계획을 마련하는 모든 유능한 참모들에게 반드시 필요한 사항이다.

전투기획 시 연료 용량을 계산하는 것은 중요한 일이다. 1941년 8월에 있었던 동솔로몬 해전은 이런 분야를 소홀히 했을 때 어떤 사태가 벌어지는지를 보여주는 잊지 못할 사례이다. 당시 플레처 Fletcher 제독은 연료 보급을 위해 와스프 USS Wasp 함을 남쪽으로 보냈다. 이 때문에 전투 시 항공모함은 3척이 아닌 2척밖에 없었다. 와스프 함은 전투에 전혀 참가하지 못했고, 얼마 지나지 않아 잠수함에 의해 격침되고 말았다. 아마추어 수준의 전술적 전투지속 능력에 관한 논의에서는 세력 간 상관관계를 거의 다루지 않고 있다. 이러한 상관관계는 혼란과 전력 약화, 상호 마찰의 중요한 원인이 되고 있는데도 그에 합당한 대우를 받지 못하고 있다. 도고 제독이 쓰시마 해전에서 그러했던 것처럼 적의 전투지속 능력의 결핍을 아는 지휘관은 결정적으로 전술적 우위를 차지할 수 있다.

⑤ 피해복구 능력 Resilience

함대 수리 설비의 재보급을 위한 기동지원함과 전투 손실 복구를 위한 정비창의 능력은 지휘관의 전투 계획에서 중요한 비중을 차지하는데, 특히 전투 직전일 때보다 군수 지원이 가장 중요한 고려 사항일 때 그러하다. 전면 핵전쟁 시 양측의 전술지휘관은 일단 기지가 파괴되고 나면 문자 그대로 작전 후 재무장이나 수리될 가능성이 전혀 없는 전투 국면을 맞게 될 것이다.

또 하나의 전술적 관심 사항은 공격이 있은 후 유효전투능력effective fighting capability을 재건하는 문제이다. 피해 산정을 위한 공격 후 전투정찰 활동과 사전에 계획된 단순한 점호 역시 교리에 포함되어 있어야 하며, 그에 알맞은 수단이 확보되어야 한다. 연료 재보급과 재무장을 위한 공격 후 집결 계획은 자동적으로 실행할 수 있는 것이어야 한다. 적의 전투 후 혼란 상태를 어떻게 이용할 것인지도 중요한 고려 사항이다. 피해 복구 능력을 갖춘 적을 추적하는 것도 신속히 이루어져야 한다.

항공모함의 항공작전에서 손상과 일시적 정지를 예상하는 것이 당연한 것처럼 신속한 비행갑판 수리와 공격태세로 전환하는 방법을 염두에 두는 것도 당연하다. 또한 그동안 생존 계획도 미국의 작전명령의 일부로서 당연히 포함되어 있어야 하며, 항공모함뿐만 아니라 이지스 순양함과 같은 주요 함정과 지휘관의 기함, 이에 수반되는 고속 지원함 중 손상을 입은 것은 모두 이와 같은 생존 계획이 마련되어 있어야 한다. 이처럼 특별한 의미가 있는 중요한 전술적 변수는 완벽하게 연구되어 사전에 예하부대에 시달되어야 한다. 일단 작전이 개시되면 그렇게 할 시간이 없기 때문이다. 전투 손실을 처리하는 방법을 계획하는 데 가장 좋지 않은 시기는 그런 손실이 발생한 직후이다.

⑥ 전술적 주변 환경 Tactical Environment

    기상과 해양 상태, 육지와의 거리, 연안 해역에 기뢰를 부설하기가 용이하다는 사실 또한 임무 수행에 사용되는 전술에 커다란 영향을 미친다. 지금까지 필자는 이러한 주제에 대해 그에 합당한 관심을 모두 설명했다고는 할 수 없다. 중요한 것은 전투 환경이 임무의 수행에 매우 많은 영향을 미친다는 사실이다. 주변 환경은 우리가 살펴보고 있는 가변 요소 중 마지막 요소이지만, 이 문제에 대해 이론적으로 실제적 조언을 해줄 수 있는 것은 거의 없다. 이와 관련해 전 해군참모총장 토머스 헤이워드 제독은 다음과 같이 기술한 적이 있다. "각 해역마다 각기 다른 형태의 전술이 요구된다."

결언 : 세력 특성의 종합

    '리더십'과 '훈련'은 모두 세력의 '전투 능력competence'을 말해준다. 전투지속 능력과 피해 복구 능력은 전투 지원에 달려 있지만, 그 이상의 어떤 의미를 포함하고 있다. 하드웨어라는 용어는 전투정찰과 통신수단을 모두 포함시킨다고 해도 전투서열보다 포괄적인 개념이다. 하드웨어에 대한 판단은 세력과 임무 간의 균형을 맞추고 장비 준비 상태를 평가하는 활동이기 때문이다. 리더십, 훈련, 하드웨어, 전투지속 능력, 피해 복구 능력 등은 지휘관에 의해 서로 연결될 때 종합적인 공격력과 방어력을 구성한다. 각 요소는 또한 개별적 전투 단위나 대잠전, 대공전, 대함전 및 공격 능력별로 준비태세를 알아보기 위한 간편한 여러 가지 계획에 맞도록 참모들에 의해 구체적인 내용이 객관적으로 마련될 것이다. 세력의 능력을 보여주는 요소는 양측의 것이 모두 계산되며, 임무 수행에 이용될 수 있는 순수 능력을 산정해 보기 위해 명시적이든 묵시적이든 양측은 서로 비교·검토될 수 있다.

    전술적 주변 환경의 특징은 적군과 아군 모두에 적용된다는 것이다. 그렇다고 그러한 특징이 양측에 똑같은 방식으로 영향을 준다고 생각해서는 안 된다. 주간 전투기에 미치는 영향과 전천후 전투기에 미치는 영향이 같을 수 없으며, 추적함과 도피함에 미치는 영향도 같을 수 없다. 서로 대조적인 영향을 주는 극적인 예는 소나 주변 환경이 대잠추적함과 추적회피함에 미치는 영향이 서로 다른 데서 볼 수 있다. 실제로 가장 좋은 방법은 리더십, 훈련, 하드웨어, 전투지속 능력 및 피해 복구 능력의 각 요소별 중요성을 연구해 숫자나 기호로 나타낸 뒤, 주변 환경의 영향 정도에 따라 가중치를 매긴 다음 끝으로 양측 세력을 상호 비교해 보는 것이다.

특히, 적에 관해서는 세력 규모에 관한 지식 못지않게 질적 평가가 전술의 안내자 역할을 할 수 있다. 넬슨은 자기 함대가 대적할 프랑스와 스페인의 함선이 얼마나 되는지에 대해서는 그렇게 관심을 두지 않았다. 그의 전술 계획은 범선시대 전투의 특징인 함대함ship-on-ship 교전 방식에서 자기 측 세력이 엄청난 질적 우위를 차지하고 있다는 사실을 깨닫고 이를 기초로 한 것이다. 솔로몬 해전에서 미국 해군은 대체로 어느 정도의 적과 싸우게 될 것인지보다 야간전투가 언제 어디서 전개될 것인지를 판단하는 데 더 뛰어났다. 솔로몬 해전에서 일본 해군의 전술은 견실, 이를테면 예측할 수 없고 불확실한 여러 가지 다양한 상황에 이상적으로 적합했던 반면에 미국 해군의 전술은 적어도 초기에는 그렇지 못했다.

세력의 상관관계는 특히 임무와 관련이 있으며 전술 계획을 배경으로 이해해야 한다. 아군과 적군과의 관계는 상황 판단과 전투 계획에 영향을 미친다. 그러나 전투 계획은 통일성이 있어야 하며, 우발 사태에 대비해 변형의 여지를 남겨둬야 한다. 넬슨Nelson과 도고Togo, 젤리코Jellicoe와 버크Burke의 경험에서 알 수 있듯이 훌륭한 계획이란 믿기 어려울 정도로 단순하고, 광범위한 각종 고려 요소를 줄이고 줄여서 결합력이 강하며 실행 가능성 있는 핵심 내용으로 요약된 것이어야 한다. 이러한 계획은 시의적절한 변형의 여지를 포함하고 있지만, 반면 어떤 것이든지 변화는 계속적인 추진의 장애 요소가 되며 혼란을 초래할 위험이 있다. 그러한 변형은 최소로 줄여야 한다.

결심보조 자료는 전투기획과 집행에 도움을 준다. 그중 어떤 것은 부대의 위치와 현황을 설명한 것에 불과할 수 있다. 어떤 것은 부대 배치와 전투 정찰 계획 수립에 도움을 준다. 또 어떤 것은 시의적절한 행동이 용이하게 돕는다. 탁상 컴퓨터는 결정을 내리는 데 도움을 준다. 교리는 프로그램화 되어 현대적인 결심의 보조 자료로 이용될 수 있다. 러시아군은 이미 컴퓨터 장치에 교리를 수록해 놓았다. 우리가 명백히 보고 있는 것과 같이 미국 해군은 교리를 컴퓨터에 수록할 기회나 그것의 위험성을 의식하지 못하고 있다. 그 위험성은 영국의 항구전투교시가 초래했던 경직된 태도와 다를 바 없는데, 이 항구전투교시에서는 교리와 지휘전달체계 사이에는 아무런 차이가 없었다. 전 세계가 정보 처리 혁명을 경험하고 있듯이, 이제 해군도 조심성 없는 사람들을 양산해 낼 컴퓨터 혁명의 소용돌이 속에 서 있다.

쉼터

CHAPTER **10**

현대의 함대 전술

미사일 시대의 전술 격언

로빈슨 부부는 전술적 성공을 거두기 위한 유명한 격언으로 '공격'을 제시한 뒤 다음과 같이 부연 설명한다. 즉, "전 화력을 동원하여 전투의 돌파구를 열어줄 수 있는 조치를 강구하는 것이 전술에 관한 모든 격언 중에서 으뜸이다."Robinson, 1942 : 896 여기서 예비세력의 유보에 관해서 언급하고는 있지 않지만, 이 점을 제외하면 독자들은 이 말이 역사적 연구에서 추론될 수 있는 당연한 것으로서 실로 오래 신은 신발처럼 전혀 낯설지 않다는 것을 느낄 것이다. 그런데 제2차 세계대전 시 항공전과 해상전을 회고할 때, 공력력 집중의 목표가 제대로 정해지지 않아 사태를 그르친 경우도 없지 않았다.

로빈슨 시대 이래로 어떤 일이 있었는지를 살펴보기 위해 현대전의 역동적 과정을 보여주는 새로운 모델 한 가지를 검토해 보고자 한다. 필자는 화력 정렬의 개념을 결코 부인하지 않을 것이다. 그러나 더 현명한 방법은 전투 과정 자체를 직접 살펴보고 집중의 원칙을 그 고유 방식으로 표현하는 것이다.

첫째, 우리는 항공모함 공격을 1개 항공단만으로도 몇 척의 항공모함을 격침시킬 수 있는 막대한 규모의 파상적인 공격을 생각할 수 있다. 그러나 태평양 전쟁에서는 그렇지 않았다. 둘째, 우리는 솔로몬 해전의 야간 해상

전투와, 위력에서 미사일 공격에 맞먹는 어뢰의 일제공격에 의한 놀라운 다함파괴multiship destructiveness를 생각할 수 있다. 탄도미사일이나 순항미사일로 무장하고 적절한 전투정찰의 지원을 받는 오늘날의 전투함은 무장 면에서 분명 훨씬 우세한 적함 몇 척을 격침시킬 능력을 가지고 있었다. 항공모함 전투단은 현대식 핵미사일이 출현하면서 열세한 세력에 대해서도 취약하다고 많은 비판을 받았다. 그런데 앞서 살펴본 것처럼 이런 비난은 거의 부적절한 것이었다. 비록 비난의 목소리는 작았지만 트라이던트Trident 급 미사일 탑재 잠수함에 대한 비난이 오히려 더 그럴듯해 보인다. 즉, 이 잠수함이 공격 표적이 될 경우 192개의 핵탄두와 함께 고스란히 격침되고 말 것이라는 비난이 그것이다. 핵탄두의 수는 이 잠수함을 격침시키기 위해 사용되는 핵무기의 수보다 훨씬 많다. 거대한 잠수함은 비용효과 분석을 기초로 하여 설계된 것 같았으나, 이 잠수함은 취역 기간 중 부대 대 부대 전투에서 적으로부터 공격 받을 가능성이 있는데도 오로지 경제적인 이유로 잠수함 1척에 24기의 미사일을 집중 탑재하고 미사일 1기당 8개의 MIRV 탄두를 장착했다. 이 잠수함들이 추적을 받아 항구나 분산된 항만에서 공격을 당할 수도 있다는 일말의 가능성을 인식했더라면 트라이던트 미사일을 훨씬 많은 잠수함에 분산시켰을 것이라는 데 의문의 여지가 없다.*

☐ * 이와 같이 더 광범위하게 분산시킬 경우에는 추가 비용의 부담 외에도 통제라는 문제가 생긴다. 즉 잠수함의 수가 많아지면 통제의 곤란과 위험이 더 높아지게 된다.

현대식 핵병기고에 다수의 탄두를 집중 배치한 가장 두드러진 예는 MX 미사일이라고 할 수 있다. 그런데 이 미사일은 10개의 탄두를 운반한다. 탄두보다는 오히려 발사체를 제한 대상으로 삼았던 SALT I 협정의 자연스럽지만 예상하지 못했던 결과로 나타난 육상기지 MX 체계는 이제 상당히 불안정한 것으로 여겨진다. 이런 체계는 적의 일격으로 다수의 탄두가 일거에 파괴될 수 있는 기회를 허용하고 있기 때문이다.

상호 분리가 불가능한 화력집중 수단이 된 이러한 무기체계는 모두 적의 성공적인 표적조준과 선제공격에 잠재적으로 취약하기 때문에 하나의 전술적 문제를 야기한다. 각각의 경우를 세세하게 살펴보는 것은 일단 보류하고 선입견을 모두 버린 채 집결, 집중, 예비 구성 요소의 가능성 등 모든 문제에 대해 허심탄회한 자세로, 상황도 좀 더 일반적인 방법으로 분석해 보려고 한다. 먼저 하나의 전술 격언, 즉 적이 공격을 하지 못하도록 주도권을 장악하면서 항상 우세한 세력으로 적의 일부를 공격하라는 격언부터 논의해 보자.

현대 전투에 관한 하나의 모델

우선 소규모 미사일 함정의 특성을 살펴보자. 논의의 단순화를 위해 양측에 다음과 같은 특성이 있다고 가정한다.

- 발사탄shot은 공격미사일을 뜻한다.
- 유효발사탄good shot은 방호되지 않은 함정에 명중될 발사탄을 뜻한다.
- 화력firepower : f은 1회의 일제사격에서 함정 1척이 발사할 수 있는 유효발사탄의 수, 즉 미사일 함정 1척의 타격력을 뜻한다. 우리는 각 함정이 장착하고 있는 장전된 발사관에서 9발의 유효발사탄을 발사할 수 있는 것으로 가정한다. 따라서 $f = 9$
- 방어화력defense firepower : d은 한 함정의 방어체계에 의해 파괴되거나 회피할 수 있는 유효발사탄의 수, 즉 방어세력defense force을 뜻한다. 우리는 각 함정이 내습해 오는 공격 중 최초 발사탄을 차단할 수 있다고 가정한다. 따라서 $d = 1$
- 명중탄hit : h은 어느 함정을 표적으로 하여 발사된 유효발사탄의 수에서 실패로 돌아간 발사탄의 수를 뺀 나머지를 뜻한다. n개의 표적함에 대해 균등하게 분산된 유효발사탄의 수를 f/n라 하면, $h = f/n - d$가 된다.
- 생존성survivability : s은 명중탄의 충격을 흡수해 낼 수 있는 능력을 뜻한다. 우리는 각 함정의 전투지속 능력을 1이라고 가정한다. 따라서 $s = 1$
- 이상의 특성으로 보면, 각각의 미사일 함정은 일격에 적함 3척을 명중시켜 무

력화할 수 있는 순수화력유효발사탄이 있다고 할 수 있다.

따라서 f−3c=9−6=3

그러므로 여건만 적절하면, 즉 완벽한 화력배치와 동시공격, 적절한 표적조준이 이루어지고 전 표적이 사정권에 있다면 3개의 표적은 격파될 것이다. 그러나 분명 집결 상태에 있는 부대는 효과적인 공격을 받을 경우 훨씬 취약하다. 진형 내의 어느 함정이 추적을 당해 공격 위험에 노출될 경우에는 나머지 함정도 같은 위험에 처하게 되며, 또한 이러한 경우에 방어함정은 상호방어 능력이 전혀 없으며, 오직 자기 자신만을 방어할 수 있기 때문이다.

앞서 항공모함의 파상화력에 관한 <표 4-1>을 제시했듯이 <표 10-1>과 같은 표를 만든다면, 위에서 전제한 것처럼 순수타격력이 극적으로 3배 증가한 것을 나타냄으로 B측이 선제공격을 한다면 정적인 비교에서는 거의 불가능한 열세를 극복하고 쉽게 승리를 거둘 것이다.

지금까지의 논의에서 <그림 10-1a>와 같은 전술은 은연중에 설명되었다. 이런 경우는 양측의 세력이 집결된 상태이다. 이런 예는 양측의 함정들이 막강한 화력을 보유하지만 적의 기습공격에 지나치게 노출되어 있음을 보여준다. 따라서 전 미사일 함정이 탐지되어 동시에 공격을 당하는 일이 없도록 함정을 분산시키거나〈그림 10-1b〉 참조, 아니면 적어도 3척 중에서 1척은 최초

〈표 10-1〉 선제공격 결과 생존 세력(A/B)

	최초 미사일 함정의 수(A/B)				
	2/2	3/2	2/1	3/1	4/1
A측 선제공격	2/0	3/0	2/0	3/0	4/0
B측 선제공격	0/2	0/2	0/1	0/1	1/1
A측 및 B측 동시공격	0/0	0/0	0/0	0/0	1/0

10. 현대의 함대 전술 319

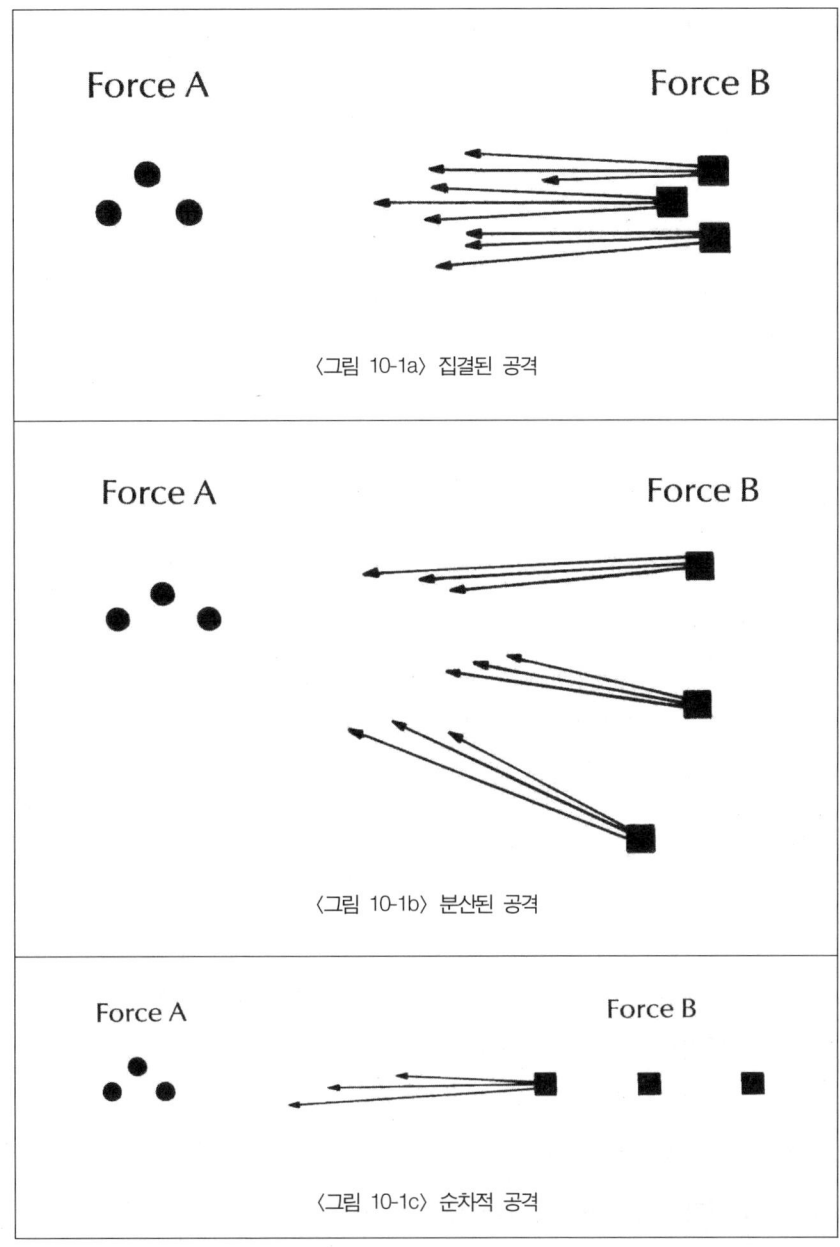

〈그림 10-1a〉 집결된 공격

〈그림 10-1b〉 분산된 공격

〈그림 10-1c〉 순차적 공격

공격을 벗어날 수 있도록 각 미사일 함정을 동시에 일렬로 배치하는 것이 더 우수한 전술이 될 것이다.〈그림 10-1c〉 참조 우리는 앞에서 <그림 10-1b>나

<그림 10-1c>와 같은 형태의 전술이 제2차 세계대전 중에 일본의 항공모함 전투 계획에 나타나 있었을 것으로 추측한 적이 있는데, 당시 일본 측의 의도는 일부 세력이 유인책으로 활동하는 동안 적에게 탐지되지 않은 다른 세력으로 고도의 파괴성을 지닌 기습공격을 단행한다는 것이었다.

필자가 설정한 것과 같은 상황에서 전투는 전투정찰 효율성과 무기의 사정거리에 의해 결정될 것이다. 논의의 편의를 위해, 전투정찰은 전적으로 함상 탐지장비에 의해 수행되고, 각 미사일 함정은 독자적으로 적을 탐지할 수 있는 기회가 있다고 가정한다. 만약 B측이 전술 3, 즉 일렬종대 공격을 시도한다면, 그리고 B측의 탐지장비가 A측의 어떠한 탐지장비에도 뒤지지 않기 때문에 적의 함정을 먼저 탐지할 기회가 적과 동등하다면문제를 복잡하게 만드는 수동 표적조준의 가능성은 여기서 제외되며, 나중에 다시 논의할 것이다, B측이 자기 측 선두함이 적의 어느 탐지장비에 의해 탐지되기 전에 A측을 탐지할 가능성은 8분의 1에 불과하다. 따라서 B측은 A측의 우세한 화력보다 오히려 A측의 전반적인 전투정찰 능력의 우세로 기습의 이점을 상실하게 될 것이다.

동일한 상황에서 B측이 전술 2를 시도한다고 가정해 보자. 형식적 의미에서 보면 전술 2가 전술 1에 비해 유리한 점은 전혀 없다. 그러나 B측의 각 단위가 A측을 먼저 탐지할 수 있는 기회가 같다면, A측 함정 3척이 손실을 입지 않으려면 B측의 함정 전부를 먼저 탐지해야 하는 훨씬 어려운 전투정찰 문제에 직면한다고 보는 것이 좀 더 합리적일 것이다. B측 함정의 일부가 먼저 탐지되어 격침당할 가능성도 있지만, 만약 B측 함정 중 1척이라도 적을 먼저 발견하면 A측의 전 함정을 격멸시킬 것이다.

다음으로 A측은 미사일의 사정거리가 더 길고 B측은 탐지장비의 탐지거리가 더 길다고 가정한다. 전술 2를 사용할 경우 B측은 계속 시도하여 적어도 유효사정거리에 1척을 확보해야 한다. 통신이 양호하다면 1척은 탐지장비의 전파를 계속 내보내야 한다. A측의 수동 표적조준의 잠재력에 의해 이 전파발사함은 격침당할지도 모르지만, 나머지 함정 중 1척은 접근해 결정적인 공격을 가할 수 있을 것이다. 만약 B측의 함정 중 1척이 A측의 미사일 사정거리 밖에 머물러 있으면서 A측을 추적할 수 있다면, B측의 이 추적함은 정숙공격 사격통제법으로 또 다른 함정을 조용히 사정거리 내로 유도할 수 있을 것이다.

만약 한쪽 또는 양쪽 모두가 함 외 탐지장비예를 들면 인공위성를 보유하고 있다면 이런 분석은 달라진다. 만약 A측의 미사일 사정거리가 B측의 미사일 사정거리를 능가한다면 위와 같은 상황에서의 전투는 A측이 전세를 완전히 장악하는 상황으로 압축될 것이다. 사정거리에서 열세한 B측은 전투가 불가피하다면 전술 2를 시도하면서 A측이 상호 협조와 사격분배에서 실수하기를 바라는 것이 고작일 것이다.

A측이 육상에 기지를 둔 세력이라면 상황은 어떻게 될 것인가? 이러한 경우라면 B측은 적의 기동성이 없기 때문에 전투정찰 문제가 더 수월해진다. 정확한 표적조준은 별개의 문제이다. B측은 은밀히 접근하여 탐지되지 않은 상태로 공격을 시도해야 한다. 그러나 미드웨이 해전과 도서에 배치된 미국 해군의 항공력이 일본 해군의 전투 계획에 미친 영향을 생각해 보라. 만약 A측의 육상기지 세력 역시 유력한 공격화력을 지닌 기동성 있는 소규모 해상기지 세력을 보유하고 있다면, A측의 육상기지는 B측의 주의를 자기 쪽으로 끌어들인 후 해상에 배치된 구성부대로 하여금 압도적으로 효과적인 공격을 가하게 할 수 있을 것이다.

이상의 논의는 현대의 미사일전의 전형에 관한 것이다. 이 전형은 특히 핵전쟁이 적합한데, 그 이유는 핵전쟁은 다음과 같은 특징이 있기 때문이다. 즉, 각 함정의 공격화력이 고도의 파괴력이 있고, 방어화력을 상호 지원의 형태로 집결시키는 것이 곤란하며, 전투정찰 거리와 무기 사정거리가 소형 함정에 공격력을 분산·배치하는 데 도움을 줌으로써 공격이 수월해진다. 상황이 이렇다면 대부대와 대적하는 소부대 세력의 잠재적 파괴력이 더 커졌다는 이유로 세력을 일렬종대로 배치하는 것또는 그 밖의 다른 방법, 즉 예비대를 편성하는 것은 적당한가? 그 해답은 전투정찰 잠재력의 상호 관계에 달려 있다.

탄도탄 및 순항미사일 잠수함의 전개는 단종렬 무기체계의 여러 가지 특징과 유사한 점이 상당히 많은데, 부적절한 C², 사실상 방어화력이 전혀 없는 점, 상호 방어 능력이 전혀 없는 점, 선제 탐지와 표적조준에 거의 전적으로 의존하고 있다는 점 등이 그러하다.* 비밀로 분류되지 않은 일반 문서에서는 핵전쟁 시 부대 대 부대 간의 전술적 상호 관계에 대해서는 아직까지 논술되지 않았다. 아마 공개적인 논의가 아직은 필요하지도 않고, 또한 특별히 요구되지도 않기 때문일지 모른다. 그러나 SSBN의 경우는 다소 제한적인 방법으로나마 탐색과 공격에 대한 문제가 항상 거론되고 있다. 그 상세한 내용은 향후 수년간 이런 주제를 다룬 책 중 권위 있는 저작으로 남을 다니엘D.C. Daniel의 『대잠전과 초강대국의 전략적 안정ASW and Super-power Strategic Stability』에 잘 나타난다. 다니엘의 이 저서와 그 밖에 아직 제대로 진척되지 못한 여러 공개적인 연구로는 기술과 전략, 정책 등에 관한 문제가 있다. 전술적 측면즉, 구체적으로 어떻게 전투를 수행해야 하는가라는 문제은 상호 간에 핵무기를 발사하기 이전이든 발사한 이후이든, 아직까지도 생소하고 전례가 없어 중요한 문제라고 생각된다. 조금 유치한 말이지만 필자로서는 이것이 핵전쟁의 본질과 독특한 변동 과정을 파악한 것이라고 자신할 수 없다. 또한 핵전쟁의 본질과 변동 과정을 기술할 수 있다고 하더라도 그 내용을 책으로 출판할 생각도 없다.

□ * 많은 사람들은 핵전쟁을 전면전에서 고정 진지에 대한 사전 표적조준과 무기의 조기 발사 문제로 생각하지만, 여러 가지 근거에 비추어볼 때 이것은 잘못된 생각이다. 어쨌든 지금 우리의 의도는 논의를 좀 더 일반화해 진행하는 것이다.

다니엘은 상세한 기술적 분석을 통해 해상의 SSBN을 탐지·추적·표적조준하는 것은 매우 어렵다고 했다. 그러나 일단 위치를 확인만 하면 손쉽게 파괴할 수 있다고 본다. 이것이 바로 오늘날 논의되는 전술적 상황의 요체이다. 그러나 전통적으로 타당하다고 여겨온 집결이라는 전술을 변화시키고 있는 것은 핵무기뿐만이 아니다. 현대의 재래식 미사일 공격이 지닌 기습성과 파괴력도 전술의 변화 요인 중 하나다. 현격하게 열세한 세력도 승리를 거두기에 적합한 순수타격력을 보유할 수 있기 때문에, 상대보다 우세한 세력을 사용하라는 것은 이제 잘못된 전술 격언이 되었다. 현대 전술을 지배하는 두 가지 개념을 정리하면 다음과 같다. ① 세력을 충분히 집결시킬 것, ② 이 세력으로 효과적인 선제공격을 가하기 위해 전투정찰과 C^2를 활용할 것. 적에 대해 주도권을 장악하는 데 기동이나 무기 사정거리의 신장에 의존하던 전통 방식은 이제 대정찰이라는 현대적 개념에 의해 보충되어야 한다.

그렇다고 해서 세력을 집결시켜야 할 경우가 더는 없다고 성급하게 결론짓는 것은 잘못된 태도이다. 이제 세력 집결이 더 바람직한 경우를 살펴보기로 한다.

방어를 위한 세력 집결의 일례

재래식 전쟁에서 해상부대의 중요한 전술적 특성 중 하나는 상호 방어지원의 형태로 작전을 수행할 수 있는 능력이다. 공격무기의 수는 증가되었지만 그 살상률은 감소되고 있다. 항공모함전투단과 같은 주요 진형이 갖추어야 할 요소가 대략 다음과 같다고 보고 용어를 정의하기로 한다.

- 타격역량striking capacity : SC은 재공격을 포함하여 주요 진형에서 사용할 수 있는 유효발사탄의 총수를 뜻한다. SC=160발의 유효발사탄.
- 타격력striking power : F은 Σf와 같으며, 이는 진형 내 전 화력의 총계를 뜻한다. F=매 공격당 40발의 유효발사탄.
- 방어력defense power : D은 Σd와 같으며, 이는 경성살상과 연성살상을 통틀어 진형 내 전 방어세력의 총계를 뜻한다. 여기에는 함정의 방어화력이 집단방어의 형태로 집결될 것이라는, 다시 말해서 지역방어가 우세할 것이라는 가정이 암

암리에 포함되어 있다. D=회피된 25발의 유효발사탄.
- 전투지속 능력staying power : S은 Σs와 같은 것으로서 이는 진형 내 생존성의 총계를 뜻하는데, 생존성은 함정이 충격을 흡수해 낼 수 있는 명중탄의 수로 산출된다. 잔여 타격력 및 방어력은 명중당할 때마다 감소한다. S=진형에 대한 화력 살상이 종료되기 전에 흡수된 30발의 명중탄 수.

동일한 적에게 공격을 받은 어느 주요 진형은 15발F-D을 명중당해 전투 지속 능력의 절반을 잃게 되며, 최초 타격력 중 남아 있는 절반, 즉 20발의 유효발사탄으로 역습할 수 있는 능력이 남는다. 한편 적은 손상을 입지 않았다면 잔여 타격력으로 40발의 유효발사탄으로 재공격을 가하여 주요 진형의 전투 단위를 파괴할 수 있다. 이 주요 진형 전투 단위의 방어력은 이제 이론상으로는 2분의 1로 줄어들게 된다. 그러나 2개의 주요 진형이 집결된 상태에서 제3자에게 기습을 당했다고 가정해 보자. 만약 이 진형들의 방어 화력이 상호 결합되어 있다면 역시 이론상으로는 아무런 손상도 입지 않는다. 내습해 오는 미사일40기이 80기를 감당해 낼 수 있는 능력을 지닌 방어력을 돌파할 만큼 충분하지 못하기 때문이다. 그러나 만약 이 주요 진형이 각각 독자적으로 전투를 한다면 공격을 받아 한 번에 하나씩 쉽게 격침당할 것이다. 적은 예비탄약고에 충분한 타격 역량을 보유하고 있기 때문이다.

두 개의 주요 진형을 연합하는 과정에서 어떤 결함 때문에 양 진형의 연합방어체계를 합한 것 이상의 효과를 내지 못할 것이라고즉, 방어력이 50발이 아닌 30발의 명중탄밖에 피하지 못할 것으로 가정하더라도, 상호 지원 방어의 이점은 여전히 명백하게 잔존할 것이다. 이 정도의 수만으로도 방어체계에 의해 적의 선제공격 중 대부분이론상 10개를 제외한 나머지 전부을 빗나가게 하고 그 화력의 6분의 5, 즉 66발의 유효발사탄으로 역습을 가할 수 있기 때문에 이런 상호 지원은 앞으로도 결정적인 역할을 할 것이다.

여기에는 별로 놀랄 것이 없다. 그것은 단순히 오늘날 세력을 집결시키려는 결정이 방어적 고려에 의존하고 있는 이유가 무엇인지를 보여줄 뿐이다. 방어체계가 위에서 본 것만큼 강력하다면 제2차 세계대전에서 미국의 항공모함 함대들이 실행했던 것과 같은 집결은 전술적으로 매력적일 뿐만 아니라 필수적이기도 하다.

그러나 방어체계가 취약하다면 세력의 분산이 더 바람직하다. 그리고 C^2를 통해 장거리에 걸쳐 화력의 공세적 집중을 이룩할 수 있다면 전술 2_{정면 공격 : broad-front attack}가 요구될 것이다. 상황이 정찰이나 무기 사정거리에서의 우세 또는 열세와 관련되어 있다면 공격을 조정할 C^2가 없다고 하더라도 전술 2가 현명한 방법이 될 것이다. 그러나 전술가는 그 어떤 상황에서라도 전술 3_{순차적 공격}이 좀 더 효과적일 수 있다는 새로운 가능성을 항상 인식하고 있어야 할 것이며, 기습적이고 집중적인 파괴를 가할 수 있는 무기의 출현으로 이러한 상황이 일어날 가능성은 더욱 높아질 것이다. 솔로몬 해전에서 버크가 연속타격 전술_{one-two punch}을 사용했던 것도 본질적으로 같은 상황이었다.

지금까지 우리는 논의의 단순화를 위해 탐지장비에 의한 능동 탐색과 적의 수동 방수 간의 중요한 상관관계를 논외로 하고 있었다. 그러나 전투 교리의 개발이 목적이든, 전투 수행이 목적이든, 이런 상관관계는 여러 가지 고려 사항 중 가장 복잡한 요소이다. 또한 오늘날 미국과 러시아 해군이 안고 있는 것과 같은 매우 불균형한 세력 구성의 가능성도 사실상 무시해 왔다. 차후 최종적으로 부대 대 부대_{force-on-force} 모델을 소개할 때 이 긴요한 고려 사항에 대해 간략히 살필 것이다. 그러나 우선 지금까지 논의한 내용의 의미를 요약해 정리하는 것이 좋을 듯하다.

요약

막강한 공격화력을 보유하고 있다고 하더라도 방어수단을 거의 갖추지 못한 전투함은 매우 취약한 존재로서 전술적으로 극히 불안한 상황을 야기한다. 이런 전투함이 효과를 발휘하기 위해서는 선제타격은밀 공격이나 양호한 전투정찰과 무기의 사정거리라는 두 가지 요소의 결합을 요구한다. 이런 형태의 전투함은 단독으로 전투를 수행하는 함정이다.

이와 같은 특성을 혼합적으로 보유하는 함정은 예외적인 경우이다. 이러한 오류가 왜 생긴 것일까? 부대 대 부대 전투의 본질을 간과한 채 단순히 화력만을 효율성 측정의 도구로 삼을 경우, 각 함정에 다수의 유효발사탄 항공기나 미사일을 배치하는 것이 비용 면에서 효과적이라는 점이 표면적인 이유이다. 더 정확한 효율성 측정의 척도는 공격화력과 대함세력을 결합한 가용화력이라는 개념이다. 그러나 공격 및 방어 장비를 갖추고 지리적 상황과 같은 많은 전술적 변수에 좌우되기 쉬운 이러한 세력 개념을 분석하기는 어렵다.

단순히 경제적 관심과 미사일 추가 적재 시의 한계비용이 낮다는 사실만 고려한다면 공격력 집중 방식도 가용화력에 대한 하나의 적절한 분석법이 될 수 있을 것이다. 그러나 집중의 결과 당연히 불안정성이 뒤따르게 마련이며, 따라서 이상의 논의에서 다음 두 가지가 필요하다는 결론에 도달하게 된다. ① 기술적 방책선체 생존성 강화와 더불어 점방어나 전파기만 허위표적 등을 이용한 방어력 강화, ② 전술적 방책예를 들어 적의 전투정찰과 사격통제를 교란시키기 위한 일렬종대 또는 다방면 공격 계획. 이러한 방책은 어느 해군 세력에든 공격력 운용을 가능하게 하는 임기응변의 힘을 제공할 것이다.

전술 구성에 관한 첫 번째 문제는 일격에 적의 위협을 무력화하는 데 필요한 타격력이 어느 정도인가이다. 만약 공격력이 충분해야 한다는 요구에 부응하기 위해 화력을 집중시킬 계획이라면 효과적인 공격을 위해 세력을 추가로 투입할 필요는 없을 것이다.

두 번째 문제는 세력의 집결과 관련된 것으로서, 그 해답은 방어역량에 달려 있다. 공격에 필요한 집중과 방어를 위한 집결 가능성이 전술 배진을 결정한다. 그러나 이러한 예측은 단순히 화력의 양과 사정거리의 상관관계만으로는 이루어질 수 없다. 분산된 화력이 공격적으로 집중될 수 있는지는 C²에 의해 결정된다. 전투정찰원자기 편의 것과 적의 것, 그리고 함내의 것과 함 외의 것, 탐색거리와 탐색 계획 등이 공격과 방어의 효율성에 영향을 미친다. 대정찰력 역시 최종적인 상관관계에 영향을 준다.

실질적인 문제 중 하나는 각 세력 간의 상호 관계가 그렇게 정교하게 맞아 떨어질 수 없다는 것이다. 우리가 보아온 것처럼 평시에는 자기편의 타격력을 과대평가하는 경향이 있다. 공격적 협동을 계획할 경우에는 잉여 화력도 추가해야 한다.

전술적 예비세력은 사실 안정성 있는 예비세력이어야 한다. 어느 세력이 제2격을 가하기 위해 보유 미사일의 일부를 남겨두는 것은 이 미사일을 탑재한 함정들이 필요시까지 생존하는 것을 전제로 한다. 그러나 다른 한편으로 어느 예비세력이 온전히 남아 있기 위해서는 전투에 영향을 미치지 못할 정도로 진형의 후미에 위치해야 한다. 그렇게 되면 이 세력은 결코 전술적 예비세력이라고 할 수 없다.

방어를 위한 집결에서 초래되는 중요한 결과 중 하나는 적이 함대의 존재와 그 함대의 전체적 위치를 확실히 파악하게 될 것이라는 점이다. 따라서 전자전에서 전술은 함대의 존재를 은폐하는 것이 아니라그것은 불가능하다 함대의 임무를 수행하는 주요 단위부대간단히 말해 함대의 타격력를 추적해 도주하려는 적의 기도를 교란하도록 고안되어야 한다. 특히 탐지와 추적을 피하기 위해 함대의 방어화력을 크게 희생시켜서는 안 된다. 능동 전파방해와 방사유인체는 이러한 종류의 공개작전을 전개하는 동안 적의 표적조준을 방해할 수 있는 중요한 수단이 된다. 능동방어만으로 함대가 효과적인 공격을 가할 수 있을 때까지 보호받는 것이 불가능하다고 판단되면, 작전은 전체적으로 다시 수립되어야 한다. 방어를 위한 집결을 요구하면서도 지나치게 엄격하게 통제된 탐색과 사격통제 전파발사 통제책 때문에 방어의 효과를 무위로 돌리는 행위는 극히 잘못된 계획이다. 이지스 순양함과 같은 막강한 방어체계를 갖춘 함정이라도 공개적인 공격을 할 정도로 강력한 공격력을 구비하지 못하고 있다면 전적으로 전자전만 책임지는 존재가 되고 만다.

장차 이동하는 부대들 간의 전투는 전투정찰의 부정확성과 대정찰의 효율성에 따라 우리가 예상하는 것보다 훨씬 근접한 거리에서 수행될 것이다. 또한 어떤 전투는 성급한 공격으로 미사일 병기고가 곧 바닥을 드러내고 말기 때문에 알레이 버크가 은유적으로 표현한 것처럼 단검을 들고 싸우는 격이 될 것이다.

전술지휘관과 그의 참모들이 난마처럼 얽혀 있는 현대전의 전술 문제를 풀어낼 수 있는 방법은 없는가? 필자는 다음 절에서 지침을 제시하고자 한다. 이 지침은 전투정찰과 C^2, 전투의 양면성을 강조한다.

현대 해전의 부대 대 부대 대항 모델

우선, 이 모델의 목적부터 분명히 해두고자 한다. 이 모델은 전술가가 자기편과 적의 전투정찰 및 무기의 효율성을 상호 관련시킴으로써 양측의 순수 가용 타격력을 비교하는 데 목적이 있다. 이 모델 어느 쪽이든 한 쪽이 먼저 효과적인 공격을 가할 수 있는 상황을 전제로 한다.

앞서 본 단순히 화력 효과만 비교한 모델만으로는 충분하지 않다. 탐지장비-탐색 효율성 역시 같은 정도로 중요성이 있다고 간주되어야 한다. 탐지장비의 전파발사 범위를 결정하는 전파발사통제emission control : EmCon도 깊은 관련이 있다. 마찬가지로 우군과 적군과의 거리가 고려되어야 한다.

이상과 같이 추가된 조건은 분석을 복잡하게 할 수밖에 없다. 효과적인 전투정찰과 탐지장비의 운용 결심이 고도의 전술적 중요성을 지니기 때문이다. 그렇지만 이 모델은 오로지 현대 해전에서 가장 중요한 요소를 가능한 한 단순한 방법으로 표현하고자 하였다.

모델의 해설

① 양측 부대, 즉 청군Blue과 홍군Red은 각각 타격력striking power : 어느 방향에서든 사정거리에 관계없이 타격당 유효발사탄 수를 뜻한다과 타격 능력stiking capacity : 병기고 속에 들어 있는 유효발사탄의 수를 포함하는 개념이다을 보유하고 있다. 우리는 앞에서 사용한 유효발사탄의 정의를 계속 사용할 것이지만, 이런 용어를 좀 더 정제해 유효발사탄의 수가 사정거리와 관련된 것으로 본다. 청군이든 홍군이든, 집결할 수도 있고, 분리할 수도 있으며, 개별 함정 단위로 분산될 수도 있다.

② 각 부대는 연성 및 경성 살상soft-and hard kill 방어체계요격기, 대공 미사일, 전파방해반사편 등에 의한 방어력을 보유하고 있다. 간단히 말해서 양측을 통틀어 방어체계는 내습해 오는 무기를 일부 제거하는 일종의 여과기라고 할 수 있으며, 제거되지 않은 유효발사탄이 순수 명중탄 수가 된다. 방어무기가 완전히 고갈될 가능성은 무시하기로 한다.

③ 어느 측도 정찰, 감시 ECM 차단, 기타 정보수집 체계에서 제공되는 전투정찰 정보 없이는 무기를 발사하거나 적의 무기를 방어할 준비를 할 수 없다. 사정거리와의 함수관계인 타격력의 양과 방어력 여과기는 모두 전투정찰 정보의 양에 의해 결정된다.

④ 홍군과 청군에게 전달되는 전투정찰 정보는 능동 탐색에서 나올 수도 있고, 수동적인 적 신호방수에서 나올 수도 있다. 수동 정보는 일반적으로 능동 탐색 정보에 비해 원거리에서 수집되며 그 전술적 내용도 다르다.

⑤ 전술정보의 내용은 세 가지 범주로 분류될 수 있다.

 탐지detection: 적의 존재를 인지하는 것으로 방어체계에 경보를 내리기에는 충분하나 공격을 개시하기에는 아직 충분하지 않다.

 추적tracking: 불완전하게나마 적의 위치와 배치를 인지하는 것으로서 공격을 가하기에는 충분하나 공격무기 발사의 효율성은 낮다.

조준targeting: 적의 부대 구성을 상세하게 인지한 상태로 개별 전투 단위가 조준의 대상이 될 수도 있으며, 아직 사정거리는 문제가 되지만 효과적으로 발사될 수 있는 유효발사탄의 수가 가장 높다.

⑥ 방위와 탐지거리, 위치 파악 및 조준이라는 견지에서 볼 때 전투정찰 성과는 능동 탐색을 행하는 측이 결정하는 전파발사책과 함수관계에 있다. 전파발사통제는 다음과 같은 세 가지다.

   EmCon A : 제한최소 또는 무 탐색
   EmCon B : 단축소규모 탐색
   EmCon C : 무제한최대 탐색

어떤 능동 전투정찰 체계의 경우에 성과는 소제율sweep rate, 즉 단위시간당 해역소제area sweep로 나타난다. 또 어떤 정찰체계의 경우는 성능이 탐색지역 내에서의 단위시간당 탐지 가능성 또는 탐지 빈도로 나타난다. 혼합탐색의 경우, 전 탐색 지역에서의 탐색가능도는 시간에 달려 있고, 동시에 탐색 유형에 의해 결정된다. 탐지된 부대를 공격하기 위해 추적이나 조준이 필요한 경우에는 그 이상의 시간이나 전투정찰 노력이 요구된다. 어떤 경우든 정보적의 존재에 관한 정보이든 적의 위치와 침로 및 속력에 관한 정보이든 또는 배치에 관한 상세한 정보이든는 보고되어야 한다. 따라서 관련된 전투정찰 시간이라는 개념은 이 정보가 전술지휘관에게 도달하는 데 소요되는 시간을 포함한다. 전투정찰 노력은 개념화되기 쉽지 않으며, 이를 실제로 실행하는 것도 쉽지 않다. 그러나 전투정찰 노력을 어떤 방법으로 설명하든 효율성은 해역소제의 범위와 그 결과의 정확성, 이 결과를 보고하는 데 걸리는 시간 등으로 압축될 수 있다.

☐ * 전투정찰 방법에 관한 입문서로는 쿠프만Koopman, 1980을 참조하라.

⑦ 역시 탐지거리, 위치 파악, 조준 등으로 나타나는 수동 전투정찰 성과는 적이 선택하는 전파발사 통제책과 함수관계에 있다. EmCon B는 적이 수동 전투정찰을 통해 주요 표적, 특히 항공모함이나 기함에 대한 양호한 조준 정보를 얻지 못하도록 방해하는 전술 계획과 유사하다.

⑧ 사정거리와 함수관계인 순수 발사화력 유효타격력에서 방어력을 뺀 나머지은 공격이 이루어진 이후에 방어자의 공격과 방어 전투 능력을 감소시킨다. 실제 상황에서 공격이 개시되기 전에 방어자의 전투력 공격 및 방어 화력과 전투지속 능력과 능동 전투정찰 능력은 공격에서 입은 명중탄 수에 비례해 감소할 것이다.

⑨ 청군이든 홍군이든 기동성이 있는 각 단위부대는 그들의 화력잠재력을 계속 보유한 채 위치를 이동할 것이다.

⑩ 함상 탐지장비는 이동한다. 함상에 있지 않은 그 밖의 탐지장비는 이동하는 것도 있고 예를 들면 위성, 고정되어 있는 것도 있을 것이다 예를 들면 육상기지 레이더. 양 부대의 전투정찰 능력은 일정 구역을 커버할 수 있는 능력이라고 생각할 수 있을 것이다. 여기서 커버한다는 것은 점차적으로 더 좁은 구역, 다시 말하면 이해구역, 영향구역, 통제구역에서 각각 적을 탐지·추적·조준하는 것을 말한다.* 이 모델은 양측의 전투정찰 결정이 동시에 이루어진다는 점을 중시하면서 또한 전파를 발사하는 탐지장비 이것은 양측에 정보를 제공한다와 전파를 발사하지 않는 탐지장비 이것은 양측에 정보를 제공하지 않는다 간의 교환조건을 강조하고 있다. 이 모델은 전투정찰원과 이를 운용하는 가장 기본적인 방법을 다루고 있다. 전투 결과는 무기가 최초로 발사되기 전에 수집되거나 수집을 방해받은 정보에 의해서 좌우된다.

□ * 몇 가지 점에서 좀 더 정밀한 모델을 사용한다면 전투정찰 능력이란 어느 일정 지역을 커버하는 것으로 정의할 수 있다. 그러나 탐지, 추적, 조준에 필요한 시간은 점차 길어진다. 독자들은 다음에 소개되는 사례를 연구하고 나서 어떠한 접근 방법이 더 설득력이 있는지를 스스로 판단해 보는 것도 좋을 것이다.

⑪ 일단 충분한 정보가 획득되었다고 판단되면 공격 명령이 하달된다.

공격을 준비하고 이를 개시하는 데는 일정한 시간이 소요된다. 이것은 시간 단위로 측정될 것이다. 명령이 집행되기도 전에 적의 공격이 개시되어 이 명령이 소용없을 수도 있으며, 적의 공격이 매우 늦게 개시될 수도 있다. 후자의 경우는 양측 모두 손실을 입을 것이다.

⑫ 생존부대는 손실을 당한 뒤에도 재공격을 할 수 있다고 본다. 이때의 손실로는 다음과 같은 것이 포함된다.

_ 명중에 따른 손상
_ 공격 시 격추된 항공기
_ 소모된 미사일

현대 전술의 일례

한 해군부대의 청군이 육상에 위치한 홍군의 전투정찰과 화력 종합기지에 접근해 공격을 시도하고 있다고 가정한다. 홍군 역시 해상에 2척의 미사일 탑재 잠수함을 보유하고 있다. 이 잠수함의 임무는 청군이 홍군의 육상 종합기지 유효사정권에 들어오기 전에 청군을 공격하는 것이다. 전투정찰전scouting duel에 주안을 두고 논의를 단순화해 보면, 청군은 방어 측면에서 강력하며 한 단위부대로 적절히 집결되어 있다고 가정해야 한다. 청군은 비록 어느 면에서는 함 외 전략인 전투정찰을 통해 육상에 있는 적의 전투서열과 배치에 관한 정보를 획득했지만, 전투정찰을 위해 함 내 탐지장비를 계속 운용해야 할 상황에 처해 있다. 홍군의 전투정찰원에 관해서는 차차 소개할 것이다.

이 예에서는 재래식 무기가 사용되고 있으며, 상황은 미국 해군의 항공모함 전투부대가 공격기와 미사일로 무장한 적에 대해 미사일과 항공기로 공격을 가하는 경우와 같은 상황이다.* 이 항공모함 부대의 임무는 해양통제를 확보하기 위해, 즉 미국의 해양 활동에 대한 위협을 억제하고 제거하

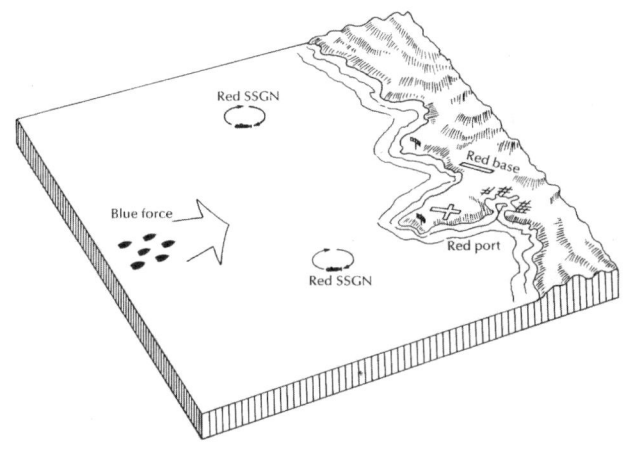

〈그림 10-2〉 현대 해전 시나리오

기 위한 전투의 일부로 육상기지를 공격하는 것이다. 홍군의 임무는 청군을 격파함으로써 청군 동맹국의 해운에 대한 항공 공격과 잠수함 공격을 지속적으로 수행할 수 있게 하는 것이다. 각 부대와 그들의 임무는 재래식 전쟁의 맥락에서 보면 상호 모순되는 점은 없다. 그러나 만약 핵무기가 사용된다면 부대, 임무, 전술 계획 등이 매우 달라질 수 있다.

□ * 러시아가 여기에 제시한 홍군과 유사하다고 생각할 수 있을 것이다. 더 나아가 오늘날 많은 국가가 보유하고 있는 화력을 고려할 때 이 사례는 좀 더 일반적으로 적용될 수도 있다.

청군의 작전은 무기의 사정거리 밖에서, 즉 홍군의 비행장과 미사일 종합기지에서 1,800마일 떨어진 곳에서 시작된다. 홍군의 미사일 잠수함 2척은 그들의 방어 임무에 비추어볼 때, 홍군의 기지에서 최소한 500 내지 600마일 되는 곳에 위치해야 한다. 500마일 이내에는 청군의 타격력이 매우 강력하게 작용하기 때문이다.

<그림 10-3a>는 육상의 표적에 대한 청군의 타격력을 1회 공격에서의 유효발사탄이하 발사탄의 양으로 나타내고 있다. 여기에서 1,000마일까지 도달

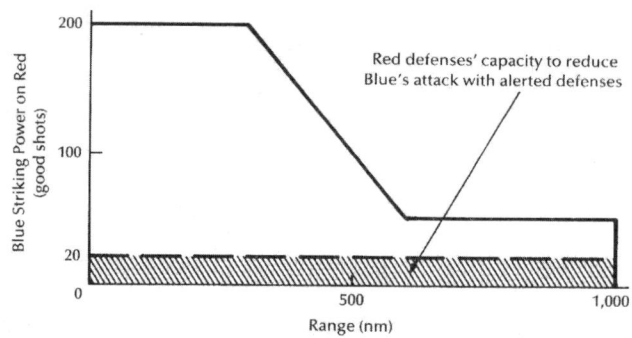

〈그림 10-3a〉 예상되는 청군의 유효발사탄

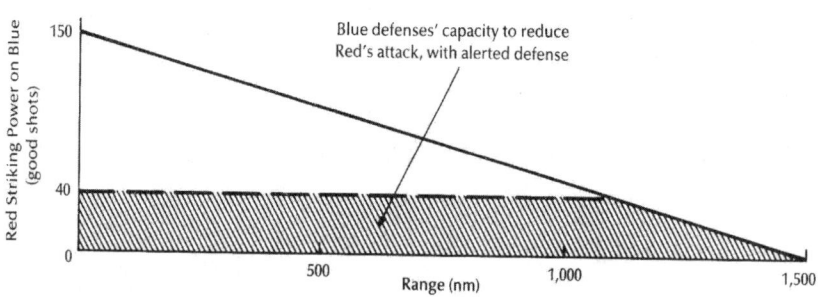

〈그림 10-3b〉 예상되는 홍군의 유효발사탄

하는 50발의 발사탄은 미사일을 의미한다. 이 미사일은 일단 발사되면 회수가 불가능하다. 청군의 타격력을 나타내는 윤곽선 중 나머지 부분은 호위를 받고 있는 공격기를 말한다. 이 공격기는 전투 수행 중에 격추되지 않는다면 반복적으로 공격에 이용될 수 있다. 공격기에 탑재된 총 150발의 발사탄의 공격거리는 300마일에 이른다. 이 범위를 넘어서면 발사탄 운반 능력은 1차 함수적으로 감소되며 600마일 지점에 이르면 '0'이 된다.

미사일 탑재 항공기로 구성된 홍군의 육상기지 타격력은 <그림 10-3b>에 나타나 있다. 홍군은 근거리에서 150발의 발사탄을 발사할 수 있으며, 1,500마일에 이르면 그 타격력은 '0'으로 줄어든다. 홍군은 공격거리에서 청군을 능가하지만, 그림에서 보는 바와 같이 초장거리에서는 효과적인 공격을 가할 수 있을 만큼 전력이 강하지 못하다. 홍군 역시 공격집행 중에 격추되지 않은 항공기를 동원해 재공격할 수 있다.

청군은 그 방어체계에 적절한 사전 경보만 이루어진다면 보유 중인 방어화력으로 홍군의 발사탄 중 40발을 제거할 수 있다고 믿는다. 따라서 청군이 1,100마일 밖에 위치해 있을 경우에는 그 방어체계에 완벽한 전술 정보가 주어진다면 홍군의 어떠한 공격도 막아낼 수 있다. 1,100마일 이내에 위치한 경우에는 홍군의 공격 중에서 청군의 방어체계를 뚫고 들어와 명중되는 것도 있을 것이다. 청군은 홍군의 경보가 완벽할 경우 청군의 공격 중 최초 20발의 발사탄을 홍군이 막아낼 수 있을 것으로 판단하고 있다. 따라서 청군이 1,000마일 이내에서 미사일 발사에 성공한다면 홍군에 언제나 다소의 손상을 가할 수 있다. 바로 이것이 중요한 요체인데, 미사일 공격만으로는 적절하지 못하기 때문에 청군은 공격거리를 더욱 단축시켜야 한다. 예를 들면 500마일까지 접근해 결합된 공격을 가하기 위해 공격항공기를 사용해야 한다. 이 정도의 거리에서라면 100발의 발사탄이 발사될 수 있으며, 공격 홍군의 방어체계를 공격해 80발을 명중시킬 수 있다. 그렇게 되면 청군은 항공기지에서 공격해 올 홍군의 위험에 함대를 노출시키지 않으면서 홍군의 잠수함 기지와 각종 지원시설에 타격을 입힐 수 있을 것이다. 청군의 판단이 어긋나지 않고 그동안 타격력에 손실을 입지 않았다면, 이제 최후의 결정적 공격을 가하기 위해 500마일의 거리에서 미사일과 항공기가 협조하는 공격을 시도하게 될 것이다. 이런 거리라면 공격 수단을 특별히 남겨둘 필요가 없기 때문이다.

홍군의 공격에서 청군이 생존할 수 있는 능력은 어떠한가? 청군 세력이 홍군의 공중 공격과 미사일 공격을 받을 경우 100발의 명중탄까지는 견뎌낼 수 있을 것으로 판단하고 있다. 그리하여 청군이 결정적인 공격을 가할 수 있는 거리라면 청군도 치명적인 공격을 받을 위험성이 있다. 500마일의 거리라고 하면 홍군은 100발의 발사탄을 발사할 수 있으며, 청군의 방어체계는 기껏해야 40발만 막아낼 수 있다. 따라서 청군은 60발을 명중당해 전투력의 효율성이 40%로 줄어들 것이다. 만약 청군이 500마일이라는 결정적 거리에서 전 전투력을 동원한 홍군의 선제공격을 받는다면 청군의 잔여 타격력은 50발로 줄어들 것이며, 홍군은 그중에서 절반을 막아낼 것으로 예상할 수 있다. 청군은 20발의 명중탄만으로는 공중우세를 확보할 수 있을 정도로 홍군에 손상을 가하지 못할 것이며, 홍군의 추후 공격력을 상당히 감축시키지도 못할 것이다. 청군의 판단을 요약하면 다음과 같다.

청군	
완벽한 사전 경보가 주어질 경우의 방어력	40발의 명중탄 회피 가능
전투지속 능력*	100발 명중 가능

홍군의 육상기지 부대	
완벽한 사전 경보가 주어질 경우의 방어력	20발의 명중탄 회피 가능
전투지속 능력	80발 명중 가능

주 : * 적의 공격에 의해 파괴된 전투정찰 능력과 화력의 양은 명중탄 수를 그 부대의 전투지속 능력으로 나눈 것이다.

 그러나 전투란 변동 과정인 대적 관계이다. 지금까지 우리는 청군의 잠재적 기동력을 논외로 했다. 청군의 적절한 항해 속력은 25노트이다. 500마일 거리에서 홍군의 총공격을 당한 이후라면 청군은 홍군이 또 다른 집중공격을 준비하기 전에 6시간의 예비시간이 있으며, 이 경우 청군은 거리를 350마일로 단축시켜 생존한 세력으로 공격을 단행할 수 있다. 이러한 근거리에서라면 청군의 공격은 500마일일 경우에 비해 60% 정도 더 강력한 효과를 나타낸다. 즉, 이론상 청군의 생존타격 역량은 70발이 되는 것이다. 홍군의 방어체계가 그중에서 20발을 막아낸다 하더라도 홍군에 명중한 50발의 탄은 홍군의 후속공격 역량의 60% 이상을 파괴할 것이며, 이에 따라 청군은 홍군의 감소된 타격 능력을 막아낼 희망을 다소나마 갖게 될 것이다. 그러나 이런 상황을 고무적으로 볼 수 있느냐는 반문이 있을 것이다. 그렇다면 다른 대안, 즉 철수를 시도하는 경우를 한번 생각해 보자. 청군이 가능한 한 멀리 도주하고 홍군이 650마일의 거리에서 다시 총공격을 가한다고 가정하자. 이 경우 청군은 85발에 상응하는 공격을 당하게 된다. 청군은 방어체계의 불과 40%만 남아 있게 되고 이 방어체계로는 겨우 16발을 막아낼 수 있을 뿐이다. 그 결과, 40%에 불과한 잔여 전투지속 능력이 69발의 명중탄에 공격당함으로써 청군은 패배할 것이다. 청군의 상황은 재공격을 모면하기 위해 안간힘을 쓰더라도 어쩔 수 없다. 750마일을 전후로 한 어느 지점에서 청군은 어느새 루비콘 강을 건너버린 셈이다.

청군의 계획 입안자들은 과연 어떤 결론을 내릴 것인가? 양측의 전투정찰 능력에 대한 평가가 완료될 때까지는 아무런 결론도 내릴 수 없다. 결국 청군의 전술적 전투력은 청군의 이동 능력과 홍군에는 기동력이 없다는 사실에 크게 의존하고 있다. 또한 청군이 무기의 도달거리에서 우위에 있는 홍군이 전투정찰에서의 우세를 통해 이점을 다른 것으로 상쇄할 수 있다면 기동과 화력을 결합할 수 있는 더 좋은 방법이 있다는 것도 알게 될 것이다.

청군의 EmCon 계획은 2척의 잠수함을 제외하고는 홍군의 위치가 고정되어 있다는 점을 최대로 활용할 수 있어야 한다. 청군이 기동성 있는 위협세력이기 때문에 홍군으로서는 청군을 탐색해야 하는데, 청군의 전술은 이러한 홍군의 불가피한 능동 탐색을 이용해야 한다는 것이다. 만약 홍군이 충분한 위성감시로 효과적인 대규모 지상 선제공격을 가할 능력이 있다면, 청군은 추가적인 방어화력을 집결시키고* 전 방어체계가 충분히 작동할 수 있도록 EmCon B의 형태로 전파를 발사해야 할 것이다. 청군의 유일한 대안은 홍군의 전력이 정보판단상 청군보다 훨씬 취약하다거나 더 부적절할 것이라는 근거 없는 희망을 버리고, 집결한 상태에서 분산된 각 단위별로 공격을 실시한다는 계획을 포기하는 것이다. 이와 같은 상황에서의 계획은 희망적이라고 할 수 없다.

☐ * 추가 방어화력은 어느 정도여야 하는가? 이 항과 같은 상황이라면 공격당 80발의 명

중탄을 막아낼 수 있도록 방어화력을 2배로 증강한다면 충분할 것이다.

그러나 청군이 홍군의 장거리 감시를 피할 수 있는 능력이 있다면 위치가 노출되지 않도록 하면서 접근 항해를 시작할 수 있다. 여기서는 홍군에 두 종류의 능동 전투정찰 수단이 있다고 가정한다.* 첫째는 탐지 범위가 대양 전체에 이르는 감시체계인 초수평선 레이더로서 탐지거리가 800마일에 이르며 탐지 확률 역시 상당히 높다. 청군은 이 레이더가 작동하고 있고 800마일 거리에서는 자신들을 탐지할 수 있으며, 일단 추적을 받고 나면 계속 조준 당한다는 것과 1~2시간 이내에 육상기지 또는 잠수함에서 공격을 당하기 쉽다는 점을 염두에 두어야 한다. 둘째는 전투정찰체계는 그리즐리Grizzly라는 장거리 정찰기이다. 그리즐리의 정찰거리는 2,000마일에 이른다. 그러나 거리가 멀어질수록 탐색 범위는 좁아지고 탐색 확률도 떨어진다.

□ * 초계잠수함이라는 제3의 수단은 홍군이 미사일을 공격할 수단으로 근접 배치할 것이라는 가정 아래 여기서는 고려하지 않는다. 홍군의 잠수함 정찰 가능성에는 여러 가지가 있을 수 있는데 적절한 시기에 그중 한 가지에 관해 살펴볼 것이다.

거리가 가까워지면서 청군은 전자파침묵을 유지할 것이고, EmCon B로 전환할 수 있도록 적시에 공격 내습 경보를 제공해 주어야 한다. 이를 위해 그리즐리의 레이더를 이용한 수동적 탐지에만 의존할 것이다. 이로써 청군의 방어체계는 홍군의 전투정찰이 완벽하게 표적조준을 하지 못하게 하는 대신에 최고의 효율로 작동할 수 있다. 그리즐리에 의한 탐지확률은 어느 정도가 될 것인가? 양측은 탐색의 거리와 폭이 홍군의 통제 여하에 좌우되는 중요한 변수임을 인식하고 광역 탐지 계획을 수립해 집행해야 할 것이다. 청군은 양 부대 간의 거리가 1,000마일 이내이며, 600마일을 초과할 때 홍군이 공격할 것으로 판단하고 있다. 1,000마일을 초과하는 거리에서 홍군이 공격할 경우에는 청군에 오히려 유리할 수 있다. 따라서 청군 입장에서는 유리한 위치에서 홍군이 공격을 개시하도록 유도할 목적으로 원거리에 계속 머무는 것도 하나의 계획일 수 있다. 청군은 은밀하고 신속하게 항진

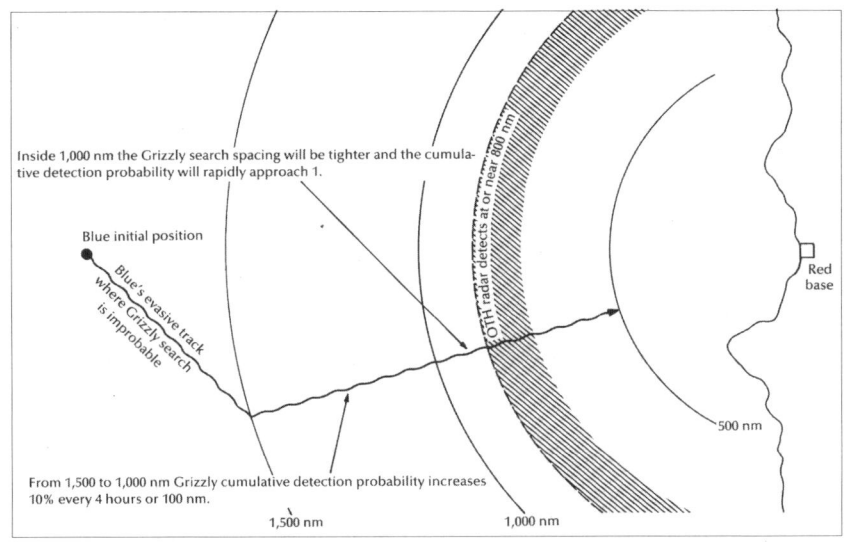

〈그림 10-4〉 홍군 기지의 전투정찰 효율 도형

하면서 되도록 적의 탐지확률을 떨어뜨릴 수 있는 접근 방향을 선택하기 위해 노력할 것이다. 또한 그리즐리의 탐색 방향을 다른 곳으로 유인하기 위해 전파발사 기만부대를 운용할 수 있다. 여기서 그리즐리에 의한 탐색이 최대 1,500마일까지만 다다를 것이라고 판단하는 것은 현명하다. 청군이 1,500마일에서 900마일까지 접근하려면 25노트의 속력으로 24시간이 소요될 것이며, 600마일까지 접근하려면 그로부터 다시 16시간이 소요될 것이다. 이와 같은 단순한 예만으로도 <그림 10-4>와 같은 도형이 요구될 정도로 전투정찰 상황은 매우 복잡해진다.

청군이 1,000마일 거리에서 최초 공격을 가할 때까지 적에게 탐지당하지 않을 확률은 50%가 된다. 900마일에서 여전히 탐지되지 않을 확률은 40% 이하이다. 800마일에 이르면 탐지가 확실해진다. 그러나 청군에게도 확실한 이점이 생긴다. 청군은 1,000마일권 밖에서 그리즐리에 탐지된다면 이를 인지하게 될 것이고, 홍군의 공격에 대해 효과적으로 방어할 준비를 할 수 있다. 만약 방어화력에 대한 신뢰가 서지 않는다면 안전을 기하기 위

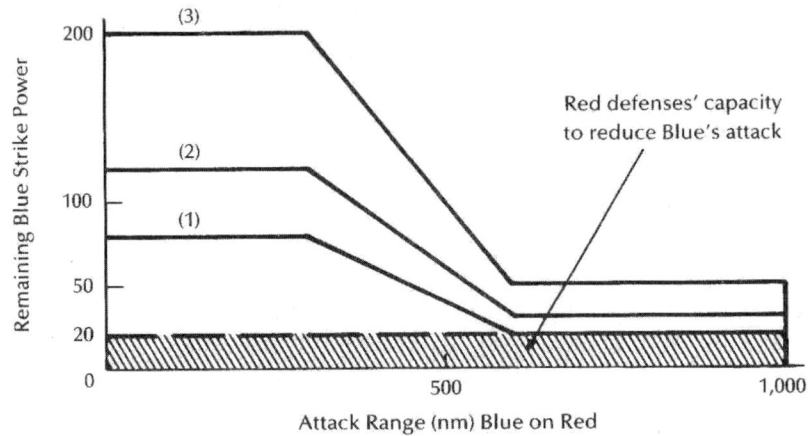

〈그림 10-5a〉 홍군 공격 후 청군의 잔여 타격력

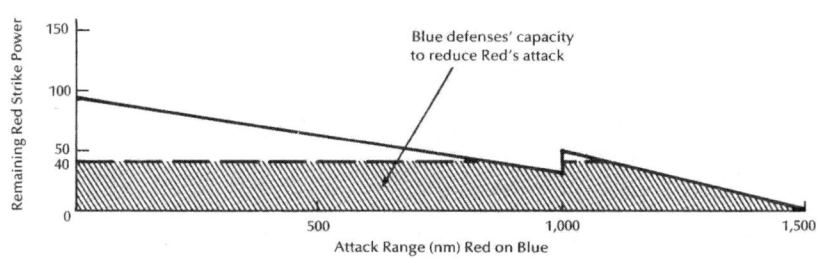

〈그림 10-5b〉 청군 공격 후 홍군의 잔여 타격력(거리 : 600~1,000마일)

해 공격을 최소하거나 연기할 수 있다. 만약 청군이 1,000마일 이내에서 탐지를 당한다고 하더라도 역시 탐지당한 시각을 알 것이며, 홍군의 공격이 도래하기 전에 스스로 공격할 수 있는 약 2~4시간의 여유를 확보할 수 있다. 그리하여 양측 사이에 공격이 개시되면 청군과 홍군 모두 중대한 손상을 입게 될 것이다. 관심 있는 독자가 있다면 상세한 내용을 깊이 연구해 보는 것도 무익하지는 않을 것이다.

　이것과는 다른 또 하나의 가능성이 있다. <그림 10-5a>와 <그림 10-5b>를 살펴보자. <그림 10-5a>는 세 종류의 거리, 즉 각각 500마일, 700

마일, 1,000마일 이상의 거리에서 홍군의 최대 공격이 있은 후에 청군의 잔여 타격력을 보여주고 있다. 명백한 것은 홍군의 공격이 좀 더 가까운 거리에서 실시될수록 청군의 잔여 타격력이 더 많이 줄어든다는 사실이다. 빗금 친 부분의 위쪽 영역은 홍군의 방어체계가 청군의 공격 중 최초 20발을 막아낸 뒤 청군이 기록할 수 있다고 생각되는 명중탄 수의 수를 표시한다. <그림 10-5b>는 홍군의 입장에서 본 잔여 타격력 곡선이다. 이 그림은 600마일에서 1,000마일 사이의 지점에서 청군의 성공적인 공격이 있은 후 홍군의 잔여 타격력을 보여준다. 이 그림은 비록 홍군의 명중 능력이 청군의 장거리 공격에 의하여 파괴되지 않더라도 다음 몇 단락에서 설명하는 것처럼 청군의 방어체계가 약 400마일의 거리에 이르러서도 홍군의 반격을 적절히 막아낼 수 있을 정도로 홍군의 공격력이 고갈될 수 있다.

그러므로 500마일 이상의 거리에서 이루어지는 청군의 공격이 홍군의 전투력을 파괴하지는 못하지만 1,000마일 이내에서의 공격은 상당히 효과적이라는 것, 다시 말해 홍군의 공격력을 거의 무력화시킨다는 것이다. 이 사례에 나와 있는 청군과 홍군의 무기 및 전투정찰 능력을 종합적으로 고려해 청군이 최상의 전술을 창출할 수 있는 열쇠는 바로 이것이다.

청군으로서는 적에게 탐지되지 않고, 1,000마일까지 접근하도록 시도를 해야 한다. 그리하여 사정권 내에 들어가는 즉시 모든 미사일을 발사해야 한다. 이것이 효과적인 선제공격일 것이다. 사실 청군이 미사일이 비행하는 2시간 동안 적에게 발견되지 않는다면 여기서 미사일은 순항미사일로서 재래식일 경우에는 매우 정밀한 유도장치가 구비되어 있다고 가정한다, 홍군은 기습공격을 당할 것이다. 그리고 50발에 이르는 청군의 화력 중에서 거의 전부가 명중할 것으로 예상해도 좋다. 그러나 홍군이 사전경보를 받고 청군의 유효명중탄 수가 30발에 불과하더라도 홍군의 타격 능력 중 8분의 3은 파괴될 것이다. 다만 청군의 방어화력의 효과를 사전에 예측할 수 없다 하더라도 홍군의 타격 능력 중 남은 8분의 5는 청군에게 분명 심각한 위협일 것이다.

청군은 약 400~450마일까지 접근해야 한다. 무엇보다 미사일을 모두 소모했기 때문에 이제부터는 항공기의 작전 반경까지 접근해야 하는 것이다. 이 정도의 거리라면 마지막 끝내기 공격을 가할 수 있다. 청군이 접근해 오는 동안 홍군은 반격을 가할 것이다. 홍군에게는 반격을 가할 수 있는 24시간의 여유가 있다. 그러나 전투력을 집결시키는 전술의 선택 때문에, 또한 모든 무기체계가 EmCon C의 형태로 공공연히 전파를 발사할 것이기 때문에, 청군의 방어화력은 최고의 전력을 자랑하는 상태가 될 것이다. 비록 홍군이 공격 시기를 적절히 맞추고 500마일 지점에서 공격을 개시한다 해도 청군의 공격으로 감소되어 타격력은 약 60발에 불과할 것이며, 청군의 방어체계가 그중 40발을 막을 것이다. 홍군에게서 가해지는 100발의 명중탄에서의 생존 능력을 보유한 청군은 항공강습력의 80%를 여전히 보유함으로써 이 사례의 마지막 전투에서는 홍군을 완전히 압도할 수 있을 것이다.

지금까지 홍군의 미사일 잠수함 2척에 대해서는 아무런 언급이 없었다. 잠수함은 주로 그 공격 기능이 논의 대상이다. 이 시나리오에서 홍군은 이 잠수함들을 기지로부터 500~600마일 위치에 배치했다. 이렇게 원거리에 배치한 것은 청군의 전 타격력이 효과를 발휘하기 전에 잠수함이 청군을 공격하고 견제하기 위함이다. 적과의 거리가 가까울수록 이 잠수함들이 공격을 가할 수 있는 가능성은 높아진다. 여기서 지금까지 논의되지 않았던 잠수함의 타격력에 관해 살펴보자. 만약 2척 중 어느 한 척이라도 청군의 항공모함이나 이지스 대공함을 표적조준할 수 있다면 탑재 중인 미사일로 청군의 전투력을 결정적으로 감퇴시킬 정도로 충분한 손상을 가할 수 있을 것이다. 전세가 칼날 위에 서 있는 것처럼 위태로운 균형을 유지하고 있는 경우라면 비록 완벽한 표적조준 정보가 없어서 청군을 겨냥한 미사일 공격이 부분적인 성공밖에 거두지 못한다고 하더라도 이후의 전투에서 이 균형을 깨뜨려 전세를 굳힐 수 있을 것이다. 그러나 홍군의 잠수함 전술과 그것이 전투에 미치는 효과는 청군의 주 항공 공격이 있기 전에 잠수함이 공격할 수 있느냐에 달려 있다. 이런 상황은 초기에 홍군의 기지에 미사일 공격을 가하는 청군의 가장 훌륭한 전술 계획과 다를 바 없다.

청군이 25노트의 속력으로 접근해야 한다는 사실은 홍군의 SSGN의 효율성을 더욱 높여준다. 고속으로 항진할 경우에는 대잠전이 곤란해지며 수상함 진형 자체도 장거리50~100마일 소나 탐지와 잠수함의 미사일 공격에 취약하다. 그러나 1,000마일의 거리에서 미사일로 공격한다는 청군의 결정은 홍군의 잠수함 전술보다 선수를 차지한다. SSGN은 청군의 미사일이 발사되기 전에는 공격을 개시할 수 없으며, 또한 청군의 미사일이 발사된 이후에는 잠수함이 홍군의 열세를 만회할 정도로 청군에게 손상을 가할 수 없을 것이다.

그러나 홍군이 보유하는 2척의 잠수함에 대해서는 또 다른 전술적 운용 방법이 있다. 이 잠수함들을 은밀 전투정찰 수단으로 활용하는 것이다. 청군의 전술 계획은 완전 유효방어화력을 활용하는 한편 최소한의 전파발사 상태인 EmCon A의 상태로 접근하면서 그리즐리에 의한 홍군의 능동 레이더 탐색을 역이용하다가 충분한 시간이 경과한 후에 EmCon B의 형태로 전환할 능력이 있다는 것을 전제로 한다. 만약 홍군이 이 2척의 잠수함을 1,100~1,200마일 거리에 초계함으로 배치한다면, 청군은 홍군에게서 수동적 탐지 및 추적을 당할 가능성과 방어체계가 준비를 갖추기도 전에 장거리 기습공격을 받을 가능성에 직면할 것이다. 따라서 청군은 이 정도의 거리에서도 안심할 수 없다. 1,100마일의 거리에서 홍군은 항공강습으로 40발의 발사탄을 발사할 수 있다. 지금까지 청군은 방어체계에 의해 최초 40발의 발사탄을 방어할 수 있다고 생각해 왔고, 세력을 집결시킨 이유도 바로 이 때문이다. 그런데 청군이 기습을 당해 명중탄 중 40발밖에 견디지 못한다면, 청군은 전투를 계속하기에는 너무 많은 세력을 상실하게 된다.

청군이 자신도 모르는 사이에 추적과 조준을 당할 가능성이 있다는 것은 청군이 자신의 방어에 대한 사전경보를 홍군의 공공연한 탐색에 의존하는 경우에는 심각한 문제이다. 만약 청군이 방어용 정보를 얻기 위하여 전파를 발사하지 않을 수 없다면 전체적 위치를 노출시키지 않는 것은 불가능하다. 그러나 다른 한편으로, 세력을 집결시킨다는 청군의 전술 계획은 강력한 방어체계를 기초로 하고 있다. 2척의 초계잠수함이 25노트의 속력으로 항진하는 전투함대를 탐지할 우려는 어느 정도인가? 함대가 1,200마일에 있을 경우 이 잠수함들이 함대를 탐지할 확률은 4분의 1 내지 5분의 1 정도가 될 것이다. 더욱이 이 잠수함들은 함대의 접촉 사실을 청군에 탐지당하지 않고 보고할 수 있는 수단을 보유하고 있어야 한다. 결국 홍군의 은밀한 전투정찰이 성공할 가능성은 높지 않지만, 청군으로서는 그 가능성을 배제할 수 없으며 홍군의 전투정찰이 일단 성공하면 가공할 홍군의 공격이 뒤따를 것이다.

만약 홍군의 주요 타격력이 이동 가능한 해상부대라면 청군으로서는 중요한 문제가 발생한다. 청군의 전투 계획은 홍군이 청군 쪽으로 이동할 수 없다는 사실과_{만약 청군 쪽으로 이동할 수 있다면 홍군의 위력은 청군에는 감당하기 어려울 정도로 강해질 것이다} 반대쪽으로 이동할 수 없다는 사실_{만약 반대쪽으로 이동할 수 있다면 최대사정거리에서 미사일을 발사한다는 청군의 계획은 수포로 돌아가고 말 것이다}을 기초로 하고 있다. 홍군이 기동성을 갖추고 있다면 청군은 능동 전투정찰 계획을 수립해야 한다. 그렇게 되면 상황은 전혀 달라진다. 이 경우에는 모든 단위부대와 장비가 최대한의 작동 상태로 돌입한다. 양 함대는 광대한 전장에서 기동하게 된다. 양측의 전술적 적대세력은 이동 중인 적을 발견할 수 있는 전투정찰 계획을 고안하고, 반대로 적의 계획을 좌절시키기 위해 치열한 경쟁을 벌이게 된다. 상황이 호전되든 악화되든 어느 한 쪽의 지휘관이 충분한 정보를 가지고 있다고 판단하여 효과적인 선제공격을 가하려는 숙명적 시도를 할 경우, 양측 함대의 공격력은 용수철같이 언제든 즉각적인 전투에 돌입할 태세를 갖출 것이다.

사례의 유용성 : 요약

이제, 이런 사례를 실제에 맞게 생각해 보자. 우선 다음과 같이 가정한다. 첫째, 이상의 자료가 사실 가공적인 것이 아니라 분석적 방법으로 얻을 수 있는 가장 현실성 있고, 정확하며, 상황이 허용하는 한도에서 가장 완전하다. 둘째, 양측이 얻을 수 있는 중요한 변수나 전술상의 선택은 모두 고려되었다. 다시 말해 우리가 분석한 것이 실제와 같으며, 현실적으로 전투 계획으로 전환될 수 있는 완전한 전술 분석 방법이라고 가정한다는 것이다. 상황이 전적으로 위와 같다면 모든 지휘관과 그의 참모에게 요구되는 첫 번째 사항은 이상에 대한 설명에 불과하고 한 걸음 뒤로 물러서서 아직 불확실한 점이 어디에 있는지, 오류를 범할 소지가 있는 부분이 무엇인지를 검토하는 것이다. 예를 들면 어뢰의 유효사정거리에 대한 베르노티의 철저한 연구 결과에 대해서도 의문을 품어야 한다. 최대사정거리인 1,000마일권에서 육상의 핵심 표적을 향해 발사된 청군의 미사일이 항공 공격의 길을 열어주지 못하고 오히려 단순히 적에게 사전경고만 해주는 꼴이 되면 어떻게 될 것인가? 미사일에 의한 최초의 공격이 실제로 실시되기 전에는 이 미사일의 정확도와 효과에 관해 아무것도 확실히 알 수 없다. 전투 모델이 있다고 해도 그것은 고작해야 이 모델을 사용하는 자들을 현혹시켜 그것이 지금까지의 어떤 모델보다도 정확하다고 믿게 하는 것에 불과하다. 해군작전을 이해하는 자라면 필자가 사용한 위의 모델을 가지고 이러한 오류를 범하지 않을 것이다. 그러나 복잡한 미국 해군의 결심 보조도구나 시달된 작전명령을 마치 예언서인 양 생각할 위험성은 실제로 있을 수 있다. 전투 계획은 견실하게만 작성된다면 제대로 효율을 나타낼 수 있으나, 그 전투 계획이 상황에 따라 수없이 변경될 수 있기 때문에 전투가 끝날 때까지 거의 알아볼 수 없는 경우도 있을 수 있다. 나일 강 해전과 트라팔가르 해전에서 간명하면서도 치밀하게 수립되었던 넬슨의 전투 계획이 실제 집행 과정에서는 무질서하고 정형도 없는 모습으로 나타난 사실을 기억하기 바란다.

전투 계획의 목적이 전투의 실상을 그대로 나타내기 위한 것이 아니듯이 전투 분석의 목적 역시 미래를 예견하려는 것이 아니다. 이들의 목적은 계획을 수립하고 승리를 획득하는 데 도움을 주기 위함이다. 분석과 계획은 충분 요건이 아닌 필요 요건이다.

우리가 다루는 사례가 실제 역량을 그대로 보여주는 것은 아니다. 이 사례는 해군함대들이 전투함의 이동성과 기동성에서 얻을 수 있는 특별한 이점을 현실성 있게 나타내기 위한 것이다. 이러한 이동성과 기동성은 이동능력이 없는 적에 대해 기민하게 활용될 경우 귀중한 자산이 된다. 만약 홍군에도 이동성이 있었다면 청군의 전술, 특히 EmCon 계획이 무산된다는 데 이론의 여지가 없다. 만약 홍군이 잠수함 2척 이상의 세력을 해상에 보유하고 있었다면 청군은 더 많은 탐지장비를 가동시키지 않을 수 없을 것이다. 그렇게 되면 그의 전 공격 계획은 수포로 돌아갔을 것이다. 이 사례는 또한 방어적 집결에서 얻을 수 있는 현실적 이익이 무엇인지도 보여주고 있다. 그러나 이 사례에는 물론 이러한 사실을 깨닫기 위해 많은 사유가 필요한 것은 아니지만 홍군의 전투정찰원에 대응해 청군이 세력을 분산시킬 경우에 얻는 것이 별로 없는 반면, 잃는 것은 매우 클 것이라는 사실이 가시화되지 않는다. 홍군의 전투정찰이 성공했더라면 청군의 집중 공격은 실패로 끝났을 것이며, 더 나아가 홍군의 연속 공격에 대해 청군은 속수무책일 수밖에 없을 것이다.

이 모델에서 눈에 띄는 한 가지 결점은 청군의 타격력과 방어력이 숫자로 명시되지 않았지만 함대 내의 각 함정에 균등하게 배치된 것으로 가정하고 있다는 점이다. 오늘날 미국의 화력은 덩어리 형태로 배치되는 경향이 있다. 예를 들면 공격력은 몇 척의 항공모함에, 그리고 방어화력은 대공순양함과 항공모함의 전투기에 맡겨져 있다. 이러한 공격력과 방어력은 이 모델에 나타나 있는 청군의 전력과 같은 방식으로 감축되는 것은 아니다. 어느 전투세력 내에 2척의 항공모함이 있는 경우, 모델 실험 결과에서 항공모함의 잔여 공격 능력이 50%로 나타났다면, 이런 결과에는 이 세력이 항공강습 능력이 전혀 없을 확률즉, 항공모함 2척이 모두 작전 불능하게 될 경우이 25%이며, 반면에 이 세력이 항공강습 능력의 대부분을 그대로 보유하고 있을 확률즉, 항공모함 2척이 모두 작전 가능한 상태일 경우 역시 25%라는 사실이 함축되어 있다.

육상에 위치한 홍군 세력과 해상에 위치한 청군 세력 간의 상대적 생존성과 이 두 세력이 재건될 수 있는 가능성을 산출하는 것은 어렵기는 하지만 중요한 작업이다. 이러한 지상/해상 방정식은 미국의 해군 기획, 심지어 해양통제와 미국의 해양이익 보호를 목적으로 하는 기획에서조차 계속 논의되고 있는데, 이 생존성 관계는 숙련된 연구에서 나오는 전문지식을 통해서 논의되어야 할 것이다.

지금까지 살펴본 사례에서 가장 중요한 목적은 현대 해전의 과정, 즉 변동 과정을 보여주는 것이다. 가장 기초적인 분석에서도 전투정찰이라는 어려운 과정을 피할 수 없다. 우리는 앞서 살펴본 역사적 고찰에 관한 장에서 간단한 부대 대 부대 소모 모델을 통해 해전의 본질에 관해 기술한 것을 살펴본 바 있다. 이 모델은 전술의 구조와 각 세력 간의 상관관계를 밝히는 데 도움을 주었다. 이 모델은 무엇보다 비교적 근소한 세력의 우열만으로도 전세가 결정된다는 것을 보여주었다. 그러나 제2차 세계대전이 시작될 무렵부터는 장거리 무기의 출현으로 단순히 소모에만 초점을 맞출 수 없다. 즉, 소모 모델에 전투정찰이 추가되어야 한다. 공격적 타격력은 파괴력의 계속적인 흐름이라는 개념보다는 하나의 맥동pulse에 가까운 개념으로 보였다. 전투지속 능력은 함정의 생존성보다 넓은 개념으로 사용되었으며, 능동적인 방어가 중요하다. 그리하여 단순한 전술 논의는 종언을 고하게 되었다.

이제 결론적으로 현대전투를 논하는 데 고려해야 할 사항을 제시하겠다.

_ 양측이 공격무기를 보유하고 있으며 이 무기의 잠재력은 거리와 함수관계에 있다.

_ 양측이 모두 전투정찰체계를 보유하고 있는데, 효과적인 공격을 실시하기 위해서는 이 전투정찰체계가 최소한 적을 탐지할 수 있어야 하고 때로는 추적과 조준도 할 수 있어야 한다.
_ 양측은 적이 자신을 방어하고 아군을 공격하는 데 활용할 수 있는 정보를 상대방에게 누설할 수도 있다.
_ 양측 모두 은폐와 기만을 사용하거나 적으로 하여금 탐지장비를 사용하지 않도록 유도함으로써 또는 함 외 탐지장비에 대한 공격 등, 적의 대정찰 수단을 제거함으로써 적의 전투정찰 과정을 지연시킬 수 있는 잠재력을 지니고 있다.
_ 끝으로 양측은 기함에 대한 직접 공격이나 통신교환 등의 방법으로 적의 C^2를 방해할 수 있다.

궁극적으로 양측의 C^2가 모든 것을 지배한다. 각 지휘관의 목표는 임무의 성공적 수행을 위해 화력을 집중하는 것이다. 집중이라 함은 공간적으로 공격의 국지화뿐만 아니라 일정한 시간 내에 공격을 효과적으로 압축하는 것을 의미한다. 즉, 집중이란 결정적인 지점에 맥동적 파괴력을 중점적으로 가하는 것이다.

적절한 공격의 시간 조절 역시 집중 못지않게 중요하다. 역사적으로 볼 때 해전에서 승리한 천재들은 '무엇을 해야 하는가?'보다는 그것을 '언제 해야 하는가?'를 잘 알고 있던 이들이다. 이것은 오늘날에도 여전히 진리로 통한다. 해군 지휘의 요체는 이용 가능한 공격 잠재력을 언제 활용할 것인지를 아는 데 있다.

다음으로 무기발사에 관해 살펴보자. 현대 해전은 진행 속도가 빠르고 파괴적이며 결정적인 특성을 보일 것이다. 따라서 최초 발사탄이 발사되기 전에 전투 결과가 결정되는 경우도 종종 있다.

전술가들이 선제공격을 가하는 것 이외에는 다른 것은 생각하지 못하고 단순히 공격적인 마음가짐만 가지는 것은 잘못된 태도이다. 해군함대는 효과적인 선제공격, 이를테면 일단 공격을 가하면 적이 복구하거나 성공적 역습을 가해오는 것이 불가능하도록 공격해야 한다.

현대의 전투함대는 비교적 적은 수의 단위부대로 구성되기 때문에, 해군 지휘관은 지상군 지휘관에 비해 예하부대에 대해 확고한 통제를 유지하고 광범위하게 분산된 각 위치에서 협조된 공격을 실시할 수 있는 잠재력을 한층 더 많이 가지고 있다. 이 잠재력을 현실적 능력으로 바꾸어줄 수 있는 수단으로는 교리, 훈련, 안정된 팀워크, 치밀한 신호체계, 작전 기간 중 적시에 신호로 전달되는 몇 차례의 지휘 등이 있다.

거의 언제나 불완전한 정보를 기초로 하여 결정을 내려야 하는 지휘관은 적이 공격해 오기 전에 어떻게 효과적으로 공격을 가할 수 있는지를 판단해야 한다. 만약 어느 한 쪽이 모든 면에서 적으로부터 효과적인 선제공격을 받게 된다면 그들의 전략이나 전술 또는 무기체계에서 무언가 잘못된 점이 있다는 증거이다. 여러분은 대낮에 은폐물이 없는 지역에서 궁수와 대적하기 위해 창병을 보내지는 않을 것이다. 그러나 무기의 사정거리와 전투정찰 능력을 상호 분리시켜 생각하는 것은 잘못이다. 이 두 가지는 서로 불가분의 관계이다. 그러므로 여러분은 초승달이 뜨는 날 한밤중에 창병을 보내야 한다. 아무리 견실한 전술 계획이라 하더라도, 적에 관한 정보를 수집하며 다른 한편으로 전투에 필수불가결한 자기편의 정보를 보호하는 방책을 반드시 구비해야만 한다.

만약 적이 전투정찰과 무기 사정거리에서 모두 우세하다면 아군은 전투력, 특히 방어화력에서 극히 우세해야만 한다. 해군 지휘관은 전투의 결과가 의심스러울 때에는 결코 예비대를 남겨둬서는 안 된다. 즉, 그는 그의 전타격력을 일제히 적에게 발사해야 한다. 그 밖의 경우에는 부대의 경제적 운용이 중요하다. 그러나 그때도 지휘관은 되도록 모든 것을 집중하며, 전투의 불확실성으로 인하여 충분히 계산된 것 이상으로 집중해야 한다.

해군 지휘관은 집중공격을 가하기에 앞서 먼저 집중 공격의 길을 열어줄 수 있는 무기를 사용해야 할지도 모른다. 또한 후속공격을 위해 어느 정도의 단거리 무기도 필요할 것이다. 결과가 결정되었다고 해서 전투가 끝난 것은 아니다. 최후의 소탕전이것은 어느 쪽에 의해서도 수행될 수 있다은 근접거리에서 벌어지는 대혼란의 장이 될 것이다.

CHAPTER 11
결론

종결

한국전쟁과 베트남 전쟁에 참전했던 필자는 구축함을 타고 세계를 둘러볼 기회가 두 번 있었다. 그때 느낀 것은 '내가 얼마나 많은 것을 깨달았는가?'가 아니라 '내가 알고 있는 것이 얼마나 적은가?'였다. 우리가 사는 지구는 거대한 곳이다.

이 책에서 제시한 전술에 관한 조감은 광활한 장래의 조망 가운데 한 가닥 작은 빛에 불과하다. 지금까지 전술의 세계를 일주했지만 귀항해서 닻을 내리려는 지금, 우리는 그러한 세계의 많은 해양과 모래톱의 대부분을 보지도 못하고 해도에도 표시하지 못했다.

이 책에서 제시하는 통찰 중 다음 사항이 필자의 마음속에 깊이 자리 잡고 있는 것이다. 이것은 전투라는 사나운 폭풍에서 그나마 우리를 지켜줄 안전한 투묘 장소라고 생각한다.

전술

해전에서의 핵심적 특징은 소모다. 육상에서는 기동전에 의한 승리가 가능할지는 모르지만 해상에서는 그렇지 못하다. 해상에서는 효율적인 선제공격이 모든 전술지휘관의 목표이다. 그러나 이러한 사실을 깨닫는 것은 겨우 출발에 불과하다. 전투정찰의 역할이 이론과 실제, 역사에서는 과소평가되었지만 우세한 전투정찰은 공격의 포문을 열어준다. 지휘는 전투정찰에 따른 정보를 종합하여 그에 따라 세력을 운용하는 한편 같은 것을 시도하는 적의 기도를 좌절시키기도 한다.

전투의 진행 과정은 필설로 표현될 수 없다. 심지어 전쟁연습도 최후의 국면에 감도는 심각하고도 급박한 상황의 의미를 표현하지 못한다. 전술의 성공은 시간이 정확히 조절된 시의적절한 전투에 달려 있다.

전술지휘관과 무기설계자의 목표는 발사되는 '순수' 공격화력net delivered offensive firepower을 극대화하는 것이다. 여기서 필자가 '순수'를 강조하는 첫 번째 이유는 전투지속 능력이 중요하다는 것을 일깨우기 위한 것이지 공격을 무시하려는 것이 아니다. 마카로프 제독은 "훌륭한 포는 승리를 가져다 주지만 장갑은 기껏해야 패배를 늦춰줄 뿐이다"Makaroff, 1898 : 181라고 했다. 어떠한 함대도 경쟁적인 적 함대를 격퇴시키지 않고서는 그 앞에서 무한정으로 작전할 수는 없다. 순수 공격화력을 강조하는 두 번째 이유는 효과적인 공격은 무기가 실제로 발사되어야 한다는 것이다. 다시 말해 침몰된 함정의 발사체나 탄약고 속에 들어 있는 탄약은 아무런 쓸모도 없다는 것이고, 적의 유인 함정이나 바위 꼭대기를 향해 발사된 무기는 영원히 버려진 것이다.

지금까지 해전은 예비부대를 남겨두지 않고 전개되었다. 즉, 공격화력의 전 역량을 동원해 집중적인 타격을 가하는 것이 목표였다. 현대식 무기의 출현으로 말미암아 이렇게 전술 목표를 오로지 한 가지에만 전념하는 방식은 수정될지 모른다. 그러나 특별히 단독 작전에서 은밀히 전투를 개시하려는 의도가 없는 한, 세력의 공격집중의 원칙은 해군의 모든 구성부대에 유효하다. 예비부대를 두지 않았던 오래된 이유 중 하나는 적 진형을 눈앞에서 볼 수 있었기 때문이다. 그러나 이런 경우가 이제 더는 없을 것이다.

따라서 오늘날에 예비부대가 더욱 중요한 이유는 효과적인 선제공격의 결정적 결과와 발사 화력에 의한 초기의 우세가 가져다주는 누적적인 이점에 있고, 이러한 현상은 여전히 전투 진행의 특징을 이룰 것이다.

지금까지도 그랬지만 전투함이 대등한 타격력을 지닌 육상기지에 설치된 무기의 사정거리 내에서 작전을 수행할 수 있는 능력에는 한계가 있다는 사실은 심각한 문제이다. 반면, 지상부대에 대한 전투함의 장점, 더 우세한 전략적 기동성과 전술적 기동력은 예전에 비해 감소되지 않았다. 따라서 지상부대에 비해 해군부대가 지닌 기동력이라는 전술적 장점은 충분히 활용되어야 할 것이다. 계속해서 같은 위치에서 작전을 수행하는 전투함은 적의 공격을 자초하기 쉽다.

무기의 사정거리와 살상률이 증대되면서 오늘날의 전장은 더욱 확대되었다. 이에 따른 직접적인 결과는 많지만, 그중 하나는 이제 더 많은 육상기지 부대가 해양부대maritime forces로 간주되어야 한다는 점이고, 다른 하나는 이전에 비해 더 명백하고 중요한 사실로서 해상기지 부대가 육상기지 부대와 팀을 이루어야 할 필요성이 생겼다는 점이다. 전략적이든 전술적이든 합동작전에서의 성공적인 협력관계는 현대전에서 불가결한 요소이다.

오늘날의 교리 분야에서, 그리고 장래에는 기술 분야에서 해결되지 않으면 안 될 함대와 관련된 불분명한 사항은 다음과 같다.

- **적극 방어에 대한 신뢰**reliance on active defense

예상되는 적의 선제공격을 격퇴하기에 충분한 세력의 집결. 함대가 협동해 방어무기체계로 싸우려면 정숙한 이동을 포기한다.

- **은밀성에 대한 신뢰**reliance on stealth

적으로 하여금 힘들고도 오랫동안 싸우게 함으로써 효과적인 선제공격을 하지 못하게 한다. 부대는 정숙하게 이동한다. 그렇지 않으면 은밀성의 이점을 상실하게 된다.

공격력과 방어력 사이에는 교호성이 있기 때문에 적극 방어와 은밀성 가운데 어느 것을 선택할 것인지에 관해서는 최종적이고 확실한 해답이 있을 수 없을 것이다. 어느 쪽을 선택하든 각각 장점과 단점이 있다.

교전 규칙에 따라 전쟁의 포문을 열기 위한 함대 훈련은 가장 집행하기 어려운 연습으로서 일종의 학위 취득 연습graduation exercise이라고 할 만하다. 전투 훈련에서 전쟁의 선제 타격을 지나치게 강조하는 것은 하나의 오류이다. 전술교리의 기본은 전시 작전 전체에 적용되지만, 개전 초기에 적합한 전술은 특별하고도 어려운 문제다. 그러므로 전쟁에서는 최후의 전투를 승리로 장식하는 것이 중요하다는 것을 좀 더 많이 언급해야 한다.

화력, 전투정찰, C^2, 이에 대한 대항책이 모두 독립적으로 나름의 역할을 하지만, 역시 같은 노력을 경주하는 적과 대적하면 다음 여섯 가지 방책을 종합해야 승리할 수 있다. 훌륭한 전술 계획을 수립하려면 음악을 작곡하듯이 각 구성 요소를 적절히 배합해야 한다. 전술 계획이든 작곡이든 화성과 독창, 조용한 간주곡, 하늘의 천둥소리처럼 클라이맥스를 향해 올라가는 점강음crescendo 등을 구비해야 한다.

무기와 탐지장비

화력의 혁명은 당연히 신중한 연구와 깊은 이해의 필요성을 제고시켰다. 전투 과정을 가장 잘 설명한 랜체스터의 동시소모에 관한 자승법칙에 따르면 전투력에서 4 대 3의 우위는 전세를 결정지을 수 있으며, 3 대 2의 우위를 확보할 경우에는 상대방을 압도하게 된다. 그러나 파상적 타격을 가하는 경우에는 전투력에서 2 대 3 정도로 열세한 측도 전투정찰과 C^2를 활용하여 효과적인 선제공격을 가할 수 있다면 승리할 수 있다. 어뢰의 발전이 이루어진 이후 파상적 화력을 매우 효과적으로 발사할 수 있는 현대 무기의 능력에 힘입어 열세한 세력이 우세한 세력을 격퇴할 수 있는 잠재적 위협이 존재하게 되었다. 미사일 시대인 오늘날 이러한 잠재적 위협은 새로운 양상을 조성하였다.

장거리 무기가 효과적일 것이라고 예상했던 전술 계획 입안자들은 어쨌든 여러 가지 이유로 전투가 아직도 훨씬 짧은 거리에서 결정된다는 사실을 발견하고 놀라움을 금치 못했다. 과거에는 그 이유가 전투정찰의 진행 양상과 양측이 상대적 위치를 서로 바꾸는 과정에서 전투정찰 수준이 같아지는 것과 관련되어 있었거나 협소한 해양의 수상과 수중에서 벌어지는 쫓고 쫓기는 죽음의 게임에서 육지의 위치와 관련되어 있었다. 미래에 일어날 전투의 지휘관들은 양측이 보유하고 있는 무기의 실제 도달거리를 예견하는 데 능숙해야 한다.

열세한 세력이 전략적인 이유로 싸우지 않을 수 없는 경우라면 다음과 같은 결론을 내릴 수 있다.

- 전투정찰에서의 우세는 필수적이다. 이는 게임이론에 의한 해답인 상황 판단이 이루어졌지만 위험에 가장 효과적으로 대처하는 방법이 무엇인지를 확인하기 위한 것이다.
- 화력의 우위에 대한 요구는 전투정찰 정보와 기만에 의해 획득될 수 있을 것이므로 효과적인 선제공격을 가함으로써 종국적으로는 승리를 가져올 수 있는 해결 방안을 제시해야 한다.

다수의 재래식 폭탄과 미사일 또한 한 발 이상의 어뢰를 명중 당하고도 살아남아 전투를 계속할 수 있는 전투함이 건조될 수 있다. 주로 재래식 전쟁에 대비하여 건조된 현대적 함대의 전투함 대부분은 생존성과 지속적인 전투에 적합하게 설계되어야 한다. 그러나 핵전쟁에 적합하게 설계된 전투함은 전투지속 능력의 강화만으로는 생존성을 유지하지 못할 것이다.

함대전투는 결정적이기 때문에 미래전에서는 우세의 유지나 적의 우세 능력 감소에 상당한 관심을 기울일 것이다. 오늘날 미국이 해양우세 maritime superiority를 유지하고 있는 결과 함대 전술 연구에서 소홀히 취급되고 있으며, 고유의 전술을 지닌 기뢰전과 기뢰대항전이 예기치 못한 양상으로 교전 양측의 전시작전을 좌우할 가능성도 있다. 적 함대의 우세를 감소하기 위한 것이든 아니면 적의 통상을 공격하기 위한 것이든, 잠수함 공격 형태의 게릴라전이 전개되리라는 것은 역사를 알고 있는 자라면 누구나 예견할 수 있다. 또한 같은 목적으로 운용되는 장거리 항공기에 의한 공격 역시 현재의 전투정찰 수준과 장거리 항공기 기술을 알고 있는 사람이라면 누구나 예견할 수 있을 것이다.

계획과 집행

교리는 전투에 통일성을 부여한다. 교리는 훈련, 기술, 전술, 목표에 영향을 미치고 또한 그것에서 영향을 받는다. 교리는 전투를 위해 고안된 일련의 절차로서 무기체계, 함정 및 항공기, 함대의 각 단위부대, 그리고 함대 전체를 통제하는 이들의 요구에 부응할 수 있어야 한다. 이 절차들은 상호 모순되어서는 안 된다. 어떤 수준에서든 교리는 전문성이 있어야 하며, 통합된 어느 팀에게서 최상의 성과를 얻을 수 있도록 고안되어야 하지만, 직감적인 전술과 주도권을 발휘할 수 있는 여지는 허용해야 한다.

교리는 전술을 표준화함으로써 개개의 작전마다 계획을 세워야 하는 번거로움을 덜어준다. 교리는 사실 각각의 구체적인 임무 상황은 모르더라도 그에 따라 연습과 훈련을 할 수 있는 일반적인 계획이라고 할 수 있다. 그러므로 고루한 항구 전투교시에 구속을 받지 않는 현대적인 전투교시가 요구된다. 전투 계획은 임무를 구체적으로 명시한 교리이다.

부대 구성이 불안정할수록 표준화된 전술과 지휘의 필요성이 더욱 커진다. 마찬가지로 전술지휘관과 함장의 교체가 빈번할수록 기획 과정에서 개인적으로 참조할 수 있는 자료와 전술 간명성의 필요는 더욱 커진다. 그렇다 하더라도 이런 자료나 전술의 간명성이 어느 단위부대의 안정성과 결집력까지 보충해 줄 수는 없다. 현대의 신호서는 전술 지휘를 표준화하고 있다. 전투에서 전술 통신은 간단하고 명료하며 그 횟수가 적어야 한다.

미래전에서 적의 신호를 역이용하는 것은 매우 중요하다.

계획과 집행은 상호 관련되어 있지만 이들이 하나의 행위도 아니며 같은 것도 아니다. 이를 같은 것으로 취급하는 것은 위험한 생각이다. 집행을 하는 동안에는 계획을 세울 수 없다. 또한 집행자는 전술적 변화를 수용하고 집행 과정에서 변경을 허용하는 계획을 집행하는 것이다. 계획은 작전의 목표와 마찬가지로 각 함장의 가슴속에 확고하게 박혀 있어야 한다. 계획은 교리와 훈련에서 크게 유리될 수 없다. 또한 교리와 훈련이 없다면 집행은 제대로 이루어지지 않을 것이다. 훌륭한 집행은 계획과 현저히 다르게 보일 수 있으므로 훈련되지 않은 자의 눈에는 양자 사이에 유사성이 전혀 없는 것처럼 보일 것이다.

전투 계획은 가령 항공모함, 가장 우수한 대공전투함, 기함, 중요한 전투 정찰 요소에 손상이 생긴 후에 펼칠 우발 작전에도 대비해야 한다.

전술지휘관을 위한 가장 좋은 실질적인 충고 한마디를 한다면 다음과 같이 간략히 말할 수 있다.

"무엇을 해야 할 것인지를 미리 결심하고 그것을 예하 지휘관들의 마음속에 깊이 새겨라!"

전략과의 관계

해전은 소모를 핵심으로 삼고 있다(이 말은 죽음과 파괴가 불가피하다는 뜻이기도 하다)는 적나라한 결론은 우리를 매우 우울하게 한다. 이러한 해전의 핵심 특성을 파악한 후에는 그래도 마음을 위로해 주는 네 가지 성향에 대해 생각할 수 있다. 첫째, 우세한 세력을 과시함으로써 해전을 억제할 수 있는 가능성이 지상전의 경우에 비해 훨씬 높다는 사실이다. 열세한 세력을 무력하게 만든 경우는 역사에서 흔히 볼 수 있는 현상이다. 그런데도 역사는 일어나지 않은 전투보다는 일어났던 전투를 기록하고 있기 때문에 이러한 사실은 전술 연구에서 제대로 나타나 있지 않다. 둘째, 장비의 파괴율이 높아진 반면 전투원의 손실은 상대적으로 낮아지는 경향이다. 셋째, 전장에서 멀리 떨어진 곳에서 전투정찰, 대정찰 및 군수 임무를 수행하는 비전투원의 비율이 높아지는 경향이다. 마지막으로 해상에서는 육상에 비해 결전의 결과가 직접적이고도 분명하게 나타나지 않기 때문에, 열세한 해군을 보유하고 있는 국가가 전투를 벌일 가능성은 훨씬 적다는 사실이다. 어느 지역을 포위하고 있는 해군은 직접 침공해 들어가는 육군에 비해 목을 조르는 위협의 강도가 떨어진다. 이러한 사실은 열세한 해군이 러시아와 같은 대륙 강대국에 소속되어 있는 경우에 흔히 볼 수 있었다. 만약 미국과 같은 해양국가가 우세한 해군에게 위협을 받는다면 긴장이 고조되어 평시에는 군비경쟁으로 치닫고 전시에는 해상에서의 혈전을 피할 수 없을 것이다.

　세력을 집중해 노련한 전술로 전투를 승리로 이끄는 것이 모든 전투함대 사령관의 궁극적 책무라는 점을 강조한 마한의 지적은 옳았다. 또한 전략적 고려에 의해 결전 여부가 좌우된다는 코베트의 지적도 역시 옳았다. 함대는 결전을 치르지 않고서도 그 전략적 목적을 달성할 수 있다. 전투함대는 여러 가지 이유로(예를 들면 잠수함전 또는 전 세계에 걸쳐 자국의 이익을 보호해야 할 책임 때문에) 결전을 벌이거나 결전에서의 기선을 잡아야 할 고유의 역할을 포기할 수 있다.

　열세한 함대가 전투에 참가하지 않을 경우, 육상에서의 상황이 마침내 더는 방치해둘 수 없는 지경에 이르렀을 때 비로소 함대 작전이 개시되는 것이다. 그로 인한 전술적 결과에 따라 지휘관은 바라지 않는 짐도 질 수 있다. 즉, 지휘관은 적과 대적하는 한편, 동시에 해운과 병력수송선, 해안두보를 방호해야 할 책임이 있다.

　모든 지휘관의 참모는 불균형적인 부대 구성을 보여주는 오늘날의 전투서열에 의거해 어느 쪽이 우세한지, 그리고 얼마나 우세한지를 지휘관에게 알려줄 수 있어야 한다. 그러나 정리되지 않은 전투 서열로는 그 우열이 쉽게 식별되지 않는다. 우열은 부대가 아니라 부대의 비교를 통해서 나타난다. 양측의 훈련받은 전술을 포함하여 무기의 양과 사정거리, 전투정찰 능력과 C^2 등이 모두 이 방정식의 변수가 된다. 현대적인 결심지원체계는 사전부대의 비교를 위해 필수적이다. 그러나 이러한 비교는 추상적인 것에 불과하다. 실제로 전개 결심을 하기 위해서는 임무와 지리적 상황이 고려되어야 하고 택일적인 각 전술 계획에 대한 세력 할당도 결정되어야 한다. 그리고 그에 따라 운용 가능한 화력의 최종적인 비교가 재조정된다.

각 부대 간의 상호 관계는 승리를 예시하는 훌륭한 지표가 된다. 그러나 이러한 지적이 더는 의미 있게 받아들여져서는 안 된다. 예견하지 못한 위급한 전투 상황에 따라 예측이 빗나갈 수도 있기 때문이다. 예상 손실도 크게 빗나갈 수 있다. 또한 이 말이 그 이하의 의미로 과소평가되어서도 안 된다. 단순히 부정확하다는 이유로 사전 예측의 필요성을 무시하는 것은 어리석은 짓이다. 어떠한 군사적 기획도 사전 계산과 예측 없이는 이루어질 수 없다.

임무를 부여받지 않은 군대의 관심은 자기보존에 있다고 클라우제비츠가 말했다. 해군의 경우도 마찬가지이다. SSBN은 재래식 전쟁에서는 숨어 있어야 한다. 반대로 항공모함전투단은 핵전쟁이 발발하면 안전한 곳으로 피해야 한다. 그러나 양자 모두 시간이 경과하면 중요한 역할을 하게 될 지도 모른다. 자기보존은 즉시 결전에 돌입하기에 너무 취약한 해군이 지켜야 할 목표였다.

영향력 있는 해군을 건설하고 유지하는 데 많은 비용이 소요되었다는 것은 역사가 증명한다. 그러나 경제정책에서 최악의 정책은 종국에 가서는 적과 대적할 능력도 없는 거대한 해군을 건설하는 것이다.

일부 지각없는 논자들은 현대적인 무기와 탐지장비가 개발되면서 이제 구시대적인 함대전투는 존재할 수 없다고 지적한다. 아마 그들은 구시대 전쟁의 진부한 전술과 함정을 염두에 두고 있는 모양이다. 대양의 해상을 사용하는 한 각국은 이 해상을 통제할 수 있는 함대를 반드시 유지하려고 계속 투쟁할 것이다. 그렇다면 그러한 함대에는 수상함이 반드시 포함되어야 한다.

전술 연구

이 책의 논지를 이끌어가는 주제 중 하나는 전술연구가들이 전투의 혼돈에서 추출할 수 있는 어떤 질서와 이해를 무엇이든지 이끌어내려고 한다는 점이다. 필자는 이미 이러한 질서와 이해를 확립하는 가장 현명한 방법은 각 전투에서 선택되었던 전술이 해군에 미친 효과를 평가하고 그로부터 나오는 측정 결과를 실제적인 지침으로 전술과 전략기획가들에게 제공하는 것이라고 제안한 바 있다. 물론 그중에는 통상적인 측정이 빗나가는 것도 있다. 예를 들면,

① 탐지거리와 같은 성능 측정 방식
② 발사관 내의 공격 미사일의 수와 같은 작전용 공격화력
③ 홍군의 공격화력 대 청군의 방어화력 등의 비교
④ 개별적으로 수행되는 대잠전이나 대공전 또는 강습전에 대한 효용성 등이 그것이다.

기획에 사용될 수 있는 유용한 측정 방법은 구체적인 전투정찰 계획과 화력발사 계획을 고려하여 양측이 임무 수행 과정에서 입은 손실을 평가하는 것이다. 이와 관련해 언뜻 보면 모순된 것 같은 2개의 경구가 있다.

_ 측정에서 얻은 결과는 예시지표predictor가 되지만, 전투 과정에서 발생하는 혼란 때문에 그 결과는 정확한 예측이 아니다.

_ 필자가 추천하는 효과 측정의 척도는 양측의 손실이지만, 이러한 척도는 일종의 대용법으로서 단지 전술지휘관의 진정한 임무와는 간접적으로만 관련되어 있으며, 때로는 소모와는 직접적인 관계가 없는 경우도 있을 것이다.

이러한 방식은 제1차 세계대전과 제2차 세계대전에서 효용을 발휘한 가장 우수한 전술적 사고였다. 그리고 이러한 사고는 군인에 의해 이루어졌다. 그 밖의 다른 사람들에 의해 견실한 전술이 개발되는 것은 불가능하다. 물론 영감이 번뜩이는 새로운 사고는 군대 밖에서도 나올 수 있다. 그러나 그것을 받아들여 전술적 세부 사항을 만들어 내는 것은 함대 내에서 이루어져야 한다. 그렇기는 하지만 오늘날의 함대는 행정과 무기 정비, 기술에 대한 신뢰 분위기로 충만하다. 전술의 향상을 이루려면 함대학교fleet schools의 도움이 필요하다. 이 학교의 교수들이 가장 우수한 장교들일 때, 또한 그들의 역할이 단순히 가르치는 것뿐만 아니라 전술을 발전시키는 데도 있다는 사실을 모두가 이해할 때, 비로소 가장 훌륭한 전술이 나올 것이다.

해전에 관한 역사적 분석은 현대적 전투 모델의 기초를 이루는 원인과 결과의 상관관계를 조사하고 측정하는 데 많은 도움이 된다. 이러한 연구에는 위치, 통신, 상세한 시간 계획 등을 분석하고 설명과 마찬가지로 자료도 풍부하게 구비되어야 한다. 또한 전투의 여섯 가지 과정과 부대 대 부대 전형에서 이들의 상관관계를 중시하여야 한다. 전술적 전투정찰이라는 과정은 제1차 세계대전 이래 수행된 것이지만 주의 깊은 관심을 요한다.

역사는 해군의 무기가 평시의 잠재력과 예상했던 효과를 제대로 발휘하지 못했음을 보여준다. 그렇다면 결전에 관한 이런 역설적 현상은 왜 생겼는가?

■ 전술적 이유

함포의 부정확성이 양측 모두의 문제일 수 있다. 샘프슨 제독은 함포가 6,000야드에서 명중되지 않았을 때 적 함포의 부정확성 때문에 1,000야드까지 접근할 수 있었다.

- **기술적 이유**

무기는 고도의 치명성이 있다. 다수의 미사일이 빗나간 후에도 단 1발의 명중으로 한 함정의 전투력을 잃게 할 기회가 많을 것이다.

- **전략적 이유**

역사는 엄청난 결과를 가져오는 전투에 직접 크게 기여하고 있다. 즉, 결정적이지 못한 전투를 연구함으로써 전술적으로 배우는 바가 있다는 것이다.

어떤 사람들은 전쟁의 과학science을 중시하고, 또 어떤 사람들은 전쟁의 기술art을 중시한다. 필자는 다른 방향에서 전쟁 연구에 접근하고자 한다. 그것은 지휘 비결command mystique, 즉 어느 지도자가 용감한가, 현명한가, 아니면 감화형인가를 구별 짓는 품성이라는 특성에 초점을 맞추는 것이다. 만약 이러한 제3의 접근 방법이 인정될 수 있다면, 전술의 학문과 기술 사이에 남아 있는 차이점은 그다지 중요하지 않을 것이라는 확신을 갖게 된다. 중요한 것은 훌륭한 실행이 훌륭한 이론에서 나온다는 사실, 그리고 전투에서 지속적인 성공을 거두기 위해서는 이론과 실제가 필요하지만 그것만으로는 충분하지 못하다는 사실을 좀 더 명확히 인식하는 것이다.

맺음말 차기 나일 강 해전

우리는 브리엄Pyotr Ossipovithch Briam 해군중장의 작전본부인 오렐Orel 함에 있다. 1996년 실패로 끝난 동남아시아 전역 이후 우리 지도자는 캄란 만의 TVD 사령부에서 육상으로 이동하여 지휘하는 우를 범했다. 그는 다섯 주째 동지중해의 알렉산드리아 북방을 방어하고 있다. 3층 갑판 위에 한여름의 태양이 내리쬐고 있다. 그러나 함수에서 불어오는 부드러운 미풍과 웅웅 소리를 내는 핵추진 기관실이 만들어내는 15노트의 속력에서 생겨나서 갑판을 훑고 지나가는 22노트의 바람으로 그 열기는 좀 누그러진 상태다. 각종 장비의 소음을 낮추어 모든 것이 정숙을 유지함으로써 고도의 효율성을 기하도록 했다.

NATO 군이 대경실색하게도 브리엄은 보나포브N.V. Bonapov 육군대장에게 이집트를 안전하게 넘겨주었다. 중앙위원회의 총아이며, 훌륭한 지도자인 보나포브는 지금 수단의 깊숙한 지역에서 적을 파죽지세로 쳐부수었다. 이 작전은 이미 중동을 고립시키고 단숨에 서방세계의 도덕성을 파괴시키며, 1995년의 이스라엘-시리아-PLO 간의 평화협정이 중동 전역을 서구자본주의의 수중에 떨어뜨려 우리에게는 절망의 충격파를 던져주었던 결과를 완전히 뒤집는 거대한 해양작전의 마지막 단계이다.

1998년 8월 1일 현재 우리는 보나포브 장군의 계획에서 뛰어난 재기才氣를 충분히 느낄 수 있다. 그가 어떻게 러시아 최고간부회의를 설득해 그 대담한 계획에 동조하게 했는지를 얘기할 때 눈에서 광채를 내며 함 내를 활보하던 그 땅딸막한 장군을 지금도 기억한다. 그리스가 NATO에서 탈퇴한 후 그리스와 터키는 적의가 완전히 얼어붙고 말았다. 보나포브는 다음과 같이 말했다. "서아프리카에서 혼란이 계속되는 동안 내가 카리브 해에 위기를 조장시켜 놓으면 우리는 제6함대를 지중해 밖으로 끌어낼 것이다. 그 힘의 공백 지역으로 브리엄이 나의 기동군을 수송할 것이다. 이 작전은 터키가 이런 가능성을 예견하기 전에 다다넬스 해협을 통과함으로써 이루어질 것이다. 몬트렉스Montreux 조약은 단 한 번, 그리고 영원히 파기될 것이다. 이때 재빨리 핵무기를 사용할 것이며, 서구 전역은 온통 마비되고 혼란의 도가니에 빠질 것이다. 문제는 제6함대다. 마이곰Migom, 제6함대가 30일 동안만 나타나지 않게 하라. 그러면 이집트와 그곳의 비행장을 점령할 것이다. 당신이 북쪽에서 그리고 내가 동부 아프리카에서 홍해를 건너서 치고 들어간다면 서남아시아 전체가 벌벌 떨 테지만 종이호랑이 NATO는 속수무책일 것이다."

전황은 그렇게 전개되었다. 7월 1일에 3만 6,000명의 병력이 아부키르 만에 상륙하여 남부 지역을 장악했다. 터키는 동원 체제에 돌입했지만 고립된 채 무력화되었다. 방해자 그리스는 자기당착에 빠져 허둥지둥했다. 이탈리아는 언제 어떻게 될지 모르는 상황 때문에 NATO에서 곧 탈퇴할 듯한 상황이었다. 이스라엘과 시리아는 절망과 공포로 아우성치고 있다. 암스테르담에서는 미국이 광적인 핵공격을 가하기 전에 네덜란드를 NATO에서 탈퇴시키려고 시민들이 폭동을 일으켰다. 뉴욕에서는 유엔 본부 앞에서 텔레비전 생방송을 위한 거리 투쟁이 벌어졌는데, 군중의 절반은 자멸적인 총력전을 벌이라고 소리쳤고, 나머지 군중은 역시 자멸적인 전면 평화를 요구하며 외쳤다. 우리에게는 워싱턴의 행동을 알려주는 스파이가 필요 없다. 모든 것은 보나포브가 예견한 그대로였다. 물론 전략적 경보가 있지만, 그것은 핵무기가 아직 사용되고 있지 않다는 거의 광신적인 확신을 불러일으키고 있다. 서방세계의 유일한 희망인 제6함대는 방향을 되돌려 대서양을 가로질러 지브롤터 해협을 향해 급파되었다.

이로써 브리엄의 함대는 지금 보나포브의 계획에서 족쇄 역할을 하고 있는 것이다. 브리엄 제독은 지금까지 모든 방면에서 성공을 거두었다. 간담이 서늘해진 미국의 잠수함들은 동지중해로부터 축출되었다. 그들의 빈약한 단독 전술은 우리의 이중 대잠전 방어에 대항할 수 없다. 이 잠수함들은 우리의 능동해저반사 소나에 눌려 항구 내에 묶였고, 이 때문에 접근과 어뢰 공격에 따르는 위험이 3배나 증가되었다. 이것이 바로 우리의 살인적인 대잠탐색 공격부대가 수행하는 토바리시Tovarishch 전술이다. 무엇보다 좋은 것은 STOL 항공기로 무장한 우리 항공모함이 공중 엄호와 타격력을 제공하기에 적합하며, 이제는 이집트의 비행장에서 발진하는 전술항공기에 의한 지원이 점차 강화되고 있다는 점이다.

물론 우리는 브리엄 제독이 좀 더 풍부한 해상 경험이 있었더라면 하는 바람이 있다. 보나포브에 의해 특별히 선발된 그는 모든 사람이 인정하는 것처럼 전략의 귀재로서 보나포브의 신중한 모든 계획에서 그의 오른팔 역할을 하고 있다. 브리엄은 또한 지원체계의 귀재인데, 이 지원체계는 각 제대 간의 상호 관계를 정리하고 각종 변수를 예측하며 각 행동 조치의 시간을 계산해 조절하는 것이다. 당신은 이런 제독에게 해전 경험이 부족하다고 말할 것인가? 그렇다면 그를 대체할 인물이 누구인가? 우리는 거대한 육상 강국이다. 아프가니스탄, 쿠바, 니카라과, 체코슬로바키아, 헝가리, 이들은 모두 우리 해군의 전투력에 아무런 도움도 안 되는 약소국에 불과하다. 브리엄은 우리의 가장 우수한 제독으로 용기 있고 사려 깊은 위대한 러시아 가문 출신이다.

그런데도 그는 그랜트 해군중장과 그가 이끄는 제6함대의 복귀에 관한 생각에 신경이 곤두서 있다. 전직 미국 장군의 후손인 그는 위험을 두려워하지 않는 광인과 같은 자로서 사리 분별없이 전투를 하지 못해 안달인 상태다.

얼간이 같은 그의 대원들은 어린아이들처럼 그를 따르고 있다. 브리엄은 레바논 해안으로부터 우리에게 날아 온 4발의 함대함 미사일에 대항하여 47발의 SAM 미사일을 함부로 쏘아대는 성급함까지 보여주었다. 이런 식으로 가다가는 그와 같은 기만 공격이 몇 차례 더 있으면 우리 탄약고는 바닥을 드러내고 말 것이다. 그러면 브리엄은 해안선 밖으로 나온 후 그의 지혜를 잃고 말 것인가? 일주일 전에 그는 우리의 대형 함정을 서쪽으로 이동시킴으로써 레바논과 터키로부터 멀리 떨어지게 했다. 그리하여 중립지역인 크레타 섬이 우리의 북쪽 측방에, 우호적인 리비아가 남쪽 측방에 각각 놓이게 되었으며, 우리 함대는 미사일이나 항공기에 의한 세 방향에서의 육상공격에서 안전해졌다. 작전장교는 우리의 대공함정이 그렇게 많이, 그리고 너무 멀리 서쪽으로 이동하지 않아야 한다고 주의를 환기시켰다. 그러한 조치는 교리에 어긋난다는 것이 그의 주장이다. 그러나 브리엄은 이 대공함정들이 전방에서 멀리 떨어져 있다가 미친 듯이 달려오는 그랜트의 제6함대에서 발진하는 항공기들을 기습공격하기를 원했다. 그는 적의 눈을 몽땅 뽑아버리고 그 귀를 밀랍으로 틀어막았다. 그러한 적에게 우리의 발걸음은 유령의 걸음과 같고 우리의 목소리는 속삭임보다 더 작게 들릴 것이다.

그렇다. 동지, 그리고 우리의 사령관이 캄캄한 밤에도 볼 수 있다는 것이 자랑스럽다. 사령관은 미국인들과 싸워 그들을 실색하게 하려면 우리 스스로 놀랄 만한 일을 벌여야 한다고 말한다. 그리하여 우리의 지도자 동지가 평생에 다시없을 기습을 준비해 그랜트 제독을 기다리고 있는 것이다. 지난 6월 25일 제6함대가 쿠바를 향하여 서진할 당시 우리 해군의 구축함 비도비USS *Biedovy* 함이 검색을 위하여 그리스 트롤선 네미시스*Nemesis* 호를 정선시킨 적이 있는데, 그때 등화를 끄고 항행하던 이 작은 어선은 서양 문명 사이에서 이미 폐허가 되어버린 아름다운 풍광과 두 지역, 즉 갈리폴리 반도와 트로이의 흩어진 잔해 사이에 위치한 헬레스폰트 해협 밖에서 느린 속도로 수상쩍게 배회하고 있었다. 나포한 결과, 그리스 어선에는 현혹과 기만용으로서 미국의 첩자와 청음장치가 있었으며, 그랜트가 비밀리에 운용하는 가장 정교한 종류의 암호장비도 적재되어 있었다. 이 암호장치는 위성을 통해 기함과 직접 연결된 휴렛-팩커드Hewlett-Packard를 작동시키고 있었다. 지금 그랜트는 브리엄이 듣기를 원하던 바로 그것을 보내주고 있는 것이다. 브리엄은 작전상 부족함이 있었지만 여전히 역정보의 명인이다.

그랜트는 곧 신호전과 미국인들의 취약점인 방첩미국인들은 아무 비밀도 없다에 착수할 것이다. 일개 준장에 불과하면서 1997년 탄중 피아낭Tanjung Pianang 전투에서 우리에게 그토록 큰 해악을 끼친 그랜트이지만 이제 우리는 이 자에 관해 산더미 같은 자료를 가지고 있다. 이 전투를 두고 뒤에 강철같이 엄격한 포터D.D. Porter 해군소장은 이렇게 말했다. "여러분은 그랜트가 본인의 명령을 위반했다고 어떻게 그를 문책할 수 있겠는가? 그는 당시에 만약 본인의 교신이 적에 의해 차단되지 않았더라면 본인이 그에게 지시했을 사항 바로 그것을 정확하게 실시했다." 아, 그렇다. 그때 우리에게 이 두 사람과 같은 인물이 있었더라면 캄란 만을 구할 수 있었을 것이다. 젊은 그랜트는 바리 섬의 듀이Dewi 공주에 대한 그의 유명한 사랑으로 조지타운에서 이야깃거리가 되고 있는데, 그녀는 그가 인도네시아를 구출한 후에 만났던 여인이었다. 그녀의 정원에 서 있던 그들은 마치 율리시스Ulysses와 헬렌Hellen 부인 같았으며, 그랜트가 그녀에게 호머Homer와 버질Virgil의 시를 읽어 주었다는 소문이 나돌았다.

여기에 그랜트가 전송하다가 우리에게 도청당한 또 다른 신호가 있다. 그것은 우리의 정보를 재확인해 주었다. 3일 전에 그는 지브롤터 해협을 통과했으며, 그때 우리가 설치해 놓은 첫 번째 함정에 걸려들었다는 것이다. 항공모함 1척이 손상을 입고 바르셀로나로 향했다. 이지스 순양함 1척이 침몰되었다. 우리는 이렇듯 상세한 내용을 바로 그랜트 자신의 통신회선으로부터 알아낸 것이다. 이 전투는 또한 그에게 막대한 미사일 소모를 안겨주었다. 장군! 그러나 우리 역시 병기고에 문제가 있었다. 해안에서 날아온 이

성가신 대함 미사일 공격은 우리의 병기고를 고갈시켜 재보충이 어려워졌다.

터키 때문이냐고? 아니다. 그렇지 않다. 우리의 군수 지원을 방해하는 것은 다다넬스 해협의 터키군이 아니다. 이 점이 바로 그랜트가 기지에서 우리를 압도하는 부분이다. 나도 그것을 인정한다. 이러한 일은 어선과 연안 무역선이 소리 없이 동부 지중해로 들어가면서 우리의 레이더에 혼란을 가져오고 감시 사진을 망쳐놓기 시작한 직후 일어났다. 여러분은 우리가 그때 이 선박들을 격침시켜 버렸으면 좋았을 것이라고 말할지도 모른다. 그러나 그렇지 않다. 이번에는 우리의 사령관 동지가 옳았다. 사람들은 식량과 연료를 구하려고 투쟁을 벌이게 될 것이다. 그리고 그리스와 터키와 레바논 사람들은 배를 가득 채우고, 따뜻한 집과 연료탱크에 기름이 가득 찬 자동차를 보유해야 한다. 어쨌든 우리는 그 선박을 전부 격침시킬 만한 무기나 그 선박을 모두 추적할 수 있는 감시 능력이 충분하지 않았다. 이 점은 그랜트가 그 우스운 800톤짜리 소형 미사일정을 에게 해의 여러 섬으로 몰래 들여보낼 때 곧바로 파악했다. 어리석은 국방장관이 "이제 나는 미국 해군에게 그들이 600톤짜리 소형 함정 해군을 어떻게 운용하게 할 것인지를 보여줄 것이다"라고 하면서 이 소형 함정들을 커싱Cushing이라고 불렀다. 이후 심지어 미국인들도 이 소형 군함을 윌슨의 무용지물Wilson's Follies이라고 따라 불렀다. 여러분은 이 커싱이 무엇을 뜻하는지 아는가?

그랜트는 이 소형 함정을 그리스 해역에 쐐기풀처럼 산개해 놓고 섬 사이에 출몰하면서 낮에는 위장해 있다가 무장이 취약하거나 적성기를 게양한 방호가 미비한 선박에 구식 미사일을 발사했다. 우리가 미국의 잠수함들을 꼼짝 못하게 해놓고도 이 쇠꼬챙이 같은 소형 함정 때문에 에게 해 전역에서 여전히 선단호송을 하게 될 줄 누가 알았겠는가? 성미 급한 그랜트는 앞으로 며칠 내에 그의 전투함대와 함께 동부 지중해에 진입할 것이며, 브리엄이 그를 맞이할 것이다. 시실리 해협은 기뢰와 잠수함과 공중, 수상, 육상에서 발사하는 미사일이 난무하는 죽음의 해협이다. 그러나 제6함대가 지금까지 겪었던 것에 비하면 아무것도 아니다. 헤라클레스의 기둥도 우리가 이 미국인 율리시스에 대비해 준비해 놓은 스킬라와 카리브디스에 비하면 어린애 장난감 같다.

브리엄은 자신의 조치에 어떤 도약대를 마련해 놓았다. 그는 6개의 통신문을 손에 들고 있는데, 모두 제6함대의 지휘망에서 해독된 것이다. 미국 함대의 진형이 텔레비전 수상 화면에 그림으로 나타나 있으며, 신호화된 최종적인 위치 및 예정행동position and intended movement : PIM, 즉 미국 함대의 PIM이 브리엄의 전투지휘소에 그림으로 나타나 있다. 미국의 구식 비유도폭탄에 의한 종잡을 수 없는 공중공격에서 다행스럽게도 벗어난 리비아의 감시위성이 미국 함대의 진형과 위치를 확인시켜 주고 있다.

브리엄은 득의만만했고, 이로써 우리의 사기도 충천해 있다. "한 시간이 지나면 저 성급한 율리시스는 해협으로 들어올 것이다. 6시간이 지나면 그는 기뢰원 내에 들어와 있을 것이다. 8시간이 경과하면 나는 모든 방향에서 공격을 개시할 것이다. 그랜트는 서쪽 방면에서만 나를 공격할 수 있지만, 나는 그를 동·남·서쪽에서 공격할 것이다. 이제 우리가 선제공격을 시작한다. 표트르 벨리키Pyotr Velikii 계획을 집행하라."

운명을 바꿔놓은 3통의 전보 중 첫 번째 전보가 도착한 것은 바로 그때였다. 그것은 스크린 위에 나타났다. 브리엄은 눈살을 찌푸리더니 몸을 돌렸다. "리비아에 있는 레이더가 미국 해군의 A-18에서 발사된 정밀유도미사일에 명중되어 파괴되기 전에 제6함대가 침로를 되돌렸다는 증거를 전송해 왔다. 그랜트가 도대체 무슨 일을 꾸미는 것일까?"

참모장이 당혹스러운 모습으로 두 번째 전보를 가지고 왔다. 그랜트가 그의 예하 함대와 함께하고 있지 않다는 정보가 모스크바로부터 입수되었다. 이 보고서는 그랜트가 이틀 동안 에게 해 어느 곳에 있었다는 것을 말해 준다. 브리엄은 잠시 동안 말문을 잃은 채 시선이 굳어졌다. 그의 크고 불그스레한 얼굴은 점차 핏기가 가셨다. 그의 두 눈이 장비를 따라 주의 깊게 무엇인지를 찾으려는 듯이 움직이자 우리도 그의 날카로운 갈색 눈을 따라 다녔다. "우리는 그랜트가 북쪽으로 가기를 원하지 않는다." 그가 말했다. "우리의 방어태세는 서쪽을 향하고 있다. 그렇지만 무엇이 위협이란 말인가? 위협은 전혀 없다."

"커싱이 있습니다"라고 말한 것은 작전장교였다. 브리엄이 말을 받았다. "그들에게는 눈이 없어 우리가 이미 그들의 눈을 몽땅 뽑아버리지 않았나. 커싱에게는 탐지거리 20마일의 대함 레이더가 있을 뿐이야. 그리고 커싱은 멀리 북쪽에 있어. 따라서 공격을 해보았자 눈 먼 장님에 불과해." 그는 대함 레이더 자동중계장치를 눌렀다. 눈앞에 나타난 것은 비록 지도 위에 그려진 것이지만 60마일 떨어진 크레타 섬의 해안이었다. "맙소사. 지금은 여름철이야. 우리는 해상에서 100마일을 볼 수 있다. 그도 또한 100마일을 볼 수 있을 것이다."

브리엄이 말을 하고 있는 바로 그때 특수 정보장교가 우리들 사이를 헤치고 들어와서 오른손으로 경례하면서 왼손으로는 급히 휘갈겨 쓴 전보 한 장을 앞으로 내밀며 말했다. "사령관 동지, 저는 제6함대의 비밀통신회로에서 도청한 매우 이상한 전보를 가지고 왔습니다. 저로서는 그것을 해석할 수 없습니다."

브리엄은 그것을 읽더니 "나쁜 녀석" 하고 탄식했다. 숨길 수 없는 뚜렷한 공포감이 사령부를 감돌더니 마비된 듯한 무기력감이 여기저기로 넓게 퍼져 나갔다. 그 공포감은 모든 사람의 얼굴 위로 엄습했다. "누가 이 가증스러운 것을 해석 좀 해봐"라고 브리엄이 소리쳤다. 전보 용지는 우리의 눈앞에서 펄럭거렸다.

    Pyotr Ossipovitch Briam 제독 귀하

      Equo ne credite, Teucri. Quidquid id est, timeo Danaos et dona ferentis.

                                                     Ulysses 올림

브리엄의 두 눈은 대함 레이더를 노려보았다. 우리는 그의 등 뒤에서 떨고 있었다. "우리가 알고 있었던 것을 그랜트도 알고 있었던 것이다. 그랜트의 특별 통신회로상의 교신은 모두 마녀의 노랫소리다." 우리의 거인은 이제 하늘에서 떨어지는 중이며, 우리도 그와 함께 떨어질 것이다. 오래된 대함 레이더 스크린에는 여러 개의 점이 60마일 떨어진 크레타 섬 뒤쪽에서 튀어나오고 있었다.

각 점에서 여러 개의 작은 점이 빠른 속도로 날아가더니 수상도관 위쪽으로 사라졌다. 그 속도가 너무 빨라서 셀 수는 없지만 커싱 급 한 척이 12개의 하푼 II(Harpoon II) 미사일을 적재하고 있기 때문에 우리는 각 점에서 11~12개의 점이 날아간다는 것을 알고 있다. 이 함대함 미사일은 구형이지만, 이미 지정된 발사 방향으로 해상에 떠 있는 각 함정을 향해 정확히 날아갈 것이다. 그와 동시에 대항할 수 없는 100기 이상의 미사일이 약 10분 이내에 일제히 그리고 사전경고를 할 틈도 안 주고 우리를 강타할 것이다. 무방비 상태인 우리에게 북쪽 방향에서 날아오는 천상의 날벼락! "적의 무기 유효사정거리가 얼마인가?" 브리엄이 물었다.

"80마일입니다. 사령관 동지!"

"내가 생각한 대로군. 물론이겠지?"

"전투 배치!" 기함의 함장이 외쳤다.

마비된 듯이 떨면서 참모장이 소리쳤다. "함대 전체에 즉시 경보를 발령하라." 운명 같은 조용한 목소리로 위대한 러시아인 브리엄이 혼잣말로 중얼거렸다. "이미 늦었어."

시간 조절과 결정적 타격의 명수인 율리시스 그랜트 제독은 미사일이 도달하기 몇 초 전에 브리엄 제독에게 최후의 타격을 입혔다. 아프리카에 갇혀 있던 러시아 과학자 중 보나포브 주위에 있던 어느 노인 한 사람이 라틴어를 알고 있었다. 그가 전보를 해석한 결과, 그것은 「아에나이드Aeneid : Virgil이 쓴 서사시」에 나오는 구절로 밝혀졌다. 그가 떨리는 손으로 그것을 건네

주었다.

　　트로이 용사들이여, 목마를 믿지 마라. 어떤 일이든 나는 그리스인들을 두려워하노라. 비록 그들의 두 손이 선물을 바칠지라도.

부록 A : 용어

이 책에서 언급된 용어는 다음과 같은 정의에 따라 사용되었다. 되도록 1979년판 『국방부 군사용어 및 관련 용어 사전DoD Dictionary of Military and Associated Terms : 합동참모본부 발행번호 1』이나 표준사전에 나온 정의를 그대로 채택·응용했다. 러시아식 정의도 참고했다. 그러나 러시아식 정의가 매우 엄밀하기는 했지만 전적으로 채택할 수는 없었다.

군사용어는 그 어원이 다양하며 적용 과정에서 임의로 변형되기도 한다. 따라서 비록 어느 용어에 대해 일반적인 동의가 넓게 형성되는 경우라도, 그 '표준적인' 정의를 어느 곳에나 적용하는 것은 불가능하다는 것을 깨달았다. 예를 들면 대부분의 사전은 전술을 일종의 기술art이나 과학science으로 정의하고 있다. 그러나 이는 해군의 일반적인 관용법과는 거리가 멀다. 해군식으로 표현하면 전술은 절차나 행동action 또는 수행되는 어떤 행위나 수행하도록 지시된 어떤 행위를 의미한다. 그러므로 전술학은 전술과학이다. 교리doctrine는 가장 이해하기 어려운 군사용어 중 하나다. 지금까지 미국 해군은 대체로 이 용어를 무시함으로써 정의 문제를 회피해 왔다. 이것은 불행한 일이다. 하나의 개념으로서, 그리고 하나의 실제practice로서 교리는 주의 깊게 서술되고 실용성이 있어야 한다.

군사용어의 가장 일반적이고, 잠재적으로 가장 효과적인 원천의 하나는 물리학이다. 힘, 에너지, 압력, 운동량과 같은 개념이 전쟁 시 인간에 대한 연구에서 비생물에 대한 연구처럼 양적으로 표현되거나 명확할 수는 없지만, 군사 현상을 다루는 데 주의를 기울이지 않아도 좋다는 것이 아니다. 이 책의 목적상 필자는 세력force, 힘power, 이런 것의 합성에서 나오는 몇 가지 개념만큼은 정의해야 한다. 물리학의 용어를 군사학에 적용했다는 점을 고려할 때, 다음과 같이 소개하는 정의가 가장 적절하다고 생각한다.

'대항세력counterforce'이라는 개념에 대해서는 특별한 설명이 필요하다. 핵 운용 기획에 관한 용어집을 살펴보면 이 단어는 적에 대한 공세적 공격을 뜻하는 것으로 기술되어 있다. 'counter-'라는 접두사는 방향이나 목적이 반대를 나타내므로 형용사로서는 '대항하는', '반대의'라는 뜻을, 동사로서는 '대항하다', '상쇄하다', '무효화하다', '방어적 또는 보복적 조치로 공격에 대응하다', '반대로 행동하다' 등을 뜻한다. 따라서 핵무기에 대한 방어는 오직 공세적 공격에 의해서만 가능하지만, 대항세력이라는 용어는 방어의 의미로 사용하는 것이 가장 적절할 것이다. 필자는 전술적 대항세력tactical counterforce의 의미를 방어수단, 즉 진행 중인 적의 공격을 막아내기 위한 수단으로 한정해서 사용하였다.

일반 군사용어의 정의

■ **전투**BATTLE

분쟁 목적을 달성하기 위하여 전투combat를 포함해서 상호 적대적인 지상군, 함대 또는 다수 항공기 간의 일시적인 교전 행위.

■ **전투**COMBAT

전투fight, 전투action, 교전engagement이나 전투battle에서 적대 중인 양측의 살상력을 교환하는 싸움.

■ **분쟁**CONFLICT

서로 용납될 수 없는 세력 간의 경쟁적 또는 적대적 행위.

■ 교리 DOCTRINE

집단적 전투action에 도움을 주기 위한 것으로 각 부대가 준수하는 전략적 혹은 전술적 방침과 절차. 광범위하지만 수긍할 수 있는 의미에서 본다면 교리는 세력의 즉각적인 사용을 위한 전투 계획과 그 실행을 포함하는 개념이다.

■ 전략 STRATEGY

전쟁 또는 주요 전쟁의 국면에서 전투를 지배하는 방책과 계획을 말한다. 전략은 전쟁의 통합된 목표와 그 목표를 달성하기 위해 할당된 부대의 운용 방침을 확정한다. 전략의 의도는 전쟁이나 전역의 결과에 영향을 주기 위한 것이며, 이에 반하여 전술의 의도는 전투나 교전의 결과에 영향을 주기 위한 것이다. 양자의 차이점과 연결점은 바로 여기에 있다.

■ 전술 TACTICS

부대의 전개deployment, 기동, 응용과 같은 전투 시의 세력 운용을 말한다. 견실한 전술은 어느 부대가 지니고 있는 전투 잠재력을 최대한 발휘하도록 그 부대를 운용하는 절차라고 할 수 있다. 따라서 전술이나 견실한 전술을 전투에서 승리하기 위한 절차라고 정의하는 것은 적절하지 않다.

전투의 구성 요소와 관련 용어의 정의

■ 대정찰 ANTISCOUTING

적의 전투정찰 효율성을 파괴·감소·방해하기 위한 활동을 말한다. 대정찰에는 적의 전투정찰 수단의 파괴가 포함된다. 예를 들면 감시위성이나 정찰기의 격추, 적 탐지장치의 기만, 추적이나 조준 효율성을 감소시키기 위한 탐지장비의 전파방해, 전투정찰, 전투정찰 보고의 차단 등이 있다.

■ 지휘통제 C^2 : COMMAND AND CONTROL

지휘관이 어떤 목표를 달성하기 위해 세력, 대항세력, 전투정찰, 대정찰 자원의 선택과 운용 과정에서 취하는 각종 행동을 말한다. 전투정찰 정보의 종합, 전투 결정, 이러한 결정의 전파 등은 C^2에 포함되지만 전투정찰 활동 그 자체는 포함되지 않는다. C² 지원체계에는 참모업무, 결심보조자료, 통신체계 등이 포함된다.

■ **지휘통제대항책** C²CM : COMMAND AND CONTROL COUNTERMEASURES

적의 C² 활동의 효율성을 파괴 또는 지연시키기 위한 활동을 말한다. C²CM에는 파괴, 통신방해, 허위통신 삽입 등이 포함된다. 그러나 신호 역이용은 전투정찰 활동의 일부로 분류하는 것이 가장 적절하다.

■ **대항세력** COUNTERFORCE

적 화력의 효과를 감소시킬 수 있는 능력, 이 책에서 대항세력은 방어세력과 전투지속 능력을 합한 개념으로 사용했다. 이 책에서 자주 인용되지는 않지만, 대항세력은 적에 대한 공세적 공격을 포함하는 개념으로 사용될 수도 있다.

■ **은폐** COVER

공격을 회피하기 위한 은밀성 유지나 위장 또는 은닉.

■ **기만** DECEPTION

어떤 이점을 획득하기 위해 실재를 의도적으로 허위로 나타내는 것.

■ **방어화력** DEFENSIVE FIREPOWER

공격 미사일, 항공기 또는 어뢰 등을 파괴하는 수단.

■ **방어세력** DEFENSIVE FORCE

격추 이외의 연성파괴 수단으로 공격무기를 파괴하거나 이를 격퇴할 수 있는 능력.

■ **호위** ESCORTING

적을 파괴하거나 파괴위협을 가함으로써 다른 부대나 선단을 보호하는 동행 부대의 각종 활동.

■ **전투력** FIGHTING POWER

세력과 대항세력의 합성 개념으로서 어느 전투 단위부대가 보유한 전투 수명기 동안의 가용 화력을 나타낸다. 화력과 전투지속 능력이 일반적으로 사용되는 용어인 데 반해 전투력은 이 양자를 합쳐 양적으로 표현한 것이다.

■ **화력** FIREPOWER

적의 세력을 감소시킬 수 있는 어느 전투 단위부대의 물질적 수단이다. 이것은 파괴 능력으로서 발사율로 측정된다. 예를 들면 분당 발사탄 수 또는 1회의 완전 일제사격 시 미사일 수 등이다.

- **화력살상**FIREPOWER KILL

전투 진행 중에 화력발사 수단을 제거하는 것이다.

- **함대**FLEET

해양통제권을 획득·유지 또는 경쟁하기 위해 사용되는 대규모 부대. 이러한 정의가 따를 경우, 상륙군이나 탄도탄 잠수함은 함대의 구성 요소가 아니다.

- **세력**FORCE

일반적으로 어떤 목표를 달성하기 위한 수단. 군사력은 적의 세력 이용능력을 파괴하는 수단을 말한다. 이러한 맥락에서 본다면 세력은 함정과 항공기로 구성되며, 포, 미사일, 어뢰, 그 밖의 각종 파괴 수단이 포함된다. 또는 물리적 세력 이외에 적의 세력 이용 능력을 파괴할 수 있는 정신적 및 무형적 자원이 포함된다.

- **부대**FORCES

세력을 보유하는 단위부대들units이다. 이 책에서는 화력뿐만 아니라 전투정찰과 C^2 능력까지 포함하는 것으로 정의하였다.

- **기동**MANEUVER

전술적 우세를 확보하기 위한 이동을 말한다. 기동은 세력, 대항세력, 전투정찰, 대정찰 등과 관련되어 있다. 이상적으로 본다면 기동은 이 네 가지 요소를 염두에 두고 이루어져야 한다.

- **전투력**POWER

적에 대해 사용될 수 있는 세력의 강도.

- **전투정찰**SCOUTING

탐색, 탐지, 추적, 조준, 적에 대한 피해 평가 활동 등을 말하며, 정찰, 감시, 신호정보, 전투에서 이용할 수 있는 모든 정보 수집 수단을 포함한다. 전투정찰은 정보가 지휘관에게 도달되기 전까지는 완성된 것이 아니다.

- **경계**SCREENING

좀 더 중요한 다른 단위부대를 보호하기 위한 부대 운용으로 정찰과 호위의 일정한 결합에 의해서 수행되며, 때로는 전투정찰에 의해 수행되기도 한다.

■ **탐색**SEARCH

전투정찰에서의 탐지 단계, 탐색은 능동 방식이나 수동 방식으로 이루어지며 양자의 결합에 의해서도 이루어진다.

■ **탐지**SENSING

넓게 보면 전투정찰과 같은 것이지만, 탐지는 피탐지 물체가 인지되는 물체인가, 또는 정보가 지휘관에게 전달되어 결정 과정에 흡수될 것인가 등의 문제에는 개의치 않는다.

■ **전투지속 능력**STAYING POWER

손상을 흡수하고 어느 정도 효과적으로 전투를 계속해 나갈 수 있는 능력이다.

■ **타격력**STRIKING POWER

적의 세력을 감소시킬 수 있는 물리적 수단이다.

부록 B : 전쟁의 원칙

이 부록에는 전쟁의 원칙에 관한 두 편찬물의 내용이 그대로 수록되어 있다. 첫 번째는 랜더스먼Stuart Landersman이 대령으로 있을 때 연구한 『해군전의 원칙Principles of Naval Warfare』이다. 이 책은 그가 1982년 뉴포트에 있는 해군대학 소속의 해군전연구소Center for Naval Warfare Studies 특정 연구팀의 일원으로 있을 때 집필했다.*

☐ * Landersman, Appendix E.

두 번째 일람표는 1969년에 완성된 웨일리의 기만과 기습에 관한 저서 『책략Strategem』에서 발췌했다.Whaley, 1969 : 122~126 각 권위자들이 기습에 부여하는 중요성에 관심을 가졌던 웨일리는 저자들이 의도한 우선순위 또는 저자들이 비중을 두었을 것으로 생각되는 원칙의 우선순위표를 작성했다.

전쟁의 원칙에 관해서는 랜더스먼과 웨일리가 필자보다 훨씬 더 광범위하게 연구하였다. 그 결과, 이 일람표는 보충설명이 필요 없다. 그러나 각 일람표 내에서, 그리고 두 일람표에서 발견되는 차이점은 유사점 못지않게 교훈적일 텐데 여기에는 보충설명이 요구된다. 다음 사항은 이런 차이점을 설명한 것으로서 매우 흥미로울 것이다.

■ 저자의 연령과 성숙도

개인은 물론 조직의 일람표는 시간이 지나면서 변할 수도 있다.

■ 역사적 시대

그 국가의 크기, 세력과 무기가 원칙의 선택과 순위에 영향을 미친다.

■ 사회적 환경, 특히 동양과 서양의 차이

■ 전술, 전략 또는 그 두 가지에 두는 비중

예를 들면 니미츠는 뚜렷하게 전술에 중점을 두었다.

■ 저자의 경험 또는 견해

그들이 국제전쟁 또는 혁명전쟁에 중점을 두었는가? 주요 전투 또는 게릴라전에 중점을 두었는가?

■ 군대의 환경

예를 들면 분쟁이 육상에서 전개되었는가? 또는 해양에서 전개되었는가? 공중전 또는 상륙전에 중점을 둔 저자는 없는 듯하다.

웨일리가 이클레스Henry Eccles의 저서를 인용하였듯이Eccles, 1965 : 108~113 이 일람표는 근본적인 지혜의 근거나 기본적인 진리 또는 포괄적인 법칙이나 교리를 뜻하는 것이 아니다. 그보다 지휘관들이 알아두어야 할 경험상의 격언을 암시한다. 각각이 결합될 때 풍부한 의미가 있는 핵심 용어의 일람표로 작성된 것이다. 이 일람표는 랜더스먼이나 웨일리 또는 다른 연구자에 의해 저자들의 의도를 해석한 것에 지나지 않는다.

그 예로 니미츠의 경우를 보자. 니미츠가 제시한 전쟁의 원칙은 제1차 세계대전에서 경험을 쌓은 중견장교로서의 그가 1923년 봄에 완성한 해군대학 논문의 요약된 사본에서 발췌했다. 랜더스먼이 니미츠의 결론을 몇 개의 대표적인 핵심 용어 또는 원칙으로 축소했지만, 요약 사본 자체는 훨씬 더 포괄적이다. 핵심 용어는 전쟁의 원칙에 관한 현명한 자들의 추론을 유용하게 요약한 것이다. 간단한 수학방정식이나 도표는 전쟁의 과정을 요약하는 데 유용하다. 필자의 친구인 랜더스먼도 그의 저서에서 같은 지적을 했음을 밝혀둔다.

랜더스먼의 전쟁의 원칙 일람표

Who	When	Principles of War
Sun Tzu	350 BC	Objective, Unity, Deception, Initiative, Adaptability, Environment, Security
Napoleon	1822	Objective, Offense, Mass, Movement, Concentration, Surprise, Security
Clausewitz	1830	Objective, Offensive, Concentration, Economy, Mobility, Surprise
Jomini	1836	Objective, Maneuver, Concentration, Offense, Deception
Mahan	1890	Objective, Concentration, Offense, Mobility, Command
Fuller	1912	Objective, Mass, Offense, Security, Surprise, Movement
Foch	1918	Objective, Offense, Economy, Freedom, Disposal, Security
Corbett	1918	Objective, Concentration, Flexibility, Initiative, Mobility, Command
U.S. Army	1921	Objective, Offense, Mass, Economy, Movement, Surprise, Security, Simplicity, Cooperation
Nimitz	1923	Concentration, Time, Initiative, Surprise, Mobility, Objective, Command, Environment
Fuller	1924	Objective, Offense, Surprise, Concentration, Economy, Security, Mobility, Cooperation
Liddel Hart	1925	Objective, Offense, Defense, Mobility
Falls	1943	Objective, Concentration, Protection, Surprise, Reconnaissance, Mobility
Stalin	1945	Objective, Stability, Morale, Divisions, Armament, Organization
USSR	1953	Objective, Surprise, Speed, Coordination, Attack
U.S. Navy	1955	Objective, Morale, Simplicity, Control, Offensive, Exploitation, Mobility, Concentration, Economy, Surprise, Security, Readiness
Eccles	1965	Objective, Offensive, Concentration, Mobility, Economy, Cooperation, Security, Surprise, Simplicity
Keener	1967	Objective, Distribution, Coordination, Initiative, Surprise
Mao	1967	Objective, Concentration, Annihilation, Mobility, Offense, Surprise, Attack, Autonomy, Unity, Morale
U.S. Army	1968	Objective, Offense, Mass, Economy, Maneuver, Unity, Security, Surprise, Simplicity
Royal Navy	1969	Aim, Morale, Offense, Security, Surprise, Concentration, Economy, Flexibility, Cooperation, Administration
Gorshkov	1976	Scope, Strike, Battle, Interaction, Maneuver, Speed, Time, Dominance
Hayward	1976	Scope, Strike, Technology, Mobility, Coordination, Readiness, Concentration, Reserve

웨일리의 전쟁원칙 일람표

Theoretician	Order of Priority								
	1	2	3	4	5	6	7	8	9
Sun Tzu, 400 B.C.	Objective	Offensive	Surprise	Concentration	Mobility	Coordination			
Vegetius, 390 A.D.	Mobility	Security	Surprise	Offensive					
Saxe, 1757	Mobility	Morale	Security	Surprise					
Napoleon, 1822	Objective	Offensive	Mass	Movement	Surprise	Security			
Clausewitz, 1832	Objective	Offensive	Concentration	Economy of Force	Mobility	Surprise			
Jomini, 1836	Objective	Movement	Concentration	Offensive	Diversion				
MacDougal, 1858	Mass	Direction							
Forrest, 1864	Mass	Direction	Rapidity	Offensive					
Fuller, 1912	Objective	Mass	Offensive	Security	Surprise	Movement			
Stalin, 1918~1947	Stability of the rear	Morale	Quality and quantity	Armament	Organizing ability of Commanders	Surprise			
Foch, 1918	Offensive	Economy of force	Freedom of action	Free Disposal of forces	Security				
Townshend, 1920	Objective	Economy of Force	Mass	Offensive	Direction	Security			

웨일리의 전쟁원칙 일람표(계속)

Theoretician	Order of Priority								
	1	2	3	4	5	6	7	8	9
U.S. War Dept. *Training Regulations*, nos. 10-5, 1921	Objective	Offensive	Mass	Economy of force	Movement	Surprise	Security	Simplicity	Cooperation
Fuller, 1925	Direction	Offensive	Surprise	Concentration	Distribution	Security	Mobility	Endurance	Determination
Liddell Hart, 1929	Objective	Movement	Surprise						
U.S. Command and General Staff School, 1936	Offensive	Concentration	Economy of force	Mobility	Surprise	Security	Cooperation		
Mao, 1936	Political objective	Mobility	Offensive	Defensive	Concentration	Surprise			
U.S. Army FM 100-5, 1941, 1944	Objective	Simplicity	Unity of command	Offensive	Concentration of superior force	Surprise	Security		
Cyril Falls, 1945	Economy of force	Protection	Surprise	Aggressive reconnaissance	Maintenance of the aim				

웨일리의 전쟁원칙 일람표(계속)

Theoretician	Order of Priority								
	1	2	3	4	5	6	7	8	9
Liddell Hart, 1954~1967	Alternative objectives	Movement	Surprise						
Giap, 1960	Political objective	Speed	Surprise	Morale	Security	Cooperation			
Guevara, 1960	Objective	Mobility	Surprise						
Montgomery, 1968	Surprise	Concentration of effort	Cooperation of all arms	Control	Simplicity	Speed of Action	Initiative		
U.S. Army FM 100-5 (1962~1968)	Objective	Offensive	Mass	Economy of force	Maneuver	Unity of Command	Security	Surprise	Simplicity

전술에 관한 명제*

변하지 않는 전쟁의 주요 원칙은 다음과 같다.

첫째, 최대한의 힘을 발휘하도록 이용할 수 있는 모든 부대를 사용하는 것이다. 그렇다고 부대의 수가 반드시 우세한 공세를 뜻하는 것은 아니다.

둘째, 적과 접촉하는 지점 또는 결정적인 타격을 가할 수 있는 곳에 우세한 부대를 집중시킬 것.

셋째, 시간의 낭비를 피할 것.

넷째, 최대한의 힘으로 우위advantage를 추구할 것.

□ * 니미츠Nimitz, 1923 : 3~4를 참조하라.

■ 주요 원칙

① 기습하도록 노력하고 전투 계획이나 공격 방법 또는 공격 지점에 관하여 적을 기만할 것.

② 전선에서 적의 일부를 고립시키고 그들이 지원을 받기 전에 분쇄하도록 노력할 것.

③ 시간을 절약하고 기동성을 증가시키며 접촉을 촉진시키기 위하여 내선상으로 기동할 것.

④ 자신의 세력이 강할 때에는 철수를 차단할 수 있게 계획하고, 세력이 약할 때에는 전투 중단을 조장할 수 있게 전투를 계획할 것.

⑤ 계획에 충실하고 목표를 망각하지 말 것.

⑥ 현대의 함대는 한 명의 장교에 대해 단일의 지휘 계통으로 운용될 수 없다. 함대를 세분해야 하는 데 예하부대는 상호 지원할 수 있는 거리에 있어야 하며, 각 예하 부대는 계획된 목표를 달성하기 위하여 권한과 책임, 그리고 상당한 재량권을 지닌 예하 지휘관에 의하여 통제되어야 한다.

⑦ 풍향, 해상 상태, 태양의 위치, 안개, 감소된 시정, 연기와 연막에서 획득되는 모든 자연적인 이점을 최대한 실용적으로 활용할 것.

⑧ 일반적으로 위대한 결과는 그에 상응하는 위험을 무릅쓰지 않으면 성취될 수

없다. 완벽하게 전투 준비를 갖춘 능률적인 함대란 결코 존재하지 않는다. 계획, 장비 또는 훈련이 완벽하기를 기다리는 지휘관은 헛되이 시간만 보내다가 결국에는 현재 가지고 있는 도구를 최대한 활력 있게 사용하는 이에게 승리를 넘겨주고 말 것이다.

참고문헌

Abchuck. V.G., et al. *Vyendenue v Teoriu Vyraborki Reshenii* (Introduction to decision-making theory). Moscow : Voyenizdat, 1972.

Albion. Robert G. *Makers of Naval Policy, 1798~1947*. Annapolis, Maryland : Naval Institute Press, 1980.

Allen, Captain Charles D.(USN Ret.). "Forecasting Future Forces." U.S. Naval Institute *Proceedings* (Nov 1982).

Bainbridge-Hoff, Commander William(USN). *Elementary Naval Tactics*. New York : John Wiley, 1894.

_____. *Examples, Conclusions, and Maxims of Modern Naval Tactics*. Washington, D.C. : U.S. Government Printing Office, 1884.

Baudry, Lieutenant Ambroise(French navy). *The Naval Battle : Studies of Tactical Factors*. London : Hughes Rees, Ltd., 1914.

Beesly, Patrick. *Very Special Intelligence : The Story of the Admiralty's Operational Intelligence Centre, 1939~1945*. London : Hamish Hamilton, 1977 ; New York : Ballantine Books, 1981.

Belot, Admiral Raymond de(French navy). *The Struggle for the Mediterranean, 1939~1945*. Translated by J.A. Field. Princeton : Princeton University Press, 1951.

Bernotti, Lieutenant Romeo(Italian Navy). *The Fundamentals of Naval Tactics*. Annapolis, Maryland : U.S. Naval Institute, 1912.

Blackett, P.M.S. *Studies of War*. New York : Hill and Wang. 1962.

Brodie, Bernard. *A Layman's Guide to Naval Strategy*. Princeton : Princeton University Press,

1942.

_____, *Sea Power in the Machine Age*. Princeton : Princeton University Press, 1943.

_____, and Fawn Brodie. *From Crosbow to H-Bomb*. Rev. ed Bloomington, Indiana : Indiana University Press, 1973.

Bush, Vannever, *Modern Arms and Free Men*. New York : Simon & Schuster, 1949.

Clausewitz, Carl von. *On War*. Edited and translated by Michael Howard and Peter Paret. Princeton : Princeton University Press, 1976.

Clowes, Sir William Laird. *The Royal Navy : A History*. 7 vols. London : Sampson Low, 1897~1903.

Corbett, Sir Julian S. *Some Principles of Maritime Strategy*. London : Longmans, Green & Co., 1911.

Creswell, John. *British Admirals of the Eighteenth Century : Tactics in Battle*. Hamden, Connecticut : Archon Books, 1972.

Creveld, Martin van. *Command in War*. Cambridge, Massachusetts : Harvard University Press, 1985.

Cushman, Lieutenant General John H.(USA Ret.). *Command and Control of Theater Forces : Adequacy*. Cambridge, Massachusetts : Harvard University Press, 1983.

d'Albos, Emmanuel E.A. *Death of a Navy : Japanese Naval Action in World War II*. New York : Devin-Adair, 1957.

Daniel, Donald C. *Antisubmarine Warfare and Superpower Strategic Stability*. London : The MacMillian Co., 1985.

_____, and Katherine L. Herbig, eds. *Strategic Military Deception,* New York : Pergamon Press, 1982.

Davis, Vincent. "The Politics of Innovation : Patterns in Navy Cases." vol. 4., monograph no. 3 in *Monograph Series in World Affairs*. Denver, Colorado : University of Denver, 1967.

Deitchman, Seymour J. *New Technology and Military Power : General Purpose Forces for the 1980s and Beyond*. Boulder, Colorado : Westview Press, 1979.

Deuterman, Commander P.T.(USN). "The Matched Pair : A Tactical Concept." U.S. Naval Institute *Proceedings* (Jan 1982).

Douglas, Joseph D., Jr., and Amoretta A. Hoeber. "The Role of the U.S. Surface Navy in Nuclear War." U.S. Naval Institute *Proceedings* (Jan 1982).

Dull, Paul S. *A Battle History of the Imperial Japanese Navy, 1941~1945*. Annapolis, Maryland : Naval Institute Press, 1978.

Dunnigan, James F. *How to Make War : A Comprehensive Guide to Modern War*. New York : Morrow, 1982.

Duppy, Colonel Trevor N(USA Ret.). *The Historical Basis for a Theory of Combat*. Fairfax, Virginia : Hero Books, 1986.

_____. *Numbers, Predictions, and War : Using History to Evaluate Combat Factors and Predict the Outcomes of Battles*. Indianapolis, Indiana : Bobbs-Merrill, 1979.

Eccles, Henry C. *Military Concepts and Philosophy*. New Brunswick, New Jersey : Rutgers University Press, 1965.

Fioravanzo, Admiral Giuseppe(Italian navy). *A History of Naval Tactical Thought*. Translated by Arthur W. Holst. Annapolis, Maryland : Naval Institute Press, 1979.

Fiske, Commander Bradley A.(USN). "American Naval Policy." U.S. Naval Institute *Proceedings* (Jan 1905).

Friedman, Norman. *Naval Radar*. Greenwich. England : Conway Maritime Press, 1981.

_____ . *U.S. Aircraft Carriers : An Illustrated History*. Annapolis, Maryland : Naval Institute Press, 1982.

_____ . *U.S. Destroyers : An Illustrated Design History*. Annapolis, Maryland : Naval Institute Press, 1982.

Frost, Hollway Halstead. *The Battle of Jutland*. Annapolis, Maryland : U.S. Naval Institute, 1936.

Fuller, J.F.C. *The Conduct of War, 1789~1961*. New Brunswick, New Jersey : Rutgers University Press, 1961.

Genda, General[*sic*] Minoru, 3 JSDF(Ret.). "Tactical Planning in the Imperial Japanese Navy." *Naval War College Review* (Oct 1962).

Gooch, John. and Amos Perlmutter. *Military Deception and Strategic Surprise*. Totowa, New Jersey : Frank Cass & Co., Ltd., 1982.

Gorshkov, Admiral of the Fleet S.G.(Soviet navy). *The Development of the Art of Naval Warfare*.

Translated by T.A. Needy, Jr. U.S. Naval Institute *Proceedings* (June 1975). First Printed in *Morskoy Sbornik* (no. 12, 1974).

Grenfell, Captain Russell(RN). *Nelson the Sailor.* New York : The Macmillan Co., 1950.

Gretton, Sir Peter(RN). *Crisis Convoy : The Story of HX231.* Annapolis, Maryland : Naval Institute Press, 1974.

Hackett, General Sir John, et al. *The Third World War : A Future History.* New York : The MacMillian Co., 1978.

Hazen, David C. "Nine Prejudices About Future Naval Systems." U.S. Naval Institute *Proceedings* (July 1980).

Hough, Richard A. *Dreadnought.* New York : The MacMillan Co., 1964.

_____ . *The Great War at Sea, 1914~18.* Oxford : Oxford University Press, 1983.

Hughes, Terry, and John Costello. *The Battle of the Atlantic.* New York : The Dial Press/James Wade, 1977.

Hughes, Wayne P., Jr., "Speed Characteristics of the Treaty Cruisers." U.S. Naval Institute *Proceedings* (Feb 1953).

Hwang, John, Daniel Schuster, Kenneth Shere, and Peter Vena, eds. *Selected Analytical Concepts in Command and Control.* New York : Gordon & Breach, 1982.

Ivanov, D.A., V.P. Savel'yev, and P.V. Shemanskiy. *Osnovy Upravleniya Voyskami v Boyu* (Fundamentals of troop control at the tactical level). Moscow : Voyenizdat, Translation published by U.S. Government Printing Office, Washington, D.C., 1983.

Jameson, Rear Admiral William(RN). *The Fleet That Jack Built : Nine Men Who Made a Modern Navy.* London : Rupert Hart-Davis 1962.

Kahn, David. *The Code Breakers.* New York : The MacMillan Co., 1967.

Kelsey, Commander Robert J.(USN). "Maneuver Warfare at Sea." U.S. Naval Institute *Proceedings* (Sept 1982).

Kemp, Peter, ed. *The Oxford Companion to Ships and the Sea.* London : Oxford University Press, 1976.

Kennedy, Paul M. *The Rise and Fall of British Naval Mastery.* New York : Charles Scribner's Sons, 1976.

Koopman, Bernard O. *Search and Screening : General Principles with Historical Applications.*

Elmsford. New York : Pergamon Press, 1980.

Lanchester, Frederick W. "Mathematics in Warfare." In *The World of Mathematics*, edited by James R. Newman. New York : Simon and Schuster, 1956.

Landersman, Captain Stuart(USN). *Principles of Naval Warfare*. Newport, Rhode Island : Naval War College, 1982.

Lanza, Conrad H. *Napoleon and Modern War : His Military Maxims*. Harrisburg, Pennsylvania : Military Service Publishing Co., 1943.

Lautenschläger, Karl. "Technology and the Evolution of Naval Warfare, 1851~2001." Charles H. Davis Series Spring Lecture, U.S. Naval Postgraduate School, Monterey, California, April 1984. Washington, D.C. : National Academy Press, 1984.

Lehman, John. *Aircraft Carriers : The Real Choices*. Beverly Hills, California : Sage Publications, 1978.

Levert, Lee J. *Fundamentals of Naval Warfare*. New York : The Macmillan Co., 1947.

Lewin, Ronald. *The American Magic : Codes, Ciphers, and the Defeat of Japan*. Great Britain : Hutchinson & Co. Ltd., 1982; New York : Penguin Books, 1983.

_____. *Ultra Goes to War*. New York : McGraw-Hill Book Co., 1978.

Lewis, Michael. *The History of the British Navy*. Baltimore, Maryland : Pelican Books, 1957.

_____. *The Navy of Britain : A Historical Portrait*. London : George Allen and Unwin, 1948.

Liddell Hart. B.H. *Strategy*. London : Faber and Faber, 1967 ; New York : Signet, 1974.

McHugh, Francis J. *Fundamentals of War Gaming*, 3rd ed. Newport, Rhode Island : Naval War College, 1966.

MacIntyre, Donald, and Basil W. Bathe. *Man-of-War : A History of the Combat Vessel*. New York : McGraw-Hill Book Co., 1969.

McKearney. Lieutenant Commander Terrance J.(USN). "The Solomons Naval Campaign : A Paradigm for Surface Warships in Maritime Strategy." Thesis, U.S. Naval Postgraduate School, Monterey. California, 1985.

Mahan, Alfred Thayer. *The Influence of Sea Power Upon History, 1660~1783*. Boston : Little Brown, 1890.

Makaroff, Vice Admiral S.O.(Soviet navy). *Discussion of Questions in Naval Tactics*. Translated by Lieutenant John B. Bernadou(USN). ONI, part 2. General Information Series, no. 17. Washington, D.C. : Government Printing Office, 1898.

Marble, Ensign Frank(USN). "The Battle of the Yalu." U.S. Naval Institute *Proceedings* (Fall 1895).

Melhorn, Charles M. *Two-Block Fox : The Rise of Aircraft Carrier, 1911~1929*. Annapolis. Maryland : Naval Institute Press, 1974.

Mitchell, Donald W. *History of the Modern American Navy from 1883 Through Pearl Harbor.* New York : A. Knopf, 1946.

Mordal, Jacques. *Twenty-five Centuries of Sea Warfare*. Translated by Len Ortzen. London : Souvenir Press, 1965.

Morison, Elting E. *Admiral Sims and the Modern American Navy*. Boston : Houghton-Mifflin, 1942.

_____. *Men, Machines, and Modern Times*. Cambridge, Massachusetts : The MIT Press, 1966.

_____. "The Navy and the Scientific Endeavor." *Science and the Future Navy : A Symposium*. Washington, D.C. : National Academy of Sciences, 1977.

Morison, Samuel Eliot. *History of United States Naval Operations in World War II*. 15 vols. Boston : Little, Brown, and Company, 1947~1962.

Musashi, Miyamoto. *A Book of Five Rings*. Translated by Victor Harris. Woodstock, New York : Overlook Press, 1974.

Nimitz, Chester W. "Thesis on Tactics." Newport, Rhode Island : Naval War College, 1923.

Osipov, M. "Vlyeyanye Chisyennosti Srazhayush-chiksya Storen Na Ix Potyera"(The Influence of the numerical strength of engaged sides on their losses). Voenniy Sbornik(Military Collection) : (no. 6, June 1915 ; no. 7, July 1915 : no. 8, Aug 1915 ; no. 9, Sep 1915 ; no. 10, Oct 1915).

Palmer, Joseph. *Jane's Dictionary of Naval Terms*. London : MacDonald & Janes, 1975.

Paxson, E.W., M.G. Weiner, and R.A. Wise. "Interactions Between Tactics and Technology in Ground Warfare." Rand Report R-2377-ARPA, Santa Monica, California, Jan 1979.

Pemsel, Helmut. *A History of War at Sea : An Atlas and Chronology of Conflict at Sea from Earliest Times to the Present*. Translated by D.G. Smith. Annapolis, Maryland : Naval Institute Press, 1975.

Polmar, Norman. *Aircraft Carriers : A Graphic History of Carrier Aviation and Its Influence on

    World Events. Garden City, New York : Doubleday & Co., 1969.

Potter, Elmer B., ed. *Sea Power : A Naval History*, 2nd edition, Annapolis. Maryland : Naval Institute Press, 1981.

Pratt, Fletcher. *Night Work : The Story of Task Force 39.* New York : Henry Holt, 1946.

_____. *Our Navy : A History.* Garden City, New York : Garden City Publishing Co., 1941.

Raven, Alan, and John Roberts. *British Battleships of World War II.* Annapolis, Maryland : Naval Institute Press, 1976.

Reynolds, Clark G. *Command of the Sea : The History and Strategy of Maritime Empires.* New York : William Morrow, 1974.

_____. *The Fast Carriers : The Forging of An Air Navy.* New York : McGrawHill, 1968.

Richten, Eberhardt. "The Technology of Command." *Naval War College Review* (March-April 1984).

Robinson, Rear Admiral Samuel S.(USN), and Mary L. Robison, *A History of Naval Tactics From 1530 to 1930.* Annapolis, Maryland : U.S. Naval Institute, 1942.

Rohwer, Jurgen. *The Critical Convoy Battles of March 1943.* Annapolis, Maryland : Naval Institute Press, 1977.

Roskill, Captain Stephen W.(RN). *The War at Sea, 1939~1945.* 3 vols. London : H. M. Stationery Office, 1954~1956.

_____. *White Ensign : The British Navy at War, 1939~1945.* Annapolis, Maryland : U.S. Naval Institute, 1960.

Sanderson, Michael. *Sea Battles : A Reference Guide.* Middletown, Connecticut : Wesleyan University Press, 1975.

Seaquist, Commander Larry(USN). "Tactics to Improve Tactical Proficiency." U.S. Naval Institute *Proceedings* (Feb 1983).

Secretary of State for Defense. *The Falklands Campaign : The Lessons.* London : H.M. Stationery Office, 1982.

Secretary of the Navy's Task Force Report. *South Atlantic Conflict Lessons Learned.* Washington, D.C. : Navy Department, 1983.

Spector, Ronald H. *Eagle Against the Sun : The American War with Japan.* New York : The Free Press, The Macmillan Co., 1985.

Stafford. Commander Edward P.(USN). *The Big E : The Story of the USS Enterprise.* New York : Random House, 1962.

Stalbo, Vice Admiral K. "Some Issues of the Theory of the Department and Deployment of the Navy." *Morskoy Sbornik* Nos. 4 and 5, 1981.

Sternhell, Charles M., and Alan M. Thorndike. *OEG Report no. 51 : Antisubmarine Warfare in World War II.* Washington, D.C. : OEG, Office of the CON, Navy Department, 1946.

Talbott, J.E. "Weapon Development, War Planning and Policy : The U.S. Navy and the Submarine, 1917~41." *Naval War College Review* (May-June 1984).

Tanaka. Rear Admiral Raizo(Japanese navy). "The Struggle for Guadalcanal." In *The Japanese Navy In World War II*, edited by Raymond O'Conor. Annapolis, Maryland : Naval Institute Press, 1969.

Taylor, Jame s G. *Initial Concept of Soviet C^2.* Monterey, California : U.S. Naval Postgraduate School, 1984.

Taylor. Theodore C. "A Basis for Tactical Thought." U.S. Naval Institute *Proceedings* (June 1982).

Tidman. Keith R. *The Operations Evaluation Group : A History of Naval Operations Analysis.* Annapolis, Maryland : Naval Institute Press, 1984.

Tsu, Sun. *The Art of War.* Translated by Samuel B. Griffith. London : Oxford University Press, 1963.

Uhlig, Frank, Jr. "Naval Tactics : Examples and Analogies." *Naval War College Review* (March-April, 1981).

United States Air Force. *Dictionary of Basis Military Terms : A Soviet View.* Washington, D.C. : U.S. Government Printing Office, 1976.

United States Joint Chiefs of Staff. *Department of Defense Dictionary of Military and Associated Terms.* JCS publication 1. Washington, D.C. : U.S. Government Printing Office, 1984.

Vlahos, Michael, *Blue Sword.* Newport, Rhode Island : Naval War College, 1980.

Washburn, Alan R. "Gross Measures of Surface-to-Surface Naval Firepower." Monterey, California : U.S. Naval Postgraduate School, 1978.

Watson, Bruce W., and Peter M. Dunn, eds. *Military Lessons of the Falkland Islands War.*

Boulder, Colorado : Westview Press, 1984.

Whaley, Barton. *Strategem : Deception and Surprise in War.* Cambridge, Massachusetts : MIT Center for International Studies, 1969.

Wiener, Norbert. *Cybernetics.* 2nd ed. Cambridge, Massachusetts : The MIT Press, 1961.

Willmott, H.P. *The Barrier and the Javelin : Japanese and Allied Pacific Strategies, February to June 1942.* Annapolis, Maryland : Naval Institute Press, 1983.

Wilson, Henry W. *Ironclads in Action.* 2 vols. Boston : Little Brown, 1896.

Woodward, David. *The Russians at Sea.* London : Kimber, 1965.

쉼터

찾아보기

ㄱ

가미가제 126, 230, 239, 299
간접접근indirect approach 54
강변전riverine warfare 62
거버Robert Gerber 19
거포 91, 97, 99
거함거포시대 39
걸라이어스Goliath 함 45~46, 48
게리어Guerrier 함 45~46
결심지원체계 28, 36, 249, 359
결전decisive battle 39
경계screening 35, 377
경성살상hard-kill 220, 323
고르시코프Gorshkov 184
과달카날Guadalcanal 118, 140~141, 164~165, 167, 181, 218, 256
과달카날Guadalcanal 함 187
괌Guam 134, 142~143, 149, 226, 254
괴링Hermann Göring 189
교의dogma 51, 81
구데리안Guderian 25, 304
구축함 32, 97, 101, 106, 108, 112, 114, 116~118, 129, 145~146, 157, 166~172, 174~175

군사력 투사power projection 218, 288, 290
균형함대balanced fleet 97
그랜트Ulysses S. Grant 54~55, 365~371
그레나다Grenada 190, 228, 302
그레벨드Martin van Greveld 255
그리즐리Grizzly 338~339, 343
근접신관proximity fuzes 128, 266
근접점방어close-in point defense 215
글래모건HMS Glamorgan 함 190
글로리어스HMS Glorious 함 125, 221
기동maneuver 201~204, 233~234, 377
기동부대task forces 153, 204, 215, 226, 256, 286, 293
기동성mobility 190, 202~204, 210, 236, 241, 321, 331, 337, 344, 346, 353, 385
기번스Sherie Gibbons 20
기술적 방책 326
기술전쟁technological war 16, 266
길마틴John F. Guilmartin 7

ㄴ

나구모Chuichi Nagumo 152, 228
나르비크Narvik 231
나이블랙R.A. Niblack 90
나일 강 해전 20, 46~53, 76, 83, 229, 345, 363
나폴레옹Napoleon Bonaparte 27, 41~42, 46, 51~53, 264, 283, 305~306
나폴레옹 전쟁 90~91, 190, 217, 243
남북전쟁 61, 91~93, 184, 275, 292
네미시스Nemesis 호 366
노트Hugh Nott 19
뇌격기toperdo bomber 126, 132, 137, 144, 221
뉴브리테인New Britain 164
뉴저지USS New Jersey 함 126, 218
뉴포트 뉴스Newport News 271
니미츠Nimitz 32, 145~146, 171, 188, 298~380

ㄷ

다나카Raizo Tanaka 69, 171, 180~181, 228, 307
다니엘Donald Daniel 19, 158, 322
다모클레스Damocles 209
다카기Takeo Takagi 132
다함파괴multiship destructiveness 316
단승법칙 64
단종렬진 80~81, 87, 92~94, 107, 116, 121, 166, 179
대공원형진 146
대공호위함AAW escorts 129
대양함대High Seas Fleet 108, 116~117, 119, 206, 238, 253, 298
대응시간reaction time 220, 223
대잠전Anti-Submarine Warfare 7, 185, 248, 311, 343, 360, 365
대잠탐색공격전대hunter-killer group 187, 303
대전술grand tactics 34, 202
대정찰antiscouting 35~36, 40, 198~200, 225~226, 228, 231, 260~261, 328, 323, 348, 358, 375, 377
대함공격 126, 207
대함대Grand Fleet 108, 110, 117, 223
대항세력counterforce 35, 40, 198~200, 240, 261, 374, 376~377
더피T.N. Duppy 195, 209, 216~217
던니건James Dunnigan 225
던컨Duncan 함 168~170
던키르크Dunkirk 300
도거뱅크Dogger Bank 111
도쿄특급Tokyo Express 165, 167
동솔로몬 제도Eastern Solomons 131~132, 146~148, 165
동솔로몬 해전 131~132, 140, 163, 309
동시회전simultaneous turn 110
되니츠Dönitz 185~186, 188
두리틀Doolittle 151
듀이George Dewey 240, 307~308
드 로이테르Michiel de Ruyter 84, 304
드레드노트Dreadnougt 함 99
드레이크Francis Drake 69, 184, 276
드브롱Raymond de Belot 244
디츠Major Mark Deets, USMC 7

딘Richard Deane 78

ㄹ

라바울Rabaul 142 149~150, 164, 177, 181~182, 221
라우슨Joel Lawson 224, 245~248
라우텐슐래거Karl Lautenschläger 271
라이언스James A. Lyons 58
라이트Carleton Wright 171, 180
랜더스먼Stuart Landersman 20, 192, 379, 380~381
랜체스터Feederick Lanchester 64, 66, 92, 103~104, 354
랜체스터-피스크 135
러시아과학원Soviet Academy of Science 33
러일전쟁Russo-Japanese War 99
레이놀즈Clark G. Reynolds 90, 133
레이번Red Raborn 278
레이테Leyte 만 134, 145, 155, 289
레이테 만 해전Battle for Leyte Gulf 134, 144~145, 148, 221
렉싱턴Lexington 함 126, 130, 139, 146, 151
로Lawrence Low 20
로드니George Rodney 82
로렌스 James Lawrence 5
로베트Lee J. Lovette 32
로빈슨S.S. Robinson 23, 34, 57~58, 64, 68, 82, 103, 315
로손Joel Lawson 19
로스Major Brian Ross, USMC 7
로우Ruthanne Lowe 20
로저roger 169

로제스트벤스키Zinovi Rozhestvensky 307
롬멜Rommel 289, 299, 304
롱 랜스Long Lance 164, 167
루스Stephen B. Ruce 276
루스벨트Theodore Roosevelt 97, 189
루이스C.S. Lewis 28~29
리델 하트Liddell Hart 54, 192, 233
리버레이터Liberator 189
리브스Joseph Reeves 127, 284
리사 해전Battle of Lissa 92~94
리커버Hyman Rickover 278
리펄스HMS Repulse 함 99, 188

ㅁ

마리아나Mariana 해전 134, 138
마셜Donald Marshal 20
마이곰Migom 364
마젤란Magellan 25
마카로프S.O. Makaroff 100, 283, 290, 352
마틴J. J. Martin 20
마한Alfred T. Mahan 24, 26, 37, 51, 81, 99~100, 105~106, 116, 121, 191~192, 202, 233, 235, 266, 276, 300~301, 358
매테스틱Matestic 함 46~47
맥밀런George McClellan 307
맥커니McKearney 58, 167
머스틴Henry Mustin 127
메릴Stanton Tip Merrill 176, 179~182, 252
멧칼프Joseph Metcalf 58, 302
명중탄 213, 317, 324, 329, 331, 335~337, 341~343

모가미Mogami 214
모로그Morogues 33
모레스비Port Moresby 150~151
모리슨Elting E. Morison 100, 170, 177, 182, 243~275, 277~278
모펫William Moffett 61, 127, 284
몬트뢰Montreux 364
몰타Malta 289
몰트케Helmuth von Moltke 51
몽크George Monck 78, 85
묘사 모델descriptive model 28
무사시Musashi 함 218
무선방향탐지기RDF 185~186, 188, 199, 227
무스Paul Moose 245
무스브루거Frederick Moosbrugger 172, 174~175, 177, 180
미니트먼Minuteman 210
미드웨이Midway 섬 139, 149, 151~152
미드웨이 해전 139, 145, 151~152, 183, 239, 298, 321
미시건Michgan 함 99, 105
미처Marc Mitscher 127, 142~143, 183, 244, 226
미첼Billy Mitchell 99, 126, 225
밀렛Allan R. Millett 7

ㅂ

반사통제reflective control 248
발사탄shot 317
발할라Valhalla 178
방공 전투기fighter air defense 131
방어화력defense firepower 132, 154, 248, 317, 321~324, 327, 331, 335, 337~339, 341~342, 346, 349, 360, 376
방책탐색barrier search 222
방해방어책counter-countermeasures 158
배글레이Worth Bagley 204
배서스트Robert Bathurst 19
밴 블릿William Van Vleet 229
뱅가드Vanguard 함 44
버지니아Virginia 함 126
버질Virgil 367
버크Arleigh Burke 172, 176~177, 180, 228, 234, 239, 251~252, 278, 312, 325, 328
범선시대 7, 67, 77, 79, 105, 107, 110, 197, 201, 205, 228~229, 234, 243, 255, 271, 280, 298, 312
베르노티Romeo Bernotti 90, 114~115, 345
베이컨Francis Bacon 301
베인브리지 호프William Bainbridge-Hoff 90, 251
벨그라노General Belgrano 함 29, 239
벨라 라벨라Vella Lavella 173
벨러로펜Bellerophen 함 46
벨리키Pyotr Velikii 369
보겐빌Bougainville 165, 176, 182
보나포브N. V. Bonapov 363~365, 371
보드리Ambroise Baudry 54, 83, 102~104, 235
복종렬진multiple column 87, 166, 178
볼드윈John A. Baldwin 20
볼티모어Baltimore 함 271

부시Vannevar Bush 266, 273
브로디Bernard Brodie 125, 273, 363~371
브리엄Pyotr Ossipovithch Briam 363, 365~371
브리타니아Britannia 함 32
브리테인Britain 전투 154, 162~163
블레이크Robert Blake 78
블뤼허Blücher 305
비도비Biedovy 함 366
비버스Little Beavers 234
비스마르크Bismarck 해 해전 126
비스마르크Bismarck 함 184
비스케이Biscay 만 185, 301
비티David Beaty 109, 111~112, 118, 120, 239
빅토리아Victoria 함 108
빌뇌브Pierre de Villeneuve 47, 119, 304

ㅅ

사격통제체계 102, 206, 215, 271, 278
사격호firing arc 72
사라토가Saratoga 함 126, 130~131, 140, 146, 151, 182
사우스다코타South Dakota 함 141, 218
삭구索具 48, 81
산 카를로스San Carlos 해협 30
산각spread angle 244
산타크루즈Santa Cruz 제도 165
산타크루즈 제도 해전 141
산호해 해전 138, 146, 148~150, 152

살상전투력 233
상륙돌격 62, 134, 142, 190, 303
샌프란시스코San Francisco 함 168
샘프슨William Sampson 240, 307, 361
생존성survivability 198, 212, 215, 218~219, 241~242, 294, 297, 317, 324, 326, 347, 355
샤일라du Chayla 42~43
섀넌Shannon 함 5
섀넌도어 밸리Shenandoah Valley 254
서머스Harry Summers 265
선임장교총협회General Board of Senior Naval Officer 24
선형전술line tactics 178
세인트 빈센트St. Vincent 59, 82
세인트 조지St. George 곶해전 175, 177
셈머스Raphael Semmes 184
셈스Rafael Semmes 276
셔먼Frederick C. Sherman 182, 221, 229
셔틀러Philip Shutler 19
셰필드Sheffield 함 29~30, 218, 239
소나sonar 39, 267~268, 312, 343, 365
소류Soryu 함 139
소버린Michael Sovereign 19
소탕전 182, 350
손자 54
『손자병법The Art of War』 54
솔로몬 제도 142, 148, 157, 164~165, 178, 180~181, 206, 289
쇼카쿠Shokaku 함 139, 141
수상기지휘소 297
수프랑Pierre Suffren 69, 82, 84, 305
순수공격력net striking power 136

순양함treaty cruiser 270
순항 진형 78, 106
쉬어Reinhard Scheer 110, 116~117, 119~120, 243
슈래디David Shrady 20
스나이더Frank Snyder 19
스노켈snorkel 잠수함 267
스콧Norman Scott 168~169, 227, 256
스콧Perry Scott 97
스프루안스Raymond Spruance 32, 133, 142~144
스피Graf Spee 함 184
스헤베닝겐Scheveningen 80
습격전raider warfare 35
시노프Sinope 해전 92
시퀴스트Lawrence Seaquist 20
신해군New Navy 272, 276, 279~280
신호서signal book 58, 110~111, 169~170, 199, 357
심스William S. Sims 57, 61, 99, 127, 270
심프슨Rodger Simpson 172
쓰시마 해전 100, 105, 109, 290, 310

ㅇ

아드리아틱Adriatic 함 274
아르헨티나Argentine 29~31, 216, 308
아스토리아Astoria 270
아이오와Iowa 함 208, 236
아카기Akagi 함 139
아퀼러François Paul Brueys d'Aiquillers 41
알렉산더Alexander 함 25, 47
알렌Charles Allen 127
암스트롱C.E. Armstrong 19

애리조나Arizona 함 60
앨라배마Alabama 함 184, 236
야간전투기night fighter 267
야넬Harry E. Yarnell 55
야마모토 132, 145, 147, 149~152, 188
야마모토Yamamoto 함 151, 208, 304
양용포dual-purpose gun 161, 182
어뢰torpedo 89, 97, 100~101, 114~115, 123, 163, 166~167
억제deterrence 62, 196, 291
에디슨Thomas Alva Edison 33
에반-토머스Hugh Evan-Thomas 110
에스페란스Esperance 곶 170
에스페란스 곶 해전 167~168, 170, 179, 242
엑조셋Exocet 218
엔가딘Engadine 함 109
엔터프라이즈Enterprise 함 139~141, 208
엘거R. Alger 90
역대항책counter-countermeasure 163
역유인countertrap 120
연성살상soft-kill 215, 220, 323
연속 타격전술one-two punch 325
예견 모델predictive model 28
예비부대 352
예정행동position and intended movement 369
오렐Orel 함 363
오리건 시티Oregon City 271
오리엔트Orient 함 41, 43, 46~47
오스트프리스란트Ostfriesland 함 126

오스틴Bernard Austin 176
오웰George Orwell 304
와델James Waddell 276
와스프Wasp 함 151, 309
와이너Milton Weiner 20
왕립해군사관학교Royal Naval Academy 78
요크타운Yorktown 함 138~139, 151, 184
울리그Frank Uhlig 19, 235
울시R.J. Woolsey 273
워너Waner 274
워리어Warrior 함 91
워시번Alan Washburn 20, 207~208
워싱턴Washington 함 126~127
워젠크래프트John Wosencraft 19
워커Frank Walker 175
원형진circular formation 95, 130
웨슐러Thomas Weschler 19
웨이크Wake 섬 149
웨인라이트Richard Wainwright 90
웨일리Barton Whaley 229, 379~380
웰링턴Wellington 305
위너Norbert Wiener 233
유 교수Professor Maochun Yu 8
유-보트 186~187
유도기뢰homing mine 269
유효파괴거리effective range of destructiveness 73
유효발사탄good shot 317
유효사정거리 72, 91~92, 97~99, 101~102, 115, 120, 122, 135, 167, 205~207, 209, 236, 259, 320, 345, 371
유효전투능력effective fighting capability 310

유효화력 66, 237, 261
은폐cover 376
음어encoded talk 227
이노우에Shigeyoshi Inouye 150~151
이리 떼 전술wolfpack 186
이클레스Henry Eccles 380
이해권역region of interest 224
인디애나Indiana 함 126
인디패티저블Indefatigable 함 276
일러스트리어스Illustrious 함 221
일본 함대 142~145, 150, 152, 163, 169, 213~214, 227

ㅈ

자기감응기뢰magnetic influence mines 266
자승법칙 64, 66, 74, 354
작렬포탄 92~94
작전술operational art 7, 34, 53, 188, 194, 202
잔여 공격 능력offensive capacity remaining 102
잔여 전투지속 능력remaining staying power 102~104, 309, 347
재래식 전쟁 218~220, 241, 288, 294, 323~333, 355, 359
잭슨R.H. Jackson 90
저비스John Jervis 82, 304
전거포all-big-gun 99, 105
전격전Blitzkrieg 264, 300
전구전쟁theater war 291, 296~297
전략무기strategic weapon 36, 210
전략전strategic warfare 36
전략폭격strategic bombing 36

전술tactics 33, 375
전술적 방책 326
전술정보tactical information 35, 251, 296, 329
전술 훈련tactical drills 25, 211
전열교전battle line engagement 164
전열함ship of the line 31, 40~42, 45, 71~72, 91~92, 101, 241, 243, 278
전위van 81 112, 129, 168, 179
전자안electronic eye 228
전쟁십계명ten commandments of warfare 61
전투교시Fighting Instructions 58, 75, 79, 81~82, 87
전투단battle group 244, 249, 279, 285
전투서열 59, 84, 106, 186, 285, 303, 307~308, 311, 332, 358
전투수명combat lifetime 220, 269, 309
전투순양함 99, 101, 109~111, 206, 213, 235, 239, 241, 276
전투정찰선scouting line 106, 109, 111, 222~223, 235
전투정찰원 327, 331~332, 346
전투정찰 효율성scouting effectiveness 136
전투지속 능력 102, 104, 117, 135, 198, 324, 347, 378
전투지수 64, 66, 104
전투체계combat system 16, 224
전투함대 34, 91, 107, 109, 122, 134, 144, 235, 285, 344, 349, 358, 368
전투항공초계CAP : combat air patrol 131
전파발사통제emission control : EmCon 328, 330
전형paradigm 37, 134, 210, 246, 321

점방어체계point defense system 309
정찰reconnaissance 35
제3함대 254, 303
제5함대 303
제너럴 벨그라노General Belgrano 29, 239
제병합동전술combined-arms tactics 34
『제인 함정 연감Jane's Fighting Ships』 32
제트항공기 267
제퍼슨Thomas Jefferson 292
제해권command of the sea 34, 61, 85, 100, 128, 290, 300
젤리코Jellicoe 31, 110, 116~120, 178, 223, 228, 243~244, 312
종사raking 77
종사위치raking position 105
주공함대main striking fleet 132
주노Junyo 함 141
주력부대 31, 63, 81, 159, 193, 220
주이호Zuiho 함 141
줌발트Elmo Zumbalt 204
중구경포 96, 98~99, 206
중심방위center bearing 244
즉석편제부대pickup force 170
지역대공미사일체계area AAW missile system 309
지역폭격점saturation point 220
지휘비결command mystique 362
지휘책임 249
지휘통제대항책C²CM 36, 199, 376
질러스Zealous 함 44

ㅊ

참모 활동 249

체계 XSystem X 278
체서피크Chesapeake 함 5
체이스J.V. Chase 102, 104
초수평선OTH 243, 338
최종 점방어last-ditch-point-defense 219
추격전war of the chase 35, 110
추적체계pursuit system 225

ㅋ

카가Kaga 함 139
카옵스Ervin Kaops 226
칼라일Thomas Carlyle 304
캉브레Cambrai 264
캘러헌Dan Callaghan 256
캠퍼다운Camperdown 함 108
커레이저스Courageous 함 189
커시먼John Cushman 57, 252, 258
컨쿼런트Conqueror 함 45
케이블 75
켐펜펠트Richard Kempenfelt 82
코로넬 해전 206, 240
콜롬방가라Kolombangara 173~174
콜벳John Corbett 81~82, 100, 116, 358
쿡Cook 25
퀴베론Quiberon 231
크레스웰John Creswell 25~26, 72, 81
크롬웰Oliver Cromwell 78
크림전쟁Crimean War 92
클라우제비츠Clausewitz 24, 52, 56, 64, 193, 240, 258, 266, 287, 293, 301, 359
클락David Clark 20
클룬더Matthew Klunder, USN 7

키드Issac Kidd Jr. 60, 273
킹Ernest King 127

ㅌ

타격력 208, 261, 268, 317, 324, 326~329, 333~335, 342, 344, 346~347, 349, 353, 365
타격력striking power 323, 329, 378
타란토Taranto 항 221
타사파롱가Tassafaronga 해전 170
타워스John Towers 127
탈레턴Gael Tarleton 19
탐색Search 378
탐지sensing 378
태평양함대 213
터너Stansfield Turner 204
토낸트Tonnant 함 43, 47
토바리시Tovarishch 365
토빈Robert G. Tobin 168~169
통상파괴전guerre de course 35, 69, 86, 93, 184, 187, 276
통신방해장비communications jamming equipment 199
통제권역region of control 224
통제용이성manageability 235
통킹 만Tonkin Gulf 291
투사작전 61, 289
투사작전projection operation 34, 93, 289
툴라기Tulagi 150
트라이던트Trident 316
트라팔가르 해전 47~48, 83~84, 87, 106, 116, 231, 345
트럭Truk 221

트롬프Martin Tromp 84

ㅍ

파렌홀트Farenholt 함 169
파이W.S. Pye, Jr. 90
패튼Patton 304
페닝턴Lee Pennington 8
페인Wilber Payne 20
펜사콜라Pensacola 270
펠커C.C. Felker, USN 8
평문plain talk 227
포레스터C.S. Forester 32, 53
포술 모델 135
포클랜드 전쟁Falklands War 16, 28~31, 216, 218, 239, 308
포터D.D. Porter 367
포터E.B. Potter 132, 172
폴라리스Polaris 210, 278
폴리Foley 48
프랫Fletcher Pratt 32, 112, 225, 284
프랭클린Franklin 함 43
프로스트H.H. Frost 118
프리깃함 74, 92~93, 243
프리먼Douglas Southall Freeman 61
프린스 오브 웨일스Prince of Wales 함 188
프린스턴Princeton 함 182
플레처Frank J. Fletcher 146, 151, 298, 309
피쉬벡Paul Fischbeck 20
피스크Bradley Fiske 23, 61, 66, 90, 98, 102, 104~105, 127, 135, 137, 230, 235
피스크 127, 137
피아낭Tanjung Pianang 전투 367

피오라반조Giuseppe Fioravanzo 6~7, 27, 34, 114, 126, 204, 233
피해통제damage control 216
필Robert Peel 274
필러David Peeler 8
필리핀 해 해전 142, 183, 254

ㅎ

하텐도르프John Hattendorf 19, 81
하트Thomas Hart 127
한니발Hannibal 290
할제이Halsey 145, 155, 180, 182, 188, 244, 255, 288, 304
함대교리 56, 199
함대작전 61, 68, 257, 358
함대 전술 교범fleet tactical publications 58
함대학교fleet schools 361
함 외 탐지장비 321, 348
항공강습 35, 130, 132~133, 136, 146, 153, 177, 181~182, 188~189, 208, 221, 254, 290, 342~343, 347
항공강습 132, 188~189, 343
항구전투교시permanent fighting instructions 51, 81~82, 313
항해서열order of sailing 84, 106
『해군교리사History of Naval Doctrine』 57
해군부대naval forces 26, 63, 204, 242, 261, 294, 302, 332, 353
해군장관위원회 275
『해군전술변천사A History of Naval Tactical Thought』 27
『해군전술사History of Naval Tactics』 57

해군전naval warfare 26, 55, 197
해상통상파괴전maritime guerre de course 69
해수표면surface 225
해양거부sea denial 299~300
해양력 61, 125, 279~280, 301
해양사maritime history 62
해양우세maritime superiority 356
해양전maritime warfare 31, 63
해양통제sea control 34, 61~63, 183, 288~290, 332, 347
해역소제area sweep 330
해전교범naval warfare publications 56, 58, 257
핵전쟁 31, 37, 183, 205, 210, 215, 219~220, 241~242, 244, 291~292, 294, 310, 321~322, 355, 359
허빅Herbig 158, 229
헤이그Douglas Haig 300
헤이워드Thomas Hayward 17, 20, 258, 311
헬레나Helena 함 168~169
헬렌Hellen 367
현시presence 62~63, 159, 293~294
현존함대fleet-in-being 221, 288~298
현측포 45~47, 50, 72~74, 84, 86, 92, 175, 178, 213, 230
협력cooperation 87
호네트Hornet 함 139, 141
호렉스Heureux 함 43
호머Homer 367
호스트Paul Hoste 33, 73~74

호우Richard Howe 82
호위escorting 35, 376
호킨스John Hawkins 184
혼Thomas C. Hone 19, 26, 128
혼란방사체window 267
혼블로워Horatio Hornblower 53
화력 밀도density of firepower 73
화력FIREPOWER 317, 326, 376~377
화력살상firepower kill 74
화이트헤드Whitehead 97
후드HMS Hood 함 239
후아스카르Huascar 함 96
휘틀A. J. Whittl 19
휘팅Kenneth Whiting 127
휴스Hughes 7, 17
휴스턴Houston 함 307
히류Hiryu 함 139
히요Hiyo 함 142
히퍼Hipper 109, 111

기타

2국표준주의two-power standard 238
Harpoon II 371
ICBM 36, 242, 244
MIRV 316
NATO 58, 363~364
Proceedings 24, 27, 90, 99, 257
SALT I 316
SLBM 62, 242, 244
SSBN 237, 294, 300, 322, 359
STOVL 283
VSTOL 283